150 Jahre
Kohlhammer

Norbert Greuel

Kommunikation für Lehrkräfte

Beratung – Konflikte – Teamarbeit – Moderation

Verlag W. Kohlhammer

Dieses Werk einschließlich aller seiner Teile ist urheberrechtlich geschützt. Jede Verwendung außerhalb der engen Grenzen des Urheberrechts ist ohne Zustimmung des Verlags unzulässig und strafbar. Das gilt insbesondere für Vervielfältigungen, Übersetzungen, Mikroverfilmungen und für die Einspeicherung und Verarbeitung in elektronischen Systemen.

1. Auflage 2016

Alle Rechte vorbehalten
© W. Kohlhammer GmbH, Stuttgart
Gesamtherstellung: W. Kohlhammer GmbH, Stuttgart

Print:
ISBN 978-3-17-029789-0

E-Book-Formate:
pdf: ISBN 978-3-17-029790-6
epub: ISBN 978-3-17-029791-3
mobi: ISBN 978-3-17-029792-0

Für den Inhalt abgedruckter oder verlinkter Websites ist ausschließlich der jeweilige Betreiber verantwortlich. Die W. Kohlhammer GmbH hat keinen Einfluss auf die verknüpften Seiten und übernimmt hierfür keinerlei Haftung.

Vorwort

Lehrerprofessionalität zeigt sich wesentlich in der Kompetenz, Kommunikation zu gestalten. Dabei geht es nicht nur um Gespräche mit Schülern und Eltern. Es geht auch um die kollegiale Kommunikation zwischen den Lehrkräften und um die Kommunikation zwischen der Schulleitung und den Lehrkräften. Und es geht nicht nur um Einzelgespräche, sondern auch um Besprechungen in Gruppen und Teams. Schließlich vollzieht sich auch das Kerngeschäft der Schule, der Unterricht, im Wesentlichen im Medium der Kommunikation, und die Wirksamkeit des Unterrichts hängt deshalb wesentlich vom Gelingen der Kommunikationsprozesse im Unterricht ab.

Im Gegensatz zu ihrer zentralen Bedeutung für den Lehrerberuf wird Kommunikation in der Lehrerausbildung nur unzureichend berücksichtigt, wie zuletzt aktuelle Befragungen von Lehramtsreferendaren im Saarland und in Thüringen zeigen. Erfahrene Lehrkräfte können zwar auf Erfahrungswissen aus ihrem kommunikativen Alltag in der Schule zurückgreifen, aber die Grundlage dafür ist das Wissen und die Kompetenz von Laien und nicht – wie es der Lehrerberuf erfordert – von Professionellen. Das Handbuch »Kommunikation für Lehrkräfte« von Norbert Greuel schließt deshalb eine Lücke. Es bietet dem Berufsanfänger die Grundlage für die professionelle Gestaltung der berufsbezogenen Kommunikation. Es bietet den erfahrenen Lehrkräften die Möglichkeit, ihre Praxis der Gesprächsführung und Teambesprechung mit den Konzepten und Ansprüchen professioneller Kommunikation abzugleichen und ihr Methodenrepertoire zu erweitern.

Die Absicht des Autors ist, nicht nur Praxisrezepte zu liefern, sondern alle Dimensionen von Professionalität zu berücksichtigen. Dabei geht es um:

1. *Professionswissen:* Das Buch vermittelt Wissen über all das, was für die Führung, Strukturierung und Ergebnisorientierung von Gesprächen und Besprechungen wichtig ist. Dabei greift der Autor auf unterschiedliche Deutungsmodelle zurück und verknüpft Wissen aus unterschiedlichen Fach- und Bezugswissenschaften. Darüber hinaus geht es aber auch um das Wissen über die Rahmenbedingungen, die Rollen und das Setting, wobei aktuell insbesondere die Ausführungen zur Inklusion und zur Anforderung bedeutsam sind, sich in multiprofessionellen Teams zu verständigen und auszutauschen.
2. *Instrumente und Methoden:* Professionswissen wird nur wirksam, wenn es situativ passend auf die beruflichen Herausforderungen angewandt werden kann. Das erfordert die Kenntnis geeigneter Instrumente und Methoden, um

Gespräche führen und Besprechungen effektiv und effizient gestalten zu können.
3. *Qualitätsstandards:* Professionalität unterscheidet sich von der Kompetenz eines Laien durch eine zertifizierte Ausbildung und Standards, die professionelle Kompetenz von der Laienkompetenz unterscheiden. Was gelingende berufsbezogene Kommunikation auszeichnet, macht der Autor sinnvollerweise nicht in einem gesonderten Kapitel deutlich. Vielmehr begleitet die Frage einer angemessenen Qualität die gesamten Ausführungen – ob es nun eher um Wissen oder eher um die Instrumente und Methoden geht.
4. *Professionelle Ethik:* Die professionelle Ethik wird im pädagogischen Alltag als Haltung sichtbar, die dem gesamten Lehrerhandeln und insbesondere der Beziehungsgestaltung zugrunde liegt. Dabei geht es gegenüber dem Anderen um das Menschenbild, um Respekt und Wertschätzung und um eine gute Balance von Orientierung und Beratung, Anforderung und Unterstützung. Eine solche Haltung äußert sich in dem Grundsatz: »Ich mute dem anderen etwas zu, weil ich ihm das auch zutraue.« Zugleich geht es gegenüber dem eigenen Selbst um die Bereitschaft zum Umgang mit Kritik (ob berechtigt oder nicht) und um Selbstreflexion: Wie gelingt es mir, meine Person in meine Berufsrolle so zu integrieren, dass ich authentisch wirke und zugleich rollenklar bleibe? Wie vergewissere ich mich der Wirkungen meines Handelns und meiner Person? Norbert Greuel widmet der Grundlegung von Kommunikation durch eine professionelle Ethik einen breiten Raum, und auch die Positionierung dieser Überlegungen in den ersten Kapiteln macht deutlich: Gerade beim Thema »Kommunikation« reicht das Wissen, mag es auch noch so fundiert sein, nicht aus, und die Methoden und Instrumente sind keine Rezepte, die sich personenunabhängig anwenden lassen. Vielmehr sind Wissen und Methoden nur dann wirksam, wenn sie auf einer professionellen Haltung beruhen und zu dieser Haltung passen.

Spürbar wird bei allen Ausführungen, dass der Autor nicht nur auf umfangreiche Kenntnisse der Fach- und Bezugswissenschaften, sondern auch auf die eigene Erfahrung aus einem langjährigen und vielfältigen Berufsleben als Schulleiter, Schulaufsichtsbeamter, Fortbildner und Berater zurückgreift. Das ermöglicht ihm auch, die Tauglichkeit von Deutungsmodellen und Praxisempfehlungen in der einschlägigen Literatur einzuschätzen und sich auf das zu konzentrieren, was für eine gelingende professionelle Kommunikationsgestaltung hilfreich und nützlich ist.

Für die Lehrkräfte bietet das Handbuch deshalb mehr als eine gute und umfassende Praxisanleitung. Es kann auch zu ihrer Gesunderhaltung beitragen, denn misslingende Kommunikation belastet und kann krank machen. Im Gegensatz dazu bietet das Werk Unterstützung in den vier Dimensionen, die nach dem Konzept der Salutogenese für die Gesunderhaltung wichtig sind:

- Sinnhaftigkeit und Bedeutsamkeit, weil Kommunikation für das gesamte Lehrerhandeln grundlegend ist

- Verstehen, was in kommunikativen Situationen und Prozessen abläuft – vor allem dann, wenn das zu schwierigen und konflikthaften Situationen führt
- Handhabbarkeit, indem Instrumente und Methoden zur Verfügung stehen, um die Kommunikation in unterschiedlichen Situationen und Kontexten angemessen gestalten zu können
- Kohärenz dadurch, dass man sich selbst als kommunizierender Akteur als stimmig erlebt, und dadurch, dass man von den Partnern als stimmig und authentisch erlebt wird

Das setzt voraus, nicht einfach Rezepte zu übernehmen, sondern die grundlegenden Konzepte und Deutungsmodelle so zu reflektieren und sich so anzueignen, dass sie zur eigenen Person und zur jeweiligen Situation passen. Für den Umgang mit dem Handbuch »Kommunikation für Lehrkräfte« hat das eine geteilte Verantwortung für Wirksamkeit und Gelingen zur Folge: Der Autor ist für sein Angebot, und die Leserinnen und Leser sind für die individuelle Aneignung und die achtsame, selbstreflexive und selbstkritische Umsetzung in ihren Berufsalltag verantwortlich. Dass sich der kommunikative Berufsalltag durch die Lektüre des Handbuchs deutlich verändern und verbessern wird, davon bin ich überzeugt.

Adolf Bartz
2000–2007 Referent für die Schulleitungsfortbildung in Nordrhein-Westfalen, Schulleiter des Couven Gymnasiums Aachen a. D.

für Jutta

Inhaltsverzeichnis

Vorwort			5
Inhaltsverzeichnis			9
1	Einführung		17
	1.1	Warum das 347. Buch zu diesem Thema?	18
	1.2	Ziel und Struktur	18
	1.3	Lesehinweise	21
2	Menschenbilder und Denkmodelle: Basis der kommunikativen Haltung		23
	2.1	Wie wir uns und andere sehen	25
		Im Fokus: Der Mensch – Humanistische Psychologie	26
		Trennung von Person und Handlung	29
		Förderliche Bedingungen für gute Kommunikation	31
		Gewaltfreie Kommunikation	35
		Im Fokus: Die Beziehungen und der Kontext – Systemischer Ansatz, Konstruktivismus, lösungsorientierte Beratung	42
		Warum Sachlichkeit nicht reicht – Themenzentrierte Interaktion (TZI)	46
		Im Fokus: Ich-Zustände und Entwicklungen – Die Transaktionsanalyse (TA)	49
		Vom Umgang mit Fehlern	53
	2.2	Exkurs: Vom Aushalten – Verantwortlichkeit, Distanzierungsfähigkeit und Psychohygiene – Das 2-Felder-Modell	58
		Sachliches und persönliches Lernen	58
		Die Leiden der Lehrerinnen und Lehrer	58
		Energiekuchen	59
		Das 2-Felder-Modell	60
		Einsichten	61
	2.3	Wie reden wir miteinander?! – Grundlagen der Kommunikation	64
		Vier Ohren, vier Schnäbel: Das Kommunikationsquadrat	64
		Die vier Ebenen der Kommunikation	65
		Digitale und analoge Kommunikation	67
		Das Parlament in mir – Das Innere Team	70

		Exkurs: »Außen und innen« oder »Innere Vielfalt und äußere Heterogenität«	73
	2.4	Kommunikation mit Eltern – Zum Verhältnis von Lehrerinnen und Lehrern zu Eltern	76
		Schulgesetz Sachsen	79
		Schulgesetz NRW	80
		Zusammenfassung	81
		Folgen für die Rolle von Lehrerinnen und Lehrern im Verhältnis zu Eltern	81
	2.5	Mein Leitbild des kommunikativen Handelns	85
3	**Wie uns der Schnabel gewachsen ist? – Gesprächselemente**		**87**
	3.1	Was will ich nachher? – Gesprächsvorbereitung	87
	3.2	Rollenklarheit, Kontraktierung, Vertraulichkeit	89
	3.3	Von Rahmen und Leitung – Setting	93
	3.4	Dem Gespräch eine Struktur geben	100
		Struktur und Leitung	100
		Strukturierungselemente	100
		Gesprächsstruktur, Gesprächsphasen	102
	3.5	Von Besitzenden und Habenichtsen – Problembesitz	102
		Probleme und Anliegen	102
		Opferschutz vor Täterverständnis	103
		Gordons Problembesitzschema	103
		Problembesitz im schulischen Alltag	105
	3.6	»Du meinst also ...« – Von der anspruchsvollen Arbeit des Zuhörens	106
		Die Bedeutung des Zuhörens	108
		Paraphrasieren	112
		Verbalisieren emotionaler Erlebnisinhalte	113
		Aus dem Handbuch des schlechten Zuhörens	114
	3.7	»Warum und wie sage ich etwas über mich?« – Ich-Äußerungen	115
		Verantwortungsübernahme und Kontaktaufnahme	115
		Ich-Botschaften (Thomas Gordon)	116
		Ich- und Du-Botschaften	116
		Der Aufbau einer Ich-Botschaft	117
	3.8	Frage-Zeichen	118
		Fragearten	118
		Funktionen von Fragen	119
		Fragen vor systemischem Hintergrund	120
		Haltung beim Fragen	122
	3.9	Mit anderen Augen sehen – Perspektivwechsel	123
		Die Perspektive einer anderen Person	123
		Das »Handbuch des Scheiterns« – Die Perspektive des Misserfolgs	124
	3.10	Sprechen über das Sprechen – Metakommunikation	124

		Fußball und Kommunikation	125
		Klärung der Ebenen	126
		»Bitte beachten Sie diesen Satz nicht!« – Paradoxien	128
	3.11	Deine Wirkung auf mich – Feedback	129
		Funktionen von Feedback	129
		Feedback-Regeln	130
	3.12	Vereinbarungen treffen	132
	3.13	»Vielen Dank und auf Wiedersehen!« – Gespräche beenden	133
	3.14	»Ich notiere« – Dokumentation	134
	3.15	Für die Klarheit – Visualisierung	135
4	**Konflikte in der Kommunikation**		**139**
	4.1	Definitionen	139
	4.2	Unvermeidlichkeit von Konflikten	140
	4.3	Eskalationsstufen eines Konflikts	140
	4.4	Heiße und kalte Konflikte	142
	4.5	Konfliktarten	143
		Karl Beniens Unterscheidung	143
		Sachkonflikte	144
		Bedürfniskonflikte	147
		Beziehungskonflikte	148
		Innere Konflikte	150
		Doppelkonflikte	151
		Konfliktverlagerung	152
	4.6	Umgang mit Konflikten	154
		Reframing, Konfliktvermeidung, Konfliktprophylaxe und Konflikteskalation bzw. -deeskalation	155
		Konfrontation	159
		Prozessorientierte Konfliktmoderation (Konfliktregulation ohne eigene Beteiligung)	160
		Prozessbegleitung	160
		Mediation	161
		Schiedsverfahren	161
		Machteingriff	161
		Die Methode des 6-Hut-Denkens	162
5	**Gesprächsarten**		**166**
	5.1	»Wenn du willst, helfe ich dir, es selbst zu tun!« – Das Beratungsgespräch	167
		Was ist Beratung? – Merkmale, Grundannahmen und Arten von Beratung	167
		Beratungsauftrag/Kontrakt	168
		Beratungsarten	169
		Prozessberatung	170
		Unterscheidung »Expertenberatung – Prozessberatung«	170

		Aufgaben, Kompetenzen und Rolle des Beraters im Beratungsgespräch	171
		Struktur des Beratungsgesprächs	171
		Herausforderungen für den Berater	179
	5.2	Vermeintlicher Imperativ – Das Ratschlaggespräch	179
	5.3	»Wohin wirst du gehen?« – Das Schullaufbahn-Beratungsgespräch	182
		Definition und Gegenstände eines Schullaufbahn-Beratungsgesprächs	182
		Aufgaben, Kompetenzen und Rolle des Gesprächsleiters im Schullaufbahn-Beratungsgespräch	183
		Struktur des Schullaufbahn-Beratungsgesprächs	184
		Herausforderungen für den Gesprächsleiter	186
	5.4	»Was tun wir morgen?« – Das Planungsgespräch	186
		Definition	186
		Struktur des Planungsgesprächs	187
		Aufgaben, Kompetenzen und Rolle des Gesprächsleiters im Planungsgespräch	190
		Herausforderungen für den Gesprächsleiter	190
6	**Konfliktgespräche**		**192**
	6.1	A will X, B will Y, C moderiert – Das Konfliktmoderationsgespräch	192
		Definition und Merkmale von Konfliktmoderation	192
		Aufgaben, Kompetenzen und Rolle des Moderators im Konfliktmoderationsgespräch	193
		Struktur des Konfliktmoderationsgesprächs	194
		Herausforderungen für den Moderator	199
	6.2	Konfliktgespräche mit eigener Beteiligung	201
		Ich habe ein Problem mit dem anderen – Kritisches Feedback geben und Kritik äußern	203
		Der andere hat ein Problem mit mir – Kritisches Feedback und Kritik annehmen	206
	6.3	»Was beschwert dich?« – Das Beschwerdegespräch	208
		Definition	208
		Der »Beschwerderucksack«	208
		Aufgaben, Kompetenzen und Rolle des Gesprächsleiters im Beschwerdegespräch	212
		Struktur des Beschwerdegesprächs	212
		Herausforderungen für den Gesprächsleiter	214
		Beschwerde über einen Dritten – Beschwerde von Eltern bei einer Lehrperson über eine andere Lehrerin oder einen Lehrer	215
	6.4	»Wir beide haben ein Problem miteinander« – Das Streitgespräch	215
	6.5	Ändere dein Verhalten – Das Kritikgespräch	219

		Definition 219

Definition 219
Aufgaben, Kompetenzen und Rolle des Gesprächsleiters
im Kritikgespräch 219
Struktur des Kritikgesprächs 220
Herausforderungen für die gesprächsführende Lehrkraft ... 223

7 Spezifische Aspekte der Gesprächsführung durch Schulleitungspersonen 224

7.1 Das Kritikgespräch in der Schulleitungsrolle 224
Definition 224
Aufgaben, Kompetenzen und Rolle der Schulleiterin im
Kritikgespräch 225
Struktur des Kritikgesprächs 226
Herausforderungen für den Schulleiter 229

7.2 Das Jahresgespräch mit Lehrkräften 230
Zum Kontext der Aufgabe 230
Nutzen von Jahresgesprächen 232
Themen in Jahresgesprächen 232
Merkmale von Jahresgesprächen 232
Aufgaben, Kompetenzen und Herausforderungen des
Schulleiters im Jahresgespräch 233

7.3 Beschwerde über eine Lehrperson 234
Ablaufplan 234
Die administrativ-juristische Seite einer Beschwerde 236

7.4 Coaching 236
Externes Coaching 236
Die Schulleitungsperson als Coach 237

8 Schwierige Situationen in Gesprächen 238

8.1 Aggression, verbale Angriffe 238
8.2 Um Ratschläge gebeten werden 241
8.3 Mit Schweigen konfrontiert werden 242
8.4 Mit Vielrednern umgehen 242
8.5 Unfreundlichkeit begegnen 243
8.6 Mit Gesprächsverweigerung umgehen 244
8.7 Widerspruch und Widerstand konstruktiv nutzen 244
8.8 Mit Unterwürfigkeit umgehen 245
8.9 Was tun bei Nicht-Erscheinen und Unpünktlichkeit? 246
8.10 Was tun bei Nicht-Einhalten von Vereinbarungen? 247
8.11 Mit eigenen Fehlern umgehen 247
8.12 Mitfühlen in angemessener Distanz – Vom Umgang mit
Emotionen 248

9 Moderation 251

9.1 Moderationsanlässe 251
9.2 Vernetzungskompetenz 252

	9.3	Moderation von Arbeits- und Projektgruppen	253
	9.4	Kollegiale Fallberatung – Eine Form selbstorganisierter Supervision	254
		Rollen und Struktur	255
		Herausforderungen für die Moderatorin	262
	9.5	Großgruppenmoderation	263
10	**Die Bedeutung von Kommunikation für Kooperation und Teamarbeit**		**266**
	10.1	Merkmale eines Teams	266
	10.2	Warum Kooperation und Teamarbeit?	266
	10.3	Wenn Einzelkämpfer zusammenkommen	268
		Individuelle Ebene	268
		Institutionelle Ebene	269
		Rolle der Schulleitung	270
	10.4	Phasen der Teamentwicklung	270
	10.5	Gefahren für und durch die Teamarbeit	272
11	**Inklusion und Kommunikation**		**273**
	11.1	Warum wird das Thema Inklusion hier behandelt?	273
	11.2	Was meint Inklusion?	276
		Die UN-Behindertenrechtskonvention	276
		Umgang mit der UN-Behindertenrechtskonvention	279
		Inklusion auch ohne Behinderte?	280
	11.3	Inklusive Schulentwicklung und Kommunikation	281
	11.4	Kultusministerkonferenz (KMK) und Philosophie	283
		KMK-Standards für die Lehrerbildung – Bildungswissenschaften	283
		Philosophie	284
	11.5	Blick über den Zaun	284
	11.6	Index für Inklusion	285
	11.7	Anforderungen an Lehrkräfte der allgemeinen Schule aufgrund der Inklusionsentwicklung	289
	11.8	Immer nur »Auswärtsspiele?« – Rollen, Kompetenzen und Aufgaben der Sonderschullehrerinnen und -lehrer beim gemeinsamen Lernen	291
		Rollen und kommunikative Kompetenzen	293
	11.9	Veränderungsdynamik	294
12	**»Danke für die Aufmerksamkeit!« – Zum Schluss**		**297**
Literatur- und Quellenverzeichnis			**298**
Über den Autor			**307**

Anhang 309

Ein Profil für inklusive Lehrerinnen und Lehrer 310
- 1.1 Auffassungen der inklusiven Bildung 311
- 1.2 Die Sichtweise der Diversität der Lernenden 312
- 2.1 Förderung des akademischen, sozialen und emotionalen Lernens aller Lernenden 313
- 2.2 Effektive Ansätze des Lehrens in heterogenen Klassen 315
- 3.1 Zusammenarbeit mit Eltern und Familien 316
- 3.2 Zusammenarbeit mit einer Vielzahl an anderen pädagogischen Fachkräften 317
- 4.1 Lehrkräfte als reflektierende Praktiker 319
- 4.2 Lehrerausbildung als Grundlage für kontinuierliches berufliches Lernen und die berufliche Weiterentwicklung ... 320

1 Einführung

Wenn ich in das Literaturverzeichnis eines der zahlreichen Bücher zum Thema Gesprächsführung und Beratungskompetenz sehe, stelle ich fest, dass es eine Fülle von Bücher zu diesem Thema gibt, und je länger ich mich mit Gesprächsführung befasse, umso mehr Literatur finde ich.

In meiner Lehrerausbildung in den 1970er Jahren habe ich das alles nicht gelernt. Von jüngeren Menschen höre ich, dass in der Zwischenzeit im einen oder anderen Seminar in der universitären Ausbildung von Kommunikation die Rede ist, dass auch in der zweiten Ausbildungsphase das Wie von Gesprächen behandelt wird. Insgesamt habe ich in der Funktion als Schulaufsichtsbeamter jedoch alltäglich erlebt, dass viele Lehrerinnen und auch etliche Schulleitungsmitglieder[1] oft einfachste Regeln der Gesprächsführung nicht oder nur bruchstückhaft beherrschen. Dabei wird von allen Seiten betont, dass neben dem Unterrichten das Beraten eine der zentralen Aufgaben von Lehrerinnen sei; gerade angesichts zunehmender Erziehungsprobleme in den Elternhäusern scheint es immer wichtiger zu werden, dass Lehrerinnen über Beratungskompetenz verfügen.

Zudem erfordert die Lehrerkooperation als eine wesentliche Voraussetzung für Schulqualität in verstärktem Maß kommunikative Kompetenz. Lehrer können es sich immer weniger leisten, Einzelkämpfer zu sein. Die Anforderung zu kooperieren wächst stetig. In immer mehr Schulen stehen die Klassentüren offen, Lehrer beobachten sich gegenseitig im Unterricht und sprechen anschließend darüber. Auch das inklusive Arbeiten aufgrund der UN-Behindertenrechtskonvention, bei dem neben den Fachlehrkräften auch eine sonderpädagogische Lehrkraft in der Klasse arbeitet, verstärkt die kollegiale Kooperation und Kommunikation. Diese beiden Elemente werden deshalb immer häufiger den Alltag der Lehrerinnen prägen.

Schließlich ist es auch der Unterricht selbst, der sich in Folge von PISA und der Ergebnisse der Hirnforschung wandelt. Schüleraktivierende Unterrichtsformen, in denen die Lehrkräfte nicht nur die Aufgabe der Instruktion, sondern auch die der Lernberatung übernehmen, fordern bisher ungewohnte kommunikative Fähigkeiten.

---

1 Zur sprachlichen Vereinfachung und damit zur Verbesserung der Lesbarkeit wird im Text stets lediglich eine Geschlechtsform verwendet. Generische Maskulina und Feminina verwende ich dabei als geschlechtsunspezifische Allgemeinbegriffe. Das jeweils andere Geschlecht ist also ausdrücklich mitgemeint.

Das sind nur einige Beispiele aus dem Schulalltag, Situationen, in denen Kommunikations- und Beratungskompetenz von Lehrerinnen gefragt ist. Aufgrund solcher Beobachtungen begann ich während und nach meiner fünfjährigen gestalttherapeutischen Zusatzausbildung, Fortbildungsmodule zu entwickeln und Kurse anzubieten. Die positiven Rückmeldungen der Kursteilnehmer bestärkten mich in meiner Einschätzung, dass in diesem Bereich großer Bedarf herrscht, dem relativ wenige Angebote gegenüberstehen. So entstand dieses Buch.

Die Gliederung des Buchs entspricht in weiten Teilen der Struktur einer Fortbildungsmaßnahme. Gedacht war es zunächst als Skript für die Teilnehmer des Kurses. Sehr schnell erweiterte ich jedoch die Zielsetzung auch auf Leser, die nicht an einem Kurs teilgenommen haben.

Es handelt sich nicht um ein Übungsbuch, sondern eher um eine Art Reader, der in knapper Form die wesentlichen Elemente zu den Themen »Theoretische Grundlagen«, »Gesprächsführungskompetenz«, »Beratungskompetenz«, »Kompetenter Umgang mit Konflikten« und »Moderationskompetenz« enthält. Zum Weiterlesen in der aufgeführten Literatur lade ich ausdrücklich ein.

1.1 Warum das 347. Buch zu diesem Thema?

Meine Absicht ist es, ein praktisch nutzbares Buch für Lehrer zu schreiben und die fast unübersehbare Literatur zu diesem Thema zusammenzufassen. Insofern verstehe ich dieses Buch als Serviceleistung. Wer es als Lehrerin oder Lehrer liest, kann nicht nur zu einem Erkenntnisgewinn kommen, sondern vielmehr die Beispiele und Übungsanregungen aufgreifen und gemeinsam mit anderen das erforderliche Handwerkszeug üben. Das kann im Selbststudium, am effektivsten aber bei einer Fortbildungsmaßnahme geschehen, bei der der Einzelne nicht alleine bleibt mit seinen Fragen, sondern einen Seminarleiter oder Trainer zur Seite hat, der Fragen kompetent beantworten und damit die Nutzung von Erfahrungswissen ermöglichen kann. Beim Erwerb von Gesprächsführungs- und Beratungskompetenz geht es nicht nur um kognitives Lernen, sondern immer auch um praktisches Üben.

1.2 Ziel und Struktur

Kapitel 2 bietet Theorien und Deutungsmodelle zu Menschenbildern, Beziehungsgestaltung und Kommunikationsmodellen an, die in zweifacher Hinsicht Grundlage für die folgenden Ausführungen sind: Sie stellen die Wissensbasis für die Kommunikationsgestaltung dar, und sie sollen deutlich machen, welche Haltung der Gesprächsführung zugrunde liegen muss. Denn Methoden und Techniken sind nur dann sinnvoll und verantwortbar, wenn sie mit einer humanistischen Grundhaltung verbunden sind.

In Kapitel 3 geht es dann um Gesprächselemente, die in allen Arten von Gesprächen eine Rolle spielen. Diese Basics habe ich in der Literatur in dieser elementaren Form kaum vorgefunden, und weil mir das als Manko erschien, habe ich Gespräche »seziert« und die Elemente benannt.[2]

Kapitel 4 behandelt das umfangreiche Thema Konflikte, die in Kommunikationssituationen auftreten können.

Anschließend gebe ich Ihnen in Kapitel 5 – ohne Anspruch auf Vollständigkeit – einen exemplarischen Überblick über die verschiedenen Gesprächsarten, bei denen das Beratungsgespräch eine herausgehobene Stellung einnimmt.

Kapitel 6 befasst sich mit Konfliktgesprächen und gibt u. a. Hinweise zu Gesprächen über Beschwerden und den Umgang mit Kritik und kritischem Feedback.

Das Buch wendet sich an alle Lehrer, ist aber selbstverständlich auch für Personen gedacht und nutzbar, die mit Leitungsaufgaben betraut sind. In Kapitel 7 habe ich einige Themen – wieder ohne zu beanspruchen, eine vollständige Darstellung zu geben – herausgegriffen, die ausschließlich das Arbeitsfeld von Schulleitungspersonen betreffen.

In Kapitel 8 stelle ich schwierige Situationen dar, die es in allen Gesprächen geben kann, und gebe Hinweise zu deren Bewältigung.

Thema von Kapitel 9 ist die Moderation von Gesprächen, die ebenfalls eine wichtige Kompetenz von Lehrern darstellt.

Die Bedeutung von Kommunikation für Kooperation und Teamarbeit von Lehrkräften stellt einen weiteren inhaltlichen Schwerpunkt dar, den ich in Kapitel 10 behandele. Den Abschluss (Kapitel 11) bilden Hinweise auf die Bedeutung von Kommunikationsprozessen für inklusive Schulentwicklungsprozesse.

Dieser Aufbau orientiert sich an den beiden folgenden Zielen:

- Ich möchte Sie einladen, sich mit Ihren eigenen Menschenbildannahmen auseinanderzusetzen und zu spüren, wie bedeutsam diese Auseinandersetzung für die Anwendung von »Handwerkszeug« ist. Ich lade Sie herzlich ein, bei der Lektüre mitzuvollziehen, dass Technik alleine nicht ausreicht.
- Sie sollen Gelegenheit haben, Ihren Handwerkskoffer zu füllen, d. h. Ihr Handlungsrepertoire zu erweitern. Dabei geht es mir nicht darum, Ihnen zu vermitteln, dass in einer bestimmten Situation eine und nur diese Handlungsweise »richtig« ist. Vielmehr möchte ich eine Kompetenzerweiterung ermöglichen, d. h. Ihnen die Kompetenz vermitteln, selbst zu entscheiden, welche Gesprächstechnik in der jeweiligen Situation einzusetzen sinnvoll sein kann und sowohl zu Ihnen persönlich als auch zur Situation passt. Selbstverständlich ist hier auch Raum für eigene Kreativität. Für jede Lehrerin und jeden Lehrer sind

---

2 An dieser Stelle verweise ich auf das sehr lesenswerte Buch von Pallasch/Kölln: Pädagogisches Gesprächstraining, 2011, in dem ebenfalls Einzelelemente isoliert dargestellt sind und geübt werden können, weil sie auch reintegrierbar sind (siehe dort S. 16).

diese beiden Komponenten – nämlich Passung zu Situation und Person – bestimmend für das Handeln, mit beiden befasst sich dieses Buch.
Eine grundlagenlose Anwendung von Techniken unterliegt immer der Gefahr von Manipulation oder Missbrauch; deshalb ist die Auseinandersetzung mit Haltungsfragen mindestens ebenso wichtig wie das Erlernen von Techniken. Andererseits reicht eine angemessene Haltung nicht aus; es gehört auch Handwerkszeug dazu, sich professionell verhalten zu können. Ich bin jedoch eindeutig der Auffassung, dass der Grundhaltung eine größere Bedeutung zukommt als der Technik. Wenn ich über die Grundhaltung der Wertschätzung aller Menschen verfüge, ist ein technischer Fehler eher zu verschmerzen, als wenn ich eine abwertende oder manipulative Haltung einnehme und mich technisch optimal verhalte. Etliche praktische Erfahrungen bestätigen diese Auffassung.
- Im institutionellen Rahmen von Schule kommt als weiteres Merkmal die Struktur hinzu, die den Rahmen bieten muss, um der Grundhaltung gemäß handeln zu können.[3] Es kann also nicht nur darum gehen, individuell Kompetenzen zu erwerben und anzuwenden, sondern es muss darüber hinaus einen institutionellen Rahmen geben, in dem ich entsprechend der Grundhaltung agieren kann.

Abb. 1: HSH = Haltung, Struktur und Handwerkszeug

In diesem Buch möchte ich darauf achten, dass die Ziele mit den Methoden kongruent sind. Was bedeutet das? Wir alle erleben im öffentlichen Raum immer wieder Menschen, die heimlich Wein trinken, während sie öffentlich Wasser predigen, wie Heinrich Heine es pointiert formuliert hat.[4] Wer beispielsweise als

---

3 Vgl. auch die drei Dimensionen des »Index für Inklusion«, der eine Möglichkeit von Schulentwicklung darstellt: Inklusive Kulturen – inklusive Strukturen – inklusive Praktiken sollen entwickelt werden (Online-Quelle 1).
4 Heinrich Heine: Deutschland – ein Wintermärchen

> Sie sang das alte Entsagungslied,
> Das Eiapopeia vom Himmel,
> Womit man einlullt, wenn es greint,
> Das Volk, den großen Lümmel.
> Ich kenne die Weise, ich kenne den Text,
> Ich kenn auch die Herren Verfasser;
> Ich weiß, sie tranken heimlich Wein
> Und predigten öffentlich Wasser.

Schulleiterin bei öffentlichen Reden das hohe Lied der Dialogkultur singt, intern im Kollegium jedoch Leitung nach Gutsherrenart praktiziert, wird bestenfalls als nicht authentisch, oft eher als verlogen erlebt.[5] Meine Intention ist es, möglichst widerspruchsfrei die wesentlichen Inhalte darzustellen und dabei die Merkmale, die ich postuliere, selbst einzuhalten (Transparenz, selektive Authentizität usw.).

1.3 Lesehinweise

Selbstverständlich können Sie dieses Buch lesen, wie Sie wollen, von vorne bis zum Ende durch, mal hier, mal dort usw. Mein Rat: Lesen Sie Kapitel 2 zuerst. Folgende Gründe kann ich Ihnen für diesen Rat nennen:

- Bevor Sie sich Techniken aneignen, halte ich es für sehr wichtig, zunächst grundlegende Entscheidungen zu treffen und die eigene Haltung zu Kommunikation und zum Menschen überhaupt zu klären. Diese Möglichkeit erhalten Sie, wenn Sie sich mit Kapitel 2 beschäftigen.
- Immer wieder stelle ich bei den praktischen Elementen Bezüge zur Theorie her.

Sie können das Buch auch als Nachschlagewerk verwenden. Wenn Sie sich beispielsweise daran erinnern, dass unter »Setting« ein für Sie interessanter Gedanke zu finden war, können Sie dieses Kapitel erneut (oder natürlich auch erstmals) lesen. Oder wenn Sie ein Kritikgespräch führen müssen, können Sie sich die Struktur dieser Gesprächsart wieder ins Gedächtnis rufen.

Lange habe ich gezögert, konkrete Gesprächsbeispiele aufzunehmen, weil damit konkrete Probleme verbunden sein können.

- Konkrete Formulierungen vermitteln oft den Eindruck, als sei es so, wie es dargestellt ist, richtig, und als sei jedes andere kommunikative Verhalten falsch. Explizit möchte ich betonen, dass die Beispiele, die ich aufführe – z. T. in wörtlicher Rede – genau das nicht intendieren. Meine Beispiele stellen *eine* Möglichkeit dar, das im jeweiligen Abschnitt Gemeinte zu konkretisieren. Ich bitte Sie, diese Beispiele als Steinbruch zu betrachten, um Rohlinge zu gewinnen, die Sie aber selbst bearbeiten können und sollten, bis sie zu Ihnen als Person und zur Situation passen. Für ungeübte Personen kann es auch sinnvoll sein, zunächst die vorgeschlagenen Formulierungen zu benutzen, um später mit zunehmender Übung und Sicherheit zu einer individuell passenden Sprache zu gelangen. Meine Erfahrung ist die, dass es gerade für ungeübte Personen eine

---

5 Zur »selektiven Authentizität« siehe den Abschnitt »Förderliche Bedingungen für gute Kommunikation« in Kap. 2.1.

konkrete Hilfe darstellt, »Vokabeln für die Zungenfertigkeit«, wie Jörg Schlee es nennt, zu bekommen und üben zu können.
- Wenn jemand eine Formulierung entdeckt, die ihm oder ihr gefällt, könnte er oder sie diese auch zu manipulativen Zwecken nutzen. Mit anderen Worten: Auch wenn jemand eine andere Haltung hat als die, auf deren Basis ich alle meine Formulierungsideen vorstelle, können Elemente mit anderen Absichten übernommen werden, die von mir nicht intendiert sind. Dieses Risiko schätze ich als eher gering ein, ich nehme es in Kauf. Verantwortung kann ich nur für das übernehmen, was ich schreibe, nicht dafür, wie Leserinnen und Leser damit umgehen.

Leichter als das »Richtige« ließe sich an vielen Stellen darstellen, was nicht geeignet ist. Kommunikation ist immer im Wesentlichen ein individueller Vorgang, der nicht normiert werden kann und darf.

Schulz von Thun spricht von der »ziemlich anspruchsvollen Herausforderung [...]: ›Sei in Übereinstimmung mit dir selbst! Und sei auch in Übereinstimmung mit der Wahrheit der Situation!‹«(Pörksen/Schulz von Thun 2014, S. 8).

2 Menschenbilder und Denkmodelle: Basis der kommunikativen Haltung

Viele Menschen, die sich mit dem Thema Gesprächsführung befassen, möchten Tipps und Ratschläge, wie sie in einer bestimmten Situation agieren und reagieren können und sollten. Kurz: Sie möchten Techniken anwenden, mit deren Hilfe sie sich nicht mehr ohnmächtig, hilflos oder unzureichend fühlen.

Warum ist es wichtig, sich mit einer »wissenschaftlichen Betrachtung«, mit »Einsichten« zu befassen? Jörg Schlee, Professor an der Universität Oldenburg, beantwortet diese Frage mit dem Hinweis auf die »Subjektiven Theorien«, die jeder einzelne Mensch entwickelt hat (Schlee 2004, S. 27–67). Jeder benötigt – und hat – ein »Gegenstandsverständnis«, d. h. eine Vorstellung davon, wie der Gegenstand, mit dem er sich beschäftigt, beschaffen ist. Wie ein Angler bestimmte Vorstellungen von der Lebensweise von Fischen hat (Fische sind der »Gegenstand« des Anglers), hat auch jede Person, die mit Menschen zu tun hat, eine bestimmte Vorstellung vom Menschen. Diese Annahmen bezeichnet Schlee als »Menschenbildannahmen«. Ein Beispiel soll dies verdeutlichen:

Eine Lehrerin, die einem Schüler gegenübersteht, kann sehr unterschiedliche Vorstellungen von diesem Schüler haben. Diese Vorstellungen sollen hier als Metaphern ausgedrückt werden: Sie kann ihn beispielsweise als Gefäß betrachten, in das wie mit einem Nürnberger Trichter Wissen eingegeben wird; sie kann das Kind als Blume sehen, die es zu gießen gilt, damit sie wachse; sie kann auch das Kind als Marionette und sich selbst als Marionettenspielerin betrachten; ebenfalls kann das Kind ein zu zähmendes Raubtier sein, dem die Lehrerin als Dompteur gegenübersteht.

Abb. 2: Nürnberger Trichter

Abb. 3: Marionette

Abb. 4: Gärtner   **Abb. 5:** Dompteur

Jede dieser Metaphern ist weder richtig noch falsch, sondern bei verschiedenen Menschen einfach vorhanden.[6] Eine Lehrperson, die ein Kind eher als Blume und sich als Gärtner betrachtet, wird andere Umgangsweisen und Kommunikationsmittel, andere Methoden, andere didaktische Modelle, andere Sanktionen entwerfen als jemand, der das Kind als leeres Gefäß betrachtet, das es mit Wissen zu füllen gilt.

Vielfach handeln Menschen, ohne dass ihnen die zugrunde liegenden Grundannahmen bewusst sind. Immer jedoch sind bestimmte Annahmen vorhanden, die die Praxis bestimmen. Im Alltag ziehen wir alle aufgrund von Handlungen anderer Menschen häufig interpretierende Rückschlüsse auf deren Menschenbildannahmen. Umgekehrt formuliert: Wir schließen aufgrund bestimmter Handlungsweisen oder konkreter Taten auf zugrunde liegende Grundeinstellungen. Ob wir mit solchen Vermutungen richtig liegen, will ich an dieser Stelle nicht weiter untersuchen, nur den Hinweis will ich geben, dass es wohl niemandem gelingt, sich völlig widerspruchsfrei zu verhalten. Wichtig ist an dieser Stelle, dass wir zu Recht einen engen Zusammenhang zwischen Theorie und Praxis dergestalt annehmen, dass Handlungen zurückzuführen sind auf Grundannahmen, auf »Subjektive Theorien«, wie Schlee formuliert.

Dabei, so Schlee (Schlee 2004, S. 54 f), benutzen alle, auch nicht wissenschaftlich vorgebildete Menschen, die gleichen Systeme wie Wissenschaftler: Wir stellen Hypothesen auf, wir experimentieren und überprüfen sie und kommen so zu Schlussfolgerungen, wir nutzen also die gleichen Vorgehensweisen wie wissenschaftlich arbeitende Menschen, um zu unseren Theorien, zu unseren eigenen Anschauungen von der Wirklichkeit und vom Menschen zu gelangen. Dies bezeichnet Schlee als »Parallelitätsannahme«.

---

6 Hier kann und soll nicht untersucht werden, wie wir alle zu unseren Menschenbildannahmen gekommen sind, obwohl auch das eine spannende und hochinteressante Materie ist!

2.1 Wie wir uns und andere sehen

Jeder Mensch hat sich ein bestimmtes Gegenstandsverständnis angeeignet, bestimmte Annahmen über den Menschen. Auch dieses Buch geht von einem bestimmten Menschenbild aus, von Grundannahmen darüber, wie Menschen beschaffen sind, über welche Grundeigenschaften und -kompetenzen sie verfügen. Es gehört zu meinem Menschenbildverständnis, dieses offenzulegen, damit überprüfbar wird, ob die Praxis, die ich vertrete, mit den Grundannahmen übereinstimmt. Transparenz ist für mich mit meinem Menschenbild ein wichtiger Baustein, der immer wieder in der Praxis wirksam wird.

Wenn jemandem – beispielsweise als Leitungsperson – Machtausübung und Einflussnahme wichtige Aspekte sind, sollte der- bzw. diejenige sich dessen jederzeit bewusst sein und auch offen mit dieser Haltung umgehen können. »Ich bin Schulleiterin geworden, weil es mir wichtig ist, eine bestimmte Vorstellung von Schule umzusetzen, und dazu benötige ich die Leitungsmacht«, wäre ein authentischer Satz, der zu einer solchen Haltung passt. Ob solche persönlichen Sätze in jedem Fall auch von Schulgesetzen legitimiert werden, ist eine andere Frage; auch ist Intransparenz oft gerade ein Wesensmerkmal von Machtausübung.

Ich bin der festen Überzeugung, dass es wichtig ist, Theorie und Praxis möglichst widerspruchsfrei zu gestalten. Authentizität und Glaubwürdigkeit entstehen gerade dadurch, dass theoretische Annahmen in der kleinsten praktischen Handlung wiederzufinden sind. Das gilt nicht nur für das Individuum, sondern auch für Institutionen wie die Schule. Das Leitbild einer Schule muss sich im Aufsichtsplan wiederfinden, der Umgang mit Teilzeitkräften bei der Stundenplangestaltung soll möglichst widerspruchsfrei in Bezug auf das Leitbild sein. Andererseits: Widersprüche lassen sich dabei oft nicht vermeiden. Wenn beispielsweise das eigene Menschen- und Gesellschaftsbild aus inklusiver Sicht und aufgrund von Erfahrungen aus den skandinavischen Ländern »eine Schule für alle« als logische Konsequenz postuliert, lebe ich in dem gegenwärtigen gegliederten Schulsystem in Deutschland in einem ständigen strukturellen Widerspruch, den es auszuhalten und zu gestalten gilt.

Den Anspruch auf Widerspruchsfreiheit absolut zu setzen und jede kleine Abweichung zu kritisieren, wäre ebenso falsch wie ein Aufgeben dieses persönlichen Qualitätsmerkmals. Jede Art von Perfektionismus und Rigorosität führt zu Angst vor Fehlern und ruft gerade deshalb Fehler hervor. Nachsicht mit Fehlern anderer Menschen und eigenen Fehlern und Widersprüchen ist sicherlich der humanere Weg, der sich an den Prinzipien orientiert, die ich im Folgenden darstellen werde.[7]

---

7 Eklatante Verstöße gegen die Kongruenz von Zielen und Methoden werden deutlich wahrgenommen, sie finden sich beispielsweise in den wiederkehrenden Beschlüssen von Parlamentariern jeglicher Couleur, ihre eigenen Diäten kräftig zu erhöhen. Auch hier stellt sich die Frage, ob wir dieses Verhalten mit Rigorosität oder Nachsicht behandeln können. Vielleicht kann es eine Lösung darstellen, die Bewertung in diesem Beispiel zu differenzieren: Politisch unannehmbar, als menschliche Schwäche verstehbar.

Im Fokus: Der Mensch – Humanistische Psychologie

Mein eigenes Handeln als Pädagoge und Berater beruht auf einem Verständnis des Menschen, das in den Grundüberzeugungen der Humanistischen Psychologie begründet ist. Die umfangreiche Literatur zu diesem Thema stellt Grundlagen dar, die ich hier in Kürze zusammenfasse und auf die ich an etlichen Stellen auch im praktischen Teil zurückgreife.

> »Die Humanistische Psychologie bezeichnet sich als ›dritte Kraft‹, d. h. als Ergänzung, Alternative und Gegenbewegung zur Psychoanalyse und zur Verhaltenstherapie. Zu dieser dritten Kraft zählen sich im Wesentlichen:
> - Fritz Perls (Gestalttherapie)
> - Carl Rogers (Klientzentrierte Gesprächstherapie)
> - Eric Berne (Transaktionsanalyse)
> - Virginia Satir (Familientherapeutin) und
> - Abraham Maslow, der der Humanistischen Psychologie den Namen gab und diese maßgeblich prägte und beschrieb.«[8]
> (Langmaack 2010, S. 35)

Die Humanistische Psychologie versteht den Menschen als reflexives, autonomes Wesen, das in der Lage ist, sein Handeln zu steuern und aus Handlungsoptionen zu wählen. Drei Grundannahmen seien hier dargestellt:

1. *Jeder Mensch ist für die Lösung seiner Probleme selbst verantwortlich.*
   Diese Betrachtungsweise ist aus meiner Sicht äußerst optimistisch und lebensbejahend, stellt sie doch den Menschen in die Verantwortung für seine Handlungen. Zum anderen ermöglicht dieser Zugang bereits in den Grundannahmen die Veränderungsmöglichkeit: Wenn ich A gewählt habe, kann ich auch B wählen.
   Auch kann die Verantwortlichkeit selbstverständlich Bürde sein und zu Überforderungsgefühlen beitragen. Es kann nicht die schlichte Rede davon sein, dass »jeder seines Glückes Schmied« sei und damit selbst für Chancenungleichheiten und Benachteiligungen verantwortlich gemacht werden könne. Viele Handlungsoptionen stehen z. B. Menschen aus sogenannten bildungsfernen Schichten nur sehr eingeschränkt zur Verfügung. Eine neoliberale Sichtweise etwa nach dem Motto von Anatole France – »Jeder hat das Recht, unter einer Brücke zu schlafen« – ist aus meiner Sicht zynisch.
   Wie der Einzelne jedoch mit seiner Lebenssituation in dem ihm möglichen Rahmen umgeht, ist sehr wohl seine eigene Verantwortung.
2. *Jeder Mensch ist in der Lage, seine Probleme selbst zu lösen. Er verfügt über alle Ressourcen, die er dafür benötigt.*
   Mit der Frage der Verantwortlichkeit ist die Annahme verbunden, dass jeder Mensch tatsächlich in der Lage ist, seine Lebensprobleme zu lösen. Diese An-

---

8 Ruth Cohn erwähnt Langmaack nicht, weil ihr Buch von der Themenzentrierten Interaktion (TZI) handelt, die von Cohn entwickelt worden ist; Cohn gehört zweifellos in die Reihe dieser bedeutenden Persönlichkeiten.

nahme stößt häufig auf Widerspruch. Kennen wir nicht alle Menschen, die ganz offensichtlich ihr Leben nicht im Griff haben, die ständig auf Hilfe angewiesen sind oder leiden, die sich ständig beklagen oder krank sind?
Selbstverständlich scheint es aus der Außensicht so, dass dies alles richtig ist. Um zu verdeutlichen, was gemeint ist, mache ich einen kleinen Exkurs zum Thema »Reframing«, d. h. Wechsel des Rahmens.[9]
Stellen Sie sich bitte einen Alkoholiker vor, der offensichtlich ein großes Problem hat, sein Leben in den Griff zu bekommen. Die Sucht lässt ihm nur wenige Handlungsoptionen. Wenn ich den Alkoholismus in den Rahmen (»frame«) »Problem« stelle, habe ich das angemessene Bild gefunden, so scheint es zumindest.

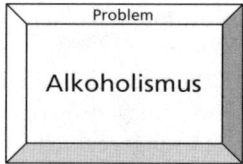

Abb. 6: Problemrahmen

Durch Reframing, d. h. den Wechsel des Rahmens, kann ich jedoch zu einer völlig anderen Sichtweise gelangen. Betrachte ich den Alkoholismus als Versuch einer Lösung, stellt sich der Sachverhalt völlig anders dar.

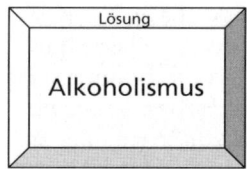

Abb. 7: Lösungsrahmen

---

9 »Das Reframing (Umdeutung) ist als eine Methode der Systemischen Psychotherapie und des Neurolinguistischen Programmierens bekannt. Menschliche Denkmuster, Zuschreibungen, Erwartungen weisen in der Regel einen Rahmen (frame) auf, eine Ordnung, nach der Ereignisse interpretiert und dann wahrgenommen werden. Entweder ist das Glas halb voll oder halb leer. Obwohl scheinbar das Gleiche bezeichnet wird, sind der Akzent und die Bedeutung jeweils unterschiedlich, weil einmal ein eher positiver und das andere Mal ein eher negativer Rahmen gesetzt wird. Gelangt man aus der Sicht des halb leeren zur Sicht des halb vollen Glases, so hat ein Reframing, eine Umdeutung, stattgefunden. Ein Beispiel dafür stellt das positive Denken dar, bei dem die Ereignisse des Lebens aus einem positiven Blickwinkel betrachtet werden. Eine andere sehr bekannte Form des Reframings begegnet uns beim Witz: Dort wird ein gewöhnliches, alltägliches Ereignis in einen neuen, untypischen Rahmen gestellt, wodurch eine missverständliche und unterhaltsame Wirkung erzielt wird, da der Zuhörer in seiner Deutung der Situation zunächst von einem anderen (typischen) Rahmen ausgegangen ist.« (Online-Quelle 2)

Der Alkoholismus wird zum Versuch, Lebensprobleme welcher Art auch immer zu lösen. Das Reframing ermöglicht es, tiefere Schichten der Problematik zu betrachten und anzugehen. Auch die Frage der Bewertung von Lösungsversuchen ist bedeutsam: Aus der Außensicht scheint der Lösungsversuch Alkoholismus unsinnig zu sein, er stellt für den Betroffenen jedoch ein Optimum der ihm zurzeit zur Verfügung stehenden Handlungsoptionen dar.

Ein anderes Beispiel: Stelle ich Verhaltensauffälligkeiten eines Schülers in den Problemrahmen, gehe ich davon aus, dass solche Auffälligkeiten nicht nur für die Umgebung, sondern auch für die handelnde Person selbst ein Problem darstellen. Als Lösungsversuch gesehen kann es aber durchaus nachvollziehbar sein, warum ein Schüler, der sich im Elternhaus wenig beachtet fühlt, in der Schule mit allen Mitteln Aufmerksamkeit bekommen möchte, und es ist ja bekannt, dass auch negative Aufmerksamkeit angenehmer ist als überhaupt keine.

Wenn ich nun meine eigenen Lebensentscheidungen in diesen Rahmen stelle und versuche, mir mein Leben mit allen gegenwärtigen Umständen als Ergebnis von Entscheidungsprozessen, als Lösungsversuche zu sehen, kann ich zu neuen Sichtweisen und neuen Erkenntnissen gelangen. Mein Leben, wie es heute ist, stellt sich dar als Ergebnis einer Reihe von Entscheidungen, die ich getroffen habe und die mich schließlich zum heutigen Status geführt haben. Selbstverständlich wähle ich nicht, z. B. einen Herzinfarkt zu bekommen oder andere traumatisierende Erlebnisse zu haben. Wie ich aber damit umgehe, ob ich in Depression verfalle oder lerne, mit den durch den Infarkt bedingten Einschränkungen oder mit der Belastung durch ein Trauma mein Leben in sinnvoller Weise zu leben, darüber entscheide ich.

Ich bin aufgefordert und in der Lage, Verantwortung für alle meine Entscheidungen und für alle Umstände zu übernehmen, die mir im Leben begegnen. Damit wird auch die dritte Grundannahme verständlich.

3. *Jeder Mensch verhält sich in der ihm momentan möglichen optimalen Weise.*
Wir nutzen alle uns zurzeit zur Verfügung stehenden Ressourcen, um unser Leben einzurichten und mit uns und der Umwelt umzugehen. Wenn wir unser Leben verbessern könnten, würden wir es tun; so lautet die Quintessenz dieser Annahme.

Meine grundlegende Überzeugung ist, dass sich unser Leben als eine permanente Folge von Entscheidungen vollzieht. Wir wägen Wege ab, die wir nicht gehen wollen, wählen andere aus, die sich zuweilen als Irrwege entpuppen, und gehen Umwege. Längst nicht alle diese Entscheidungen treffen wir rational, vieles entscheiden wir unbewusst, und dennoch ist es hilfreich, sie alle als Folge unserer eigenen Entscheidungen zu betrachten und Verantwortung für unsere Entscheidungen zu übernehmen, für die Wege, die wir gehen, und die Lösungsansätze, die wir probieren.

Oft stehen wir am Punkt X und haben eine Entscheidung zu treffen über die Frage, ob wir den Weg A oder den Weg B gehen sollen und können. Dieses Prinzip betrifft alltägliche Verrichtungen (z. B. den Film im Fernsehen um 23 Uhr noch sehen oder ins Bett gehen) ebenso wie existenzielle Weichenstellungen im

Leben (z. B. Partnerschaft, Kinderwunsch, berufliche Entscheidungen o. Ä.). Wenn ich in der Lage bin, die Folgen vorher abzuschätzen, die das Beschreiten beider Wege haben könnten, kann ich eine (überwiegend) rationale Entscheidung treffen.

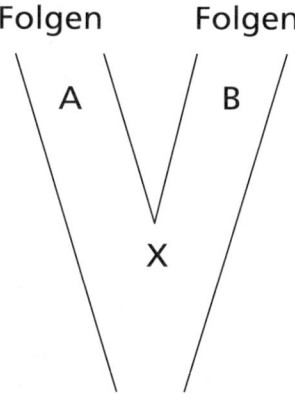

Abb. 8: Entscheidungsgrafik

Diese Wahlfreiheit geht in einem »globe«, einem Rahmen vonstatten, der durch vielerlei einschränkende Bedingungen bestimmt ist; damit meine ich nicht nur gesellschaftliche und sonstige Zwänge und Vorgaben, sondern auch schicksalhafte Bedingungen wie Krankheiten, Behinderungen, Unfälle usw. Wahlfreiheit bezieht sich also häufig auf den Umgang mit diesen Vorgaben und Einschränkungen bzw. in deren Grenzen.[10]

Trennung von Person und Handlung

Zu den grundlegenden Annahmen gehört wesentlich auch die Trennung von Person und Handlung, von Täter und Tat. Der Mensch ist mit seinen Eigenschaften, Gefühlen, Meinungen, Problemen, Haltungen und allem, was zu ihm gehört, in seiner Würde unantastbar (vgl. Grundgesetz § 1). Insofern ist er zu würdigen, zu respektieren und zu achten. Woher könnte ich das Recht nehmen, einen anderen Menschen als Person zu bewerten? Die Handlungen jedoch – oder Aktionen, Taten – können bewertet, für gut oder schlecht befunden, gelobt und kritisiert oder verurteilt werden. In Abbildung 9 stelle ich den Zusammenhang grafisch dar.

---

10 In diesem Sinne verstehe ich auch Sartres Satz: »Der Mensch ist frei, selbst wenn ihn von allen Seiten Zwänge bedrängen. Wir sind in die Freiheit geworfen« (Jean-Paul Sartre, in Online-Quelle 3).

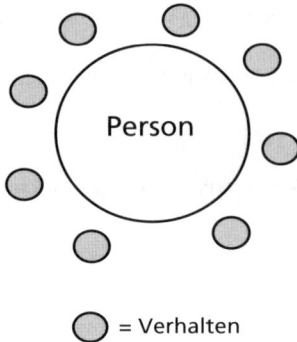

Abb. 9: Trennung Person und Verhalten

Diese Unterscheidung zwischen Person und Handlung zu treffen, ist für die Praxis von ungeheuer großer Bedeutung. Wenn ich beispielsweise ein Gespräch mit jemandem führe, der sehr wütend ist und mich beschimpft, kann ich differenziert reagieren, indem ich das Gefühl (Wut) akzeptiere und vielleicht nach Einzelheiten und Hintergründen frage (»Worüber genau sind Sie so wütend?«), die Beschimpfung jedoch zurückweise (»Es ist in Ordnung, wenn Sie wütend sind, ich bin aber nicht bereit, mich von Ihnen beschimpfen zu lassen!«).

Person und Verhalten nicht zu unterscheiden, kann zu Äußerungen führen, die einen Menschen aufgrund einer Handlung mit einem moralischen Werturteil etikettieren (»Wenn du nicht tust, was ich dir sage, bist du ein böser Mensch«). Ein solcher moralischer Rigorismus kann den Selbstwert gefährden und dazu führen, dass autonome Entscheidungen erschwert werden. Aus der Erziehungsschwierigenpädagogik ist die Lehrerverhaltensweise bekannt, einem Kind den Arm um die Schulter zu legen und es zugleich wegen eines Verhaltens zu kritisieren. Dies ist kein Widerspruch, sondern Ausdruck der Trennung von unbedingter Wertschätzung für die Person, so, wie sie ist, und Bewertung der Handlung. Einen endlos redenden Gesprächspartner zu kritisieren, indem ich sage »Du gehst mir auf die Nerven«, ist etwas anderes, als wenn ich sage »Wenn du ständig redest, werde ich ganz nervös«. Ich kritisiere dann die Handlung und nicht den Menschen.

Dieses Verhalten können Sie üben. Achten Sie doch einfach mal darauf, wie Sie anderen Menschen Rückmeldungen über ihr Verhalten geben, und entwickeln Sie für sich alleine oder mit Partner Alternativen. Beispiel: Sagen Sie »Wenn du erst um Mitternacht nach Hause kommst, bekomme ich Angst und mache mir Sorgen« statt »Du bist ein rücksichtsloser Mensch«. Lesen Sie dazu auch die Kapitel 3.11 über das Feedback und 3.7 über Ich-Äußerungen.

Förderliche Bedingungen für gute Kommunikation[11]

Achtung – Wärme – Rücksichtnahme

Es hört sich wie eine Banalität an: Jeder sollte – so Annemarie und Reinhard Tausch – anderen Menschen mit Achtung begegnen, d. h. den anderen ebenso achten und respektieren wie sich selbst.

> **Beispiel**
> Ich kenne eine alleinerziehende Mutter von drei Kindern, die keinen Schulabschluss hat und aus der sogenannten »bildungsfernen Schicht« stammt, Hartz-IV-Leistungen bezieht, nebenbei drei Putzstellen hat und bereits zwei Kindern den Hauptschulabschluss ermöglicht hat. Sie kam zur Beratung zu mir, weil die Schule sich über die Verhaltensauffälligkeiten ihres jüngsten Kindes beklagte. Vor der Leistung dieser Frau habe ich großen Respekt.
> Ich kenne auch die sehr engagierte Lehrerin dieses Kindes, die mit halber Stelle arbeitet, auf dieses Geld nicht angewiesen ist, weil ihr Mann als Rechtsanwalt sehr gut verdient. Die Lehrerin hatte dieser Mutter geraten, die Arbeitsstellen aufzugeben und sich völlig der Erziehung ihrer Kinder zu widmen (wie sie selbst es getan hatte, als ihre beiden Kinder klein waren).
> Hier fehlten der Lehrerin ganz offensichtlich die Einfühlung und die Achtung vor den Lebensumständen, vor der Leistung der anderen Mutter.
> Natürlich könnten wir es uns einfach machen und es beim kopfschüttelnden Unverständnis belassen. Eine besondere Aufgabe stellt es deshalb dar, auch dieser Sichtweise der Lehrerin mit Achtung zu begegnen. Bewertend und ohne Einfühlung und Achtung darauf zu reagieren (was für mich persönlich nahegelegen hätte), würde eine Erschwernis in der Kommunikation, eine hinderliche Bedingung bedeuten bei dem Versuch, bei der Lehrerin Verständnis für die Mutter zu wecken. Wenn ich die Lehrerin verurteile, weil sie sich nicht wertschätzend verhält, begehe ich den gleichen Fehler wie sie. Es kommt darauf an, selbst Empathie zu entwickeln und beim Gegenüber Empathie zu fördern (s. a. Gewaltfreie Kommunikation in Kap. 2.1).

Wärme im menschlichen Umgang bedeutet, der Humanität oberste Priorität einzuräumen. Prinzipien wie Konsequenz können inhuman wirken und die Kommunikation deutlich belasten, wenn sie nicht mit Wärme gepaart sind. Jemandem mit Achtung, Wärme und Rücksichtnahme zu begegnen, kann dann besonders schwierig sein, wenn der andere anderer Meinung ist als ich, wenn ich ihn unsympathisch finde, wenn er aus einem mir fremden Kulturkreis stammt oder wenn ich seine Handlungen nicht mit meinen oder gesellschaftlich konsensualen Normen in Übereinstimmung bringen kann.

---

11 Vgl. Tausch/Tausch 1979, S. 118–242.

Gerade in solchen Kommunikationssituationen kann sich zeigen, in welchem Maß wir die theoretischen Grundannahmen über den Menschen internalisiert haben. Wenn es mir sehr schwerfällt, jemand anderem mit Wertschätzung zu begegnen, kann ich mich herausgefordert fühlen, an mir zu arbeiten. Selbstverständlich habe ich ebenso die Wahl, die Verantwortung für meinen Mangel an Wertschätzung dem anderen zuzuschieben: Da er nicht in das Fenster passt, das ich für akzeptabel halte, ist er für meine Ablehnung selbst verantwortlich. Wir spüren, dass da etwas nicht stimmt, und doch ist diese Haltung nicht selten, und wenn wir den Mut aufbringen, bei uns selbst genau hinzusehen, gilt das für uns ebenso wie für viele andere Menschen.

Dieser Sichtweise liegt die Annahme – und die Erfahrung – zugrunde, dass unser Umgang mit unseren »Inneren Teammitgliedern« (s. a. den Abschnitt »Das Parlament in mir – Das Innere Team« in Kap. 2.3) den Umgang mit Verhaltensweisen anderer Menschen und Situationen bestimmt.

Beispiel
Im Beispiel mit der Lehrerin und der dreifachen Mutter ist es von größter Bedeutung, meine eigenen respektlosen und abwertenden Anteile zu kennen, um nicht meinerseits mit Abwertung auf die Lehrerin zu reagieren. Der Widerspruch in mir und in meinem Verhalten (Abwertung der abwertenden Person wegen deren Abwertung) fiele mir mit großer Wahrscheinlichkeit nicht einmal auf, wenn ich mich nicht mit mir, meinen Vorurteilen und Klischees auseinandergesetzt hätte.

Drei mögliche Lösungen für dieses Dilemma will ich hier zeigen:

1. Die philosophische Auseinandersetzung mit dem Wesen des Menschen und der Bedeutung, dass wir als Menschen zur Selbstwerdung immer auf ein »Du« angewiesen sind, oder, wie Martin Buber es ausdrückt: »Ich werden am Du« (Buber 1995). In den Schriften zur Humanistischen Psychologie wird dieses Thema ausgiebig behandelt (siehe u. a. Schlee, Cohn, Rogers, Mutzeck, Tausch/Tausch). Die intellektuelle Auseinandersetzung mit der Problematik stellt einen wichtigen Eckpfeiler einer professionellen Kommunikationskultur dar.
2. Darüber hinaus ist es unerlässlich, Selbsterfahrungsanteile in die Ausbildung und Fortbildung zum Thema Kommunikation, Gesprächsführung, Beratung und Konfliktmanagement aufzunehmen. Das Modell des »Inneren Teams« von Friedemann Schulz von Thun (siehe den Abschnitt »Die vier Ebenen der Kommunikation« in Kap. 2.3) bietet eine gute Möglichkeit, die eigenen inneren Anteile kennenzulernen und sich mit ihnen auseinanderzusetzen. Der Weg zu einer Veränderung geht über das Wahrnehmen und Akzeptieren dessen, was ist, hin zur Veränderung in kleinen Schritten.
3. Berufsbegleitende Supervision stellt für Menschen, die häufig in schwierigen Kommunikationssituationen stehen, eine empfehlenswerte und notwendige Bedingung dar, um einerseits professionell agieren und andererseits die eigene Psychohygiene pflegen zu können.

Einfühlendes, nichtwertendes Verstehen

»Aufmerksamkeit und Offenheit für das Wesen des anderen heißt zu akzeptieren, dass du über diesen Menschen verschwindend wenig weißt.« (Natale 1993)

Schlee würde formulieren, dass die Subjektiven Theorien nicht offen zutage treten, ja oft sogar kaum bewusst sind, so dass sie kaum kommuniziert werden können. Gerade aus diesem Grunde ist es erforderlich, Handlungen und Äußerungen eines anderen Menschen mit diesem Vorbehalt des Nichtwissens zu betrachten und möglichst nicht zu bewerten.[12] Akzeptanz der Unterschiedlichkeit, der Heterogenität der Menschen, und Annahme des anderen als Mitmensch, der mein Mitgefühl verdient hat (s. a. Bücher des Dalai Lama), sind wichtige Elemente einer Haltung, die eine Voraussetzung für eine gelingende Kommunikation darstellt.

Beispiel

Etliche Male kam es in meiner Praxis als Schulamtsdirektor vor, dass Eltern, deren Kind eine Förderschule mit dem Förderschwerpunkt geistige Entwicklung besuchte, sich bei mir über die Schule beschwerten. Lehrkräfte seien ungerecht, das Kind werde benachteiligt, die Kulturtechniken würden nur nachrangig behandelt.

Durch nichtwertendes Zuhören gelang es in etlichen Fällen, zu den dahinter liegenden Gründen vorzustoßen, nämlich häufig zu der Frage, inwieweit die Eltern die Behinderung des Kindes verarbeitet haben und letztlich akzeptieren. Bei der Geburt festzustellen, dass bei dem Kind eine Behinderung vorliegt, stellt sehr häufig eine traumatische Erfahrung dar, die einen längeren und oft schmerzlichen Verarbeitungsprozess zur Folge hat. Einige Elemente benenne ich: Erwartungen an die Entwicklung und die Zukunft des Kindes werden enttäuscht, Lebensentwürfe müssen verändert und an die neuen Gegebenheiten angepasst werden, mit dem Schicksal wird gehadert, Kränkungsgefühle müssen bearbeitet werden, Partnerschaftskonflikte und unterschwellige Vorwürfe können auftreten.

Wertungen – z. B. nach dem Motto »Ich kümmere mich um die Ungerechtigkeit, ich werde mit der Lehrerin oder der Schulleiterin sprechen und die Ungerechtigkeit abstellen« – wären in solchen Fällen nicht nur hinderlich gewesen, sondern sogar schädlich. Nützlich wäre eine solche Intervention lediglich für mein eigenes Macher-Image; für die Kommunikation, d. h. für die wirkliche Begegnung mit dem anderen jenseits der oberflächlichen, vermeintlich leichten Lösungsfindung, sind Wertungen oft sehr schädlich. Andererseits könnten einige dieser Erfahrungen dazu verführen, in einem weiteren Fall von Beschwerde über Ungerechtigkeit die oben dargestellte Ursache zu vermuten. Auch diese Annahme wäre unberechtigt. Eine Annahme kann 99 Mal zutreffen, im hun-

---

12 Ruth Cohn spricht von der Notwendigkeit der Wertung angesichts inhumaner Handlungen und Äußerungen; gemeint ist hier der Umgang mit alltäglichen Äußerungen und Handlungen, die innerhalb ethisch gesetzter Normen liegen.

dertsten Fall kann sich etwas völlig anderes als Ursache eines Verhaltens herausstellen.

Gerade Lehrer tun sich oft schwer damit, in der Kommunikations- bzw. Beratungssituation nicht zu werten. Es gehört zur nachhaltigen beruflichen Sozialisation von Lehrerinnen, Handlungen und Äußerungen anderer Menschen, nämlich der Schülerinnen und Schüler, zu bewerten. In Fortbildungsseminaren fällt mir sehr häufig auf, dass Lehrer etwa bei Übungen zum aktiven Zuhören Probleme haben, sich mit bewertenden Äußerungen zurückzuhalten.

Allerdings scheint mir in den letzten Jahren ein Wandel einzutreten; mit der Zunahme offener und auf Selbsttätigkeit und Kooperation von Schülern angelegter Unterrichtsformen wandelt sich die Rolle der Lehrer vom Instrukteur hin zu der des Lernberaters, und in diesem Zusammenhang sind für mich erste Veränderungen vom ständig bewertenden zum beratenden Lehrerinnen- und Lehrerverhalten – vor allem im Grundschulbereich – spürbar.

Echtheit, Kongruenz, selektive Authentizität

Selektive Authentizität

Ich sage nicht alles über mich, aber das, was ich sage, stimmt.

Authentizität benutze ich in dem Sinn, der bei mehreren Autoren als »Echtheit« oder »Kongruenz« bezeichnet wird (Gordon, Rogers, Tausch/Tausch, Pallasch/Kölln, Schlee u. a.). Thomas Gordon benennt die Fragen einfach und konkret:

> »Möchten Sie offen und direkt im Umgang mit anderen sein? Psychologen verwenden den Begriff ›Kongruenz‹, um die Übereinstimmung zwischen dem, was ein Mensch im Inneren denkt und fühlt, und dem, was er nach außen hin mitteilt, zu benennen. Möchten Sie jemand sagen, was Sie meinen, und meinen, was Sie sagen, oder jemand sein, der ›nicht echt klingt‹, dem andere nicht trauen können? Möchten Sie jemand sein, der ehrliche und offene Ich-Botschaften sendet und die Menschen genau wissen lässt, wo er steht?« (Gordon 1979, S. 268)

> »Solange alle Körper- und Sinneserfahrungen dem Bewusstsein des Individuums zugänglich sind und sich problemlos in sein Selbstkonzept integrieren lassen, befindet es sich in einem seelischen Gleichgewicht, dem Zustand der Kongruenz. [...] Lässt das Individuum hingegen wichtige Körper- und Sinneserfahrungen nicht in seinem Bewusstsein zu und verleugnet bzw. verdrängt sie, so befindet es sich in einem seelischen Ungleichgewicht, dem Zustand der Inkongruenz.« (Pallasch/Kölln 2011, S. 32 f)

Jörg Schlee fasst Bedingungen einer funktionierenden Beziehung in den Aussagen von Carl Rogers zusammen:

> »Authentizität und Transparenz, ich zeige mich mit meinen wirklichen Gefühlen; warmes Akzeptieren und Schätzen des anderen als eigenständiges Individuum; Einfühlung, die Fähigkeit, den anderen und seine Welt mit seinen Augen zu sehen.« (Schlee 2004, S. 60)

Welche Bezeichnung auch immer wir wählen, es geht darum, dass nicht eine Maschine Gesprächspartner ist, sondern ein Mensch, der zwar in einer Funktion agiert, aber mit vielen Facetten seines Menschseins am Kontakt interessiert ist und ihn fördert – in einer Intensität, die er selbst bestimmt und die zu ihm und zur Situation passt.

Hinsichtlich des Unterrichtens gelangen Lehrerinnen zum Aufbau einer Identität oft bereits nach wenigen Berufsjahren. Sie unterrichten täglich mehrere Stunden lang, erfahren, dass es keines Rollenspiels bedarf, ja dass es äußerst anstrengend ist, wenn man täglich eine Rolle spielt, und es gelingt ihnen meist relativ schnell, sich die Lehrerrolle in der Weise anzueignen, dass der bei Berufsanfängern häufig noch festzustellende Widerspruch zwischen professionellem Verhalten und Authentizität sich mit wachsender beruflicher Identität auflöst.

Mit Gesprächsführung und Beratung machen Lehrerinnen deutlich weniger Erfahrungen. Der Aufbau einer »Beratungs- oder Gesprächsidentität« geschieht bei vielen nie, etliche aber eignen sich auch in diesem Arbeitsfeld Kompetenzen an, die dazu führen, dass professionelles Verhalten eben nicht als künstlich oder aufgesetzt empfunden wird (s. Kap. 3.6). Es gilt dabei, ein Maß zu finden, das im professionellen Bereich zur eigenen Persönlichkeit passt. Ein Zuviel an Offenheit ist dabei ebenso schädlich wie ein Zuwenig. Der Kollege, der im Lehrerzimmer jede Einzelheit aus einer Ehe-Krise berichtet, nervt alle; der unnahbare Lehrer, der seine Schüler nicht einmal wissen lässt, ob er verheiratet ist, ist ebenso weit von einer angemessenen Kommunikationsstruktur entfernt. Hier wird der Selektionsmechanismus wirksam. Eine wichtige Rolle spielt bei dieser Frage das Selbstverständnis: Wie viel von mir will ich andere wissen lassen, was tut mir und meiner Umgebung gut, was passt zu mir und der Situation?

Gewaltfreie Kommunikation

Konzept

Das Konzept der Gewaltfreien Kommunikation (GfK) hat Marshall B. Rosenberg, Psychologe und Schüler von Carl Rogers, in den 1960er Jahren entwickelt.[13] Es geht um eine Form der Kommunikation, aber auch des Umgangs mit sich selbst und seinen Emotionen und Bedürfnissen, die dazu beitragen können, Verständnis zu fördern und Gewalt zu reduzieren.

> »Da die GfK unsere alten Muster von Verteidigung, Rückzug oder Angriff angesichts von Urteilen und Kritik umwandelt, kommen wir immer mehr dahin, uns selbst und andere sowie unsere innere Einstellung und die Dynamik unserer Beziehungen in einem neuen

---

13 Kapitel 2 behandelt zwar die Theorie, weil aber die GfK ohne die praktische Durchführung nicht dargestellt werden kann, beinhaltet der Abschnitt »Gewaltfreie Kommunikation« die GfK insgesamt, also inklusive der praktischen Anwendung.

Licht zu sehen. Widerstand, Abwehr und gewalttätige Reaktionen werden auf ein Minimum reduziert. Wir entdecken das Potential unseres Einfühlungsvermögens, wenn wir uns auf die Klärung von Beobachtung, Gefühl und Bedürfnis konzentrieren statt zu diagnostizieren und zu beurteilen. Dadurch, dass die GfK die Betonung auf intensives Zuhören nach innen und nach außen legt, fördert sie Wertschätzung, Aufmerksamkeit und Einfühlung und erzeugt auf beiden Seiten den Wunsch, von Herzen zu geben.« (Rosenberg 2013, S. 23)

So beschreibt Rosenberg selbst die Grundidee der GfK, die er auf den Grundlagen der Klientzentrierten Gesprächspsychotherapie von Carl Rogers und den Überlegungen Mahatma Ghandis zur Gewaltfreiheit entwickelt hat. Es geht um das Spüren lebendiger Energie im Kontakt zu anderen Menschen.

»Willst du lieber Recht haben oder glücklich sein?« (Rosenberg 2009, S. 9), so lautet eine seiner – zuweilen provokativen – Thesen. »Richtig – falsch, gut – böse, kompetent – inkompetent« – das sind keine Kategorien, in denen Lebendigkeit erlebt wird« (ebd., S. 14). Konflikte können nach Rosenberg gelöst werden, wenn Menschen miteinander in Verbindung stehen. »Ein Konflikt – auch Gewalt – ist ein tragischer Ausdruck eines unerfüllten Bedürfnisses« (ebd., S. 27). Das wichtigste Mittel ist in der GfK Empathie.[14]

Geben und Nehmen werden in dieser Art der Kommunikation eins; Rosenberg zitiert ein Gedicht, um diese ganzheitliche Erkenntnis deutlich zu machen:

> »*Ich fühle mich ungemein beschenkt,*
> *wenn Du etwas von mir annimmst –*
> *wenn Du an der Freude teilhast, die in mir ist,*
> *sobald ich Dich beschenke.*
> *Und Du weißt, ich gebe nicht in der Absicht,*
> *Dich in meine Schuld zu bringen,*
> *sondern weil ich die Zuneigung leben möchte,*
> *die ich für Dich empfinde.*
> *Annehmen mit Würde*
> *ist vielleicht das größte Geschenk.*
> *Unmöglich kann ich die beiden Seiten*
> *voneinander trennen.*
> *Wenn Du mich beschenkst,*
> *schenke ich Dir mein Annehmen.*
> *Wenn Du von mir nimmst, fühle ich mich*
> *sehr beschenkt.*«
> (Bebermeyer, zit. n. Rosenberg 2013, S. 24)

Dabei geht es in keiner Weise um eine abgehobene oder esoterische Wohlfühlkultur. Rosenberg hat in vielen Ländern der Erde gearbeitet, in denen Krisen oder Kriege herrschten.[15] Er beschreibt, wie er dabei Menschen zusammengebracht und in vielen Fällen hat aussöhnen können, die zuvor Hass oder andere Aggressionen

---

14 Rosenberg definiert Empathie so: »Den Verstand leer machen und mit dem ganzen Wesen zuhören« (ebd., S. 113).
15 U. a. in Ruanda, Burundi, Nigeria, Malaysia, Indonesien, Sri Lanka, Sierra Leone, im Mittleren Osten, Kolumbien, Serbien, Kroatien, Nordirland.

gegenseitig empfunden haben, wie z. B. frühere oder aktuelle Kriegsgegner, Vergewaltiger und vergewaltigte Frauen usw.[16]

Wie kann etwas erfolgreich sein, das auf den ersten Blick fremd oder zumindest ungewöhnlich anmutet?

Vier Komponenten

Konstituierend für die GfK ist der Vierschritt, dem wir auch an späterer Stelle noch einmal begegnen werden (s. Kap. 3.8 zu Ich-Botschaften nach Thomas Gordon).

1. Beobachten, ohne zu bewerten

Wenn Sie schon einmal versucht haben, das Verhalten eines Schülers, der aus Ihrer Sicht verhaltensauffällig ist, zu beschreiben, ohne Bewertungen hineinzubringen, wissen Sie, wie schwer es fällt, Beobachten und Bewerten zu trennen. »Wenn wir die Beobachtung mit einer Bewertung verknüpfen, vermindern wir die Wahrscheinlichkeit, dass andere das hören, was wir sagen wollen. Sie neigen dann eher dazu, Kritik zu hören, und wehren so ab, was wir eigentlich sagen wollen« (Rosenberg 2013, S. 45). Es geht nicht darum, sich jeder Bewertung zu enthalten. Wichtig ist aber die saubere Trennung. Bewertungen werden nur auf der Basis von Beobachtungen vorgenommen, jeweils konkret bezogen auf die Zeit und den Handlungszusammenhang. Beispiele sind in Tabelle 1 dargestellt (alle Beispiele entnommen aus ebd., S. 50).

Tab. 1: Beobachtung und Bewertung

Kommunikation	Beobachtung, vermischt mit Bewertung	Beobachtung, getrennt von Bewertung
Gebrauch von Verben mit bewertendem Beigeschmack	Lisa schiebt die Dinge vor sich her.	Lisa lernt für ihre Prüfung am Abend vorher.
Annahme mit gesichertem Wissen vermischen	Wenn du dich nicht ausgewogen ernährst, nimmt deine Gesundheit Schaden.	Wenn du dich nicht ausgewogen ernährst, befürchte ich, dass deine Gesundheit vielleicht Schaden nimmt.

---

16 Neben dem Grundlagenwerk (Gewaltfreie Kommunikation) empfehle ich sehr das Interviewbuch »Konflikte lösen durch Gewaltfreie Kommunikation«.

Tab. 1: Beobachtung und Bewertung – Fortsetzung

Kommunikation	Beobachtung, vermischt mit Bewertung	Beobachtung, getrennt von Bewertung
Keine genaue Bestimmung von Personen innerhalb der Bezugsgruppe	Ausländer kümmern sich nicht um ihr Eigentum.	Ich habe noch nicht gesehen, dass die Familie in der Rosenstr. 16 den Schnee auf dem Bürgersteig weggeschaufelt hat. (Der Satz ist nur in dieser Form ohne Bewertung; wenn er lautete »... ausländische Familie ...« würde eine kausale Beziehung zwischen der Herkunft und der Vernachlässigung einer Pflicht konstruiert.)
Benutzen von Wörtern, die eine Fähigkeit bezeichnen, ohne klarzumachen, dass bewertet wird	Harry Schmidt ist ein schlechter Fußballer.	Harry Schmidt hat in den letzten 20 Spielen kein Tor geschossen.
Benutzen von Adverbien und Adjektiven, die nicht deutlich machen, dass es sich um eine Bewertung handelt	Jochen ist hässlich.	Jochens Äußeres zieht mich nicht an.

Rosenberg betont, dass es einiger Übung bedarf, gedanklich und sprachlich diese Trennung sauber vornehmen zu können.

2. Gefühle wahrnehmen und ausdrücken

Rosenberg stellt ausführlich dar, wie schwer wir uns im westlichen Kulturbereich damit tun, Gefühle wahrzunehmen und einen sprachlichen Ausdruck dafür zu finden. Er weist darauf hin, dass vor allem Männer Probleme damit haben und dass uns nur ein relativ kleiner Wortschatz zur Verfügung steht, wir also nur unzureichend und wenig differenziert über Gefühle sprechen können. Vor allem die Unterscheidung von Gefühlen und Gedanken ist nicht einfach. Der Satz »Ich fühle mich unzulänglich als Gitarristin« sagt eher etwas über die Gedanken aus – nämlich die eigene Beurteilung der Fähigkeiten – als der Satz »Ich fühle mich über mich als Gitarristin enttäuscht« (ebd., S. 61). Selbst der Satz »Ich fühle mich missverstanden« drückt, so Rosenberg, eher eine Einschätzung des Verständnispotenzials eines anderen Menschen aus denn ein Gefühl, das vielleicht als Angst oder Verärgerung benannt werden könnte (ebd.). Ähnlich wie Jörg Schlee das »Vokabellernen« mit einer Liste von Formulierungsvorschlägen erleichtern will (Schlee 2004, S. 137: Vokabeln für die Zungenfertigkeit), stellt Rosenberg mehrere Listen mit Gefühlen dar, die – nach meiner Einschätzung – in der Tat kaum jemand in dieser differenzierten Weise zu seinem aktiven Wortschatz zählt.

3. Verantwortung für unsere Gefühle übernehmen – Die Bedürfnisse an den Wurzeln unserer Gefühle

Einen wichtigen Aspekt der GfK stellt es dar, die Verantwortung für die eigenen Gefühle zu übernehmen. »Das, was andere Menschen tun, ist niemals die Ursache für das, was wir fühlen« (Rosenberg 2013, S. 164). »Ärger wohnt in unserem eigenen Denken« (ebd.). Diese zunächst überraschenden Sätze widersprechen dem, was wir in der Alltagssprache mit Sätzen wie diesem ausdrücken: »Was du getan hast, macht mich wütend« oder »Wenn du dich so verhältst, machst du mich traurig«. Damit geben wir die Verantwortung für unser Gefühl an jemand anderen weiter.

Rosenberg betont jedoch, dass das Verhalten anderer Menschen sehr wohl Auslöser, niemals aber Ursache für ein Gefühl sein kann, und er macht das an dem Beispiel deutlich, dass ich auf die Verspätung eines anderen bei einer Verabredung mit dem Gefühl von Ärger reagieren kann; ich kann aber auch wählen, diese Pause als entspannende Unterbrechung in einem hektischen Berufsalltag wahrzunehmen und mich eher über die Verspätung des anderen zu freuen. So entscheidet mein Bedürfnis über mein Gefühl, nicht das Verhalten des anderen.

> »Immer wenn wir uns ärgern, suchen wir beim anderen einen Fehler – wir entscheiden uns, Gott zu spielen, indem wir den anderen verurteilen oder ihm den Vorwurf machen, dass er etwas falsch gemacht hat oder Bestrafung verdient.« (ebd., S. 164; s. a. den Abschnitt »Vom Umgang mit Fehlern« in Kap. 2.1)

Die Entwicklung verläuft nach Rosenberg in einem Dreischritt: Im Stadium der »*emotionalen Sklaverei* glauben wir an unsere Verantwortung für die Gefühle anderer« (ebd., S. 78). Die Missachtung der eigenen Gefühle führt zum Stadium der *Rebellion*, in dem wir – z. T. in schroffer Form – die eigenen Bedürfnisse erkennen, bevor wir im dritten Stadium der *emotionalen Befreiung* auf die Gefühle anderer Menschen aus Mitgefühl reagieren, niemals aber aus dem Gefühl der Pflicht oder der Schuld heraus (ebd., S. 78 ff).

Ziel ist es, die eigenen Bedürfnisse zu erkennen und zu akzeptieren, die Verantwortung für sie zu übernehmen und sie zur Grundlage des Handelns zu machen. Rosenberg nennt Gruppen von Bedürfnissen:

1. Nähren der physischen Existenz (Nahrung, körperliches Wohlbefinden, Schutz, Unterkunft, Sexualleben, Sicherheit, Schutz vor Bedrohungen)
2. Interdependenz (Verständnis, Empathie, Wertschätzung, Respekt, Liebe, Intimität usw.)
3. Feiern (das Leben feiern, Verluste feierlich begehen)
4. Autonomie
5. Spirituelle Verbundenheit
6. Integrität (Authentizität, Kreativität, Selbstwert, Sinn)
7. Spiel (Freude, Lachen)
   (ebd., S. 74 f)

Damit erinnert Rosenbergs Darstellung an die Bedürfnispyramide, die Abraham Maslow in den 1940er Jahren entwickelt hat (s. Abb. 10 und Online-Quelle 4; Rosenberg selbst bezieht sich allerdings nicht auf Maslow).

Abb. 10: Bedürfnispyramide nach Abraham Maslow

4. Eine Bitte äußern

Die vierte Komponente der GfK bezieht sich auf Bitten: Um was möchten wir andere bitten, »damit sich unsere Lebensqualität verbessert« (ebd., S. 87)? Von Bedeutung sind mehrere Aspekte:

- Es geht darum, eine Bitte positiv zu formulieren, also nicht zu äußern, was ich nicht möchte, sondern das klar zu benennen, was ich möchte. »Ich möchte nicht so abwertend von dir behandelt werden« wäre eine Negativformulierung, »Ich bitte dich, mich anzusehen, wenn du mit mir sprichst« eine positive.
- Eine Bitte ist klar zu unterscheiden von einer Forderung.
- »Bitten werden als Forderungen aufgefasst, wenn der andere davon ausgeht, dass er beschuldigt oder bestraft wird, wenn er nicht zustimmt« (ebd., S. 99). Ob eine Äußerung als Bitte oder als Forderung verstanden wurde, weiß man, wenn man sich die Reaktion des anderen ansieht.
- Eine Bitte sollte so formuliert sein, dass eine konkrete Handlung des anderen benannt wird. Wenn ein Vater zu seinem 15-jährigen Sohn sagt »Alles, was ich möchte, ist, dass du ein bisschen Verantwortungsgefühl zeigst!«, äußert er eine Bitte. Diese ist jedoch so vage, dass der Sohn es schwer hat, die Bitte zu erfüllen. Eine konkrete Bitte wäre etwa: »Ich möchte dich bitten, alle zwei Wochen am Freitag oder Samstag den Rasen zu mähen, ohne dass ich dich noch einmal daran erinnern muss.«[17]

---

[17] Rosenberg schlägt vor, sich vorzustellen, das eigene Kind sei jemand, den man sehr schätzt: »Stellen Sie sich vor, Ihr Kind sei Ghandi!« (2009, S. 99).

Marshall B. Rosenberg

»Wenn ich *a* sehe,
dann fühle ich *b*,
weil ich *c* brauche.
Deshalb möchte ich jetzt gerne *d*.«

Gewaltfreie Kommunikation in der Schule

Gewaltfreie Kommunikation eignet sich nicht nur als Basis für den individuellen Umgang von Lehrkräften mit Schülern und untereinander, sondern auch als grundlegende Ausrichtung des Leitbildes der Schulentwicklung.[18] Eine Vielzahl von Lehrern sucht eine Möglichkeit, Vorstellungen von Schule und Unterricht umzusetzen, die nicht mit Druck, Unterwürfigkeit, Anpassung an bestehende Normen oder sogar mit Zynismus, sondern mit Menschlichkeit, Gleichwertigkeit zwischen Schülern und Lehrern und einem respektvollen Umgang auch im Konfliktfall verbunden sind. Ein solches Modell stellt die GfK dar.

Rosenberg hat für den Umgang mit Kindern die Wolfssprache und die Giraffensprache entwickelt. Mit diesem Modell wird in Kindergärten und Schulen gearbeitet; es macht in einfacher und auch von Kindern zu verstehender und anzuwendender Weise die »Wolfssprache« als lebensentfremdende Kommunikation, »Giraffensprache« als wertschätzende Kommunikation deutlich.

Grenzen der Gewaltfreien Kommunikation

Nach Rosenberg ist die wichtigste Grenze der GfK die »individuelle Entwicklung« des Anwenders, die Zeit und Energie braucht. Beispielsweise können bestimmte Bereiche des Lebens sehr mit Angst oder bestimmten Vorstellungen besetzt sein, so dass ein offenes Besprechen der Gefühle und Bedürfnisse eine Menge Mut kosten würde. Wie viel Bereitschaft der Einzelne dazu hat, diesen Mut aufzubringen, hängt dann davon ab, wie er sich und seine Bedürfnisse bis zu diesem Zeitpunkt erlebt hat, was ein Merkmal genereller Entwicklung des Menschen darstellt. Der Prozess der GfK selbst braucht ebenfalls Zeit sowie die Bereitschaft eines Gegenübers, diese Zeit zu investieren.[19]

---

18 Der Titel eines Rosenberg-Buchs stellt dar, worum es beim Einsatz der GfK in der Schule geht: »Erziehung, die das Leben bereichert – Gewaltfreie Kommunikation im Schulalltag – Wie Gewaltfreie Kommunikation im Schulalltag dazu beiträgt, die Leistungsfähigkeit zu verbessern, Konfliktpotentiale abzubauen und Beziehungen zu fördern«.
19 Plate stellt die GfK knapp und übersichtlich dar, siehe Plate 2015, S. 79–95.

Im Fokus: Die Beziehungen und der Kontext – Systemischer Ansatz, Konstruktivismus, lösungsorientierte Beratung

Personenorientierte Sichtweisen können unterschieden werden von dem systemischen Konstrukt. Was ist gemeint mit »systemischem Denken«? Günter G. Bamberger (2005, S. 5–32) fasst die wesentlichen Elemente kurz und präzise zusammen:

- »Für das systemische Verstehen von psychischen Problemen und Konflikten interessiert weniger das Individuum (als ›Problemträger‹, ›Konfliktverursacher‹ usw.) als vielmehr der betreffende Lebenskontext, also das Gesamt von psychosozialen Bedingungen, in dem dieses Individuum lebt und in dem es sich mit einer Vielzahl von Interaktionsmustern eingerichtet hat bzw. sich ständig neu einrichtet« (ebd., S. 6). Das Verhalten bekommt in systemischer Sicht nur Sinn in einem Kontext. Beispiel: Herzhaftes Lachen ist bei einer Party eine durchaus angemessene Verhaltensweise, bei einer Beerdigung wird es als Störung erlebt (Palmowski 2011, S. 33). Verhalten wird nicht als Eigenschaft einer Person gesehen, sondern »unter dem Gesichtspunkt seiner Funktionalität in dem jeweiligen Kontext, in dem es gezeigt wurde« (ebd., S. 35). Wenn man den »kommunikativen Sinn« von Verhalten erfasst, kann sich oft »das, was eben noch als Defizit beschrieben wurde, als besondere Kompetenz *im gegebenen Kontext* herausstellen« (Bamberger 2005, S. 6, Herv. i. Orig.). Man könnte demnach sagen, »dass von der Außenwelt nur eine ›anregende Wirkung‹ auf das menschliche neuronale System erfolgt und alle menschlichen Vorstellungen über die Wirklichkeit das Ergebnis eines nach außen geschlossenen, eigendynamischen neuronalen Prozesses sind. Das vermeintliche Wissen über die Realität sei nichts anderes als eine rein mentale Konstruktion« (Schnell/Hill/Esser 2005, S. 112). »Lösungen und Lösungsversuche, die ein Problem nicht lösen, sind ein Teil des Problems« (ebd.). Die Lehrerin oder der Lehrer übt Druck aus, der Schüler leistet Widerstand, deshalb übt die Lehrkraft Druck aus, deshalb leistet der Schüler Widerstand usw.
- Bamberger benennt drei zentrale Grundannahmen der systemischen Theorie:
  – Kybernetik:
  Die technische Sprache der Kybernetik wirkt für viele Menschen, die sich mit der systemischen Sichtweise befassen, zunächst abschreckend. Gegenstand sind technische Regelkreise. »Meist muss an dieser Stelle die häusliche Zentralheizung herhalten, die über Thermostate so geregelt wird, dass eine gleichbleibende Temperatur herrscht« (Bamberger 2005, S. 9). »Im Kontext der Beratung ist der Berater immer Interaktionspartner und fördert sowohl bewusst wie auch unwillkürlich bestimmte Interaktionsmuster mehr und andere weniger« (ebd.). »Ich sitze nie auf der Tribüne, sondern spiele immer mit«, sagt F. B. Simon (zit. n. ebd.). Bamberger stellt die Bedeutung dieser Erkenntnis für den Berater heraus, indem er sagt, dass der Berater

  »nie wissen kann, wie dieser Klient ›wirklich‹ ist bzw. was für ihn ›objektiv‹ gut ist. Einerseits entlastet das den Berater von der Bürde, das ›einzig Richtige‹ tun zu müssen, und gibt ihm den kreativen Spielraum, um mit dem Klienten zusammen nach Möglichkeiten – als Alternativen zum gegenwärtigen Status – Ausschau zu halten und zu entsprechenden inneren Suchprozessen einzuladen. Andererseits steht der Berater als ›interner Beobachter‹, der allein schon durch seine Beobachtung das System verändert, […] in einer besonderen Verantwortung: Er ist dafür verantwortlich, in der Interaktion mit dem Klienten eine Balance zwischen der Anregung zu hilfreichen Suchprozessen und der Respektierung von Autonomie herzustellen.« (ebd., S. 10)

– Zirkularität (s. Kap. 3.8 zum Thema »Zirkuläre Fragen«):
Kommunikation wird nicht als lineares Reiz-Reaktions- oder Ursache-Folge-Schema verstanden, sondern als komplexes zirkuläres Interaktionsmuster, bei dem jedes Verhalten Ursache und Folge des Verhaltens des Kommunikationspartners ist. Schulz von Thun stellt diesen Kreislauf am Beispiel eines Paarkonflikts anschaulich dar (Online-Quelle 5).

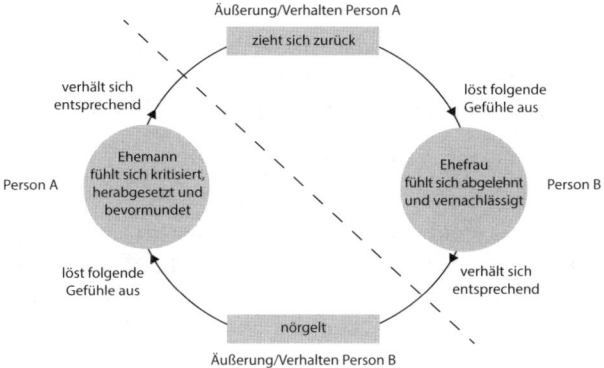

Abb. 11: Teufelskreis I

»Teufelskreise« nennt er diese Art der Kommunikation. Einer »Innerung« folgt eine »Äußerung«, die für diese Person in dieser Situation der Innerung entspricht.

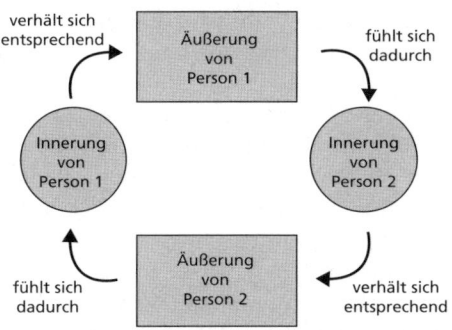

Abb. 12: Teufelskreis II (Online-Quelle 6)

Ein Ausweg aus einem solchen Teufelskreis ist nur dadurch möglich, dass einer der Kommunikationspartner sein Verhalten verändert. Das jedoch setzt die metakommunikative Fähigkeit voraus, das Schema wahrzunehmen und zu durchschauen (s. Kap. 3.10). Dann sucht er nicht mehr nach demjenigen, der »angefangen hat« und damit die Verantwortung trägt, sondern versteht, dass die Interaktionen im Kontext von Bedeutung sind: Statt Individualisierung der Verantwortung also gemeinsame Verantwortungsübernahme.

– Konstruktivismus:
Der Konstruktivismus stellt eine bestimmte Sichtweise von Realität dar. Watzlawick benennt Wirklichkeiten zweier Ordnungen. Die Wirklichkeit erster Ordnung stellt die physische Umwelt dar, die wir alle kennen. Ein Tisch ist ein Tisch, er besteht aus einem bestimmten Material, hat eine bestimmte Farbe und andere Eigenschaften und Merkmale, so dass alle Menschen ihn als Tisch wahrnehmen können.
»Zusätzlich zu den rein physischen Eigenschaften der Objekte unserer Wahrnehmung tritt dann aber ein weiterer Wirklichkeitsaspekt, nämlich der Sinn, die Bedeutung und der Wert, die wir diesen Objekten zuschreiben« (s. Kap. 3.10). Watzlawick nennt diesen Aspekt »Wirklichkeit zweiter Ordnung«.

> **Beispiel**
> Wenn ich als Kind häufig mittags am Esstisch sitzenbleiben musste, bis ich die Speise, die ich nicht mochte, gegessen hatte, und andernfalls den Teller am Abend wieder vorgesetzt bekam, und wenn ich mich beim Anblick eines Tischs immer wieder mit unguten Gefühlen an dieses Kindheitserlebnis erinnere, nehme ich jeden Tisch als etwas Bedrückendes wahr. Wenn ich jedoch am Kindheitstisch viele schöne Erlebnisse mit Spielen und Lachen hatte und mich daran erinnere, stellt »Tisch« in der Wirklichkeit zweiter Ordnung für mich etwas ausschließlich Positives dar.

»Der Input [d. h. die Wahrnehmung der Wirklichkeit erster Ordnung, Anm. NG] wird in ein biographisch geprägtes Ordnungs- und Bedeutungsraster einsortiert, und das bedeutet: Das Raster bestimmt den Blick auf die Wirklichkeit« (Bamberger 2005, S. 12). Schmidt ersetzt deshalb den Begriff »Wahrnehmung« durch »Wahrgebung«; in der systemischen Theorie wird der Mensch als »Konstrukteur von Realität« verstanden (ebd.).

Die systemische Sichtweise basiert auf den theoretischen Annahmen des Konstruktivismus, dem zufolge der Beobachter größere Bedeutung erhält als das Beobachtete. Wirklichkeit entsteht »immer an dem Punkt, auf den wir unsere Aufmerksamkeit richten« (Palmowski 2011, S. 38). »Objektivität ist die Wahnvorstellung, Beobachtungen könnten ohne Beobachter gemacht werden« (Heinz von Foerster, zit. n. ebd., S. 37).

Für die Beratung heißt das, das implizite Wissen des Klienten durch angemessen ungewöhnliche Fragen zu explizitem Wissen zu transformieren (ebd., S. 36). Der systemische Berater wird sich weniger mit dem Problem als mit Lösungen beschäftigen, weniger mit der Vergangenheit als mit der Zukunft, weniger damit, wie ein Problem entstanden ist, als damit, wie es sich lösen lässt. Deshalb stellt die Weiterentwicklung der systemischen Therapie zur »lösungsorientierten Kurztherapie« nicht mehr das Problem in den Mittelpunkt des Interesses, wie es in allen bisherigen Therapie- und Beratungsformen Standard ist (vgl. Bamberger 2005, S. 16–32). Der »Problem-Talk« selbst wird als Problem erkannt (ebd., S. 23). Wenn der Klient sich ausgiebig mit seinen Problemen befasst, verbleibt er – auch hirnphysiologisch – in der Welt der erlebten Hilflosigkeit, in der ihn Probleme überwältigen und ihm das Leben schwermachen. Hinzu kommt die Schwierigkeit, dass das erzählte Problem sich anders darstellen kann als das erlebte (weil wir dazu neigen, unseren »Lebensroman« als stimmige Geschichte zu erzählen) und es Aufgabe des Therapeuten/Beraters ist, die erlebte Geschichte zu entdecken.

Bamberger nennt sechs Elemente, die auf die Frage antworten, woran man einen lösungsorientierten Berater erkennt:

1. Zukunft fokussieren
2. Wahlmöglichkeiten schaffen
3. Ressourcen identifizieren
4. Kooperation realisieren
5. Erste Schritte begleiten
6. Selbstwirksamkeit unterstützen
   (ebd., S. 33–43)

Allein aus den verwendeten Begriffen wird deutlich, dass ausschließlich positiv und konstruktiv – eben lösungs- und nicht problemorientiert – gedacht wird. Palmowski benennt einige Elemente einer »systemischen Haltung«:

- Wertschätzende Sprache, Begegnung auf Augenhöhe
- Wenn ich andere mit Wertschätzung behandele, wird auch mir Wertschätzung entgegengebracht
- Im Gespräch andere Sichtweisen gelten lassen, niemand wird für seine Sichtweise kritisiert
- Gelassenheit, Dinge geschehen zu lassen
- Nicht reparieren, was nicht kaputt ist
  (Palmowski 2011, S. 120)

Diese Haltungselemente erinnern sehr stark an diejenigen, die ihren Ursprung in der Humanistischen Psychologie haben (siehe die ersten drei Abschnitte in Kap. 2.1).

Das Mobile ist ein häufig verwendetes Modell, um systemische Zusammenhänge zu veranschaulichen. Am Beispiel einer Mutter mit einem Kind, mit dem es zu einem täglichen mehrstündigen »Hausaufgabenkrieg« kommt, will ich deutlich machen, was gemeint ist.

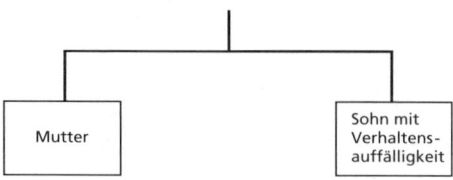

Abb. 13: Systemische Homöostase

Das System Mutter-Sohn ist im Gleichgewicht (Homöostase) *mit* der Verhaltensauffälligkeit des Sohnes. Würde diese plötzlich verschwinden, käme das System ins Ungleichgewicht. Mit anderen Worten: Die Verhaltensauffälligkeit hält die Beziehung im Gleichgewicht. Ein Lösungsansatz kann aus systemischer Sicht eine kleine Verhaltensänderung der Mutter sein, die damit im Bild ihre Position verändert und damit das Mobile ins Ungleichgewicht bringt, d. h. eine Irritation in das System bringt. Sie könnte z. B. mit dem Sohn nur noch eine begrenzte Zeit den Hausaufgabenkampf führen und dann einkaufen gehen, d. h. den Kampf beenden. Diese Irritation könnte – aufgrund des Bedürfnisses, die Homöostase aufrechtzuerhalten – den Sohn dazu bringen, zunächst noch intensiver zu kämpfen, um dann, wenn die Mutter ihr neues Verhalten durchhält, zu einer wie auch immer gearteten Verhaltensänderung zu kommen.

An diesem Beispiel wird deutlich, welch große Kraft die Homöostase darstellt. Es wird auch unmittelbar einsichtig, warum es so schwer ist, Verhaltensauffälligkeiten oder Suchtverhalten zu beeinflussen. Störungen gehören zum System und wirken systemstabilisierend. Neben der Homöostase werden zwei weitere Merkmale von Systemen deutlich:

1. *Zirkularität:* Das Verhalten eines Teilnehmers eines Systems ist zugleich Ursache und Wirkung des Verhaltens des anderen Teilnehmers.
2. *Interdependenz:* Jeder Teil eines Systems ist mit jedem anderen Teil so verbunden, dass eine Änderung in einem Teil eine Änderung in allen Teilen und damit im gesamten System verursacht (s. a. Hennig 2010).

Im Hinblick auf die Gesprächsführung bieten der systemische Ansatz und die lösungsorientierte Beratung eine Fülle von theoretischen Anregungen und methodischen Vorschlägen (s. a. Pfannmöller 2013).

Warum Sachlichkeit nicht reicht – Themenzentrierte Interaktion (TZI)

In den 60er Jahren des 20. Jahrhunderts hat Ruth Cohn, eine deutsche Psychologin, die u. a. bei Fritz Perls ausgebildet wurde, das Modell der »Themenzentrierten Interaktion« entwickelt. Dabei handelt es sich um eine Möglichkeit, in einer dem Humanismus verpflichteten Weise Sachdiskussionen unter Berücksichtigung individueller und gruppendynamischer Aspekte sowie des gesellschaftlichen Rahmens zu führen (Cohn 1986). Für die Pädagogik ist dieser Ansatz besonders interessant, weil es sich ja bei Unterricht um einen Zusammenhang handelt, in dem immer ein Sachgegenstand im Fokus des Lehrens und Lernens steht.

> »TZI will vom positivistischen Wissenschaftsansatz wegführen, der davon ausgeht, dass nur die sogenannten objektiven Wahrnehmungen glaubwürdig seien und messbare Relevanz hätten. TZI geht davon aus, dass auch subjektive Phänomene, solche, die nur von der Person selbst wahrgenommen und bezeugt werden, Realität sind und Wirklichkeit beinhalten. Bei TZI geht es immer um das Zusammenführen von Objektivem und Subjektivem und um die Gleichwertigkeit beider.« (Langmaack 2010, S. 27)

Cohn formuliert drei Axiome, die für das TZI-Modell grundlegend sind:

1. »Der Mensch ist eine psycho-biologische Einheit.
2. Ehrfurcht gebührt allem Lebendigen und seinem Wachstum.
3. Freie Entscheidung geschieht innerhalb bedingender innerer und äußerer Grenzen. Erweiterung dieser Grenzen ist möglich.«
(Cohn 1986, S. 120)

Aus diesen *Axiomen* leitet Cohn drei *Postulate* ab:

1. *Sei deine eigene Chairperson, die Chairperson deiner selbst!* – Darin steckt die Aufforderung, sich selbst, andere und die Umwelt in den Möglichkeiten und Grenzen wahrzunehmen und jede Situation als ein Angebot für die eigene Entscheidung anzunehmen.
2. *Störungen haben Vorrang (im Sinne von »nehmen sich Vorrang«)!* – »Das Postulat, dass Störungen und leidenschaftliche Gefühle den Vorrang haben, bedeutet, dass wir die Wirklichkeit des Menschen anerkennen; und diese enthält die Tatsache, dass unsere lebendigen, gefühlsbewegten Körper und Seelen Träger unserer Gedanken und Handlungen sind« (ebd., S. 122).
3. *Verantworte dein Tun und Lassen – persönlich und gesellschaftlich!* – Der Aspekt der gesellschaftlichen Verantwortlichkeit des Handelns war für Cohn immer von besonderer Bedeutung. Auch insofern stellt der TZI-Ansatz für Lehrpersonen ein Modell dar, in dem sie ihre persönliche und gesellschaftliche Verantwortung, die sie ja wahrnehmen müssen, wiederfinden.

Durch Hilfsregeln wird die TZI unterstützt:

1. *Vertritt dich selbst in deinen Aussagen; sprich per »Ich« und nicht per »Wir« oder per »Man«!* – Formulierungen mit »wir« und »man« lassen auf ein »Verstecken« hinter der Gruppe oder einer öffentlichen Meinung schließen. Hinzu kommt, dass es durch eine derartige Kommunikation leichtfällt, Hypothesen entgegen ihrer Natur als Tatsache darzustellen.
2. *Wenn du eine Frage stellst, sage, warum du fragst und was deine Frage für dich bedeutet! Sage dich selbst aus und vermeide das Interview!* – »Echte Fragen verlangen Informationen, die nötig sind, um etwas zu verstehen oder Prozesse weiterzuführen. Authentische Informationsfragen werden durch die Gründe für die Informationswünsche persönlicher und klarer.«
3. *Sei authentisch und selektiv in deinen Kommunikationen!* – Mache dir bewusst, was du denkst und fühlst, und wähle, was du sagst und tust!

4. *Halte dich mit Interpretationen von anderen so lange wie möglich zurück! Sprich stattdessen deine persönlichen Reaktionen aus!*
5. *Sei zurückhaltend mit Verallgemeinerungen!* – Verallgemeinerungen unterbrechen den Gruppenprozess. Sie dienen dem Gesprächsverlauf nur, wenn sie einen Themenbereich zusammenfassend abschließen und zu einem neuen Thema überleiten.
6. *Wenn du etwas über das Benehmen oder die Charakteristik eines anderen Teilnehmers aussagst, sage auch, was es dir bedeutet, dass er so ist, wie er ist (d. h. wie du ihn siehst)!*
7. *Seitengespräche haben Vorrang* – Sie stören und sind meist wichtig. Sie würden nicht geschehen, wenn sie nicht wichtig wären. Auch wenn Seitengespräche vordergründig stören, sind sie meist wichtig für die tieferen Ebenen der Kommunikation. Sie können neue Anregungen bringen, Unklarheiten herausstellen, Missverständnisse verdeutlichen oder auf eine gestörte Interaktion (Beziehung) hinweisen.
8. *Nur einer spricht zur gleichen Zeit* – Niemand kann mehr als einer Äußerung zur gleichen Zeit zuhören. Und einander Zuhören signalisiert das konzentrierte Interesse füreinander, das Gruppen zusammenhalten lässt.
9. *Wenn mehr als einer gleichzeitig sprechen will, verständigt euch in Stichworten, worüber ihr zu sprechen beabsichtigt!* – So werden alle Anliegen kurz beleuchtet, bevor die Gruppenaktion weitergeht.
10. *Beachte die Körpersignale!* – Beobachte eigene und fremde Körpersignale! (Cohn 1986, S. 120 ff)

Die vier Elemente, die bei jeder Interaktion eine Rolle spielen, sind in der folgenden Grafik dargestellt.

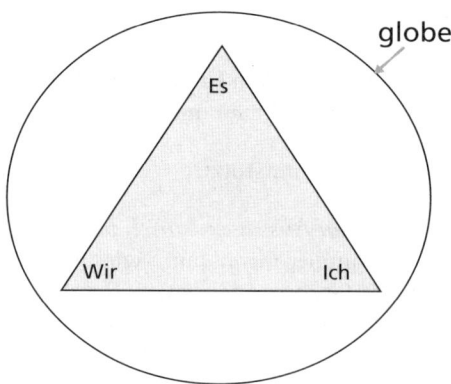

Abb. 14: Die vier TZI-Elemente

In Gruppenarbeitssitzungen ist es »die Kunst (des Gruppenleiters), die gleichwertige Betonung aller drei Punkte des Dreiecks zu erreichen« (ebd., S. 117).

Mit der TZI und ihren Axiomen, Postulaten und Hilfsregeln gelingt es in der Praxis gut, Gruppen zu leiten – unabhängig vom Thema. Die notwendige Orientierung an der Sache ist gewährleistet, der Einzelne mit seinen Gefühlen, Motivationen und Bedürfnissen, Wünschen und Fähigkeiten kann in den Fokus gelangen und auch die Gruppe mit ihren Konkurrenz- und Machtsituationen, Eifersüchteleien, Kommunikations- und Kooperationserfolgen und -problemen, aber auch Zuneigungen und Sympathiebekundungen wird berücksichtigt. Langmaack verbindet das Dreieck mit der Metapher des Eisbergs, von dem nur die Spitze, d. h. die Sachebene aus dem Wasser herausragt, Ich- und Wir-Ebene liegen unter der Wasseroberfläche, sind aber äußerst wirkmächtig und verdienen besondere Beachtung (Langmaack 2010, S. 56 ff).

Mit »globe« ist der Rahmen gemeint, in dem die Interaktion stattfindet. Mit der Eisberg-Metapher formuliert, bedeutet das: »Der Kreis, der das Dreieck als Globe umgibt, kommt dem Wasser gleich, in dem der Eisberg schwimmt« (ebd., S. 60). Langmaack weiter:

»Der Globe umfasst alles:

- das Zeitbudget, das uns zur Verfügung steht;
- die finanziellen Möglichkeiten;
- die Gesetze und ihre Grenzen;
- die politische, familiäre, berufliche Landschaft und die Hierarchie darin;
- das Alter, das Geschlecht, die Schichtzugehörigkeit der Menschen, mit denen wir arbeiten;
- die gemeinsame Vergangenheit und Gegenwart.« (ebd.)

Vor allem in Erwachsenengruppen stellt TZI also einerseits einen wichtigen Inhalt dar, zum anderen ist sie aber auch grundlegend für die Art und Weise des Umgangs miteinander. »Ich vermeide jetzt das Wort ›Methode‹, weil es dazu verleiten kann, den Aspekt der ›Einstellung und Haltung‹, die dem System innewohnt, zu übersehen« (Cohn 1986, S. 120). Auch im Unterricht stellt TZI eine Basis dar, schüler- und wertorientiert zu unterrichten (vgl. u. a. Gudjons 2009; Spielmann/Zitterbarth/Schneider-Landolf 2014).

Im Fokus: Ich-Zustände und Entwicklungen – Die Transaktionsanalyse (TA)

»Die Transaktionsanalyse – abgekürzt als TA – ist eine Theorie der menschlichen Persönlichkeit und zugleich eine Richtung der Psychotherapie, die darauf abzielt, sowohl die Entwicklung wie auch Veränderungen der Persönlichkeit zu fördern« (Stewart/Joines 2009, S. 23). Die TA basiert auf den Überlegungen von Eric Berne, der 1967 unter dem Titel »games people play« (dt.: »Spiele der Erwachsenen«, 1970) seine »Psychologie der menschlichen Beziehungen« (deutscher Untertitel) publizierte.

Mit dem Begriff »Transaktion« ist »die Grundeinheit aller sozialen Verbindungen« gemeint (ebd., S. 23). Als Schlüsselbegriffe der TA führen Stewart/Joines auf:

- »Das Ich-Zustands-Modell
- Transaktionen, Strokes und Gestaltung der Zeit
- Das Lebensskript
- Das ›Discounten‹, das ›Redefinieren‹ und die Symbiose
- Maschen, Rabattmarken und Spiele
- Autonomie«
(Stewart/Joines 2009, S. 24 ff)

Zu zweien dieser Begriffe – »Ich-Zustands-Modell« und »Lebensskript« – gebe ich, soweit sie für den Theorieüberblick im Rahmen unseres Themas interessant sein können, Hinweise, im Übrigen verweise ich auf die angegebene Literatur.

Das Ich-Zustands-Modell

Dieses Modell definiert drei Ich-Zustände (s. Abb. 15).

Abb. 15: Ich-Zustände (Stewart/Joines 2009, S. 34 f)
Diese Darstellung wird »Strukturdiagramm« genannt. Abkürzungen: EL = Eltern-Ich, ER = Erwachsenen-Ich, K = Kind-Ich

Einen Ich-Zustand definiert Berne als ein »in sich geschlossenes Muster von Fühlen und Erleben, das in direktem Zusammenhang steht mit einem in sich geschlossenen Verhaltensmuster« (zit. n. ebd., S. 39). In einer differenzierteren Betrachtung werden das Eltern-Ich und das Kind-Ich unterteilt (s. Abb. 16).

Die positiven Varianten des Eltern- und des Kind-Ich stellen die Basis wertschätzenden Verhaltens dar, die negativen sind Grundlage einer abwertenden Haltung und entsprechender Verhaltensweisen.

»Als Erwachsene verbringen wir einen beträchtlichen Teil unserer Zeit im angepassten Kind« (ebd., S. 49). Wir tun, was uns von der Chef-Ebene gesagt oder von Regeln vorgeschrieben wird, wie wir uns als Kinder den Wünschen und

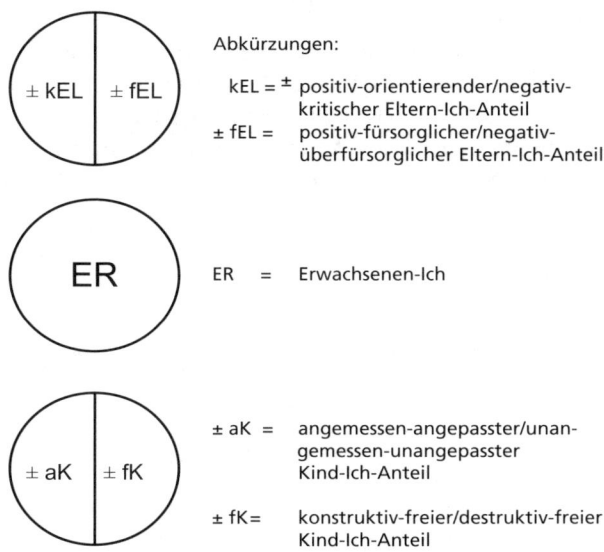

Abb. 16: Differenzierte Ich-Zustände (Stewart/Joines 2009, S. 47 ff; s. a. Mosing 2005; Bartz 2014a, S. 23 ff)

Erwartungen unserer Eltern angepasst haben. Aber auch wenn wir gegen Autoritäten oder Regeln rebellieren – vielleicht weil wir gelernt haben, dass wir damit Aufmerksamkeit erzeugen können – befinden wir uns im angepassten Kind, weil wir uns nicht frei, sondern im Hinblick auf die Autorität oder Regel verhalten.

Im »freien Kind« (fK) empfinden und verhalten wir uns gemäß unseren Emotionen und Bedürfnissen, ohne zu fragen, was eine Autorität dazu sagt. Das kann sich positiv darstellen (+fK), indem wir z. B. unserer Kreativität freien Lauf lassen, oder negativ, indem wir z. B. mit dem Motorrad mit Höchstgeschwindigkeit fahren, ohne uns um die eigene und die Sicherheit anderer zu kümmern.

Wie das Kind-Ich weist auch das Eltern-Ich, das eine kritische oder eine fürsorgliche Ausprägung bekommen kann, eine positive oder negative Ausprägung auf. Wenn ich als Lehrperson einen Schüler abwertend behandele (»Von dir habe ich auch nichts anderes als ein ›Mangelhaft‹ erwartet«), befinde ich mich im negativen kritischen Eltern-Ich (–kEL). Im positiven kritischen Eltern-Ich (+kEL) könnten wir z. B. äußern: »Ich erwarte, dass du deine Leistungen verbesserst, und ich traue dir das zu!«. Das positiv-fürsorgliche Eltern-Ich (+fEL) gibt Hilfe und Unterstützung, ohne zu bevormunden, das negative Pendant (–fEL) stellt die überbesorgte oder überfürsorgliche Seite dar, die den anderen letztlich entmündigt (ebd.).

Das Drama-Dreieck

> »Eine Aktion aus den Minus-Ich-Zuständen heraus hat die Folge, den anderen abzuwerten, die eigene Rolle nicht halten zu können und zu destruktiven, oft regressiven Lösungen einzuladen.« (Mosing 2005)

Aus dem −K kann nun eine »Opferhaltung« entstehen (»Ich bin unfähig, die anderen brauchen meine Unfähigkeit, ich bekomme auf diesem Weg Zuwendung«). Aus dem −fEL kann eine »Retterrolle« entstehen (»Leistung ist mir das Wichtigste, ich bin unsicher, ob das, was ich tu, ausreicht, ich muss herausfinden, was andere brauchen, damit ich Zuwendung bekomme«). Aus dem −kEL kann eine »Verfolgerrolle« entstehen (»Ich bin nur gut, wenn andere schlecht sind. Wenn andere Fehler machen, tun sie es absichtlich, um mich zu ärgern«) (ebd.).

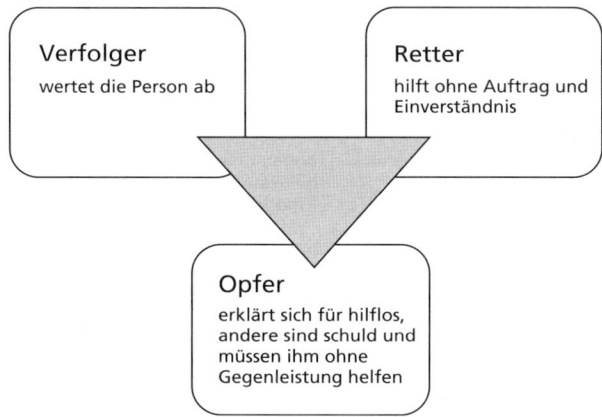

Abb. 17: Drama-Dreieck (Bartz 2014a, S. 27)

Bartz nennt als Grund, in eine solche Konstellation hineinzugeraten, das Fehlen »einer expliziten Vereinbarung, die die wechselseitigen Verpflichtungen festlegt« (Bartz 2014a, S. 28). Weil niemand in der Lage ist, »allen Einladungen in eine Drama-Kommunikation auszuweichen« (Mosing 2005), muss es darum gehen zu lernen, wie man aus dem Dreieck aussteigen und zu einer konstruktiven Kommunikation zurückkehren kann.

Der Ausstieg kann dem »Verfolger« gelingen, wenn er in nachvollziehbarer und wertschätzender Weise zugewandt konfrontiert, Qualität und deren Verbesserung einfordert, Grenzen setzt und Konsequenzen benennt. Das bedeutet: Orientieren, Konfrontieren, Begutachten. Der »Retter« kann aus dem Drama-Dreieck entkommen, wenn er sich bewusst ist, was Helfen bedeutet, und entsprechend handelt: Was benötigt der andere (das »Opfer«), wie kann er das bekommen, wie dient dies der Verbesserung der Qualität, woran können beide Parteien Fortschritte erkennen? Das heißt: Helfen, Unterstützen, Anbieten aus der Rolle heraus. Das »Opfer« kann aussteigen, wenn es dazu kommt, genau die Hilfe zu erbitten, die es benötigt, d. h.: Anfordern (ebd.).

Grundlage dazu, aus den Rollen aussteigen zu können, ist eine Kommunikation, die von Wertschätzung geprägt ist, die Vertrauen und Zutrauen ausdrückt, bei der jeder Partnerin ihre Verantwortung übernimmt und in der alle sich der heimlichen Vorteile bewusst sind, die die Einnahme der Rollen bieten, und diese aufzugeben bereit sind (Bartz 2014a, S. 30).

Das Lebensskript

Die Vorstellung des Lebensskripts bildet zusammen mit dem Ich-Zustands-Modell das Herzstück der TA. Berne definiert das Lebensskript als einen »Lebensplan, der in der Kindheit aufgestellt, von den Eltern verstärkt, durch spätere Ereignisse gerechtfertigt worden ist und in einer bewusst ausgewählten Alternative gipfelt« (zit. n. Stewart/Joines 2009, S. 152).

Mit dem Satz »Du selbst bist der Verfasser deiner Lebensgeschichte« (ebd., S. 151) verdeutlichen Stewart/Joines die Freiheit zur Wahl, aber auch die Verantwortung, die Menschen für ihr Leben tragen. Entscheidungen werden bereits in früher Kindheit getroffen. Dabei handelt es sich selbstverständlich nicht um bewusste Entscheidungen aufgrund eines Denkvorganges, sondern um unbewusste Vorgänge, die hauptsächlich auf Gefühlsbasis getroffen werden (ebd., S. 154).

Berne hat vier Grundeinstellungen postuliert und erklärt: »Das Skript und das Lebensschicksal stützen sich auf eine dieser vier grundlegenden Positionen« (zit. n. ebd., S. 178). Diese vier Positionen sind:

1. »Mit mir hat es seine Richtigkeit, und du bist mir recht so, wie du bist.
2. Mit mir stimmt etwas nicht, aber du bist in Ordnung.
3. Ich bin in Ordnung, aber mit dir stimmt etwas nicht.
4. Mit mir stimmt etwas nicht und mit dir ist auch etwas nicht in Ordnung« (ebd., S. 177).

Wichtig für unseren Zusammenhang, der Kommunikation und Gesprächsführung lautet, sind an dieser Stelle vor allem zwei Aspekte:

- Die Hartnäckigkeit, mit der sich das Lebensskript in vielen Lebensäußerungen wiederfinden lässt. Dieser Aspekt macht (mich) neugierig und lädt zur Beschäftigung mit dem eigenen Lebensskript, zur Selbsterfahrung ein.
- Die Möglichkeit, sich zu verändern, zu lernen. »Die Transaktionsanalyse will den Menschen zur Freiheit der Wahl befähigen«, sagt Thomas A. Harris (1990, S. 77) und formuliert damit einen wesentlichen Grundgedanken, den auch die Humanistische Psychologie zur Grundlage gemacht hat und der einen Optimismus verströmt, der uns Pädagogen hoffen lassen kann, dass Verhaltensänderung und also Lernen möglich sind.

Vom Umgang mit Fehlern

Schule und Fehler – das ist eine lange und für viele Menschen sehr unangenehme Geschichte, weil sie erlebt haben, dass es wahrscheinlich keinen Ort gibt, an dem – in der Schüler-Erinnerung – Fehler eine so große und entscheidende Rolle spielten wie in der Schule. Wer viele Fehler macht, erhält schlechte Zensuren. Es kann sein, dass er die beschämende Erfahrung des Sitzenbleibens machen muss oder sogar die der »Abschulung«, d. h. des Wechsels von einer gesellschaftlich als höherwertig angesehenen Schulform zu einer niedriger eingestuften Schulform.

Jeder kennt – und das ist die individuelle Seite – mindestens einen Lehrer/eine Lehrerin, der oder die ihn als Schüler sarkastisch oder zynisch behandelt und/oder vor der Klasse bloßgestellt hat. Aus meiner eigenen Schulzeit als Schüler habe ich beim Begriff Fehler Assoziationen wie Beschämung, Rotwerden, Mauseloch. Fehler durften nicht passieren. Wer Fehler machte, war ein schlechter Mensch. Die starke normative Kraft, die von diesem repressiven Umgang mit Fehlern ausging, hat mir deutlich gemacht, dass wir als Pädagogen eine große Verantwortung dafür haben, wie die heutigen Kinder und Jugendlichen in ihrem ganzen weiteren Leben mit Fehlern umgehen und umgehen werden.

Nach meiner Beobachtung hat sich in den vergangenen etwa zwanzig bis dreißig Jahren die Situation verändert. Auf der institutionellen Seite sind zahlreiche integrierte Schulen hinzugekommen. Auf der anderen Seite habe ich immer seltener zynische oder sarkastische Lehrerpersönlichkeiten erlebt; das mag damit zusammenhängen, dass solche Verhaltensweisen eher als früher als Hilferuf und als Problem des Lehrers oder der Lehrerin verstanden werden.

Fehler setzen Kategoriensysteme voraus, die eindeutig definieren, was richtig ist. $2+2=4$ ist mathematisch richtig ist, und deshalb ist $2+2=5$ eindeutig falsch. Dass man »Kuss« mit Doppel-s schreibt, ist noch nicht lange richtig, vor der Neuregelung der Rechtschreibung war es falsch. Ob die Arbeitsmarktreformen der Regierung Schröder richtig oder falsch waren, lässt sich – weil es um Meinungen geht – nicht eindeutig bewerten, und die Fragen, ob Präimplantationsdiagnostik oder Genmanipulation von Lebensmitteln richtig sind oder nicht, führen ins weite Reich der Ethik und werden sich niemals eindeutig entscheiden lassen.

Im Bereich des Verhaltens sind Beurteilungen immer auch vom Kontext abhängig. Auflehnung gegen die Autorität wird von den meisten Menschen als richtig betrachtet, wenn die Autorität sich als Diktatur erwiesen hat (z. B. die Weiße Rose); Auflehnung von Schülern gegen Lehrkräfte wird als vorübergehende pubertäre Erscheinung in Maßen toleriert oder, wenn sich herausstellt, dass die Lehrperson sich menschenverachtend verhalten hat, akzeptiert oder sogar als Zeichen von Mündigkeit betrachtet, ansonsten aber als Fehlverhalten geahndet. Drei Beispiele mit Tipps und Grundsätzen für den Umgang mit Fehlern können dazu anregen, Fehler nicht negativ, sondern positiv zu konnotieren:

Beispiel 1

»Hier die TOP 10 Tipps für einen gesunden Umgang mit Fehlern:

1. *Fehler zugeben:* Ja, er ist passiert, und ich akzeptiere das auch. Es lässt sich nicht mehr ändern.
2. *Fehler machen ist menschlich:* Sie sind nun mal ein Teil unseres Lebens. Ein Sprichwort sagt: ›Dumme Menschen machen immer die gleichen und kluge Menschen immer neue Fehler.‹
3. *Ursache herausfinden:* Wo und warum ist er passiert? Wie konnte er überhaupt passieren? Wer war daran beteiligt? Wann ist er passiert? Je mehr du den Fehler analysierst, desto einfacher lässt er sich zukünftig vermeiden.
4. *Entschuldige dich:* Wenn du einen Fehler gemacht hast, dann stehe dazu. Das tut auch deiner Seele gut und schafft inneren Frieden.

5. *Lerne daraus:* Fehler sind ein Teil des Fortschritts. Man sagt ja: ›Hinfallen ist keine Schande, aber Liegenbleiben schon.‹ Benutze Fehler, um daraus zu lernen und dich weiter zu entwickeln.
6. *Fehler zukünftig vermeiden:* Suche nach Lösungsansätzen, so dass der gleiche Fehler zukünftig vermieden werden kann. Am besten zieht man mehrere Personen hinzu, um über einen größeren Erfahrungsschatz zu verfügen.
7. *Erfahrung durch Fehler weitergeben:* Wenn du aus deinen Fehlern gelernt hast und diese sogar als Chance zur Verbesserung nutzen konntest, dann gib diese Erfahrung an deine Mitmenschen weiter.
8. *Kommuniziere Fehler im großen Stil:* Je offener und häufiger Fehler sachlich kommuniziert werden, desto weniger Angst haben Menschen davor. Man kann Dinge einführen wie: Fehlerbesprechungen, Fehlerdatenbank mit Lösungsvorschlägen, Arbeitskreise über Fehler und Fehlerbehebung etc.
9. *Sei ein Vorbild:* Spotte über niemanden, dem ein Fehler passiert. Hilf lieber Menschen, denen ein Fehler passiert ist. Unterstütze andere, Lösungen zu finden.
10. *Ermutige andere:* Vermittle die Punkte 1–9 deinen Kollegen, Verwandten und Freunden. Dadurch schaffst du eine Umgebung, in der Menschen keine Angst haben, zu ihren Fehlern zu stehen. Somit schafft man den Wandel vom Problem- zum Lösungsdenken.«
(Online-Quelle 7, Herv. NG)

Beispiel 2

»Fünf Schritte, die Fehler zum Vorteil werden lassen:

1. *Den Fehler anerkennen:* Damit fängt alles an. Ohne das eigene Missgeschick zu akzeptieren und als solches zu erkennen, wird kein Lerneffekt entstehen. Fehler sind natürlich, vor allem bei hohen Maßstäben und Anspruch an sich selbst.
Sobald man seinen Fehler anerkennt, nimmt man ihm die Kraft. Von da an kann er in etwas Positives umgestaltet werden.
2. *Die volle Verantwortung übernehmen:* Wenn man die Situation, die Umgebung und damit andere für Fehler verurteilt, gibt man Verantwortung ab. Zudem kann man nur noch hoffen, dass sich die nicht beeinflussbaren Umstände bessern, damit die Fehler nicht wieder passieren. Solange die Verantwortung extern erscheint, ist man Opfer.
Man kann am besten sich selbst kontrollieren, sich ändern und die Verantwortung für das übernehmen, was man tut, und damit Kontrolle und Kraft zurück gewinnen. Und mit dem Wissen, die Dinge das nächste Mal anders regeln zu können, öffnen sich viele Türen. Oder, wie es Jim Collins, der Autor von ›Good to Great‹ sagt:
›We are not imprisoned by our circumstances, our setbacks, our history, our mistakes, or even staggering defeats along the way. We are freed by our choices.‹
3. *Die Erfahrung auseinander nehmen:* Scheitern kann erlösend sein. *Wenn* Sie daraus lernen. Es braucht nicht das Ende Ihrer Laufbahn oder Ihrer Beziehung zu einem wertvollen Menschen sein. Im Gegenteil kann es karriereförderend sein, wenn Sie sich die Zeit nehmen, um all den gesamten Saft aus der Zitrone zu pressen, in die Sie beißen mussten. Ehrlich, es gibt nicht viele Dinge, die Sie nicht lernen können. Zumindest nicht, ohne Fehler oder Rückschläge mitzunehmen.
Das hat aber auch Gutes, denn Niederlagen und Schmerz sind leistungsfähige und nachhaltige Lehrerinnen.
4. *Verhalten wirklich ändern:* Natürlich sollten Sie sich nicht nur *vornehmen,* es das nächste Mal anders und besser zu machen. Sie sollten sich überlegen, in welcher nächsten Situation Sie sich tatsächlich anders verhalten, sich diese Situation vor Augen führen, vielleicht sogar für sich proben, wenn das möglich ist. Die Wahrscheinlichkeit ist wesentlich höher, dass Sie Ihr Gelerntes so erfolgreich umsetzen.

Ohne die Umsetzung ist der Lerneffekt gleich Null. Schließlich werden sich die Fehler wiederholen, wenn man sein Verhalten nicht ändert oder weiterhin darauf hofft, dass sich die Umgebung anpasst.

Veränderung beginnt bei uns selbst. Das ist die eine Sache, die wir unter Kontrolle haben.

5. *Voller Elan in das nächste Projekt einsteigen:* Sie können es Fehlern nicht erlauben, Sie beim nächsten Mal zu bremsen und Ihr Potenzial einzugrenzen. Wenn Sie vom Pferd fallen, sollten Sie sofort wieder aufsteigen. Wenn Sie es nicht tun, wird das Missgeschick zu einem großen Elefanten, der Sie das nächste Mal unüberwindbar angrinst, sprich: das Unglück brennt sich als Fehler in Ihr Gedächtnis. Warten Sie lange genug, werden Sie nie wieder reiten (schon gar nicht auf Elefanten!).

Lassen Sie den Fehler hinter sich und bewegen Sie sich nach vorne. Lassen Sie Fehler für sich arbeiten. Lernen Sie von Ihnen und schauen Sie, was Sie das nächste Mal benötigen, um es besser zu machen. Damit pflanzen Sie die Samen für Ihren Erfolg. Egal wo.

Wenn Sie das (lebenslange) Lernen, Wachstum und das Gefühl schätzen, sich zu verbessern – dann sollten Sie auch Fehler schätzen. Es sind harte, aber wunderbare Geschöpfe, die die Welt zu einer genialen Sache werden lassen (können). Stück für Stück«

(Online-Quelle 8, Herv. NG).

Beispiel 3

»Aus Fehlern wird man klug. Fünf Mythen zum Umgang mit Fehlern:

1. *Aus Fehlern wird man klug:* Richtig. Denn nur wer seine eigenen sowie die Fehler von anderen erkennt, wird diese zukünftig wahrscheinlich vermeiden können. Die Analyse von Fehlern führt zu neuen Erkenntnissen. Die Erfahrungen aus Fehlern führen zu sogenanntem negativem Wissen. Fehler geben Informationen über Denk- und Sichtweisen eines Menschen. Wer diese bei sich selbst und bei anderen bewusst beobachtet, entwickelt sich und andere weiter.

> Wir müssen auch aus den Fehlern anderer lernen,
> denn wir leben nicht lange genug,
> um sie alle selbst zu machen.
> *(brasilianisches Sprichwort)*

2. *Wer Fehler macht, ist dumm:* Falsch. Auch wenn in Schulen immer noch gilt, dass Fehler zu schlechten Noten führen und daran die Intelligenz von Kindern und Jugendlichen gemessen wird, sollte hier klar differenziert werden. Es gibt solche und solche Fehler. Insbesondere in Schulen sollten Kinder häufiger danach gefragt werden, warum Sie zu einer Aussage, Annahme oder zu einem Ergebnis kommen, als diese Dinge direkt als Fehler zu beurteilen. Das Verständnis von Fehlern führt uns selbst weiter (siehe Punkt 1), gibt aber auch gleichzeitig anderen die Chance, unsere Sichtweisen zu verstehen und ihre eigenen Perspektiven und Vorstellungen über Richtig und Falsch zu hinterfragen, denn: Alles gewinnt seine Bedeutung, seinen Sinn und seine Wirkung erst in einem Kontext.

3. *Fehler sind menschlich:* Richtig. Jede unserer Entscheidungen findet in der Regel unter Unsicherheit statt. Wir haben fast nie ein perfektes Wissen über die Konsequenzen unseres Handelns, die Eigenschaften von Produkten oder Leistungen oder deren Nutzen. Bei wichtigen Entscheidungen versuchen wir, im Vorfeld der Entscheidung so viele Informationen wie möglich zu sammeln, doch wird uns dies wahrscheinlich nie zu vollkommener Sicherheit führen.

> Es irrt der Mensch, solang' er strebt.
> (Johann Wolfgang von Goethe)

4. *Fehler sind zu entschuldigen:* Falsch. Unser Handeln folgt aus der eigenen Überzeugung, dass das, was wir tun, in diesem Kontext und in diesem Moment richtig ist (abgesehen von bewusst begangenen Straftaten). Wir alle sehen die Welt durch unsere Augen. Anders. Einzigartig. Individuell. Das, was jemand als sinnvoll und richtig erachtet, kann für einen anderen überflüssig und sinnlos sein. Wer sich bewusst für einen Weg entscheidet, den er geht, der sollte dies aus eigener Überzeugung und in der Annahme tun, dass dies richtig ist. Machen wir einen Fehler, der Einfluss auf andere hat, bitten wir sie häufig um Entschuldigung. Ich persönlich bin der Meinung, dass uns niemand entschuldigen, uns also eine Schuld abnehmen kann und dies eine sehr hohe Erwartungshaltung an eine andere Person darstellt. Auch ist zu hinterfragen, ob wir uns für etwas schuldig fühlen oder erklären müssen, von dem wir vorher überzeugt waren, dass es richtig ist. Ein ›Es tut mir leid‹ zeigt vielmehr, dass ich selbst erkannt habe, einen Fehler gemacht zu haben und zum Ausdruck bringe, dass ich die Konsequenzen meines Handelns bedauere. ›Es tut mir leid‹ ist mit keiner Erwartungshaltung verbunden, mein Gegenüber kann selbst entscheiden, wie er oder sie mit meinem Fehler umgeht.
5. *Fehler sind wieder gutzumachen:* Falsch. Wenn Fehler geschehen sind, sind sie geschehen. Vergangenheit. Die Lösung und die Zukunft sind unabhängig vom Problem. Die Orientierung an Problemen führt zu Problemen. Über Lösungen sprechen führt zu Lösungen. Wer einen Fehler als Ausgangspunkt für den Weg zur Lösung nutzt, übersieht vielleicht andere wichtige Handlungsmöglichkeiten. Wer einen Fehler gemacht und dies erkannt hat, kann sich dafür entscheiden, beim nächsten Mal etwas ander(e)s zu machen. Wer von den Konsequenzen der Handlungen eines anderen betroffen ist, kann sich genauso entscheiden, beim nächsten Mal etwas ander(e)s zu machen.«
(Online-Quelle 9)

> Die schlimmsten Fehler macht man in der Absicht,
> einen begangenen Fehler wieder gutzumachen.
> (Jean Paul)

Gemeinsamkeiten in diesen – und vielen anderen – Beispielen, die im Internet zu finden sind, lassen sich folgendermaßen zusammenfassen:

- Fehler kommen vor, sie sind unvermeidlich.
- Fehler können und sollen Anlass zum Lernen und zu Verhaltensänderungen sein.
- Es ist hilfreich, die Verantwortung für einen begangenen Fehler zu übernehmen.
- Es ist hilfreich, sein Bedauern über den Fehler und die eventuellen Folgen für jemand anderen auszudrücken.
- Es ist hilfreich, in der Institution, in unserem Falle also in der Schule, eine Fehlerkultur zu etablieren, die auf diesem humanen Umgang mit Fehlern basiert.

Fazit

»In Lernprozessen ereignen sich viele Fehler. Schulleiter nutzen sie zur Reflexion von Organisationsstrukturen und Teamprozessen, Lehrpersonen zur Gestaltung von Unterricht. Sie üben den Umgang damit direkt in Konflikt- und Fehlersituationen. Fehlerkultur eignet sich als Eintrag ins Leitbild einer Schule und Fehlerkultur im Unterricht als Entwicklungs- und Professionalisierungsziel. Schulen sind Häuser des Lernens, sie können par excellence gesellschaftliche Zonen der Fehlerfreundlichkeit sein«. (Online-Quelle 10)

2.2 Exkurs: Vom Aushalten – Verantwortlichkeit, Distanzierungsfähigkeit und Psychohygiene – Das 2-Felder-Modell

Sachliches und persönliches Lernen

Der Erwerb von Gesprächsführungs- und Beratungskompetenz hat nicht nur mit sachlichem Lernen, sondern immer auch mit persönlichem Wachstum zu tun. Der Umgang mit sich selbst, mit den Gefühlen, mit den Empfindungen von Macht und Ohnmacht, von Helfen-Wollen und oft Nicht-helfen-Können, das Mitleiden mit Kindern und deren Lebensumständen hat Einfluss auf das Rollenverhalten und die Gesprächsführung und die Möglichkeiten, sich im Gespräch zu verhalten.[20]

Die Leiden der Lehrerinnen und Lehrer

Viele Lehrerinnen leiden angesichts des Anwachsens prekärer Lebensverhältnisse immer häufiger darunter, dass sie relativ wenig Einfluss darauf haben, wie Kinder aufwachsen. Immer öfter erleben viele Lehrkräfte, dass Eltern sich offensichtlich nicht oder kaum um ihre Kinder und ihre Entwicklung kümmern, nicht an schulischen Veranstaltungen wie Elternabenden oder Elternsprechtagen teilnehmen, ihre Kinder schlecht mit Schulutensilien, Nahrung und Kleidung versorgen und insgesamt wenig Interesse an der Entwicklung der Kinder zeigen. Doch nicht nur Eltern aus sogenannten »bildungsfernen Schichten«, sondern auch höchst anspruchsvolle und ehrgeizige Eltern lösen bei Lehrkräften Mitleiden mit überforderten Kindern aus, die oft einen acht- bis zehnstündigen Arbeitstag mit Musik-, Ballett-, Fremdsprachen- und/oder Reitunterricht hinter sich bringen müssen, ohne dass Lehrkräfte Einfluss darauf haben. Kinder reagieren auf beide elterliche Verhaltensweisen häufig mit Konzentrationsproblemen, psychosomatischen Erscheinungen, Depressionen, emotionalen und sozialen Verhaltensauffälligkeiten und Leistungsverweigerung oder -abfall.

Das Leiden von Lehrkräften speist sich u. a. aus der Frage, ob denn nicht irgendjemand etwas tun kann, um Interesselosigkeit oder Überforderung der Kinder

---

20 Auf die Problematik und die Chancen der Thematik Übertragung und Gegenübertragung will ich hier nicht eingehen, der Fokus liegt auf dem psychohygienischen Aspekt.

zu mildern. Das Leiden der Kinder wird als Appell zum Mitleiden und zum Handeln verstanden, ohne dass jedoch Handlungsoptionen bereitstünden. Zurück bleibt häufig ein Gefühl von Hilflosigkeit und Ohnmacht, das sich gerne paart mit einem appellativen »Eigentlich«-Gefühl: Eigentlich müsste ich etwas tun, eigentlich sind wir als Schule mitverantwortlich dafür, dass sich etwas ändert. Diese Gefühle sind erfahrungsgemäß häufig in den Schulformen stärker ausgeprägt, in denen mehr emotionale Nähe zu den Kindern besteht, z. B. in Grundschulen und Förderschulen, aber auch in Haupt- und Gesamtschulen, nach eigenen langjährigen Beobachtungen – häufig strukturbedingt – seltener in Realschulen und Gymnasien.

Wie können nun Lehrkräfte mit diesen Leiden in einer Weise umgehen, die zur seelischen Gesundheit beiträgt und eine mögliche Burn-out-Gefährdung niedrig hält? Das 2-Felder-Modell ermöglicht sowohl eine individuelle Betrachtungsweise hinsichtlich der einzelnen Lehrkraft als auch eine, die die Schule als System in den Fokus nimmt.

Energiekuchen

Erster Schritt bei der Erläuterung des Modells ist der sogenannte »Energiekuchen« als Methode, sich als Individuum oder System über die Energie klar zu werden, die man zur dienstlichen Aufgabenerfüllung aufwenden muss und aufwenden möchte. Fragen, die sich für die einzelne Lehrkraft stellen, können u. a. sein:

- Welchen Anteil soll der Beruf in meinem Leben haben?
- Wie viel Energie will ich aufwenden, welches Maß an Engagement will und kann ich in mein berufliches Feld einbringen?

Eine Lehrkraft, die beispielsweise als alleinerziehende Mutter von zwei kleinen Kindern mit halber Stelle arbeitet, wird diese Frage sicherlich anders beantworten als eine Lehrkraft, die vollbeschäftigt und kinderlos ist. Der Stellenwert des Bereichs Arbeit ist von etlichen Faktoren abhängig, zu denen biographische Aspekte, körperliche und psychische Konstitution, Motivation, Einflussstreben, Begabung für den Beruf, Anstrengungsbereitschaft usw. gehören.

Auch das System Einzelschule kann sich mit Hilfe der Energiekuchen-Methode die Aufteilung ihrer Energien für bestimmte Aufgaben bewusst machen. Fragen können u. a. sein:

- Welchen Anteil unserer Energien verwenden wir für die Vermittlung des Unterrichtsstoffs, wie viel für erzieherische Aufgaben?
- Wie viele Energien verwenden wir insgesamt darauf, bestimmte Themen nicht zu besprechen? Welche sind das?
- Welchen Stellenwert haben emotionale Aspekte der Lehrkräfte?

Ein individueller – noch relativ undifferenzierter – Energiekuchen einer Lehrkraft könnte z. B. wie in Abbildung 18 dargestellt aussehen.

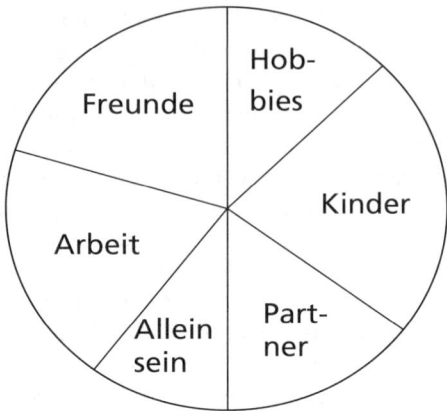

Abb. 18: Energiekuchen

Die Person im Beispiel setzt ca. ein Drittel ihrer Energie für den Beruf ein. Dieser Wert variiert nach verschiedenen Kriterien; Lebensumstände (Kinder, Alleinverdiener usw.), Vollzeit-/Teilzeitbeschäftigung, Gesundheit, Alter, aber auch z. B. die bewusste Entscheidung, eine bestimmte Energiemenge für den Beruf einzusetzen, können Kriterien sein. Diesen Faktor nennt Schaarschmidt »Bedeutsamkeit der Arbeit« (Online-Quelle 11). Die für den Beruf eingesetzte individuell unterschiedliche Energie gilt es nun zu übertragen in das Feld B der folgenden Grafik.

Das 2-Felder-Modell

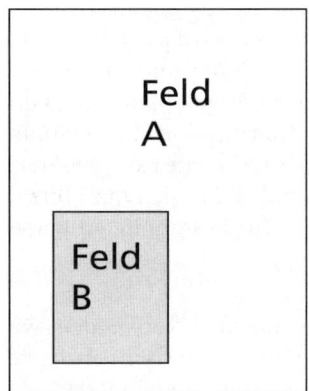

Abb. 19: Felder A und B

Abbildung 19 zeigt das »2-Felder-Modell«. Feld A stellt in dieser Grafik alle Bedürfnisse eines Kindes dar, Nähe, Geborgenheit, Zuwendung, Liebe, Nahrung,

Kleidung, Bildung, kulturelle Bedürfnisse usw. (s. a. Abraham Maslows Bedürfnispyramide). Feld B symbolisiert alle Möglichkeiten der einzelnen Lehrkraft, die Bedürfnisse des Kindes abzudecken. Diese Möglichkeiten sind u. a. von folgenden Faktoren abhängig:

- Maß an Energie, das die Lehrkraft bereit und fähig ist, in den Beruf zu investieren
- Kompetenzen (Informationen, Kenntnisse und Fähigkeiten) der Lehrkraft. Wer beispielsweise mehr Kenntnisse über soziale Hilfssysteme hat, kann eher Unterstützung organisieren; wer über größere Beratungskompetenz verfügt, kann soziale Problemfelder von Schülern besser erkennen und ihnen bei der Bearbeitung helfen; wer Fortbildungsveranstaltungen besucht, verfügt anschließend – hoffentlich – über mehr oder erweiterte Kompetenzen
- Strukturell vorgegebene Möglichkeiten der Lehrkraft im jeweiligen System der Schule; eine Grund- oder Förderschullehrkraft, die als Klassenlehrerin zahlreiche Unterrichtsstunden in ihrer Klasse verbringt, hat mehr Kenntnisse über einen Schüler und mehr Einflussmöglichkeiten auf ihn als eine Chemielehrerin eines Gymnasiums, die mehrere hundert Schüler pro Woche jeweils nur kurz unterrichtet
- Subjektive Definition der Berufsrolle. Wer seine Rolle eher als Wissenschaftler versteht, kann Schülern weniger Unterstützung bei Problemen geben als jemand, der sich in stärkerem Maße auch als Erzieher begreift
- Bereitschaft, Probleme zu sehen und zu handeln. Dieser Faktor hängt zum einen stark mit dem Maß an Energie zusammen, das aufzubringen jemand bereit ist; zum anderen kann die Ausprägung dieses Faktors auch von der »emotionalen Intelligenz« (siehe Goleman 1996) abhängig sein
- Tagesform (kann eine Rolle spielen)
- Tageszeit (und Belastbarkeit hängen eng zusammen)
- Alter (höheres Alter kann zum einen ein deutlich höheres Maß an Erfahrung mit sich bringen, aber auch häufig ein Weniger an Belastbarkeit)
- Gesundheitszustand

Einsichten

Zunächst ist festzustellen, dass Feld B kleiner ist als Feld A. Diese Wahrnehmung führt zu der banalen Erkenntnis, dass Lehrkräfte nicht alle Lebensbedingungen von Kindern beeinflussen können. Diese Erkenntnis zu verinnerlichen, kann zur Folge haben, die Verantwortlichkeit für die Veränderung der schwierigen Lebensbedingungen, unter denen Schülerinnen und Schüler leiden, realistisch zu begrenzen. Manche Lehrkräfte leiden stark darunter, dass es ihnen unmöglich ist, täglich wahrgenommene Unzulänglichkeiten z. B. bei der Grundversorgung von Kindern durch Eltern nicht beeinflussen zu können, sie leiden an der eigenen Hilflosigkeit, die zuweilen als subjektive Inkompetenz erlebt wird.

> Lehrkräfte sind nicht für die Behebung aller Defizite im Leben ihrer Schüler verantwortlich.

Die Frage »Was benötigt das Kind bzw. der Jugendliche?« führt häufig zu der richtigen, aber abstrakten Forderung: »Da muss doch jemand etwas tun!«. Dass dieser Jemand auch die Person, die das äußert, selbst sein kann, schwingt als vager Anspruch mit: »Da müsste *ich* eigentlich etwas tun«. Wenn es um Handlungsfelder geht, die außerhalb der eigenen Zuständigkeit bzw. Verantwortlichkeit liegen – in der Grafik also innerhalb des Feldes A, aber außerhalb von B – kann das Gefühl von Zuständigkeit oder Verantwortlichkeit ohne eigene Zugriffsmöglichkeit zu dem Gefühl von Lähmung und Hilflosigkeit oder zu Vorwürfen führen, das Jugendamt sei untätig und setze einfache Lösungen, die Lehrer sehen, nicht um. Häufig liegen bei Lehrern nur wenige Kenntnisse hinsichtlich der Rechtslage und der Möglichkeiten der Jugendhilfe zugrunde. Daneben gibt es aber auch Lücken im System zwischen Schule, Jugendhilfe und Gerichten, die zu Resignation beitragen und nicht selten einen gewissen Zynismus zur Folge haben können.

Zuständigkeit und Verantwortlichkeit

Vor einigen Jahren kam in Bremen ein Kleinkind aufgrund von Vernachlässigung durch die Eltern ums Leben. Der zuständige Leiter des Jugendamtes bescheinigte allen seinen Mitarbeitern, sich an ihre Zuständigkeiten gehalten zu haben. Aufgrund der klar geregelten Zuständigkeiten fühlte sich niemand verantwortlich.

Zahlreiche Lehrkräfte tun täglich Dinge, für die sie nicht zuständig sind, vor allem im Bereich der Grund- und Förderschulen. Sie schenken z. B. Kindern Stifte, Mäppchen, Hefte, private ausgediente Fahrräder usw., wenn Eltern sich solche Dinge nicht leisten können oder sie aus anderen Gründen nicht beschaffen. Diese Lehrerinnen fühlen sich verantwortlich, ohne zuständig zu sein – häufig deshalb, weil sie den Mangel, der die Kinder betrifft, als eigenes Versagen erleben und darunter leiden.

Es kann eine bewusste Entscheidung sein, ob jemand neben der Erledigung der Aufgaben, die in die eigene Zuständigkeit fallen, auch Aufgaben erfüllt, die außerhalb dieser Zuständigkeit liegen, für die er sich jedoch verantwortlich fühlt. In der kommunikativen Sprache von Friedemann Schulz von Thun hieße dieses Phänomen, diese Person höre oft mit dem »Appell-Ohr«, sie habe ein starkes Mitglied in ihrem Inneren Team, das auf Signale von Hilfsbedürftigkeit reagiert (Schulz von Thun 1981, 1998). In der Sprache der Transaktionsanalyse würde man von einem starken »Retteranteil« sprechen (u. a. Stewart/Joines 2009).

> Lehrkräfte können bewusst entscheiden, ob sie sich für Aufgaben, für die sie nicht zuständig sind, verantwortlich fühlen wollen.

Ziel muss es sein, die Größe des Feldes B für sich zu bestimmen und dieses Feld zu 100 % auszufüllen, d. h. alles zu tun, was in den eigenen Kräften – als Individuum oder als System – steht, um das Kind (den Schüler) zu fördern und seine Bedürfnisse zu erfüllen. Alle Aufgaben und Handlungsnotwendigkeiten, die zu Feld A, aber nicht zu Feld B gehören, liegen nicht im Zuständigkeitsbereich der einzelnen Lehrkraft.

2.2 Exkurs: Vom Aushalten – Das 2-Felder-Modell

Beispiel
Ein Schüler benötigt nach Auffassung der Schule die Unterstützung durch das Jugendamt; in Feld B fällt also die Kontaktaufnahme und Information des Jugendamts durch die Schule. Welche Aktivitäten das Jugendamt ergreift, liegt außerhalb des Feldes B. Auszuhalten, was nicht beeinflussbar ist, gehört zu den wichtigen Bedingungen, um gesund zu bleiben (Distanzierungsfähigkeit).

Wird Feld B nicht zu 100 % ausgefüllt, kann – zu Recht – das Gefühl entstehen, nicht alles in den eigenen Kräften Stehende getan zu haben, um einem Missstand abzuhelfen. Dieses Gefühl kann zu der Erkenntnis führen, für den Missstand mitverantwortlich zu sein.

> Nur das Gefühl, zur Beseitigung eines Missstandes alle zur Verfügung stehenden eigenen Möglichkeiten ausgeschöpft zu haben, kann den Eindruck und das Gefühl von Mitverantwortlichkeit verhindern und ein gesundes Aushalten von Missständen ermöglichen.

Für die Psychohygiene der einzelnen Lehrkraft, aber auch des Systems Schule, kann es von größter Bedeutung sein, diese Abgrenzung des Feldes B mit großer Klarheit vorzunehmen (»zufrieden« ist etymologisch verwandt mit »einfrieden«). Sich für Aufgaben verantwortlich zu fühlen, die außerhalb des eigenen Verantwortungs- und Handlungsbereichs liegen, kann auf Dauer zu Burnout oder Resignation führen. Feld B mit größtmöglicher Klarheit zu definieren, stellt eine wichtige Voraussetzung für psychische Gesundheit dar. Andererseits kennt jeder die Auswirkungen einer Sichtweise, die ausschließlich auf Zuständigkeiten setzt, ohne ein Verantwortungsgefühl zu entwickeln.

> Feld B exakt zu definieren, bedeutet ein Höchstmaß an Klarheit hinsichtlich dessen, was ich will und kann, und an Abgrenzung zu dem, was ich nicht will und kann.

Grundhaltung sollte nicht ein kaltes »Das ist nicht mein Problem« sein, sondern eine mitmenschliche Haltung, die von Mitgefühl geprägt ist (siehe Schulz von Thun zum Hören mit dem Selbstkundgabe-Ohr). Die Grundhaltungen des humanistischen Menschenbildes wie Achtung, Wärme, Rücksichtnahme, mitfühlendes, nichtwertendes Verstehen (u. a. Tausch/Tausch, Rogers, Gordon, s. a. Dalai Lama) in Verbindung mit der psychohygienisch gesunden Abgrenzung können zu einem Mitfühlen ohne Mitleid, zu Wahrnehmung mit offenen Augen ohne ein Verantwortlich-Fühlen, zu Verständnis ohne Schuldgefühle beitragen.

> Mitfühlen mit Mitmenschen und zugleich klares Abgrenzen, eindeutiges Definieren der eigenen Verantwortlichkeit ohne Übernahme des Problembesitzes (Thomas Gordon) sind zwei Seiten psychischer Gesundheit.

Eine solchermaßen ausgeprägte Distanzierungsfähigkeit ist ein wichtiger Beitrag zur Psychohygiene; Uwe Schaarschmidt sagt: »Psychisch gesund ist nach unserem Verständnis ein Mensch, dem es im Alltag gelingt, sich engagiert und doch entspannt den Anforderungen zu stellen, der über eine positive Einstellung zu sich selbst und zu den eigenen Wirkungsmöglichkeiten verfügt, der Ziele verfolgt, in seinem Tun Sinn erfahren kann und sich sozial aufgehoben fühlt« (Online-Quelle 12).

Alle dargestellten Sachverhalte und Einschätzungen gelten nicht nur für die einzelne Lehrkraft, sondern ebenso in Bezug auf das System Schule. Das System – etwa aus gestalttherapeutischer Sicht – als Organismus zu sehen (Nevis 1988), kann dazu beitragen, ein System wie eine Schule oder ein Lehrerkollegium ebenso einzuschätzen wie ein Individuum. Fragen können u. a. sein: Was kann die Schule leisten, was nicht, haben wir als Schule alles in unseren Kräften Stehende getan, um einem Missstand abzuhelfen, wo fühlen wir uns verantwortlich, wo sind wir zuständig usw.?

> Für Systeme wie die Schule gelten die gleichen Annahmen wie für das Individuum.

2.3 Wie reden wir miteinander?! – Grundlagen der Kommunikation

Wenn Lehrerinnen Gesprächsführungs- und Beratungskompetenz erwerben wollen, ist es unabdingbar, einige grundlegende Elemente menschlicher Kommunikation zu kennen. Auch bei dieser eher theoretischen Betrachtung geht es mir darum, die praktische Seite in den Mittelpunkt zu stellen. Am einfachsten fällt die Orientierung, so meine Erfahrung, wenn Sie als Leser die drei Bände von Friedemann Schulz von Thun mit dem Titel »Miteinander reden« (2000) lesen, die in der Tat so geschrieben sind, dass der eigene Anspruch erfüllt wird, situationsangemessen und authentisch zu sein; zudem besticht der Schreibstil, mit dem es Schulz von Thun gelingt, auch kompliziertere Sachverhalte und Theorieelemente einfach und leicht verständlich darzustellen.

Vier Ohren, vier Schnäbel: Das Kommunikationsquadrat

Bei dem Versuch, die Komplexität menschlicher Kommunikation zu reduzieren, um sie analysieren und didaktische Konzepte entwickeln zu können, hat Schulz von Thun das Modell des Kommunikationsquadrats entwickelt, das bei jeder Kommunikation von vier Aspekten ausgeht.

Wenn ich als Mensch etwas von mir gebe, bin ich auf vierfache Weise wirksam. Jede meiner Äußerungen enthält, ob ich will oder nicht, vier Botschaften gleichzeitig:

2.3 Wie reden wir miteinander?! – Grundlagen der Kommunikation

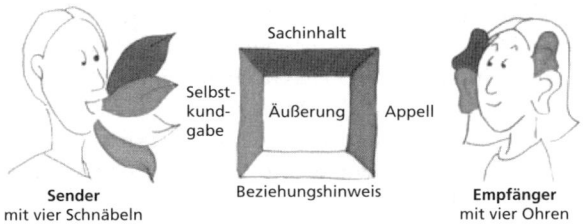

Abb. 20: Vier Schnäbel und vier Ohren (Online-Quelle 13, s. a. Schulz von Thun 1981)

Abb. 21: Kommunikationsquadrat

- eine Sachinformation (worüber ich informiere) – *blau* (i. Orig.)
- eine Selbstkundgabe[21] (was ich von mir zu erkennen gebe) – *grün*
- einen Beziehungshinweis (was ich von dir halte und wie ich zu dir stehe) – *gelb*
- einen Appell (was ich bei dir erreichen möchte) – *rot*

Die Äußerung, die den »vier Schnäbeln« des Senders entstammt, trifft nun auf die »vier Ohren« des Empfängers. Sowohl Sender als auch Empfänger sind für die Qualität der Kommunikation verantwortlich, wobei die unmissverständliche Kommunikation der Idealfall ist und nicht die Regel. Denn dass der Empfänger die Botschaft auf genau der Seite des Kommunikationsquadrats versteht, auf der sie der Sender intendiert hat, ist eher unwahrscheinlich. Hört er die Botschaft aber mit einem anderen Ohr, kann es zu Missverständnissen kommen.

Die vier Ebenen der Kommunikation

Auf der *Sachebene* des Gesprächs steht die Sachinformation im Vordergrund, hier geht es um Daten, Fakten und Sachverhalte. Dabei gelten drei Kriterien:

- wahr oder unwahr (zutreffend/nicht zutreffend)
- relevant oder irrelevant (sind die aufgeführten Sachverhalte für das anstehende Thema von Belang/nicht von Belang?)
- hinlänglich oder unzureichend (sind die angeführten Sachhinweise für das Thema ausreichend oder muss vieles andere zusätzlich bedacht werden?)

Die Herausforderung für den Sender besteht auf der Sachebene darin, die Sachverhalte klar und verständlich auszudrücken. Der Empfänger kann auf dem Sach-Ohr entsprechend der drei Kriterien reagieren.

---

21 In älteren Texten nennt Schulz von Thun diesen Aspekt »Selbstoffenbarung«, den er später in »Selbstkundgabe« verändert hat, weil ihm die »Offenbarung« zu therapeutisch klang.

Für die *Selbstkundgabe* gilt: Wenn jemand etwas von sich gibt, gibt er auch etwas von sich preis. Jede Äußerung enthält gewollt oder unfreiwillig eine Kostprobe der Persönlichkeit – der Gefühle, Werte, Eigenarten und Bedürfnisse. Dies kann explizit (»Ich-Botschaft«) oder implizit (d. h. durch Mimik, Gestik, Tonfall, Lautstärke usw.) geschehen. Während der Sender mit dem Selbstkundgabe-Schnabel implizit oder explizit, bewusst oder unbewusst Informationen über sich preisgibt, nimmt der Empfänger diese mit dem Selbstkundgabe-Ohr auf: Was ist das für einer? Wie ist er gestimmt? Was ist mit ihm?

Auf der *Beziehungs-Seite* gebe ich zu erkennen, wie ich zum anderen stehe und was ich von ihm halte. Diese Beziehungshinweise werden durch Formulierung, Tonfall, Mimik und Gestik vermittelt. Der Sender transportiert diese Hinweise implizit oder explizit. Der Empfänger fühlt sich durch die auf dem Beziehungs-Ohr eingehenden Informationen wertgeschätzt oder abgelehnt, missachtet oder geachtet, respektiert oder gedemütigt.

Die Einflussnahme auf den Empfänger geschieht auf der *Appell-Seite*. Wenn jemand das Wort ergreift, möchte er in aller Regel etwas erreichen. Er äußert Wünsche, Appelle, Ratschläge oder Handlungsanweisungen. Die Appelle werden offen oder verdeckt gesandt. Mit dem Appell-Ohr fragt sich der Empfänger: »Was soll ich jetzt (nicht) machen, denken oder fühlen?«.

Das Kommunikationsquadrat stellt nicht nur eine Grundstruktur menschlicher Kommunikation dar, sondern ermöglicht darüber hinaus, das eigene Kommunikationsverhalten zu reflektieren. Fragen dazu könnten z. B. sein:

- Neige ich beim Senden dazu, alle Inhalte zu versachlichen und dem Beziehungsaspekt wenig Bedeutung zu schenken?
- Höre ich oft mit dem Beziehungs-Ohr? Vielleicht könnte es hilfreich sein, Äußerungen anderer Menschen bewusst mit dem Selbstoffenbarungs-Ohr aufzunehmen.
- Ist mein Appell-Ohr mein bevorzugtes Ohr? Höre ich z. B. aus jeder Äußerung den Appell heraus zu helfen, zu unterstützen?
- Ist es für mich in vielen Situationen wichtig, Aussagen über mich in den Fokus zu stellen?
- Nehme ich die verschiedenen Aspekte in Kommunikationssituationen wahr?

Eine gute Übung ist es, die Kommunikation anderer Menschen zu beobachten. Statt sich z. B. im Zug über einen lautstark mit dem Handy telefonierenden Menschen zu ärgern, kann ich auch versuchen, seine Kommunikation zu analysieren: Welchen der vier Aspekte stellt diese Person in den Mittelpunkt, welcher Aspekt kommt fast nicht vor usw.? Beobachten Sie Talkshows im Fernsehen unter dieser Fragestellung, hören Sie einem Kollegengespräch zu, benutzen Sie eine langweilige Konferenz, um die vier Aspekte der Kommunikation wahrzunehmen und zu analysieren, stellen Sie in Ihrem Unterricht fest, wie Mehmet bevorzugt kommuniziert und warum Sabine wohl so beliebt/unbeliebt ist.

Ich kann die Übungen bei mir selbst fortsetzen. Sehr sinnvoll kann es sein, zunächst einmal nicht wertend lediglich wahrzunehmen, wie ich mit Kommunikationssituationen umgehe. Ich kann mich beobachten und feststellen: Aha, so ist das bei mir. Anschließend kann ich mit meinen vier Ohren spielen. Ich höre nächsten Dienstagvormittag alle Kommunikation mit dem Beziehungs-Ohr, in der 7b nehme ich für eine Schulstunde alle Schüleräußerungen mit dem Selbstoffenbarungs-Ohr wahr: Was sagt jeder über sich? Wahrnehmen kann ich aber auch meine Gefühle. Wenn ich mich häufig angegriffen fühle, kann ich versuchen, weniger mit dem Beziehungs-Ohr zu hören und stattdessen mein Selbstoffenbarungs-Ohr weit zu öffnen.

Erwähnen will ich aber auch die Gefahr, auf die Schulz von Thun eindringlich hinweist: »Im Extrem kann sich der Empfänger durch die ausschließliche Benutzung des Selbstoffenbarungs-Ohrs jede Betroffenheit ersparen« (Schulz von Thun 2000, Bd. 1, S. 56). Diese »Selbstimmunisierung« hilft zwar effizient dabei, mich vor Verletzungen und Kränkungen zu schützen, hat aber den gewaltigen Nachteil, dass ich nicht in wirklichen Kontakt mit meinen Mitmenschen komme, weil ich immer cool über den Dingen stehe und nichts wirklich an mich heranlasse. Damit kommuniziere ich nicht authentisch, sondern begebe mich in eine überlegene Position, in der ich meine emotionale Beteiligung oder meine Betroffenheit verdrängen kann. Zeitweise kann eine solche Verhaltensweise sinnvoll sein, z. B. bei massiven Angriffen von Eltern gegen mich als Lehrperson. Als Gewohnheit in allen Kommunikationssituationen ist sie jedoch schädlich, für die Person selbst und ihre Kontakte.

Digitale und analoge Kommunikation

In der Kommunikation gilt, was Watzlawick u. a. bereits 1969 postuliert haben, dass man nämlich »nicht nicht kommunizieren kann« (Watzlawick/Beavin/Jackson 1971, S. 50 f). Jedes Verhalten ist demnach Kommunikation, d. h. eine Botschaft.

> »Es muss […] daran erinnert werden, dass das ›Material‹ jeglicher Kommunikation keineswegs nur Worte sind, sondern alle paralinguistischen Phänomene (wie z. B. Tonfall, Schnelligkeit oder Langsamkeit der Sprache, Pausen, Lachen, Seufzen), Körperhaltung, Ausdrucksbewegungen (Körpersprache) usw. innerhalb eines bestimmten Kontextes umfasst – kurz, Verhalten jeder Art.« (ebd., S. 51)

> »Nonverbale Informationen können auf vielfältige Weise kodiert sein. Zu den am häufigsten bemerkten Ausdrucksmöglichkeiten gehören die Gesichtsausdrücke, Gesten, Körperhaltung und -bewegung, Tonfall (schmeichelnd, aggressiv usw.), Berührungen, Geruch (Schweiß, Parfum, Atemalkohol, Pheromone usw.), Augenkontakt, interpersonelle Distanz, Impression-Management (durch Kleidung, Frisur usw.).« (Online-Quelle 14)

All diese Botschaften stellen die analoge Kommunikationsform dar, die gemeinsam mit der digitalen Kommunikationsform die nur beim Menschen vorzufindenden beiden Arten zu kommunizieren darstellen. Digitale Kommunikation bezeichnet den Sachaspekt der Kommunikation, während alle übrigen kommunikativen Aspekte sich in der analogen Kommunikationsform manifestieren. Diese analogen Aspekte bezeichnen Watzlawick et al. als Beziehungsaspekt der Kommunikation (Watzlawick/Beavin/Jackson 1971, S. 53 ff).

Wir alle kennen die Bedeutung der analogen Kommunikation. Kongruent verhalten wir uns in einer Kommunikationssituation, wenn analoge und digitale Botschaften zueinander passen. Wer mit großer Gestik und rotem Gesicht brüllt

»Lass mich doch endlich in Ruhe!«, verhält sich ebenso kongruent wie jemand, der weint und sagt »Ich bin völlig verzweifelt«.

Stellen Sie sich bitte einen Menschen vor, der die Arme vor dem Körper verschränkt und dabei die Schultern hochzieht (analog); wenn er nun verbal äußert »Ich bin ganz offen« (digital), spüren wir den Widerspruch, die Inkongruenz in seinen analogen und digitalen Äußerungen, das Analoge straft das Digitale Lügen. In zahlreichen beruflichen und privaten Kommunikationssituationen nehmen wir solche Widersprüche wahr, die »double-bind« genannt werden. Zunächst reagieren wir üblicherweise mit Irritation, weil eine solche Botschaft zwei verschiedene Appelle enthält. Schulz von Thun führt als Bespiel einen Menschen an, der mit traurigem Gesicht sagt: »Es ist alles in Ordnung« (Schulz von Thun 2000, Bd. 1, S. 35 ff). Wenn wir diese Botschaft erhalten, nehmen wir zwei Appelle wahr:

- Lass mich in Ruhe!
- Kümmere dich um mich!

Auf der Selbstoffenbarungsseite stehen ebenfalls zwei Aussagen:

- Mich beschwert etwas!
- Ich möchte jetzt nicht darüber sprechen.

Wenn Sie als Lehrer oder Lehrerin über die Kommunikation eines Schülers oder eines anderen Gesprächspartners verwirrt sind, kann es sein, dass eine Doublebind-Botschaft dahinter steckt. Das Problem ist dann, dass Sie nur falsch reagieren können. Wenn Sie Hilfe anbieten, kann sich der andere darauf zurückziehen, was er digital übermittelt hat: »Ich hab doch gesagt, dass alles in Ordnung ist. Was wollen Sie von mir?«. Wenn Sie keine Hilfe anbieten, können Sie ein schlechtes Gefühl behalten, weil Sie den Hilferuf vielleicht deutlich gespürt haben.

Eine Lösung könnte es darstellen, dass Sie Hilfe anbieten, aber explizit die Verantwortung für Annahme oder Nicht-Annahme beim Anderen lassen, z. B.: »Für den Fall, dass du Unterstützung oder Hilfe benötigst, kannst du mich gerne ansprechen. Entscheide du darüber.« Selbstverständlich könnte der Schüler reagieren wie oben dargestellt, Sie müssen sich aber nicht auf weitere Kommunikation einlassen, sondern können das so stehenlassen; Sie können aber davon ausgehen, dass Ihre Botschaft bei ihm angekommen ist.

Wenn Sie sich in einem Beratungssetting befinden – z. B. als Beratungslehrerin – können Sie z. B. Ihre Wahrnehmung als Feedback anbieten (»Ich nehme wahr, dass du sagst, dass alles in Ordnung ist, ich sehe aber auch, dass du von Körperhaltung und Mimik her äußerst, dass etwas überhaupt nicht in Ordnung ist. Liege ich richtig mit meiner Wahrnehmung?«) und vorschlagen, dass der Schüler einen Dialog auf zwei Stühlen führt, eine Methode aus der Gestalttherapie. Auf jedem Stuhl verkörpert der Schüler eine der beiden Seiten, er wechselt während des Dialogs öfter den Stuhl.

Übrigens: Weil man »nicht nicht kommunizieren kann«, gelten alle vier Ebenen der Kommunikation selbstverständlich auch dann, wenn jemand schweigt oder ausdrücklich nicht sprechen möchte. Wenn Sie sich einmal die Mühe machen, die vier Seiten der Botschaften eines Schweigers aus einer bestimmten Situation genau anzusehen und zu notieren, werden Sie überrascht sein, wie beredt Schweigen sein kann.

Auf die auch und gerade für Lehrer enorm wichtige Körpersprache weisen Rhode und Meis hin (Rhode/Meis 2010a, S. 78 ff; Rhode/Meis 2010b; s. a. Publikationen zum Thema »Classroom-Management«). Bei einem Regelverstoß des anderen gilt es, seiner Absicht der Verunsicherung, Verängstigung und des Demonstrierens eigener Stärke die eigene entspannte Haltung entgegenzusetzen, die lauten kann: »Du willst mich verängstigen, aber an meiner Gelassenheit kannst du erkennen, dass dein Kalkül nicht aufgeht. Ich habe keine Angst. Also gib auf und halte dich an die Regel. Sie gilt!« Es ist sicherlich unmittelbar nachvollziehbar, dass eine solche Haltung nicht per Beschluss einfach verfügbar ist. Rhode und Meis benennen einige wichtige Parameter, die im Konfliktfall helfen können, eigene Stärke auszudrücken (s. a. Miller 2001, S. 132 ff; die Beispiele beziehen sich zum einen auf extrem renitente Schüler, zum anderen bilden sie Alltagshandlungen ab):

- *Blick- und Raumverhalten*
  Stark ist, wer den Blickkontakt länger halten kann. Blickkontakt drückt innere Stärke aus. Dazu schlagen die Autoren vor, dem renitenten Schüler nicht in die Augen, sondern auf die Nasenwurzel zu blicken, was den Vorteil hat, dass man selbst gelassen bleiben kann, der andere sich jedoch angeblickt fühlt.
  Bei einer verbalen Auseinandersetzung schlagen Rhode und Meis vor, die räumliche Nähe zu suchen, um zu signalisieren, dass der Schüler sich nicht aus der Situation stehlen kann. Allerdings ist es wichtig, einen Sicherheitsabstand einzuhalten.
- *Die »Körpersprache der gelassenen Präsenz«*
  – fester Blick
  – entspannte Körperhaltung und Atem
  – an den Kontrahenten herantreten, ohne ihm zu nahe zu treten
  – Geistesgegenwart
  – emotionale Distanz, Freundlichkeit
  – Präsenz mit Haut und Haaren, aber auch mit spielerischer Sichtweise auf den Konflikt
- *Gestik, Mimik, Haltung und Stimme*
  Diese Elemente sind nicht aufgrund kurzer Hinweise zu verändern oder zu manipulieren, sondern Ausdruck einer inneren Haltung. Allerdings ist es selbstverständlich möglich, wesentliche Elemente zu üben wie z. B. sicheren Stand auf beiden Beinen, wobei die Füße ein wenig Abstand zueinander haben. Wer so geerdet spricht, gibt seinen Mitmenschen (und auch sich selbst!) das Gefühl: Den wirft so schnell nichts um! Erproben Sie doch einmal die Wirkung auf sich selbst durch verschiedene Haltungen:
  – Spielen Sie – vielleicht alleine zu Hause vor einem Spiegel – einen sehr selbstbewussten Menschen, der vor einer Menschenmenge auftritt, ohne etwas zu sagen, und anschließend einen sehr ängstlichen Menschen. Achten Sie dabei bitte ganz genau darauf, was Sie im Einzelnen tun, um Ängstlichkeit oder Selbstbewusstsein auszudrücken.

- In einer Gruppe können Sie auch diesen Aspekt wahrnehmen und üben: Eine/r liest etwas vor, die übrigen Gruppenmitglieder signalisieren einmal nonverbal höchstes Interesse, dann nonverbal absolutes Desinteresse.
- Haben Sie festgestellt, dass die Gefühle dem Verhalten folgen? Wenn Sie den ängstlichen Menschen spielen, fühlen Sie auch entsprechend.

Die Kraft des Nonverbalen nehmen wir gut wahr, wenn wir gute Schauspieler bei ihrer Arbeit beobachten; Gert Fröbe hat Morgensterns Text »Das Huhn im Bahnhof« einmal als Vortragskünstler um 1900 und einmal als hungernder Tagelöhner interpretiert – die digitale Information ist identisch, die analoge gegenteilig. Die Kunst der Pantomime lebt ausschließlich von nonverbaler, also analoger Kommunikation, wir verstehen selbst kleinste Bewegungen wie das Heben einer Augenbraue.

Abschließend zu diesem Thema eine Anekdote: Bei einer Lehrerfortbildungsmaßnahme in Brandenburg im Jahr 1991, also kurz nach der Wende, referierte ich und war sehr irritiert darüber, dass alle Teilnehmerinnen regungslos zuhörten, ich meldete diese Beobachtung zurück, und nach der anschließenden Diskussion fragte mich ein Lehrer: »Wenn wir etwas sagen, nicken Sie immer und sagen »hm«. Meinen Sie damit, dass Sie uns zustimmen?« Wir kamen in ein äußerst spannendes Gespräch darüber, dass es in der offiziellen Sprache, die sich zahlreiche Lehrkräfte angewöhnt hatten, eine analoge Kommunikation in der DDR nicht gegeben hatte. Maskenhaftigkeit und Regungslosigkeit waren der Schutz davor, seine Emotionen, die ja verräterisch hätten sein können, in irgendeiner Weise zu äußern. Es wirkte sehr befreiend auf die Teilnehmerinnen, dass sie im weiteren Verlauf der Fortbildung Gelegenheit bekamen, analoges Verhalten zu üben. Nirgends war mir zuvor die Bedeutung analoger Kommunikation so klar geworden.

Das Parlament in mir – Das Innere Team

Ein zweites – praktisch nutzbares – Modell von Schulz von Thun ist das des »Inneren Teams«. »Willst du ein guter Kommunikator sein, dann schau auch in dich selbst hinein!« formuliert Schulz von Thun. Mit dem Modell des Inneren Teams folgen wir dieser Empfehlung und betrachten die »Innenseite« der Kommunikation genauer.

> »Wenn wir in uns hineinhören, finden wir dort selten nur eine einzige ›Stimme‹, die sich zu einer bestimmten Situation oder einem Thema zu Wort meldet. In der Regel stoßen wir vielmehr auf verschiedene innere Anteile, die sich selten einig sind und die alles daran setzen, auf unsere Kommunikation und unser Handeln Einfluss zu nehmen.
>
> Ein Miteinander und Gegeneinander finden wir demnach nicht nur zwischen Menschen, sondern auch innerhalb des Menschen. Obwohl ein zerstrittener Haufen im Inneren überaus lästig und quälend sein und bis zur Verhaltenslähmung führen kann, handelt es sich dabei nicht um eine seelische Störung, sondern um einen ganz normalen menschlichen Zustand. Diese ›innere Pluralität‹ ist letztlich auch wünschenswert. Wenn nämlich aus dem zerstrittenen Haufen ein Inneres Team wird, werden innere Synergieeffekte freigesetzt. Diese rühren vor allem daher, dass die ›vereinten Kräfte‹ mehr Weisheit in sich tragen als eine einzelne Stimme allein.

2.3 Wie reden wir miteinander?! – Grundlagen der Kommunikation

Abb. 22: Das Innere Team

Somit bekommen wir es in der Kommunikation nicht nur mit dem Team zu tun, dem wir angehören oder das wir zu leiten haben, sondern auch mit unserem ›Inneren Team‹ (InT). Nur wenn ich im Inneren ›alle beisammen‹ und vereint habe, kann ich nach außen hin klar, authentisch und situationsgemäß reagieren. Die Herausforderung besteht darin, die geeigneten Inneren Mitarbeiter zu einem gegebenen Problem zu identifizieren, zu Wort kommen zu lassen und in einer ›Inneren Ratsversammlung‹ zur Zusammenarbeit zu bewegen.« (Online-Quelle 15)

Ob von den »zwei Seelen, die in der Brust wohnen« (Goethe), die Rede ist, vom »inneren Parlament« (Ruth Cohn), von verschiedenen Seiten in mir, die Unterschiedliches wollen, von innerer Zerrissenheit, von verschiedenen Anteilen der Persönlichkeit, von der Methodik der zwei Stühle etwa aus der Gestalttherapie: Niemand hat aus meiner Sicht den Gedanken der inneren Vielfalt so plastisch, anschaulich und formbar dargestellt wie Schulz von Thun mit seiner Theorie des Inneren Teams.

In der Praxis von Lehrerfortbildungen hat sich ein wesentlicher Vorteil der konkreten Arbeit mit dem InT gezeigt: Das Modell ermöglicht es, mit spielerischer Leichtigkeit über innere Vorgänge zu sprechen. Immer wieder ist es befreiend, eher verschlossene Menschen zu erleben, denen es relativ leichtfällt, von ihrem inneren »Alfons Angst« zu sprechen und ihn zu beschreiben, während den Satz »Ich habe Angst« auszusprechen, eine wesentlich höhere Hürde bedeutete.

Die Umgangsmöglichkeiten mit dem Modell des Inneren Teams sind vielfältig.

Beispiel aus einem Gruppensetting, nachdem die Theorie erläutert wurde
Ein Fall wird vorgegeben, z. B.: Ein Schüler zeigt massive Verhaltensauffälligkeiten; er hält sich nicht an die Anweisungen der Lehrkraft, geht in der Klasse umher, stört andere Schüler usw. Die Lehrkraft hat ihr Repertoire ohne Erfolg eingesetzt.

In Einzelarbeit notiert jeder Teilnehmer (TN) seine Inneren Teammitglieder, die in einer solchen Situation eine Rolle spielen, und er gibt ihnen Namen, z. B. Helga Hilflos, Waldemar Wut o. Ä. Anschließend gibt er jedem Inneren Teammitglied einen typischen Satz, den er auf einem Arbeitsblatt notiert. Helga Hilflos' Satz könnte z. B. lauten: »Ich habe keine Ahnung, was ich tun soll«, Waldemar Wuts Satz vielleicht: »Das alles macht mich rasend vor Wut!«.

Ein mutiger Protagonist bekommt nun die Möglichkeit, sein eigenes InT in Aktion zu erleben. Nachdem sich die Gruppe auf einen Protagonisten geeinigt hat, nennt dieser seine InT-Mitglieder und den Satz. Beides wird auf Kärtchen notiert und an freiwillige TN gegeben, die bereit sind, dieses InT-Mitglied im Innenkreis zu spielen. Wenn die innere Runde vollzählig ist, nennt jeder noch einmal seinen Namen und seinen Satz. Dann fordert der Moderator das InT auf, sich auszutauschen. Die InT-Mitglieder erhalten die Anweisung, sich strikt an ihre Rollenanweisung, die durch den Satz festgelegt ist, zu halten, und finden so in ihre Rolle. Die Mitglieder des Außenkreises haben die Aufgabe der Beobachtung des Geschehens.

Nach einiger Zeit unterbricht der Moderator das Gespräch und fragt den Protagonisten, ob er mit den einzelnen InT-Mitgliedern einverstanden ist, ob jemand eher in den Hintergrund treten oder sich stärker einbringen soll. Mit diesen Regie-Anweisungen setzt nun das InT das Gespräch fort. Manchmal werden dabei die stillen InT-Mitglieder, die kaum hinter dem Bühnenvorhang hervorzulugen wagen (Schulz von Thun), vom Protagonisten gestärkt und die lauten, die sich »an die Rampe drängen« (Schulz von Thun), gedämpft. Nach einer kurzen Überprüfung beim Protagonisten nach einiger Zeit (»Spielen alle die Rollen so, wie es deinem Empfinden entspricht?«) und ggf. nötiger Korrektur bittet der Moderator die InT-Mitglieder nun, gemeinsam auf eine Lösung hin zu diskutieren. Der Moderator stoppt an geeigneter Stelle das Gespräch und fragt beim Protagonisten nach, ob der gegenwärtige Stand die Lösung sein könne. Der Protagonist formuliert seine Lösung explizit. Sie kann von ihm oder dem Moderator notiert werden.

Der Moderator entlässt die Spieler aus ihren Rollen. Der Protagonist und die Mitglieder des Außenkreises geben ein Feedback. Die InT-Mitglieder äußern sich zu ihrem Fühlen beim Spiel.

Bei einem solchen inneren Rollenspiel kann es hoch hergehen. Es wird laut diskutiert, unterbrochen, gelacht, und nicht nur der Protagonist, sondern alle TN erleben, dass sich gerade in emotional bewegenden Fragestellungen tatsächlich viel Leben innerhalb der Person abspielt, dass es widerstreitende Interessen der einzelnen InT-Mitglieder gibt, dass es dem InT aber gelingt, Lösungen zu finden. Das entspricht der Lebenswirklichkeit, in der wir uns ja auch verhalten müssen und dies auch tun (vgl. a. Watzlawicks Axiom: Man kann nicht nicht kommunizieren,

1972). Im geschützten Rahmen der Gruppe kann der Protagonist aber sein Erleben und Verhalten (... und genau dies sind die Gegenstände der Psychologie: Erleben und Verhalten) erproben, variieren, bewerten und letztlich »beschließen«.

Aus dem dargestellten Beispiel lassen sich Varianten des Umgangs mit dem Modell des Inneren Teams entwickeln. Alleine kann man Karten mit Namen und Sätzen auf Stühle verteilen und, die Stühle wechselnd, alle Rollen selbst spielen. Man kann die Karten auch auf einem Tisch aufbauen und nacheinander die Rollen sprechen oder schriftlich die einzelnen Positionen darstellen. Der Phantasie sind hier keine Grenzen gesetzt.

Meine Empfehlung geht dahin, solche Übungen nicht alleine durchzuführen. Es hat jeweils einen verbindlicheren Charakter, mindestens eine vertraute Person zu beteiligen und alle Äußerungen laut auszusprechen, statt sie nur zu denken. Außerdem kann ein differenziertes Feedback eine weitere Bereicherung sein. Auch sich selbst gegenüber gilt der Satz: »Ein herzliches Willkommen allen meinen Inneren Teammitgliedern!«

Exkurs: »Außen und innen« oder »Innere Vielfalt und äußere Heterogenität«

Der Umgang mit mir selbst, mit allen meinen Anteilen – allen Mitgliedern meines Inneren Teams –, bestimmt, wie ich mit anderen Menschen umgehe. Es gibt keinen Grund anzunehmen, dass derjenige, der mit sich selbst streng und hart urteilend umgeht, mit anderen Menschen warmherzig und verständnisvoll umgehen sollte oder könnte. Diese Analogie zwischen dem Innen und dem Außen kann einen wichtigen Gradmesser der eigenen Entwicklung darstellen. Die Selbstwahrnehmung und Konsequenz »Ich habe einen Fehler gemacht und geißele mich dafür« kann Gradmesser sein für den Stand meiner persönlichen Entwicklung.

Alternative könnte ein trotzig-aggressives »Ich habe einen Fehler gemacht, na und?!« sein, das die Verantwortung abzugeben versucht. (In der Transaktionsanalyse würde man davon sprechen, dass sich derjenige, der das äußert, in beiden Fällen im Kind-Ich-Zustand befindet.) Zielvorstellung ist eher die erwachsene, sich selbst und andere wertschätzende Haltung: »Ich habe einen Fehler gemacht, und ich bedaure das. Es tut mir leid, wenn ich damit jemanden verletzt oder gekränkt habe. Andererseits habe ich aber auch Verständnis für mich, ich bin nicht perfekt. Es wird sicherlich wieder vorkommen, dass ich Fehler mache.«

Ebenso kann die Eigenwahrnehmung hinsichtlich des Umgangs mit anderen Menschen mich aufmerksam machen auf den Umgang mit mir selbst. Veränderung wird dann möglich, wenn ich wahrnehme, was ist, und wenn ich diesen Stand akzeptieren lerne, ohne mich zu verurteilen. Dazu gehört auch, das Innere Teammitglied, das vielleicht den Namen »Kritisierer« trägt, in dem Sinne zu akzeptieren, dass ich feststelle: »Aha, da bist du wieder, gut, dass du da bist. Ich lasse jetzt aber auch mal andere Mitglieder des Inneren Teams zu Wort kommen, und du hältst dich bitte ein wenig zurück.«

Zugleich kann ich über den Ursprung dieses Kritisierers in meinem Leben nachdenken und z. B. alleine oder in einer Gruppe arbeiten. Wer spricht da in mir?

Bin ich das? Oder ist es jemand anders, der als Introjekt[22] in mir steckt, dessen Normen ich übernommen habe, ohne sie kritisch zu überprüfen? Der innere Kritisierer kann nur dann weniger streng werden, wenn ich ihn akzeptieren lerne. Häufig bedeutet es eine längere Wegstrecke von der Sicht »Ich will diesen Teil in mir am liebsten überhaupt nicht wahrnehmen« über »Ich nehme ihn wahr, aber ich lehne ihn ab« bis hin zu »Ich nehme ihn gelassen wahr, er gehört ebenso zu mir wie die anderen Teile« oder sogar zu »Ich nehme ihn wahr, und ich freue mich, dass er da ist«. Diesen Weg zu gehen, ist ein spannender, zuweilen auch schmerzlicher Prozess der Selbsterfahrung, der wesentlich zu persönlichem Wachstum beiträgt.

Wenn ich einen ungeliebten Teil in mir beschimpfe und unbedingt und zur Not gewaltsam loswerden möchte, wird er sich dauerhaft in mir festsetzen. Diesen Prozess und diese Wirkungsweise unangenommener eigener Anteile kennen – wahrscheinlich – wir alle zur Genüge.

Die Anregung zur Veränderung kann ebenso von außen kommen. Wenn ich mich beispielsweise immer wieder über Menschen aufrege, die langsam sind – z. B. an der Supermarktkasse oder beim Autofahren – habe ich eine Lerngelegenheit. Ich würde mich nicht aufregen, wenn ich nicht genau diesen Aspekt als Inneres Teammitglied in mir hätte, das ich im Grunde ablehne oder sogar verachte. Damit beschreibe ich den Prozess der Projektion[23]: Der andere ist die Leinwand für meine inneren Anteile, ich sehe auf dieser Leinwand mein eigenes Inneres. Tatsächlich ärgere ich mich also eigentlich nicht (nur) über den alten Mann, der an der Kasse zwei Minuten benötigt, um 32 Cent in seinem Portemonnaie zu suchen, sondern auch über mein Inneres Teammitglied – vielleicht mit dem Namen »Leo Langsam« – das ich nicht gerne mag. Ich kann versuchen, es näher kennenzulernen und seine Vorteile zu sehen.

> **Kurzbericht aus meinem Inneren Team**
>
> *Uwe Ungeduld meint:* Mein Gott, wie lange braucht der denn noch, das ist ja absolut nicht zu ertragen! Ich hab doch gleich den Termin, und wegen dieser lahmen Ente muss ich gleich tierisch hetzen!
> *Gerd Gelassen sagt:* Naja, und wenn wir zwei Minuten zu spät kommen, geht auch nicht die Welt unter. Dieser Druck ist aber für mich nicht gut zu ertragen.

---

22 In der Gestalttherapie bezeichnet der Begriff Introjekt etwas Hineingeworfenes, das nicht verdaut ist, z. B. Glaubenssätze, Normen usw., die ich übernommen habe, ohne sie zu verarbeiten und damit zu einem Teil von mir zu machen. Perls stellt die Analogie zwischen der Nahrungsaufnahme und dem Aufnehmen psychischer Phänomene dar: Wahrnehmen des Hungers, Aggression, um Nahrung zu beschaffen und zu zerkleinern, Verdauen als Prozess der Assimilation der Bestandteile, die der Körper benötigt, und schließlich Ausscheidung dessen, was nicht benötigt wird (s. a. Perls 1985).
23 »Projektionen sind persönliche Anteile eines Menschen, die von ihm nicht akzeptiert werden und daher auf andere bzw. anderes übertragen werden, obwohl diese/s die projizierten Eigenschaften vielleicht gar nicht aufweisen« (Online-Quelle 16).

> *Ernst Effizienz trägt bei:* Eine wichtige Frage, finde ich, ist die: Was täten wir denn mit den eingesparten zwei Minuten? (*Einwurf des Oberhaupts:* Sehr gute Frage!) Diese Zeit würde doch in der Hektik einfach untergehen, lasst uns die Zeit doch irgendwie nutzen!
> *Gerd Gelassen:* Genau! Wir nutzen die Pause sinnvoll! Wie, das weiß ich auch noch nicht.
> *Viktor Verständnis:* Außerdem finde ich den alten Mann toll. Der ist doch bestimmt schon 85, lebt offensichtlich noch in seiner eigenen Wohnung und hat fürs Mittagessen eingekauft. Der sieht schlecht, hören kann er auch nicht mehr gut, und langsam ist er auch. Aber noch immer selbständig mit seinem Rollator unterwegs. Das möchte ich in zwanzig Jahren auch noch können!
> *Leo Langsam:* Hallo an alle: Nehmt mich doch auch mal wahr, ich bin auch da! Manchmal mache ich uns alle auch langsam und umständlich, habt ihr das vergessen, nein, lasst mich jetzt ausreden. Ich will auch respektiert werden!
> *Ingo Innehalter meldet sich:* Alle mal herhören: Ich übernehme jetzt mal eben das Kommando: Wir entspannen uns jetzt und atmen tief durch. Wie schön, dass wir an diesem hektischen Tag jetzt mal ein wenig zur Ruhe kommen können.
> *Oberhaupt:* Genau! Alle Hektiker halten jetzt mal die Klappe, wir entspannen und nutzen diese Pause zum Durchatmen und genießen sie.

Mit dem einfachen Satz »Probieren Sie es doch einmal!« ist es allerdings nicht getan. Wenn es nur so einfach wäre! Dennoch gehört auch das kognitive Wissen um den Zusammenhang zu einem Veränderungsprozess dazu. Es kann den Anstoß geben, sich auf die spannende lange Wanderung der persönlichen Entwicklung zu begeben.

Die Analogie zum Außen erhält gerade in diesen Zeiten besonderes Interesse, in denen in allen Schulformen eine wachsende Heterogenität der Schülerschaft zu beobachten ist (wie sie in Grundschulen und Gesamtschulen schon immer besteht). Diese äußere Heterogenität mit ihren Implikationen von Akzeptanz, Respekt und Wertschätzung korrespondiert mit der Vielfalt in unserem Inneren Team. Daraus ergibt sich eine neue Perspektive. Unangenommene innere Anteile und nicht akzeptierte Mitmenschen haben in dieser Perspektive einen engen Zusammenhang, von dem ich annehme, dass er ein kausaler ist: Weil ich meine eigene »lahme Ente« ablehne, reagiere ich ebenso ablehnend auf die äußere »lahme Ente«, den langsamen Autofahrer o. Ä. Zugleich ist damit ein Weg aufgezeigt, wie mehr Akzeptanz für Minderheiten in der Gesellschaft und in der Schule wachsen kann: über die Auseinandersetzung mit den Mitgliedern des Inneren Teams, vor allem mit denen, die ich ablehne und noch nicht in meine Persönlichkeit integriert habe. Möglicherweise kann der Weg auch von der anderen Seite beschritten werden: Wenn ich als Lehrer lerne, einen Schüler zu akzeptieren, den ich zu Beginn abgelehnt habe, kann das auch Wirkungen auf mein Inneres Team haben.

Der Schlüssel bei beiden Zugangsweisen liegt in der Bereitschaft und Fähigkeit zur Wahrnehmung ohne Bewertung. »Aha, da ist jemand – Person oder InT-Mitglied – der bestimmte Eigenschaften hat, eine bestimmte äußere Erscheinungsform, Wünsche, Verhaltensweisen, Erwartungen, Hoffnungen usw., und der gehört dazu (zu mir oder zur Klasse). Das finde ich interessant, der macht mich neugierig, ich will mehr über ihn wissen. Und ebenso verhält es sich auch mit den übrigen Gruppenmitgliedern, die mehr Seiten, mehr Mitglieder in ihrem Inneren Team haben, als ich bisher dachte, und viele von diesen kenne ich noch nicht.« So etwa könnte die Haltung zu beiden ausgedrückt werden. Voraussetzungen in beiden Fällen sind

- die Offenheit, Neues wahrzunehmen,
- die Neugier, dieses Neue genau anzusehen und kennenzulernen,
- die Fähigkeit wahrzunehmen, ohne zu bewerten,
- der Wunsch, sich weiterzuentwickeln.

Mit der Parallelität äußerer und innerer Vorgänge ist ein wichtiges Element benannt, ein Ort, an dem Kommunikation eine wesentliche Bedeutung für inklusive Schulentwicklungsprozesse hat (s. Kap. 11). Nicht nur die schulische, sondern auch die gesellschaftspolitische Seite will ich benennen: Inklusion, verstanden als Wertschätzung der Vielfalt, stellt eine Zielvorstellung unserer demokratischen pluralistischen Gesellschaft dar, die auf drei Wegen angestrebt werden kann: Zum ersten über politische Aufklärung und Erarbeitung von Merkmalen demokratischen Umgangs mit der äußeren Heterogenität der Gesellschaft, zum zweiten über die Auseinandersetzung mit den Mitgliedern des Inneren Teams bis hin zu deren Akzeptanz und zum dritten über die Analogiebildung und die Erkenntnis, dass das Innen auf das Außen wirkt, das Außen auf das Innen und dass Fortschritte in einem Bereich auch den anderen positiv beeinflussen können. Wenn Schule Orte und Zeiten findet, um diese Prozesse mit Schülern zu bearbeiten, kann das Modell des Inneren Teams eine demokratisierende Wirkung haben und jeder Form von Fanatismus, Extremismus, Marginalisierung und Ausgrenzung vorbeugen.

2.4 Kommunikation mit Eltern – Zum Verhältnis von Lehrerinnen und Lehrern zu Eltern

Lehrerinnen lernen in der Ausbildung vor allem das Unterrichten. Mit den Eltern der Schüler haben sie in der beruflichen Praxis sehr häufig Kontakt, oft sind sie jedoch auf diesen wichtigen Bereich der Lehrer-Kommunikation nicht oder unzureichend vorbereitet. Ich führe diesen Bereich in diesem 2. Kapitel auf, in dem es um die Grundlagen geht, weil es in der Tat für alle Lehrkräfte zwar auch um technische Fragen der Gesprächsführung, vor allem aber um eine grundlegende Anforderung (oft auch: Herausforderung) geht, mit Schülereltern – auch im Konfliktfall – konstruktiv umzugehen.

Welche Haltungen und Menschenbilder der professionellen Gesprächsführung von Lehrerinnen zugrunde liegen, ist nicht nur bei den Gesprächen mit Schülern,

2.4 Kommunikation mit Eltern – Zum Verhältnis von Lehrerinnen und Lehrern zu Eltern

sondern vor allem bei Elterngesprächen wichtig. Denn nur dann kommen Fallen, Missverständnisse und Konflikte in der häufig spannungsreichen Beziehung von Lehrkräften und Eltern präventiv in den Blick und lassen sich eher vermeiden. Beide wollen und müssen Kinder erziehen und sind darauf angewiesen, dass diese Erziehung aufeinander abgestimmt ist. Unterscheiden sich aber die Konzepte und die gegenseitigen Erwartungen und spielen dann auch noch Besserwisserei und wechselseitige Vorwürfe eine Rolle, kann die Kommunikation zwischen Eltern und Lehrkräften nicht gelingen. Sie müssen kooperieren, wollen es oft nicht, keiner kann ohne den anderen, das wissen alle, doch manchmal wird gegeneinander agiert, zuweilen bleiben die Kinder auf der Strecke.

Wenn beide Parteien gegeneinander agieren, wächst der Druck auf das Kind enorm, von beiden Seiten spürt das Kind, dass es sich in bestimmter Weise verhalten soll, und wenn dabei die angelegten Normen und Aufträge für das Kind widersprüchlich sind, erlebt das Kind ein Dilemma. Beispiel: Elternnorm: »Lass dir nichts gefallen, wehr dich!« – Lehrernorm: »Pass dich an, verhalte dich friedlich!«.

Abb. 23: Konfrontation Lehrerin – Eltern

Erschwert wird für das Kind die Lage häufig noch dadurch, dass auch die Eltern keine einheitliche Linie vertreten. Oft sind mir Eltern begegnet, bei denen die Mutter am liebsten harmonische Beziehungen hätte, während der Vater dem Kind – besonders wenn es ein Sohn ist – die »Wehr-dich-Mentalität« vermitteln will. Eine Lösung scheint auf den ersten Blick zu sein, dass Eltern und Lehrkräfte an einem Strang ziehen und gleichsinnig handeln. Doch auch diese Lösung kann für das Kind zu einem enormen Druck führen, wenn nämlich beide »zum Wohl des Kindes« höchste Ansprüche an die Leistungen des Kindes stellen und das Kind die Gleichsinnigkeit als eine feindliche Koalition erlebt.

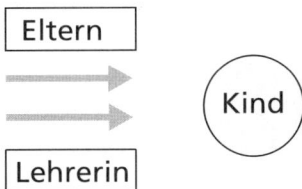

Abb. 24: Kooperation Lehrerin – Eltern

Selbstverständlich ist es richtig, dass Schule und Eltern in Abstimmung miteinander auf das Kind einwirken. Wenn beide dabei nicht nur eine enge Kooperation pflegen,

77

sondern auch einen Blick auf das Kind haben, der alle Facetten der kindlichen Entwicklung berücksichtigt, wenn Probleme in einem konstruktiven Miteinander besprochen werden, unabhängig davon, an welchem Ort sie entstanden sind, und gemeinsam Lösungen gesucht und gefunden werden, mit zunehmendem Alter des Kindes mit seiner wachsenden Partizipation, stehen die Chancen gut, eine positive Entwicklung des Kindes zu unterstützen und zu fördern.

Das setzt auf Seiten der Lehrkräfte voraus, auf Vorwürfe gegen Eltern, die Kinder würden in der Schule besser funktionieren, wenn sich nur die Eltern anders verhielten, zu verzichten. Gewiss haben etliche Probleme von Schülern in der Schule ihre Ursache zu Hause: Zu viel Medienkonsum und Computerspiele, wenig Zeit, die Eltern gemeinsam mit den Kindern verbringen, Kinder, die sich selbst überlassen sind, usw. Diese Probleme anzusprechen, erfordert aber ein hohes Maß an Professionalität. Bartz nennt vier Werte, die für eine solche Professionalität auf Seiten der Lehrkräfte grundlegend sind:

- »Die Balance von Zugehörigkeit und Autonomie, die einerseits Sicherheit bietet und andererseits das persönliche Wachstum durch die eigenständige Bewältigung anspruchsvoller Herausforderungen ermöglicht,
- Vertrauen, denn ohne Vertrauen gibt es keine Beziehung,
- Diversität, denn ihre Anerkennung ist die Voraussetzung dafür, die individuelle Einzigartigkeit von Schülerinnen und Schülern zu achten,
- die Anerkennung von Eigensinn und Dissens, denn nur dann können kulturelle, religiöse und politische Überzeugungen vor einer uniformierenden Überwältigung geschützt werden, und nur dann kann es zum dialogischen Austausch unterschiedlicher Überzeugungen kommen.«
(Bartz 2014a, S. 17; dieses Buch empfehle ich ausdrücklich)

Aus Sicht vieler Eltern stellt sich das Problem ebenso dar: Die Schulseite macht aus ihrer Sicht oft so viel falsch, dass die Eltern Probleme mit ihren Erziehungs- und Bildungsvorstellungen bekommen. Auch Eltern kann geraten werden, auf Vorwürfe gegenüber Lehrkräften zu verzichten. Insofern steht es »unentschieden« im Ringen um richtige und passende Lösungen. Lehrkräfte haben als Professionelle allerdings eine besondere Verantwortung im Zusammentreffen mit Eltern. Zudem muss sich die Kommunikation zwischen Eltern und Lehrkräften an dem normativen Rahmen orientieren, wie er in den Schulgesetzen festgelegt ist. Diese rechtlichen Vorgaben möchte ich anhand der Schulgesetze aus Sachsen und Nordrhein-Westfalen[24] aufzeigen, um sie anschließend zu diskutieren und Konsequenzen darzustellen.

---

24 Ich wähle zwei Bundesländer nach folgenden Kriterien exemplarisch aus: eines aus dem Westen, eines aus dem Osten, eines rot-grün regiert, eines konservativ (Stand: 2014).

Schulgesetz Sachsen[25]

§ 17 Abs. 1: Bildungsberatung

Jede Schule und jede Lehrerin und jeder Lehrer haben die Aufgabe, die Eltern und die Schüler in Fragen der Schullaufbahn zu *beraten* und sie bei der Wahl der Bildungsmöglichkeiten entsprechend den Fähigkeiten und Neigungen des Einzelnen zu *unterstützen*.

§ 31 Abs. 1: Verantwortung für die Erfüllung der Schulpflicht

Die Eltern haben den Schulpflichtigen anzumelden und dafür zu sorgen, dass der Schüler an Veranstaltungen nach § 26 Abs. 2 teilnimmt. Sie sind *verpflichtet*, den Schüler für die Teilnahme an den Schulveranstaltungen zweckentsprechend auszustatten und den zur Durchführung der Schulgesundheitspflege erlassenen Anordnungen nachzukommen.

§ 34 Abs. 1: Wahl des Bildungsweges

Über alle weiteren Bildungswege im Anschluss an die Grundschule *entscheiden* die Eltern auf *Empfehlung* der Schule. In den Klassenstufen 5 und 6 wird eine weitere Empfehlung durch die Schule ausgesprochen. Über die Empfehlung sind die Eltern umfassend zu *informieren* und zu *beraten*.

§ 35a Abs. 2: Individuelle Förderung der Schüler

Zur Förderung des Schülers und zur Ausgestaltung des Erziehungs- und Bildungsauftrages können zwischen dem Schüler, den Eltern und der Schule *Bildungsvereinbarungen* geschlossen werden.

§ 39 Abs. 5: Ordnungsmaßnahmen

Vor der Entscheidung über Ordnungsmaßnahmen sind der betroffene Schüler, bei minderjährigen Schülern auch die Eltern, zu *hören*.

§ 43 Schulkonferenz

Aufgabe der Schulkonferenz ist es, das *Zusammenwirken* von Schulleitung, Lehrern, Eltern und Schülern zu *fördern*.

---

25 Stand: Juni 2010.

§ 45 Abs. 1: Elternvertretung

Die Eltern haben *das Recht und die Aufgabe*, an der schulischen Erziehung und Bildung mitzuwirken. Die *gemeinsame Verantwortung* von Eltern und Schule für die Erziehung und Bildung der Schüler erfordert ihre *vertrauensvolle Zusammenarbeit*. Schule und Eltern *unterstützen sich* bei der Erziehung und Bildung.

§ 46 Abs. 2: Klassenelternversammlung

Die Klassenelternversammlung dient der *Information* und dem *Meinungsaustausch* über alle schulischen Angelegenheiten, insbesondere über die Unterrichts- und Erziehungsarbeit in der Klasse oder Jahrgangsstufe. Sie hat auch die Aufgabe, bei Meinungsverschiedenheiten zwischen Eltern und Lehrerinnen zu *vermitteln* (Online-Quelle 17).

Schulgesetz NRW[26]

§ 2 Abs. 3

Schule und Eltern *wirken* bei der Verwirklichung der Bildungs- und Erziehungsarbeit partnerschaftlich *zusammen*.

§ 13 Abs. 2

Die Erprobungsstufe dient der Erprobung, Förderung und Beobachtung der Schülerinnen und Schüler, *um in Zusammenarbeit mit den Eltern* die Entscheidung über die Eignung der Schülerinnen und Schüler für die gewählte Schulform sicherer zu machen.

§ 42 Abs. 4

Eltern *wirken* im Rahmen dieses Gesetzes an der Gestaltung der Bildungs- und Erziehungsarbeit der Schule *mit*. Sie sorgen dafür, dass ihr Kind seine schulischen *Pflichten* erfüllt.

§ 42 Abs. 5

In Bildungs- und *Erziehungsvereinbarungen* sollen sich die Schule, Schülerinnen und Schüler und Eltern auf gemeinsame Erziehungsziele und -grundsätze

---

26 Stand: November 2012.

verständigen und wechselseitige *Rechte und Pflichten* in Erziehungsfragen festlegen.

§ 44 Abs. 2

Lehrerinnen *informieren* die Schülerinnen und Schüler sowie deren *Eltern* über die individuelle Lern- und Leistungsentwicklung *und beraten sie*. Ihnen sind die Bewertungsmaßstäbe für die Notengebung und für Beurteilungen zu *erläutern*. Auf Wunsch werden ihnen ihr Leistungsstand *mitgeteilt* und einzelne Beurteilungen *erläutert*. Dies gilt auch für die Bewertung von Prüfungsleistungen (Online-Quelle 18).

Zusammenfassung

- Die vorherrschenden (kursiv gedruckten) Begriffe lauten im Wesentlichen: Beratung, Information, Zusammenarbeit, Unterstützung, Mitwirkung, Vereinbarung, Rechte, Pflichten.
- Vorgesehen ist also von beiden Landesgesetzgebern eine partnerschaftliche Beziehung zwischen Lehrerinnen und Eltern.
- Es besteht eine Informationspflicht der Lehrer gegenüber Eltern.
- Beratung der Eltern durch Lehrer ist verpflichtend, ohne dass die Art der Beratung festgelegt ist.
- Vereinbarungen auf gleicher Augenhöhe sind selbstverständlich möglich.
- Ein hierarchisches Verhältnis besteht zwischen Lehrerinnen auf der einen und Eltern auf der anderen Seite nicht.
- Einige Ausnahmen werden definiert, bei denen die Schule keine unmittelbare Sanktionsmacht gegenüber Eltern besitzt, aber Entscheidungen treffen kann, die mittelbar starke Wirkung auf Eltern haben:
  - Ordnungsmaßnahmen: § 53 NRW
  - Kindeswohlgefährdung: § 42 Abs. 6 NRW
  - Ordnungswidrigkeiten: § 126 (Schulpflichtverletzung) NRW

Folgen für die Rolle von Lehrerinnen und Lehrern im Verhältnis zu Eltern

Anders als zahlreiche Lehrerinnen annehmen, stellt das Verhältnis Lehrerinnen zu Eltern sich als ein formal symmetrisches und inhaltlich oft komplementäres Verhältnis dar, das folgende Merkmale aufweist bzw. Konsequenzen zeitigt:

- Lehrer müssen bei allen kommunikativen Prozessen mit Eltern die gleiche Augenhöhe einhalten.
- Lehrer müssen gegenüber Eltern Transparenz herstellen.
- Lehrer können Eltern keine Anweisungen geben.
- Eltern können Lehrern keine Anweisungen geben.

Bartz plädiert nachdrücklich für eine Verständigung über die Rollen der beteiligten Gruppen; am Beispiel Schulkonferenz führt er aus: Die Verständigung

> »heißt vor allem, dass Eltern und Schüler/innen anerkennen, dass Lehrerinnen und Lehrer die Schulentwicklung als Teil ihrer Profession und auf der Grundlage ihrer professionellen Ausbildung und Erfahrung betreiben. Deshalb dürfen Eltern und Schüler/innen nicht beanspruchen, den Lehrkräften vorschreiben zu wollen, wie sie ihre professionelle Arbeit zu gestalten haben. Umgekehrt heißt dies für die Lehrkräfte, dass sie sorgsam zwischen ihrer Professionalität und ihren beruflichen und persönlichen Eigeninteressen – z. B. bei der Abwehr zusätzlicher Arbeitsbelastung – unterscheiden können, und klar kommunizieren können, ob sie in Wahrnehmung ihrer Profession oder Im Hinblick auf ihre Eigeninteressen argumentieren. Zudem dürfen die Eltern und vor allem die Schüler/innen erwarten, dass die Lehrkräfte ihre Erwartungen und Ansprüche an eine wirksame Erziehungs- und Bildungsarbeit der Schule ernst nehmen und in ihrer professionellen Tätigkeit berücksichtigen.« (Bartz 2008, Beitrag 82.12)

- Eltern und Lehrer sind gleichberechtigte Partner im Erziehungs- und Bildungsprozess.
- Oft sind beiden Parteien gemeinsame Gespräche unangenehm.

> »Fast alle Eltern haben vor einem mehr als oberflächlichen Gespräch mit den Lehrerinnen und Lehrern ihrer Kinder Angst. Dies überrascht nicht, denn viele Eltern hegen noch aus der eigenen Schulzeit Lehrerinnen und Lehrern gegenüber negative Gefühle. Ebenso viele Eltern haben jedoch keine Ahnung, dass viele Lehrerinnen und Lehrer sich ihrerseits vor Gesprächen mit Eltern fürchten.« (Gordon 1977, S. 302)

- Lehrer müssen Eltern beraten, Beratung kann in zwei Formen erfolgen:
    - *Expertenberatung*, d. h.: Sie geben Wissen oder Informationen an Eltern weiter. Was sie davon annehmen und wie sie die Informationen nutzen, entscheiden die Eltern.
    - *Prozessberatung*, d. h.: Hilfe beim Finden eigener Lösungen von Problemen.
- Lehrer und Eltern können Vereinbarungen treffen.
- Beim Abschließen von Vereinbarungen müssen Lehrer die Kapazitäten von Eltern berücksichtigen.
- Zu jeder Vereinbarung gehört die Klärung, ob sie von beiden Seiten eingehalten wird und ob sie die angestrebten Wirkungen erreicht.
- Wenn Vereinbarungen nicht eingehalten worden sind, sollten beide Parteien gemeinsam nach Ursachen forschen (Unklarheit in der Formulierung, Überforderung, ...)
- Manchmal gibt es Situationen, in denen Lehrer das Gefühl haben, dass Eltern nicht (nur) das Beste für ihr Kind, sondern für sich wollen. Beide Ansprüche können weit auseinanderklaffen. Kinder, die Erwartungen ihrer Eltern erfüllen müssen – und welche Kinder müssen das nicht? – haben oft Probleme. Es mag sein, dass es als Lehrerin und Lehrer schwer zu ertragen ist, eine solche Konstellation auszuhalten, wenn ein Kind unter den Eltern-Erwartungen leidet. Ich verweise auf Kapitel 2.2. Lehrer können Kinder nicht vor ihren Eltern »retten«, Kinder müssen Wege finden, mit ihren Eltern zu leben, Lehrkräfte können sie in begrenztem Maße stärken.

2.4 Kommunikation mit Eltern – Zum Verhältnis von Lehrerinnen und Lehrern zu Eltern

- Im Übrigen kann es sein, dass Eltern ebenfalls den Eindruck haben, Lehrer agierten nicht (nur) zum Wohl der Schüler, sondern auch zum eigenen, z. B. um den eigenen Ehrgeiz zu befriedigen. Trotzdem wage ich zwei Sätze:
  – Gehen Sie als Lehrkraft davon aus, dass Eltern das Beste für ihr Kind wollen.
  – Eltern sind Experten für die Erziehung ihrer Kinder.
- Lehrer haben Eltern gegenüber zumindest einen Vorteil: Sie können sich mit Kollegen und Schulleitung abstimmen und/oder professionelle Unterstützung wie Supervision oder kollegiale Fallberatung in Anspruch nehmen und so einen Rückhalt genießen, den Eltern bei Gesprächen mit Lehrern über ihr Kind in der Regel nicht erleben.
- Lehrer achten darauf, gegenüber Eltern nur Aussagen über deren Kind zu machen und sich nicht über Mitschüler zu äußern.
- Lehrer können, wenn sie selbst ein Problem mit einem Schüler haben, versuchen, Eltern dieses Problem deutlich zu machen und sie um Unterstützung bitten. Druck ausüben können sie nicht, ein Kritikgespräch führen können sie nicht (weil keine Hierarchie besteht). Sie können aber Ich-Botschaften senden, sie können Feedback geben und Wünsche äußern. Dabei müssen sie natürlich beachten, dass der Wunsch abgelehnt werden kann. Inhaltliche Forderungen stellen können Lehrer an Eltern nicht, Bitten sehr wohl.

Was können Lehrerinnen tun, wenn sie Eltern zu einer Verhaltensänderung veranlassen wollen? So einleuchtend diese Frage zunächst klingen mag, ich bin davon überzeugt, dass sie falsch gestellt ist. Der fordernde Appell »Ändere dein Verhalten!« steht aufgrund des oben diskutierten Rollenverständnisses der Lehrkraft gegenüber Eltern nicht zu, Eltern gegenüber Lehrkräften ebenso nicht. Konstruktiv ist aus meiner Sicht die Fragestellung: »Ich nehme ein Verhalten des Schülers wahr, das ich problematisch finde, und ich möchte gemeinsam mit den Eltern Lösungen erarbeiten. Ich kann Bitten an die Eltern richten. Die Lösung kann auch eine Veränderung meines Verhaltens beinhalten.«

- Lehrer können per Ich-Botschaft eigene Probleme mit dem Schüler und Sorgen und Bitten an Eltern äußern (nicht Forderungen stellen).
- Lehrer können das Verhalten des Schülers beschreiben, ohne es zu werten, und mit den Eltern Bewertungen erarbeiten.

> **Beispiel**
> »Ich habe in letzter Zeit ein Problem mit Markus. Er läuft durch die Klasse, stört durch lautes Reden, bekommt wenig vom Unterricht mit, beteiligt sich kaum. Ich mache mir wirklich Sorgen um ihn und möchte mich gerne mit Ihnen darüber austauschen, wie wir gemeinsam die Situation verbessern können.« (Bitte um Kooperation)

- Lehrer können so kommunizieren, dass der Problembesitz zumindest teilweise bei den Eltern liegt und die Eltern dann u. a. über aktives Zuhören beraten.

> **Beispiel**
> »Lena macht kaum noch Hausaufgaben und hat schon zwei Fünfen geschrieben. Wenn ich sie ermahne, winkt sie ab und nimmt nicht ernst, was ich sage. Ich würde gerne mit Ihnen überlegen, welche Gründe dieses Verhalten haben kann und was wir tun können. Beobachten Sie ein ähnliches Verhalten zu Hause auch? Was meinen Sie, woran es liegen kann und was wir tun können?«

- Lehrer können Konsequenzen für den Schüler aufzeigen, wenn sich problematische Schülerverhaltensweisen nicht ändern.

> **Beispiel**
> »Michelle hat in den letzten vier Wochen achtmal die Hausaufgaben nicht angefertigt und kam sechsmal zu spät in den Unterricht, außerdem hat sie an zwei Tagen ohne Entschuldigung gefehlt. Wenn sie dieses Verhalten fortsetzt, befürchte ich, dass sie die Versetzung nicht schaffen wird.«

- Lehrer können dabei auch das eigene Verhalten mit in Lösungsüberlegungen einbeziehen.

> **Beispiel**
> »Angesichts der Probleme, die Achmed hat: Ich möchte mit Ihnen überlegen, was Sie tun können und was ich tun kann, um ihn zum Positiven hin zu beeinflussen.«

- Lehrer können Eltern um Unterstützung zur Lösung ihres Problems bitten.

> **Beispiel**
> »Ich habe ein Problem damit, Anna-Lena die Trigonometrie beizubringen. Ich erkläre es ihr in vielen Fällen noch einmal separat, aber sie tut sich sehr schwer damit, die Zusammenhänge zu begreifen. Vielleicht könnten Sie mich unterstützen zu verstehen, was Anna-Lenas Problem ist?«

- Lehrer und Eltern sind nicht Konkurrenten, sondern Kooperationspartner mit zuweilen unterschiedlichen Interessen. Die Sichtweise »Kooperation statt Konkurrenz« erleichtert das, was unschön »Elternarbeit« genannt wird – ich plädiere für den Begriff »Elternkooperation« – die unbestreitbare Tatsache der zumindest partiellen Unterschiedlichkeit der Interessen erfordert von Lehrern professionelle kommunikative Kompetenzen (s. a. die Abschnitte »Kritisches Feedback geben und Kritik äußern« und »Kritisches Feedback und Kritik annehmen« in Kap. 6.2).
- Zu den wesentlichen Kompetenzen gehört die Übernahme der Verantwortung für die Beziehungsgestaltung, auf die Bartz hinweist. »Wie für die Beziehung zwischen Schülern und Lehrpersonen gilt auch für die Beziehung zwischen Eltern und Lehrern: Die Lehrer haben die Verantwortung für die Beziehungsgestaltung, und zwar nicht aufgrund einer hierarchischen Überordnung, sondern

als Professionelle im Umgang mit Laien« (Bartz 2014a, S. 50). Lehrer müssen sich professionell verhalten, während von Eltern ein professionelles Gesprächsverhalten nicht erwartet werden kann. Lehrkräfte nehmen deshalb in den Elterngesprächen eine Doppelrolle wahr: Sie sind wie die Eltern Gesprächspartei, und sie sind zugleich in der Verantwortung, nämlich für die Beziehungsgestaltung durch Gesprächsführung und -moderation zuständig.

2.5   Mein Leitbild des kommunikativen Handelns

Aus all den dargestellten Deutungsmodellen und Menschenbildannahmen resultieren mein eigenes Bild vom Menschen, meine Grundvorstellung von sozialen Beziehungen und meine Idee der Sinnhaftigkeit des Lebens; dadurch wird auch die Grundlage für meine Vorstellung über das Wesentliche kommunikativer Prozesse gelegt. All das verdichtet sich zu dem zentralen Satz, mit dem ich die Grundhaltung jeder Gesprächsführung zum Ausdruck bringen möchte:

> »Ich heiße Sie mit Ihren Gefühlen, Anliegen und Problemen herzlich willkommen!«

Es führt in Fortbildungsgruppen immer wieder zu ungläubiger Erheiterung, wenn ich vorschlage, im Rollenspiel diesen Satz zu sagen. »Wie kann jemand, der sich Fachmann nennt, einen solchen Satz vorschlagen?« So etwa lautet – völlig zu Recht – die dahinter stehende empörte Haltung. In diese Verwunderung hinein schlage ich dann vor, diesen Satz niemals zu sagen, immer aber zu denken und als Haltung in jedes Gespräch, in jede Kommunikationssituation mitzunehmen. Meist setzt dann Nachdenklichkeit ein.

Der »Herzlich-willkommen-Satz« entspringt unmittelbar der Gedankenwelt der Humanistischen Psychologie, die ich zur wesentlichen Basis meiner Kommunikationsgestaltung mache. Dennoch bezeichne ich mein Menschenbild in Teilen auch als systemisch. Diesen Eklektizismus verstehe ich jedoch nicht als Manko. Aus beiden theoretischen Richtungen und eigenen Lebens- und Berufserfahrungen ein Menschenbild zu entwickeln, das zu mir als Person mit meiner individuellen Biografie passt, halte ich für ein höheres Gut als die ideologische Genauigkeit, einem Denkmodell zu folgen, das aber letztlich meine Grundüberzeugungen nicht exakt wiedergibt (s. a. Fischer-Epe 2011, S. 253–261). Diese duale Grundlegung findet sich auch bei Schulz von Thun, wenn er sagt, dass kommunikatives Verhalten zu mir als Person – das ist die humanistische Perspektive – und auch zur Situation, zum Kontext – systemische Sichtweise – passen muss.

Die deutliche Betonung des Individuums und der Würde des Menschen fehlt mir beim systemischen Ansatz, den ich wiederum durch die starke Betonung des Kontextes und der Beziehungen als ideale Ergänzung zum humanistischen Ansatz verstehe. Nicht nur die Lösung, auch das Problem muss nach meiner Überzeugung und Erfahrung ernst genommen werden. Es geht Menschen durch den Kopf und beschäftigt sie; das Problem gehört zu ihnen, und wenn ihnen ein Berater sagt oder zu verstehen gibt, dass ihn das Problem nicht interessiert – wie es mancher Systemiker tut –, fühlen die Betroffenen keine Wertschätzung. Denn ihr Problem ist interessant, und ihr Problem ist wichtig! Deshalb wende ich mich gegen ein vorschnell oder ausschließlich lösungsorientiertes Denken.

Schwing und Fryszer – Systemiker! – weisen unter der Überschrift »Lösungen sind wichtig – Probleme auch!« darauf hin, dass »Klienten ein Verständnis für den Sinn des Leidens und eine wertschätzende Haltung für sich selbst entwickeln« sollten (Schwing/Fryszer 2009, S. 171, Kap. 12, Resilienz).

Der oben genannte »Willkommen-Grund-Satz«, der auch in Rosenbergs Gewaltfreier Kommunikation seine Basis findet, ist sicherlich relativ leicht als authentische Handlungsmaxime in die Praxis umzusetzen, wenn es sich um Gesprächspartner handelt, die einen konfliktfreien Umgang miteinander ermöglichen. Wenn Sie sich aber vorstellen, dass ein sehr verärgertes Elternpaar in Ihre Sprechstunde kommt und sich heftig über Sie beschwert, wird deutlich, dass es einiger Vorbereitung und Erfahrung bedarf, um den »Herzlich-willkommen-Satz« zu denken und als Grund-Satz durchzuhalten. Dabei kann die Erinnerung daran helfen, dass es von größter Bedeutung ist, Person und Verhalten gedanklich zu trennen.

Ich darf Ihnen versichern, dass diese Haltung und das entsprechende Handwerkszeug erlernbar sind. Äußerst konstruktive Konfliktlösungen werden ermöglicht. Dabei liegt es mir fern zu behaupten, dass Ihnen dann alle Kommunikationssituationen gelingen. Zu Ihrer Grundhaltung bei der Kommunikationsgestaltung sollte auch gehören, sich selbst mit ihren Fehlern und Schwächen zu akzeptieren und gelassener mit Misserfolgen umzugehen. Unmittelbar einsichtig wird an dieser Stelle auch, dass die Gestaltung der Kommunikation mit anderen immer auch Selbstreflexion und Selbsterfahrung voraussetzt. Den für mich spannendsten Aspekt stellt es dar, dass jede einzelne Kommunikationssituation eine neue Begegnung von Menschen ist, die nie exakt vorhersagbar ist und mich mit meiner Neugier, meinen Motivationen, meinen Sym- und Antipathien usw. immer wieder neu fordert, mich auf diesen Menschen, der gerade vor mir sitzt, einzulassen.

3 Wie uns der Schnabel gewachsen ist? – Gesprächselemente

In diesem Kapitel stelle ich Gesprächselemente dar, die in fast allen Gesprächen eine Rolle spielen und die in der Fortbildungspraxis – dazu zähle ich auch das Selbststudium z. B. per Lektüre dieses Buches – isoliert geübt werden können. Es hat sich in der Gruppenpraxis gezeigt, dass dieses Üben gerade deswegen besonders sinnvoll ist, weil es ja nicht darum gehen kann, den Teilnehmern fertige Konzepte vorzubeten, die sie dann in konkreten Situationen doch nicht anwenden können. Vielmehr ist es Ziel von Fortbildungsveranstaltungen, die Teilnehmer zur Auseinandersetzung mit Haltungsfragen zu animieren und zugleich den Handwerkskoffer in der Weise zu füllen, dass jeder die Kompetenz erwirbt, auf der Basis der Auseinandersetzung mit dem eigenen Menschenbild selbst zu entscheiden, in welcher Situation welches Werkzeug zum Einsatz kommen könnte. Die Ausstattung des Werkzeugkoffers hat auch Einfluss auf die Sichtweise auf kommunikative Situationen.[27]

> Für denjenigen, der nur einen Hammer als Werkzeug hat, ist jedes Problem ein Nagel.

3.1 Was will ich nachher? – Gesprächsvorbereitung

Unterrichtsvorbereitung gehört zum selbstverständlichen Alltagswerkzeug von Lehrerinnen. Die Vorbereitung auf ein Gespräch mit Eltern, Kolleginnen und Kollegen, der Schulleiterin oder dem Schulleiter und anderen Kooperationspartnern dagegen ist meist nicht in der Intensität im Fokus wie die Unterrichtsvorbereitung. Und in der Tat ist es im Alltag so, dass nicht jedes Gespräch einer ausführlichen Vorbereitung bedürfte. Ein kurzes Planungs- oder Abstimmungsgespräch mit Kollegen, ein Telefonat mit Eltern und ähnliche Gespräche müssen oft nicht explizit vorbereitet werden. Es genügt, wenn ich mir vorab einige Gedanken mache, was ich sagen möchte, das Übrige erledige ich während des Gesprächs.

---

27 Eine praktisch unmittelbar umsetzbare Zusammenstellung vieler wichtiger Inhalte für Ihren Werkzeugkoffer finden Sie in Palzkill/Müller/Schute 2015.

Gesprächsroutinen schleifen sich ein. Ich habe immer ein Blatt oder einen Zettel für Notizen und einen Stift dabei, ich habe im Kopf, wie viel Zeit mir zur Verfügung steht, usw.

Bei Gesprächen mit mehreren Parteien (Round-table-Gesprächen), bei Gesprächen mit zahlreichen oder komplexen Themenfeldern oder mit aus verschiedenen Gründen zu erwartenden Schwierigkeiten ist es jedoch sehr sinnvoll und oft für den Gesprächserfolg entscheidend, sich gut vorzubereiten.

Hilfreich ist es zudem, die im Folgenden dargestellten Elemente zumindest im Blick zu haben und sie zum Bestandteil der Routinen zu machen, die vor einem Gespräch ablaufen. Eine Art »innere Checkliste« kann dabei helfen, Entscheidungen zu treffen: Ist es erforderlich, dass ich mich näher mit diesen Aspekten auseinandersetze? Wenn das nicht der Fall ist, habe ich mir diesen Gedanken vergeblich gemacht. Sollte es aber sinnvoll sein, mich mit diesem Aspekt zu befassen, habe ich ihn »auf dem Schirm« (s. Kap. 2.4 über die Wahlfreiheit). Eine verpasste Vorbereitung kann ich nicht nachholen.

Bei der Darstellung folge ich im Wesentlichen Karl Benien, der die bekannten vier Elemente des Kommunikationsquadrats (Schulz von Thun) als Vorbereitungskriterien benennt und erläutert (siehe das äußerst lesenswerte Buch von Karl Benien: Schwierige Gespräche führen, 2008, zur Gesprächsvorbereitung S. 48–69, z. T. wörtliche Zitate). Einige Fragen dazu führe ich hier auf:

- Zum Sach-Aspekt
    - Was habe ich meinem Gesprächspartner zu sagen?
    - Was ist unser bzw. mein Thema im Gespräch?
    - Wie ist meine Sichtweise?
    - Was ist mein genauer Standpunkt?
    - Welche schlüssigen Begründungen und Argumente habe ich dafür?
- Zum Beziehungs-Aspekt
    - Was habe ich *meinem Gesprächspartner* zu sagen?
    - Motto: Willst du ein guter Gesprächspartner sein, dann lass dich auf den andern ein ...
    - Wie sehe ich meinen Gesprächspartner?
    - Wie stehe ich zu ihm?
    - Wie sehe ich unsere Beziehung (symmetrisch, komplementär)?
    - Um welche Themen geht es in der Beziehung zurzeit: Überlegenheit, Macht, Rache, Schonung, Verantwortung ...?
    - Welche Taktiken, Winkelzüge usw. konnte ich bisher beim anderen erkennen?
    - Welche offenen oder verdeckten Regeln und Abmachungen entdecke ich in unserer Beziehung?
    - Wie kann ich mein Beziehungsangebot verdeutlichen?
    - Habe ich einen innerlichen Vorwurf, und welchen Anlass gibt es dafür?
    - Welche Interessen und Bedürfnisse könnte ich beim anderen bedrohen?
    - Kann ich Beziehungsfallen erahnen (z. B. Honig um den Mund schmieren)?
    - Wie weit blendet mich mein Misstrauen gegenüber meinem Konfliktpartner?
    - Gebe ich ihm überhaupt eine Chance, sich mit mir friedlich zu einigen?
    - Was kann ich tun, damit der andere seine Würde wahren kann?

- Wie will ich mit der Frage der Vertraulichkeit umgehen?
- Zum Appell-Aspekt
  - Was will ich beim anderen erreichen? Welchen Einfluss möchte ich auf den anderen nehmen? Was ist mein Gesprächsziel?
  - Welches Mitglied meines Inneren Teams (InT) formuliert mein Ziel?
  - Welche InT-Mitglieder wollen dieses Ziel torpedieren oder boykottieren?
  - Welche Wünsche, Bitten und Forderungen habe ich an den anderen (maximal, minimal)?
  - Was soll er tun oder lassen?
  - Welche Stärken hat der Gesprächspartner, und welche seiner Potenziale könnten bei der Bewältigung des Problems hilfreich sein?
  - Was davon will ich offen aussprechen, was nicht? (Vorsicht: Nicht ausgesprochene Wünsche von heute sind die Vorwürfe von morgen!)
  - Wie kann ich unmissverständlich herausbekommen, dass meine Wünsche richtig verstanden wurden?
- Zum Selbstoffenbarungs-Aspekt
  - Was habe *ich* meinem Gesprächspartner zu sagen, und was will ich ihm von mir sagen?
  - Es gilt das Motto: Willst du ein guter Gesprächspartner sein, dann schau auch in dich selbst hinein!
  - Wie erlebe ich die Situation? Wie geht es mir damit? Bin ich vielleicht stocksauer, verletzt, gekränkt, verunsichert, empört, misstrauisch usw.? Warum? Wodurch?
  - Welcher Anteil meiner Reaktion auf mein gegenüber ist realitätsangemessen und klar, und welcher Anteil hat möglicherweise nichts oder wenig mit meinem Gegenüber, sondern hauptsächlich mit eigenen Projektionen und Übertragungen, Überempfindlichkeiten, Vorurteilen, Beeinflussung durch die Meinung anderer usw. zu tun?
  - Wozu bin ich bereit, um den Konflikt friedlich zu regeln? Wie weit will ich dem anderen entgegenkommen?
  - Wie sieht mein Inneres Team (InT) in Bezug auf das Gespräch aus? Welche Stimmen melden sich?
  - Welche InT-Mitglieder wollen das Gespräch, welche wollen es nicht und warum?
  - Welche InT-Mitglieder stellen für das Gespräch Bedingungen, und welche sind das genau? (Es könnte z. B. der Verletzte sagen: »Nur wenn der andere mich in meinem Anliegen ernst nimmt und bereit ist, mir zuzuhören, bin ich zu einem ernsthaften Gespräch bereit!«)

3.2 Rollenklarheit, Kontraktierung, Vertraulichkeit

Zur Gesprächsvorbereitung gehören zunächst zwei Aspekte, die sich in vielen Fällen selbstverständlich oder nebenbei ergeben und keiner besonderen Klärung bedürfen.

3 Wie uns der Schnabel gewachsen ist? – Gesprächselemente

Beispiel
Wenn Sie beim Elternsprechtag Eltern über das Kind einen 15-Minuten-Termin schriftlich geben, ist damit impliziert, dass Sie als Lehrerin des Kindes die Eltern über die Leistungen und das Verhalten des Kindes informieren, ggf. über Probleme mit ihnen gemeinsam beraten und Informationen von den Eltern bekommen; eventuell müssen Sie sich auch streiten. Das Gespräch wird in einem bestimmten Raum stattfinden und eine Dauer von 15 Minuten haben. All das ist dadurch geklärt, dass es Gewohnheiten und Rituale an der Schule gibt, die einen solchen Ablauf, ein Setting und bestimmte Aufgaben für ein Gespräch beim Elternsprechtag festlegen, meist als ungeschriebene Regel. Weder eine Rollenklärung noch eine explizite Kontraktierung sind in einem solchen Fall in der Regel erforderlich.

In anderen Fällen ist es jedoch von großer Bedeutung für das Führen eines erfolgreichen Gesprächs, dass Sie beide Aspekte vorab bedenken und sich darauf vorbereiten.

1. *Rollenklarheit:* Je nach Gesprächsart haben Sie bei einem Gespräch verschiedene Rollen, und es ist fast immer sinnvoll, die Rolle, die Sie gerade im Gespräch einnehmen, auszusprechen und deutlich zu machen.

   Beispiel
   Sie wollen mit den Eltern die Probleme des Kindes auf gleicher Augenhöhe besprechen. Die Eltern spüren jedoch ein Machtgefälle, fühlen sich in einer inferioren (untergeordneten) Stellung und nehmen jedes Wort, das von Ihnen kommt, nicht als Vorschlag, sondern als Anweisung bzw. als Rat eines Experten. Explizite Rollenklärung ist hier unverzichtbar, um Klarheit herzustellen und zu einem guten Ergebnis zu kommen. Es gehört auch zur Rollenklärung, dass ich den Eltern dabei helfe, sich über ihre eigene Rolle klarzuwerden. Vielleicht kann ich den sich inferior fühlenden Eltern dadurch helfen, dass ich sie bei jedem Vorschlag nach ihrer Meinung frage, um ihnen zu vermitteln, dass ich nicht Anweisungen gebe, sondern dass es sich um Vorschläge handelt.

   Dabei müssen Sie nicht das ganze Gespräch über eine Rolle beibehalten; Sie können auch die Rolle wechseln, müssen vorab jedoch in jedem Fall den Rollenwechsel so deutlich machen, dass alle am Gespräch beteiligten Personen ihn nachvollziehen können. Denken Sie daran, nach einem Rollenwechsel auch den Wechsel zurück in die ursprüngliche Rolle deutlich zu machen. Sie können einen Rollenwechsel auch durch den Wechsel des Stuhls (hin und zurück) deutlich machen.

   Beispiel
   Sie sprechen als Klassenlehrer mit Eltern über Probleme des Kindes und erhoffen sich Fortschritte von einem Rollenwechsel. Sie sagen: »Ich begebe mich jetzt mal kurz in die Rolle eines anderen Vaters, der Sie abends in der Kneipe

beim Bier trifft. In dieser Rolle würde ich sagen: ›Mensch, Kumpel, jetzt mach mal halblang ...‹ So, und jetzt begebe ich mich wieder in die Lehrerrolle: Was sagen Sie zu diesem Kumpel?«

2. *Kontraktierung:* Meist wird bei der Vereinbarung, ein Gespräch zu führen, eine Kontraktierung vorgenommen. Was sich so groß und bedeutsam anhört, kann eine kurze Äußerung von einigen Worten sein; es ist aber bei komplexen Sachverhalten oder mehreren Gesprächsteilnehmern sinnvoll, vorab oder zu Beginn des Gesprächs explizit zu klären, auf welcher Basis das Gespräch stattfindet.

Beispiele
- Wenn Sie eine Klassenkonferenz zur Pädagogischen Hilfeplankonferenz umfunktionieren möchten, um gemeinsam über einen schwierigen Schüler zu beraten, ist es günstig, vorab festzulegen – ggf. mit der Schulleitung – wer teilnehmen soll und welche Kompetenzen diese Konferenz haben soll.
- Wenn eine Lehrergruppe beschließt, mit einer Supervisorin Kontakt aufzunehmen, werden bei einem Vorgespräch die Modalitäten wie Ort, Zahl und Dauer der Sitzungen, die Honorarfrage usw. besprochen und vereinbart. Diese Vereinbarung nennt man auch Kontrakt.

Unklarheiten bei der Kontraktierung können zu Konflikten führen, wie das folgende Beispiel zeigt:

Beispiel
Eine große Runde kam zusammen, um über Mehmet zu beraten, Vertreter einer Beratungsstelle, zwei Lehrkräfte, die Schulsozialarbeiterin, die Schulleitung, ein Jugendamtsvertreter, die Eltern und Mehmet selbst. Thema war die weitere Förderung von Mehmet, der inner- und außerhalb der Schule immer mehr abdriftete. Zu Beginn wurde vereinbart, dass reihum jeder seine Erkenntnisse beiträgt, um anschließend in die Zukunftsplanung einzusteigen. Als nun als Letzter der Jugendamtsvertreter an der Reihe war, sagte er mit Hinweis auf den Datenschutz, er dürfe sich nicht inhaltlich über seine Arbeit mit der Familie äußern. Obwohl der Jugendamtsmitarbeiter juristisch völlig im Recht war, führte diese Äußerung zu einer schweren Beziehungsstörung mit den übrigen Teilnehmern, weil massiver Ärger darüber entstand, dass der Jugendamtsmitarbeiter sich alle Berichte der übrigen Teilnehmer angehört hatte, ohne bereits zu Beginn des Gesprächs auf seine rechtlichen Vorgaben hinzuweisen. Auch der Schulleiter als Gesprächsleiter hatte ihn zu Beginn nicht explizit danach gefragt, sondern implizit vorausgesetzt, dass jeder seinen Beitrag leistet. Der Konflikt konnte für dieses Gespräch zugunsten einer konstruktiven Lösung zurückgestellt werden, die Vorbehalte in der Runde gegen dieses Verhalten des Jugendamtsmitarbeiters beeinflussten jedoch die weitere Arbeit mit Mehmet negativ.

Ziel der Kontraktierung ist es, Klarheit herzustellen über

- die Teilnehmer,
- den Charakter des Gesprächs (Beratung, Erörterung, Entscheidung, Entscheidungsvorschläge),
- die Informations- und Entscheidungsbefugnisse der Teilnehmer,
- ggf. Honorarfragen,
- ggf. Ort, Dauer und Häufigkeit der Gespräche (s. Kap. 3.3).

3. *Vertraulichkeit:* Die Frage, wer was über den Verlauf und das Ergebnis des Gesprächs erfährt, ist ebenfalls von großer Bedeutung. Eine Vereinbarung über die Informationsweitergabe muss vorab oder zu Beginn des Gesprächs getroffen werden, um für jede Teilnehmerin völlige Klarheit über die Bedingungen herzustellen, unter denen sie sich äußern kann. Die Bitte um Vertraulichkeit am Ende eines Gesprächs, zu dessen Beginn Vertraulichkeit nicht vereinbart war, ist nur unter bestimmten Bedingungen erfüllbar. Größtmögliche Klarheit, wenn möglich bereits bei der Gesprächsvorbereitung, ist erforderlich.

Beispiel
Eltern bitten den Klassenlehrer um ein vertrauliches Gespräch, sie wollen vorab auch nicht das Thema benennen. Der Klassenlehrer ist einverstanden. Zu Beginn des Gesprächs bringen die Eltern eine Beschwerde über die Englischlehrerin vor. An dieser Stelle ist der Klassenlehrer gefordert zu entscheiden, ob er die vereinbarte Vertraulichkeit zusagen will oder nicht.

Er könnte z. B. sagen: »Darf ich Sie unterbrechen? Sie haben mich zwar um Vertraulichkeit gebeten, ich wusste nicht, worum es bei unserem Gespräch gehen sollte. Wenn Sie sich jetzt über Frau Lehmann beschweren, kann ich Ihnen Vertraulichkeit nicht zusagen. Wir an der Schule gehen (oder: Ich gehe) mit Beschwerden so um, dass der Klassenlehrer als nächsten Schritt ein Gespräch mit der Lehrerin führt, über die Sie sich beschweren. Davon will ich nicht abgehen. Sie können jetzt entscheiden, ob Sie auf dieser Basis das Gespräch fortsetzen wollen.«

Wenn Sie sich nicht ad hoc über die Frage der Vertraulichkeit im Klaren sind, hilft es, Zeit zu gewinnen:

Beispiel
»Sie bitten mich um Vertraulichkeit, und ich muss einen Moment darüber nachdenken, ob ich Ihnen das zusagen kann. (Und dann könnten Sie z. B. laut denken:) Zum einen verstehe ich Ihr Anliegen, Sie wollen zunächst nicht mit Frau Lehmann sprechen, weil Sie bestimmte Befürchtungen haben, darüber könnten wir selbstverständlich auch sprechen. Andererseits haben wir einen bestimmten Ablauf in der Schule bei Beschwerden vereinbart, den ich einhalten will.

Nein, wenn ich jetzt so darüber nachdenke, kann ich Ihnen Vertraulichkeit nicht zusagen. Treffen Sie jetzt bitte eine Entscheidung, Sie beide können sich ja kurz ohne mich beraten, wenn Sie möchten.«

Oder: »Ja, ich kann Ihnen Vertraulichkeit zunächst zusagen, und wenn wir einen Punkt erreichen, an dem ich das nicht mehr kann, sage ich es Ihnen.«

Es ist völlig legitim, eine Bitte zu äußern, ebenso legitim ist es, diese Bitte abzulehnen. Beides ist in Ordnung.

Gleiches gilt für die Frage, wer über Verlauf und Ergebnis des Gesprächs informiert wird. Günstig ist es, diese Frage zum Gesprächsbeginn zu klären, um das für das Gespräch erforderliche Vertrauen zu gewährleisten. Auch wenn diese Themen in den meisten Fällen Ihres Berufsalltags keine (große) Rolle spielen, ist es wichtig, sie vor einem Gespräch zumindest kurz zu bedenken.

3.3 Von Rahmen und Leitung – Setting

Beim Thema Setting geht es um die äußeren Umstände des Gesprächs. Oft ist zu beobachten, dass diese vernachlässigt werden, weil alle Gesprächsteilnehmer sich auf die Gesprächsinhalte konzentrieren wollen. Allerdings wird oft nicht berücksichtigt, welche Wirkungen die äußeren Umstände auf die Inhalte des Gesprächs, auf die Befindlichkeiten der beteiligten Personen und die gruppendynamischen Prozesse haben können.

Es geht bei den Fragen rund um das Setting nicht darum, was richtig oder falsch ist. Kriterien für Entscheidungen sind wie in allen Situationen die Fragen, was zu mir, den beteiligten Personen und zur Situation passt. Zu den äußeren Umständen des Gesprächs gehören u. a. die folgenden Fragestellungen:

1. Wer lädt zum Gespräch ein, gibt es überhaupt eine Einladung, wie lange ist die Ladungsfrist? Wenn zwei Kolleginnen sich zu einem Gespräch über eine Unterrichtsvorbereitung zusammensetzen, spielen diese Fragen keine Rolle. Wenn es aber etwa darum geht, einen Konflikt zwischen Lehrerinnen bzw. Lehrern und Eltern zu moderieren, erhält auch das Einladungsthema eine nicht zu unterschätzende Bedeutung.
2. Wer nimmt am Gespräch teil? Diese Frage ist u. a. deswegen von Bedeutung, weil bei Vernachlässigung der Sorgfalt in diesem Punkt ein Gesprächsziel ggf. nicht erreicht werden kann. Wenn z. B. die Klassenlehrerin ein Round-table-Gespräch mit Fachlehrerinnen, Eltern und Beratungsstelle führen möchte, aber die Einladung an den Jugendamtsvertreter vergisst, kann es sein, dass tragfähige Vereinbarungen ohne diesen wichtigen Gesprächspartner nicht zustande kommen können.
3. Setting-Thema ist auch die Dauer des Gesprächs. Transparenz hinsichtlich der Zeitvereinbarung ist eine wichtige Aufgabe des Gesprächsleiters.
4. Wie viel Zeit ein Gespräch benötigt, hängt von der Gesprächsart und der Komplexität des Gesprächsthemas ab. In fast allen Fällen reicht eine Stunde aus, um alle wesentlichen Aspekte anzusprechen, und bei dieser Dauer ist die Konzentration noch gewährleistet. Wenn sich 10–15 Minuten vor Ablauf einer Stunde abzeichnet, dass diese Zeit nicht ausreicht, sollte entweder eine Ver-

längerung der Gesprächsdauer besprochen und vereinbart oder das Ergebnis zusammengefasst und ein weiterer Termin vereinbart werden.
5. Wichtig ist in jedem Falle, als Gesprächsleiter die Zeit im Auge zu haben und auch transparent darauf hinzuweisen. Bei meinen Gesprächen steht immer – für alle sichtbar – eine kleine Tischuhr oder ein Wecker auf dem Tisch.
6. Diese Zeitangabe ist jedoch kein Muss. Ein Kritikgespräch eines Vorgesetzten z. B. kann nur wenige Minuten in Anspruch nehmen, ein Round-table-Gespräch mit z. B. zehn Teilnehmern kann auch 90 Minuten lang dauern. Mehr als 90 Minuten sollten Sie jedoch nie einplanen; die Konzentration aller Personen lässt nach meiner Erfahrung nach 60–70 Minuten deutlich nach.
7. Auch der Übergang vom Smalltalk zur Gesprächseröffnung stellt ein wichtiges Element der Gesprächsführung dar. Alle Gesprächsteilnehmer sprechen über die Parkplatzsuche oder das Wetter, der Gesprächsleiter bittet alle, Platz zu nehmen, und nun, wenn jeder Teilnehmer an seinem Platz sitzt, begrüßt der Gesprächsleiter noch einmal alle Teilnehmer »offiziell«. Das bedeutet, dass nun alle beteiligten Personen wissen, jetzt beginnt das ernsthafte Gespräch, der Smalltalk ist beendet.
8. Findet das Gespräch mit oder ohne Wortmeldungen statt? Bittet der Gesprächsleiter die einzelnen Personen um Äußerungen? Bei einem Arbeitsgespräch zwischen drei Kolleginnen in der Schule benötigt in der Regel niemand eine Gesprächsleitung, und keiner käme auf die Idee, mit Wortmeldungen zu arbeiten. Bei einer Konfliktmoderation dagegen, in einer größeren Runde oder bei einem hitzigeren Gesprächsverlauf kann es durchaus sinnvoll sein, mit Wortmeldungen zu agieren, um über eine klare Struktur für Ordnung zu sorgen. Es kann auch sinnvoll sein, ein ohne Wortmeldungen begonnenes Gespräch mit der Bemerkung fortzusetzen: »Ich denke, dass es Sinn hat, ab jetzt mit Wortmeldungen zu arbeiten. Herr Müller, Sie haben sich gemeldet, bitte sehr«.
9. Findet das Gespräch mit Kaffee, Wasser und Keksen oder ohne all das statt? Es kann sinnvoll sein, bei einem Schlichtungsgespräch einen sehr sachlichen Rahmen zu schaffen, die Smalltalkphase schnell zu übergehen (weil niemand Lust hat, mit anderen Menschen, mit denen ein Konflikt besteht, über das Wetter zu plaudern) und das Gespräch in einer bewusst sachlichen Atmosphäre zu führen. Andererseits kann es im Konfliktfall zu einer Entspannung der Situation beitragen, wenn der Gesprächsleiter allen Teilnehmern Kaffee nachgießt (oder dies anbietet) und damit seine für alle Personen gleiche Wertschätzung deutlich macht. Gleiches gilt für Kekse oder Wasser. Es bedarf des Fingerspitzengefühls des Gesprächsleiters, diese Umstände so zu schaffen, dass sie der Situation und den beteiligten Personen angemessen sind.
10. Auch die Frage der Sitzordnung wird häufig unterschätzt. Wer hat das Licht im Rücken und damit eine günstigere Position?[28] Sitzen die Gesprächsteilnehmer

---

28 Sie kennen aus Spionagefilmen die Situation, dass der zu Verhörende mit Scheinwerfern angestrahlt wird, so dass er seine Gesprächspartner nicht sehen kann. Wer gegen starkes Tageslicht blicken muss, kann u. U. die Mimik seines Gegenübers nicht erkennen, das bedeutet einen echten Nachteil.

am Tisch oder in einem offenen Stuhlkreis? Tische bieten mehr Sicherheit, eine offene Runde lädt eher zur Öffnung ein, es kommt auf den Charakter des Gesprächs an. Beim Konfliktgespräch sitzen die Konfliktparteien am günstigsten am Tisch, und zwar über Eck, also nicht konfrontativ gegenüber. Ein runder Tisch ist häufig günstig.

> **Beispiel**
> Ein persönliches Beispiel eines Fehlers: Ich hatte den Schulleiter und drei Lehrkräfte eines Gymnasiums zu einem Gespräch über Fortbildungsfragen eingeladen. Weil ich noch kurz etwas anderes erledigen musste, bat ich die vier Personen in den Besprechungsraum mit der Bitte, Platz zu nehmen, »ich bin sofort wieder bei Ihnen«, sagte ich. Als ich nach wenigen Minuten in den Raum zurückkehrte, saßen die vier Personen wie folgt um den Tisch: Der Schulleiter auf Platz A, die Kollegen auf den Plätzen B, C und D.

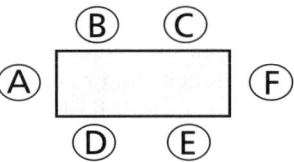

Abb. 25: Setting – Sitzordnung

Ich machte den Fehler, mich auf Platz E – statt auf F – zu setzen. Dies führte dazu, dass ich während des gesamten Gesprächs mit dem Schulleiter um die Frage der Gesprächsleitung ringen musste, dadurch waren Gesprächsverlauf und -ergebnis beeinträchtigt.[29] Günstig wäre es gewesen, mit den vier Personen den Raum zu betreten, meine Unterlagen auf Platz A oder F zu legen und dann den Raum zu verlassen. »Nehmen Sie bitte Platz, ich möchte hier sitzen, in drei Minuten bin ich wieder bei Ihnen.«

Gestaltung des Settings in Abgrenzungssituationen

Vielen Menschen fällt es schwer, sich gegenüber anderen abzugrenzen. Nach meinem Eindruck steht hinter diesem Problem häufig die Sorge, eine klare Abgrenzung könne vom anderen als Zumutung bzw. als unzumutbare Härte erlebt werden. Auch die Sorge des eigenen Selbstbildes kann eine Rolle spielen: Wenn ich gegenüber mir selbst und anderen die Rolle des immer hilfsbereiten Menschen

---

29 Sie können eine solche schnell skizzierte Grafik nutzen, um sich vor einem Gespräch zu überlegen, auf welchem Platz Sie auf jeden Fall nicht sitzen möchten, oder um eine komplette Sitzordnung festzulegen.

spiele und verinnerlicht habe, passt es nicht gut, wenn ich beispielsweise einer Bitte nicht entsprechen will oder kann.[30] In solchen Situationen geht es um die Frage, wie ich einen äußeren Rahmen gestalten kann, um die Bearbeitung des Themas zu ermöglichen, dem Gegenüber mit Respekt zu begegnen und eine möglichst einvernehmliche Lösung zu erreichen.

Ich stelle kurz einige Situationen dar und versehe sie anschließend mit einem kurzen Kommentar. Bevor Sie meine Kommentare zu den Situationen lesen, könnten Sie selbst darüber nachdenken (und notieren, wenn Sie mögen), welche Lösungen Ihnen in den Sinn kommen.

Situationen

a) Sie gehen nach Ihrem Unterricht eben durch das Gebäude, als die wütende Mutter des Schülers Markus auf Sie zustürzt und Sie, gestikulierend und sehr laut, beschimpft und beleidigt. Sie verstehen inhaltlich so gut wie nichts.

b) Sie – Lehrerin oder Lehrer – sitzen im Lehrerzimmer. Eine Mutter, Frau Müller, ruft Sie als Klassenlehrerin an und will mit Ihnen über die Fachlehrerin ihres Kindes, Frau Lehmann, sprechen. Sie ist zuerst sachlich, Sie hören geduldig zu, dann beginnt sie zu schimpfen und die Fähigkeiten von Frau Lehmann herunterzumachen.

c) Mehmet kommt nach der Pause und beschwert sich über Gewaltandrohungen durch zwei Mitschüler.

d) Gina (12) raucht morgens in der Schule heimlich. Sie als Klassenlehrerin rufen am Abend die Mutter an und haben nur ein paar Minuten Zeit.

e) In der Pause berichtet ein Kollege, mit dem Sie sonst nicht viel zu tun haben, auf dem Flur aufgeregt und ausführlich von einem Problemschüler seiner Klasse.

f) Sie sind Klassenlehrerin eines Schülers mit sonderpädagogischem Förderbedarf. Dessen Mutter sagt Ihnen nach dem Unterricht, die Sonderschullehrerin habe ihren Sohn gestern geschlagen und beschimpft.

g) Sie sind Lehrer am Berufskolleg und erfahren durch eine Nachfrage des Betriebs, dass Marvin Schmitz seit drei Wochen nicht mehr bei seinem Ausbildungsbetrieb aufgetaucht ist.

h) Sie sind Klassenlehrerin mit einem sehr verhaltensauffälligen Schüler, Jens, in der Klasse. Fachlehrerkollege Lothmann beschwert sich sehr über ihn und fordert Sie ultimativ auf, aktiv zu werden.

Meine Kommentare zu den dargestellten Situationen stellen Möglichkeiten dar, mit diesen Situationen umzugehen. In keinem Falle will ich aussagen, dass die hier

---

30 Beispiel: Manchen Menschen fällt es z. B. schwer, auf die Bitte eines Nachbarn ein Kilo Äpfel vom Markt mitzubringen: »Nein, das tut mir sehr leid, aber heute kann ich das nicht, ich bin sehr in Eile und habe anschließend noch eine Verabredung.« Das kann sehr freundlich und sehr klar geschehen!

genannten Optionen etwa die einzigen Handlungsmöglichkeiten wären. Der Fokus an dieser Stelle liegt beim Setting:

Zu a): Wertschätzend mit jemandem umzugehen, der einen beschimpft, gehört nicht zu den einfachsten Aufgaben. Ein probates Mittel ist es, das Selbstoffenbarungs-Ohr ganz weit zu öffnen und zuhörend auf das Gefühl zu reagieren, das hinter den Beschimpfungen steht. Zugleich, je nach eigener psychischer Konstitution, die auch von der Tagesform abhängen kann, ist es wichtig, sich gegen die Beschimpfung abzugrenzen und sich zu fragen: Wie kann ich das Gefühl akzeptieren, die Äußerungsform Beschimpfung jedoch zurückweisen?

Beispielsweise könnte sinnvoll sein, wenn Sie gerade einige Minuten Zeit haben: »Hören Sie mir bitte eine halbe Minute zu: Ich habe den Eindruck, dass Sie sehr aufgeregt sind. Deshalb schlage ich vor, dass Sie mit mir in das Besprechungszimmer kommen. Ich nehme mir dann jetzt sofort fünf Minuten Zeit für Sie. Danach habe ich wieder Unterricht. Übrigens: Auf dem Weg dorthin kann ich Ihnen nicht zuhören. Außerdem bitte ich Sie, mit Ihren Beschimpfungen aufzuhören, ansonsten kann und will ich nicht mit Ihnen sprechen. Ist das O. K. für Sie?«

In dem Raum könnten Sie der aufgeregten Mutter ein Glas Wasser anbieten und sie zwei Minuten damit alleine lassen, damit sie Gelegenheit hat, emotional herunterzufahren. Anschließend könnten Sie sie bitten, ihr in drei Sätzen zu sagen, worüber sie sich dermaßen aufregt, und dann mit ihr ggf. einen ausführlicheren Termin vereinbaren.

Wenn Sie keine Zeit haben, könnten Sie ihr einen Termin vorschlagen oder sie bitten, Sie am nächsten Tag in der Pause anzurufen, z. B.: »Ich sehe, dass Sie sehr aufgeregt sind, Sie haben offensichtlich ein wichtiges Anliegen. Das ist mir zu wichtig, um es hier zwischen Tür und Angel mit Ihnen zu besprechen. Rufen Sie mich doch bitte morgen an, wir vereinbaren dann einen Termin. Übrigens: Hören Sie bitte auf, mich zu beschimpfen, sonst bin ich nicht zu einem Gespräch mit Ihnen bereit. Ist das O. K. für Sie?«

Zu b): Eine mögliche Äußerung: »Ich möchte Sie mal eben unterbrechen. Ich höre mir gerne Ihr Anliegen und auch Ihren Ärger an, aber wenn Sie beginnen, Frau Lehmann zu beschimpfen, beende ich das Gespräch. Haben Sie schon mit Frau Lehmann über Ihren Ärger gesprochen? (Wenn ja:) Was erwarten Sie von mir als Klassenlehrerin oder -lehrer?«

Zu c): Wenn Sie Zeit dazu haben, sehe ich hier aktives Zuhören als nächsten Schritt. Wenn Sie keine Zeit haben, könnten Sie Mehmet bitten, sein Anliegen kurz schriftlich zu formulieren. Sie könnten sich auch mit ihm nach der Stunde kurz verabreden oder ihn an den Beratungslehrer verweisen.

Zu d): Es geht im Wesentlichen darum, die Mutter zu informieren und ggf. einen Vorschlag zu machen, z. B. Gina nicht zu bestrafen, sondern mit ihr zu sprechen.

Zu e): Ich vermute im Wesentlichen folgende mögliche Motivationen des Kollegen:

- Der Kollege möchte nur seinen Frust loswerden und Sie sozusagen als Mülleimer benutzen.

- Der Kollege möchte eine Beratung von Ihnen, weil er Sie aus irgendeinem Grund für kompetent im Umgang mit schwierigen Schülern oder in Beratungsfragen hält.
- Der Kollege nimmt diesen Fall zum Anlass, mit Ihnen Kontakt aufzunehmen, weil Sie ihm sympathisch sind.

Sie könnten ihm eine Minute zuhören und ihn dann nach seinem konkreten Anliegen fragen und ggf., wenn Sie selbst es wollen, sich zum Kaffee verabreden.

Zu f): Sie könnten – nach einigem Zuhören und Nachfragen – der Mutter deutlich machen, dass es sich um eine sehr schwerwiegende Beschuldigung handelt, und ein gemeinsames Gespräch zu dritt vorschlagen. Sie könnten ihr vorschlagen, sie anzurufen, nachdem Sie mit Ihrer Kollegin gesprochen haben.

Zu g): Sie könnten Marvin Schmitz zu einem Gespräch bitten, ihn mit der Mitteilung des Betriebs konfrontieren und ihm dann zunächst im Sinne eines Beratungsgesprächs zuhören, wenn Sie davon ausgehen, dass er ein Problem hat, also im Problembesitz ist.

Zu h): Hier sehe ich folgende Optionen:
Sie könnten die Angelegenheit als Problem von Kollegen Lothmann sehen, ein ausführliches Gespräch mit ihm vereinbaren und ihm zunächst zuhören: »Was ist Ihr Problem?«. Wenn er sich darauf einlässt, folgt ein Beratungsgespräch.
Es kommt darauf an, wie an Ihrer Schule die Aufgaben der Klassenlehrer definiert sind. Sie könnten sich abgrenzen und erklären, dass Sie Ihre Aufgabe als Klassenlehrer nicht so verstehen, sondern dass Sie gerne mit ihm gemeinsam an einer Lösung arbeiten.
Wenn sich das Problem als eines herausstellt, das auch andere Lehrer der Klasse haben, könnten Sie eine Klassenkonferenz als pädagogisches Instrument vorschlagen und einberufen, um den Fall Jens bei einer kollegialen Fallbesprechung zu behandeln.

Setting und Gesprächsleitung

In vielen Gesprächen ist die Frage der Leitung unerheblich, z. B. bei kleinen Arbeitsgruppentreffen von Lehrerinnen. Bei Gesprächen jedoch, bei denen unterschiedliche Meinungen oder Konflikte zu erwarten sind oder bei denen aufgrund knapper Zeitressourcen möglichst schnell Klarheit erzielt werden soll oder muss, oder bei Gesprächen, zu denen jemand eingeladen hat, ist eine Gesprächsleitung unerlässlich. Dabei ist es wichtig, dass der Gesprächsleiter seine Rolle explizit macht (z. B.: »Sind Sie einverstanden, dass ich die Gesprächsleitung übernehme?«) oder die Rolle implizit, aber in großer Rollenklarheit übernimmt.

Grundsätzlich gilt zur Frage der Gesprächsleitung: Wer die Struktur bestimmt, macht sich implizit zum Gesprächsleiter. Dies geschieht u. a. durch folgende Elemente:

- Nach dem Smalltalk im Sitzen noch einmal »offiziell« begrüßen: »Schön, dass Sie gekommen sind! Nehmen Sie bitte Platz. Möchten Sie etwas trinken?«
- Den ersten Satz sagen, nicht einen Gesprächsteilnehmer loslegen lassen, zur Not unterbrechen, z. B.: »Entschuldigen Sie bitte, ich möchte Sie noch einmal kurz unterbrechen, Sie sind sofort wieder dran mit Ihrer Beschwerde. Ich begrüße Sie alle, ich hatte Sie eingeladen, weil … So, Sie hatten schon begonnen, jetzt haben Sie das Wort, bitte sehr.« Wenn Sie solche Sätze nicht sagen, kann sich das später im Gespräch dadurch rächen, dass Sie mit diesem Teilnehmer um die Gesprächsleitung ringen müssen.
- Struktur des Gesprächs deutlich machen; Beispiel: »Wir haben 20 Minuten Zeit. Ich möchte Sie einladen, zuerst Ihr Anliegen zu formulieren, ich höre zunächst nur zu, dann nehme ich dazu Stellung, und wir kommen ins Gespräch. Sie, Frau Müller, haben um das Gespräch gebeten: Worum geht es Ihnen?«
- Der Leiter sollte freundlich und klar sein! Freundlichkeit und Wertschätzung gegenüber jedem Gesprächsteilnehmer gleichermaßen sollten sich paaren mit großer Klarheit vor allem in der Struktur, aber auch in der Sache, z. B.: »Schön, dass Sie Ihre Meinung so klar formulieren, Frau Müller. Ebenso klar möchte ich jetzt mit Ihnen die andere Position herausarbeiten, die Sie, Herr Schmitz, vertreten. Meine eigene Meinung dazu erläutere ich Ihnen anschließend.«
- Sehr wichtig für den weiteren Verlauf des Gesprächs ist es, dass der Leiter alle Positionen so lange darstellen lässt, bis alle Teilnehmer alle Positionen genau kennen. In dieser Phase ist es ungünstig, Einwände der anderen Seite zuzulassen, z. B.: »Sie haben gleich ebenso wie Frau Müller Gelegenheit, Ihre Meinung ausführlich darzustellen. Jetzt ist Frau Müller dran, und ich bitte Sie, ihr genau zuzuhören. Bitte, Frau Müller, sprechen Sie weiter.« Nur so lassen sich gemeinsam Lösungsansätze entwickeln. Es geht darum, als Leiter eine Zeit lang unterschiedliche Meinungen auszuhalten – und auch die übrigen Teilnehmer dazu anzuhalten, andere Meinungen anzuhören und sie auszuhalten, statt sich von dem Wunsch, diese möglicherweise konfliktträchtige Phase so schnell wie möglich zu beenden, hetzen zu lassen. Langsamkeit ist hier eine wichtige Tugend.

Klarheit geht vor guten Gefühlen.

Der Leiter hat mehrere Aufgaben und Vorteile:

- Er kann strukturieren, z. B. durch Zusammenfassen und Einführen neuer Aspekte. Er kann das Wort erteilen und entziehen.
- Er bestimmt durch sein Agieren die Gesprächskultur, und er kann Regeln für das Gespräch formulieren (»An diesem Tisch wird niemand beleidigt!« oder »Jeder darf aussprechen!«) und deren Einhaltung durchsetzen, z. B. durch energische Bitten oder auch Beendigung des Gesprächs.
- Der Leiter bestimmt auch das Tempo des Gesprächs.

3.4 Dem Gespräch eine Struktur geben

Struktur und Leitung

Ein professionelles Gespräch ist dann am effektivsten, wenn es mindestens einen Gesprächsteilnehmer gibt, der auf die Gesprächsstruktur achtet. Wenn es keinen offiziellen Gesprächsleiter gibt, findet sich sehr oft jemand, der informell diese Rolle übernimmt. Die Gesprächsteilnehmer fokussieren in der Regel den Inhalt; sie kümmern sich um Argumente, versuchen zu überzeugen, legen sich inhaltliche Strategien zurecht usw.

Auf die Struktur des Gesprächs zu achten und sie zu beeinflussen oder zu bestimmen, bedeutet, neben dem inhaltlichen auch den formalen Aspekt zu berücksichtigen. Es ist Aufgabe des Gesprächsleiters, die Struktur im Auge zu haben und z. B. Vorschläge zur Fortführung des Gesprächs zu machen oder auf die Zeit hinzuweisen. Aus anderer Sicht formuliert: Wer die Struktur bestimmt, ist Leiter des Gesprächs. Das gilt auch dann, wenn der Leiter inhaltlich nicht Fachexperte ist. Die Hauptaufgaben des Gesprächsleiters sind

- einfühlendes Verstehen,
- Akzeptanz aller Personen und
- eine gute Strukturierung des Gesprächs.

> Der Gesprächsleiter hat die volle Verantwortung für die Gesprächsstruktur; für die Inhalte sind alle Gesprächsteilnehmer gleichermaßen verantwortlich.

Strukturierungselemente

Ohne Anspruch auf Vollständigkeit liste ich wichtige Strukturierungselemente auf, die ich mit Beispielen aus der Praxis anreichere.

Gesprächsgliederung vorschlagen

Beispiele:

- »Ich schlage vor, dass zunächst Sie (A) die Angelegenheit aus Ihrer Sicht darstellen, Sie (B) hören bitte zunächst nur zu, anschließend möchte ich Sie (B) bitten, sich zu äußern, und Sie (A) hören zunächst zu …«
- »Das Problem hat aus meiner Sicht zwei Aspekte X und Y; mein Vorschlag ist, dass wir uns zunächst um X kümmern. Was halten Sie davon?«

- »Bevor wir uns mit den sachlichen Meinungsunterschieden zwischen Ihnen beiden beschäftigen, halte ich es für wichtig, zunächst die Beziehungsaspekte zu betrachten; sehen Sie das auch so?«

> Beziehungsklärung geht vor Sachklärung.

1. Worterteilung, Reihenfolge der Äußerungen vorschlagen, *Beispiele:*
   - »Sie haben sich bisher noch gar nicht geäußert, was meinen Sie dazu?«
   - »Ihre Meinung zu dieser Frage würde mich sehr interessieren.«
   - »Ich bitte Sie angesichts der fortgeschrittenen Zeit diesmal um eine kurze Äußerung.«
   - »Sie haben sich bisher jeweils sehr ausführlich geäußert. Könnten Sie diesmal bitte Ihre Äußerung auf drei kurze Aspekte beschränken?!«
2. Zusammenfassen, *Beispiele:*
   - »Ich versuche mal, das, was Sie beide bisher gesagt haben, zusammenzufassen …; stimmen Sie dem zu?«
   - »Sie (A) sind der Meinung X, und Sie (B) sind der Meinung Y; stimmt das so?«
   - »Ich nehme das bisherige Gespräch so wahr: Sie beide haben Einigkeit in den Fragen A und B, in den Punkten C und D sind Sie unterschiedlicher Auffassung. Stimmen Sie dieser Zusammenfassung zu?«
3. Vorschläge zu Fortführung des Gesprächs machen, *Beispiele:*
   - »Wir könnten an dieser Stelle aus meiner Sicht auf die Aspekte A und B näher eingehen; ich halte B für vorrangig, was meinen Sie?«
   - »Ich habe den Eindruck, dass es noch ein anderes Problem gibt, das wir bisher noch nicht angesprochen haben, nämlich …; sehen Sie das auch so?«
   - »Ich schlage vor, dass wir den Punkt X verlassen und uns Y zuwenden; ist das für Sie ok?«
4. Zeit im Blick haben, *Beispiele:*
   - »Wir haben jetzt nur noch 10 Minuten Zeit und sollten zu einer Vereinbarung kommen.«
   - »Für unser Gespräch haben wir exakt 20 Minuten Zeit.«
   - »Wir haben drei Themenkomplexe, nämlich A, B und C; ich schlage vor, dass wir jedem 15 Minuten widmen.«
5. Regeln festlegen und auf deren Einhaltung bestehen, *Beispiele:*
   - »Es ist O. K., wenn Sie wütend sind, ich bitte Sie aber zu respektieren, dass ich Beleidigungen an diesem Tisch nicht zulasse.«
   - »Lassen Sie bitte A ausreden. Sie kommen anschließend ebenso ausführlich zu Wort.«
   - »Hören Sie bitte zunächst nur zu, anschließend kommen Sie zu Wort, das verspreche ich Ihnen.«
6. Ergebnis festhalten, *Beispiele:*
   - »Können Sie (A) bitte noch einmal zusammenfassen, was Sie als Ergebnis des Gesprächs sehen? … Und Sie (B)?« (Es ist oft günstig, die Gesprächsteilnehmer zu bitten, die Ergebnisse zusammenzufassen; dadurch wird deutlich, wer was vom Gespräch mitnimmt. Wenn Sie als Gesprächsleiter zusammen-

fassen, ist die Zusammenfassung wahrscheinlich sachlich korrekt, Sie wissen aber nicht, was bei den Teilnehmern im Gedächtnis bleibt.)
- »Ich fasse als Ergebnis zusammen: Einigkeit herrscht in den Punkten A, B und C; wegen des wichtigen Aspekts D treffen wir uns am ... um ... Uhr erneut mit dem Ziel, auch in diesem Punkt zu einer Einigung zu gelangen.«
- »Leider haben wir keine Übereinstimmung im Inhalt erzielen können; ich freue mich aber sehr darüber, dass wir uns darüber einigen konnten, wie wir in Zukunft mit dieser Uneinigkeit umgehen werden.«
7. Feedback geben und darum bitten (s. Kap. 3.11), *Beispiele:*
    - »Ich fand unser Gespräch im Inhalt und vor allem in der Art und Weise sehr hilfreich. Wie beurteilen Sie das Gespräch?«
    - »Abschließend möchte ich sie um ein kurzes Feedback zu unserem Gespräch bitten. Was fanden Sie hilfreich, was könnten wir aus Ihrer Sicht gemeinsam noch besser hinbekommen?«
8. Das Gespräch beenden (s. Kap. 3.13), *Beispiele:*
    - »Vielen Dank, dass Sie hier waren, ich wünsche Ihnen einen angenehmen Abend.«
    - »Mein Eindruck ist, dass es sehr wichtig war, dass wir alle hier zusammen die Angelegenheit besprochen haben.«
    - »Ich wünsche Ihnen alles Gute bei Ihren weiteren Bemühungen um eine zufriedenstellende Kooperation.«

Gesprächsstruktur, Gesprächsphasen

In der Literatur finden sich etliche Vorschläge für die Gesprächsstruktur. In Abwägung aller Vor- und Nachteile benutze ich in diesem Buch durchgehend die folgende Struktur von König und Volmer, die im Gespräch vier Phasen unterscheiden (König/Volmer 2008, S. 82–109).

1. Orientierungsphase
2. Klärungsphase
3. Lösungs- oder Veränderungsphase
4. Abschlussphase

Detailliert gehe ich auf diese Phasenstruktur in Kapitel 5 bei den einzelnen Gesprächsarten ein.

3.5 Von Besitzenden und Habenichtsen – Problembesitz

Probleme und Anliegen

Auch im Alltag spielt die Frage des Problembesitzes eine Rolle. »Das ist doch nicht mein Problem«, lautet ein häufig benutzter Satz, der das Ziel hat, sich von der

Übernahme eines Problems, das jemand anders hat, fernzuhalten und dadurch zu entlasten. Bei der professionellen Beratung muss die Frage des Problembesitzes geklärt werden, um die passende Gesprächsart und die angemessenen Mittel wählen zu können. Den Begriff »Problem« kann man auch durch »Anliegen« ersetzen.

> **Beispiel**
> Wenn ein Schüler mit seinem Taschenmesser das Wort »Lokomotive« in seinen Tisch ritzt und dabei ein »ck« verwendet, benötigt er eben nicht einen freundlichen Hinweis auf die korrekte Rechtschreibung. Vielmehr muss die Lehrerin in diesem Fall die Funktion als Sachwalter des Schulträgermobiliars übernehmen und dem zerstörerischen Tun des Schülers Einhalt gebieten.

Dieses (zugegeben drastische und übertriebene) Beispiel soll deutlich machen, dass die korrekte Beantwortung der Frage, wer das Problem hat, von großer Bedeutung sein kann.

Opferschutz vor Täterverständnis

Es gab eine Zeit – in den 70er Jahren des 20. Jahrhunderts –, in der liberal denkende Lehrerinnen bei einem gewaltsam ausgetragenen Konflikt zwischen zwei Schülern dem schlagenden Schüler mit deutlich mehr Nachsicht und Hilfsangeboten als grenzziehenden Maßnahmen begegneten, als aus heutiger Sicht angemessen wäre. Der dahinter liegende richtige Gedanke war, dass jemand, der es nötig hat zu schlagen, um einen Konflikt zu lösen, große Probleme haben müsse. Wer Probleme macht, hat Probleme, lautet ein Satz, der diesen Zusammenhang ausdrückt. Vernachlässigt wurde dabei, dass es zunächst darum gehen muss, das Schlagen zu unterbinden, um das Opfer zu schützen. Das Hilfsangebot für den schlagenden Schüler ist berechtigt, muss aber zeitlich nach der klaren Äußerung kommen, sofort die Gewalt zu beenden. Zunächst muss verhindert werden, dass es weitere Opfer gibt oder dass der Täter den Schaden vergrößert. Dass der Täter selbst auch Opfer sein kann und häufig ist oder war, erhält erst im zweiten Schritt Bedeutung.

Gordons Problembesitzschema

Thomas Gordon hat in den 1970er Jahren ein einfaches Schema entwickelt, um der Antwort auf die Frage, wer das Problem hat, eine Maßnahme gegenüberzustellen (Gordon 1977).

Tab. 2: Gordons Problembesitzschema

Problembesitz	Gordons Lösungsprinzip
Der andere hat das Problem	Zuhören
Problemfreie Zone	Produktives problemloses Arbeiten ist möglich
Ich habe das Problem	Ich-Botschaft

Weil es ein völlig unterschiedliches Rollenverhalten bedeutet, ob ich jemand anderem, der ein Problem hat, mit der Absicht zuhöre, ihm zu helfen, sein Problem selbst zu lösen, oder ob ich eine Ich-Äußerung setze, mit der ich meine Verantwortung für die Problemlösung deutlich mache, ist es von Bedeutung, die Frage des Problembesitzes mit möglichst großer Klarheit zu beantworten.[31]

- *Beispiele* zur Frage: Wer hat das Problem?
    1. Ich lade als Lehrerin Eltern eines Schülers ein, weil er oft ohne Hausaufgaben in die Schule kommt.
    2. Eine Beratungsstelle ruft an und bittet mich als Lehrerin um ein Gespräch über einen Schüler.
    3. Der Schulleiter bittet mich als Lehrerin zu einem Gespräch aufgrund der Beschwerde eines Elternteils über mich.
    4. Mehrere Eltern beschweren sich bei mir über einen verhaltensauffälligen Schüler in der Klasse, der ihre Kinder vom Lernen abhalte.
    5. Eltern laden mich als Klassenlehrer zur Klassenpflegschaftssitzung (Elternabend) ein.
- Meine Überlegungen zu den Antworten:
    - Zu 1.: Ich habe zunächst das Problem, weil ich für den Lernfortschritt jedes Schülers verantwortlich bin. Deshalb lade ich die Eltern ja auch ein. Sicher stellt sich dann heraus, dass auch der Schüler und die Eltern ein Problem haben. Das Mittel der Wahl ist also zunächst das Senden einer Ich-Äußerung.
    - Zu 2.: Offensichtlich habe ich als Lehrerin kein Problem, kann also in Ruhe zunächst zuhören, was das Anliegen der Beratungsstelle ist.
    - Zu 3.: Zunächst hat der Schulleiter ein Problem, das er lösen muss, schließlich haben sich Eltern bei ihm beschwert und warten auf eine Antwort. Dann kann es anschließend sein, dass ich in den Besitz des Problems komme, weil ich als Lehrerin für meinen Unterricht verantwortlich bin. Ich kann also zunächst dem Schulleiter zuhören, der sein Problem zu lösen versucht. Sollte ich in den Problembesitz geraten, kann ich als Lehrerin
        - erklären,
        - mich rechtfertigen,
        - zurückweisen,
        - Zeit erbitten, um mein eigene Verhalten auf den Vorwurfsinhalt hin zu beobachten,
        - mich entschuldigen
        - usw.

---

31 Zur Frage, ob Zuhören und das Senden einer Ich-Botschaft die einzigen angemessenen Mittel sind, s. a. die Abschnitte über Ich-Äußerungen, Fragen, Perspektivwechsel und gesprächsstrukturierende Äußerungen; s. Kap. 3.
Weil eine Ich-Botschaft dem Empfänger meiner Botschaft die Verantwortung überlässt, ob und wie er darauf reagiert, fehlt in diesem Schema eine Antwort auf die Frage, was ich als Lehrer/in tun kann, wenn ich eine sofortige Verhaltensänderung eines Schülers anweisen will.

- *Zu 4.:* Zunächst kann ich zuhören, um genau zu verstehen, was die Eltern, die sich im Problembesitz befinden, meinen. Sollte es zu einem Ausgrenzungsversuch gegen einen Schüler der Klasse kommen, bin ich – jetzt im Problembesitz – aufgefordert, für den sozialen Zusammenhalt der Klasse zu sorgen und Ausgrenzungsversuchen entgegenzutreten, also deutliche Ich-Äußerungen zu tun.
- *Zu 5.:* Bei der Teilnahme der Klassenlehrerin an einer Klassenpflegschaftssitzung (Elternabend) handelt es sich zunächst um Arbeiten in der problemfreien Zone.

Problembesitz im schulischen Alltag

Im schulischen Alltag kommt es sehr häufig vor, dass die Frage des Problembesitzes nicht genügend berücksichtigt wird. Hier stoßen wir wieder auf das nicht nur für die Kommunikation zwischen Erwachsenen, sondern auch für die Pädagogik wesentliche Thema, das ich eingangs bei der Menschenbilddiskussion (s. Kap. 2) behandelt habe: Wenn ich ein humanistisches Menschenbild habe, muss das auch für die Pädagogik gelten. Damit gilt auch jeder Schüler als zu Reflexion und Verantwortungsübernahme fähiges Wesen.

> **Beispiel**
> Eine Lehrerin erkennt in einer Stillarbeitsphase ihres Unterrichts, dass ein Schüler mit dem Stoff ein Problem hat. In der Regel wird die Lehrerin den Schüler auf das Problem oder den Fehler hinweisen und durch Fragen zu einer Lösungserkenntnis führen (oder selbst den Lösungsweg benennen). Die Lehrerin übernimmt also die Aufgabe, das Problem eines Schülers zu erkennen und zu benennen, und übernimmt damit die Verantwortung für Probleme bzw. Fehler, die er selbst nicht als solche wahrnimmt.
>
> Eher selten ist die didaktisch-methodische Herangehensweise, dass Schüler lernen, selbst zu erkennen, an welcher Stelle sie ein Problem haben, und dann geeignete Lösungswege einschlagen (Nachschlagen, Mitschüler fragen, Lehrerinnen fragen). Damit erhalten Schüler die Gelegenheit, Verantwortung für ihre Probleme zu übernehmen. Die Lehrerinnen- und Lehrerrolle wird dann die des Lernberaters.

Auch bei der Kooperation von Lehrern mit Eltern erweist sich die Frage des Problembesitzes als wesentlich. Wenn ich als Lehrkraft die Verantwortung für die Lösungen der Eltern übernehme, indem ich Sätze sage, die mit den Worten »Sie müssen dafür sorgen ...« beginnen, erkläre ich die Eltern für unmündig und unfähig, ihre Probleme selbst – ggf. mit meiner Hilfe – zu lösen. Den Eltern die Probleme zu lassen und meine beratende Hilfe überwiegend über das Zuhören anzubieten, ist ein Akt des Vertrauens in die Problemlösungskräfte der Eltern und stellt die unmittelbare Umsetzung des Menschenbildes in die Praxis dar.

3.6 »Du meinst also ...« – Von der anspruchsvollen Arbeit des Zuhörens

Zuzuhören, wenn ein anderer Mensch spricht, scheint eine der selbstverständlichsten und alltäglichsten Tätigkeiten zu sein, die wir kennen. Und in der Tat führen wir etliche kleine Gespräche, bei denen es um Zuhören und angemessenes Reagieren geht.

Zwei Mohnbrötchen bitte – Bitte sehr, sonst noch etwas? – Nein, danke. – 70 Cent bitte – Einen schönen Tag noch – Auf Wiedersehen. Solche und ähnliche Dialoge funktionieren millionenfach reibungslos. Kommt es jedoch zu längeren Erzählungen, wird der Dialog ungleich komplizierter.

> **Beispiel**
> Ich erzählte einem Bekannten, den ich zufällig in der Stadt traf, nach dem gegenseitigen »Wie geht's?« von einer Operation, die meine Frau kurz zuvor gehabt hatte. In den nächsten zehn Minuten erzählte er von einer Operation, die er selbst vor einiger Zeit hatte – in vielen Einzelheiten, die mich nun überhaupt nicht interessierten –, um nach unserer Verabschiedung, schon im Gehen, sich noch einmal umzuwenden und zu fragen: »Wie geht es denn Ihrer Frau?«.

Ich berichte darüber nicht, um mich über diesen Bekannten lustig zu machen, sondern um auf die Alltäglichkeit solcher Kommunikationsverläufe hinzuweisen.

Der Zuhörer bereitet während des Zuhörens seine eigene Replik vor und kann sich infolgedessen nicht mehr auf das konzentrieren, was der Sprecher äußert. Er nimmt ein Stichwort seines Gegenübers auf und erzählt von sich und seinem Erleben und davon, wie ihm ähnliche Ereignisse auch schon einmal widerfahren sind. Oder es ist ihm inhaltlich nicht wichtig, was erzählt wird. Er möchte nur den gleichen Redeanteil haben wie der andere, weil er ansonsten das Gefühl hätte, zu kurz zu kommen. Oder er schaltet während eines längeren Monologs des anderen ab und befasst sich in Gedanken mit anderen Gegenständen oder oder oder ...

Professionelles Zuhören meint etwas anderes. Auf einer Schweizer Internetseite ist die in Tabelle 3 dargestellte anschauliche Unterscheidung zwischen Hören, Hinhören und Zuhören zu finden, die auch die Abgrenzung des professionellen Zuhörens vom Zuhören im Alltag deutlich macht (Online-Quelle 19).

Tab. 3: Hören – Hinhören – Zuhören

Hören	Hinhören	Zuhören
Hören ohne Hinhören heißt zum Beispiel, mit sich selber beschäftigt zu sein, nur sporadisch aufzumerken und einem Gespräch nur solange zu folgen, bis selbst geredet werden kann.	Hinhören ohne Zuhören heißt aufzunehmen, was die andere Person sagt, ohne sich zu bemühen herauszufinden, was der andere meint oder sagen will.	Zuhören heißt, sich in den Partner hineinzuversetzen, ihm volle Aufmerksamkeit zu schenken und dabei nicht nur auf den Inhalt, sondern auch auf Zwischentöne zu achten.

Tab. 3: Hören – Hinhören – Zuhören – Fortsetzung

Hören	Hinhören	Zuhören
Die Aufmerksamkeit ist noch nicht unbedingt auf den Gesprächsinhalt, sondern auch auf die eigene Beschäftigung, die eigenen Gedanken und die Gelegenheit, zu Wort zu kommen, gerichtet.	Man ist gefühlsmäßig noch unbeteiligt, distanziert und abwartend. Die oder der Sprechende meint fälschlicherweise, ihr oder ihm würde ernsthaft zugehört.	Durch Haltung und Reaktion wird dem Gesprächspartner mitgeteilt, dass es im Moment nichts Wichtigeres gibt als sie oder ihn.

Der hier verwandte Begriff »Zuhören« bezeichnet das, was Rogers, Gordon, Schlee u. a. das »aktive Zuhören« nennen. Schon der Begriff macht deutlich, dass es sich um einen aktiven Vorgang handelt, der volle Konzentration auf den anderen erfordert und in der Tat eine anstrengende Arbeit darstellt.[32] Carl Rogers sagt:

> »Der Berater ermutigt zum freien Ausdruck von Gefühlen im Zusammenhang mit dem Problem. [...] Der Berater bemüht sich, durch das, was er sagt und tut, eine Atmosphäre zu schaffen, in der der Klient erkennen kann, dass er diese negativen Gefühle hat, und die es ihm ermöglicht, sie als Teil seiner selbst zu akzeptieren, statt sie auf andere zu projizieren oder hinter Abwehrmechanismen zu verbergen.« (1972, S. 44)

Thomas Gordon benennt die konkrete Aufgabe des Beraters mit wunderbar einfachen Sätzen:

- »Ich höre, was du fühlst.
- Ich verstehe, wie du die Dinge im Moment siehst.
- Ich begreife dich so, wie du im Moment bist.
- Ich bin interessiert und nehme Anteil.
- Mir ist klar, wo du im Moment stehst.
- Ich verspüre keinen Wunsch, dich zu verändern.
- Ich fälle kein Urteil über dich.
- Du brauchst keine Angst vor meiner Kritik zu haben.«
(Gordon 1979, S. 71)

Zuhören kann begleitet sein durch nonverbales und paraverbales Signalisieren von Verständnis (Körperliches Zugewandt-Sein, Blickkontakt, Nicken, »therapeutisches Grunzen« wie »hm« o. Ä.). Jeder, der schon einmal die wohltuende Wirkung genossen hat, die es hat, wenn jemand einem voller Konzentration über eine längere Zeit zuhört, weiß, wovon hier die Rede ist. Fast alle Teilnehmer in meinen Seminaren sind überrascht, welche Wirkungen Zuhören hat, wenn sie – im Anschluss an die Behandlung der Theorie – die erste Übung zum Zuhören durchgeführt haben, die einfach darin besteht, dass A sich dem Kollegen B uneingeschränkt mit seiner

---

32 Wer einmal vier bis sechs einstündige Beratungsgespräche hintereinander geführt hat, weiß, von welch großer Anstrengung ich spreche.

Körperhaltung, Mimik, Blick, Nicken und Aufmerksamkeit zuwendet und acht Minuten lang lediglich zuhört.

Üben Sie es doch einfach einmal: Suchen Sie sich einen Partner, dem Sie vertrauen, vereinbaren Sie, wer in welcher Rolle beginnt. Die Aufgabe des Zuhörers ist oben beschrieben. Der Klient wählt ein kleineres Problem aus seinem schulischen Alltag. Anschließend werden nach einer kleinen Pause die Rollen gewechselt. Dann können die Erfahrungen ausgiebig reflektiert werden. Für den Zuhörer ist u. a. die Frage spannend, an welcher Stelle er gerne eingegriffen und sich inhaltlich geäußert hätte und warum und mit welchem Ziel er das getan hätte, für den Klienten die Frage, wie er es erlebt hat, die volle Aufmerksamkeit seines Beraters zu haben.

Viele Seminarteilnehmer berichten, dass sie alleine durch diese kleine Übung mehr Klarheit zu ihrem Problem gewonnen haben. Manchen gelingt es sogar, erste Lösungsansätze zu finden. Thomas Gordon benennt zwölf

»Kommunikationssperren, also Verhaltensweisen, die Kommunikation behindern oder verhindern:

1. Befehlen, anordnen, auffordern
2. Warnen, mahnen, drohen
3. Moralisieren, predigen, beschwören
4. Beraten, Vorschläge machen, Lösungen liefern
5. Durch Logik überzeugen, Vorträge halten, Gründe anführen
6. Urteilen, kritisieren, widersprechen, Vorwürfe machen
7. Loben, zustimmen, schmeicheln
8. Beschimpfen, lächerlich machen, beschämen
9. Interpretieren, analysieren, diagnostizieren
10. Beruhigen, Sympathie äußern, trösten, aufrichten
11. Forschen, fragen, verhören
12. Ablenken, ausweichen, aufziehen«

(Gordon 1977, S. 72 ff)

In diesen Verhaltensweisen drückt sich, so Gordon, die Absicht aus, »den Sender zu verändern statt ihn zu akzeptieren« (ebd., S. 74).

Was für Kommunikation und Gespräche generell gilt, ist bei der Beratung besonders wichtig: Zuhören ist ein wichtiger Teil der Beratung als Hilfe, dass der Beratungsnehmer seine Situation besser versteht und Lösungsideen entwickeln kann. Vorschnelle Ratschläge dagegen verhindern Lösungen, weil sie – im Sinne Gordons – den Sender verändern wollen. Für viele Menschen, die Beratung als Ratschlag-Geben und nicht als Prozessberatung verstehen, stellt die zugrunde liegende Haltung etwas grundlegend Neues und zunächst Fremdes dar (s. Kap. 5.1).

Die Bedeutung des Zuhörens

Zuhören verhindert, dass wir die Wahrnehmung anderer Menschen vorschnell interpretieren, und ist deshalb die Voraussetzung dafür, andere angemessen zu verstehen und die Tatsache zu akzeptieren, dass wir sie nicht ändern können, sondern dass nur sie sich selbst ändern können.

Wir »verstehen« meistens zu schnell!

Wir hören eine Äußerung, ordnen sie dabei gemäß unserer Erfahrung und unserer Glaubenssätze, aber auch unserer Vorurteile in unser Ordnungssystem ein und glauben, sie zu verstehen.

> **Beispiel**
> Markus fertigt zum wiederholten Mal seine Hausaufgaben nicht an. Er zuckt nur die Schultern und hält keinen Blickkontakt mit mir, als ich ihn nach den Gründen frage. Weil er in diesem Fach ein eher schlechter Schüler ist, bilde ich blitzschnell die Hypothese, dass ihm der Stoff zu schwer war. Ich rate ihm, mit Luisa zu sprechen, die ihm den Stoff in der Pause schnell noch einmal erklären kann, und fordere ihn auf, die Hausaufgaben morgen vorzuzeigen.
> Hätte ich Zeit gehabt und Markus vielleicht ein bis zwei Minuten zuhören können, hätte ich erfahren, dass das Nicht-Anfertigen der Hausaufgaben nichts mit dem Stoff zu tun hatte, sondern damit, dass seine Lieblingsoma am Nachmittag gestürzt ist und er sie im Krankenhaus besucht hat. Da blieb keine Zeit mehr für die Hausaufgaben, die er ansonsten mehr oder weniger problemlos hätte anfertigen können.[33]
> Ich habe die Botschaft, die im Nicht-Erledigen der Hausaufgaben liegt, nicht verstanden. Wäre es mir gelungen, hätte ich mein Mitgefühl für Markus' Sorge um die Oma ausdrücken und nebenbei über das Nachholen der Hausaufgaben sprechen können. Diese ein bis zwei Minuten hätten sich gelohnt!

In der Kommunikation ist sehr oft Langsamkeit gefragt. Gerade wenn es darum geht, andere Menschen mit ihren Anliegen, ihren Problemen und Gefühlen zu verstehen, ist Eile schädlich.

> Langsam! Gerade in schwierigen Situationen.

Ziel ist es zu verstehen!

Wir wissen über andere Menschen überraschend wenig, und auch andere wissen über uns sehr wenig. Weil wir aber nicht nicht kommunizieren können (Watzlawick/Beavin/Jackson 1971, S. 50 ff) und in der Regel kein Eremiten-Dasein führen

---

33 Hier soll es nicht um die Frage gehen, woher ich als Lehrerin die Zeit nehmen soll, in dieser Weise mit etlichen Schülern zu sprechen, sondern lediglich um die Erfahrung, dass wir oft mit unseren Einschätzungen danebenliegen und dass Zuhören ein probates Mittel wäre, auf die richtige Fährte zu kommen.

wollen, sind wir auf Kontakte zu anderen Menschen angewiesen und streben danach, in Kontakt zu sein.[34]

Die Haltung der Neugier, des Interesses am anderen Menschen bringt uns miteinander in Kontakt. »Ach, so ist das bei dir, erzähl mir mehr darüber, das finde ich ja interessant!« So etwa lässt sich die Einstellung ausdrücken, die zu Kontakt und zum Gefühl der Wertschätzung und des Angenommen-Seins führen kann. Das Maß an Nähe und Distanz bestimme ich selbst. Zu große Nähe kann mich emotional und sachlich in Probleme verstricken, die nicht meine sind, zu große Distanz verhindert Kontakt. Nach meiner Erfahrung würde etwas mehr Nähe vielen Menschen auch im professionellen Kontext nicht schaden. Den Versuch zu unternehmen, andere Menschen zu verstehen, Verständnis zu entwickeln, ohne mit allem einverstanden zu sein, gehört zu den grundlegenden humanistischen Ansprüchen an uns selbst.

Verantwortung für Veränderung oder Nicht-Veränderung liegt bei jedem selbst.

Menschen ändern sich oder ihr Verhalten in der Regel nicht, weil jemand anderer an sie appelliert: »Ändere dich!«.[35]

> Von allen über sieben Milliarden Menschen kann ich nur einen wirklich ändern, und das bin ich selbst.

Jörg Schlee formuliert diesen Zusammenhang so: »Niemand hat direkten Einfluss auf die Subjektiven Theorien der ratsuchenden Person. Nur sie selbst ist in der Lage, diese zu verändern« (Schlee 2004, S. 53).

Veränderung kann nur dann stattfinden, wenn der andere es will und sich angenommen fühlt. Hilfreich ist zudem auch eine Konfrontation mit einer abweichenden Meinung. Schlee setzt den Umgang mit den eigenen »Subjektiven Theorien« auf eine Stufe mit den Theorien wissenschaftlich arbeitender Menschen und beschreibt, dass Wissenschaftler unter den genannten Bedingungen ihre Theorien und Hypothesen zu ändern bereit sind (s. a. »Hypothesen zur Veränderung über die Parallelitätsannahme« in ebd., S. 42–57).

> »Bezieht man nun diese Bedingungen über die Parallelitätsannahmen auf die Veränderung von Subjektiven Theorien, dann hat die [...] Beratung [...] vergleichbare Bedingun-

---

34 »Kontakt ist in der Gestalttherapie die Bezeichnung für einen Prozess des Austausches, z. B. zwischen Organismus und Umwelt. [...] ›Kontaktgrenze‹ bezeichnet die [...] Fähigkeit, sich gegenüber der Umwelt als selbständiger Organismus zu behaupten und die eigenen Bedürfnisse zur Geltung zu bringen.« (http://gestalt-institut.com/institut/gestaltansatz/kontaktprozess.html)

35 Bei mir z. B. löst der meist implizit wahrgenommene Appell eines anderen mit dem Inhalt »Ändere dich!« zunächst Widerstand aus.

gen wie einem Wissenschaftler zu schaffen. Das heißt, dass die ratsuchende Person zunächst einmal angeregt wird, ihre theoretischen Sichtweisen durch mündliche Berichterstattung zu veröffentlichen und anschließend [...] durch die Konfrontation mit anderen Denkmöglichkeiten und Vorstellungen eine Überprüfungsmöglichkeiten erhält« (ebd., S. 55 f).

Psychische Sicherheit, Wohlwollen, Autonomie, Verantwortung, Rationalitätspotenzial, Reflexivität und Kommunikationsfähigkeit der ratsuchenden Person dürfen nicht eingeschränkt werden (ebd., S. 56). Zuhören ist demnach eine der zentralen Aufgaben des Beraters. Es ist also beispielsweise in einer Beratungssituation wichtig, keinen Appell zur Veränderung auszusenden. Der Klient kann so bleiben, wie er ist. Wenn er aber den Weg der Veränderung wählen möchte, kann der Berater ihn nur unterstützen, wenn er ihn akzeptiert. Dies setzt zudem die Kenntnis und Akzeptanz der eigenen Anteile voraus, wenn der Berater nicht mit blinden Flecken oder unbewussten Einstellungen und Vorurteilen in das Gespräch gehen will. Es geht darum, sagt Rogers, »dem Klienten das Gefühl zu geben, dass die Stunde ausschließlich ihm gehörte und von ihm ganz nach Wunsch genutzt werden konnte« (Rogers 1972b, S. 42). Zuhören soll verbunden sein mit der Haltung, nicht zu werten, was der andere äußert. Jede Wertung – auch über nonverbale Signale – manipuliert den Sprecher und lenkt ihn in eine Richtung, die nicht die seine ist.

Transkriptionen therapeutischer Gespräche von Carl Rogers (Rogers beide Bücher) zeigen, dass seitenlang nur der Klient spricht, der »klientzentrierte Gesprächspsychotherapeut« äußert ab und zu »hm« oder nonverbale Verstärkungen durch Nicken. Wertungen sind an keiner Stelle zu finden. Diese Grundhaltung erfordert keine Ausbildung zum Gesprächspsychotherapeuten. Wichtig ist die Erkenntnis: Die Bedeutung des Zuhörens für Kontakt und Lösungsansätze in der Beratung und des nichtwertenden Verstehens kann nicht überschätzt werden. Verstehen-Wollen bedeutet, Motive, Emotionen und Antriebe des Sprechers wahrzunehmen. Dabei spielt es keine Rolle, ob ich als Zuhörer mit dem, was ich höre, inhaltlich einverstanden bin. Ich kann auch einem Mörder zuhören, um seine Beweggründe und Gefühlslage zu verstehen.

Es ist wichtig, als Lehrerin und Lehrer zu verstehen, wie es beispielsweise dazu kommen konnte, dass drei Schüler einen vierten verprügelt haben. Ich muss und werde die Handlung nicht gutheißen. Die Motive, Gefühle und nicht erfüllten Bedürfnisse zu verstehen, sind aber von Bedeutung. Wenn ich sie verstehe, habe ich die Chance, zu einer Verhaltensänderung bei den Schülern beizutragen, die Gewalt angewendet haben (vgl. a. Rosenberg 2009).

> Verständnis heißt nicht Einverständnis.

In der Theorie der Gewaltfreien Kommunikation geht es darum, empathisch herauszufinden, welche Bedürfnisse beim anderen nicht erfüllt waren, um zu wissen, welche Gefühle und Motivationen er hatte, sich zu verhalten, wie er sich verhalten hat. Wenn ich die nicht erfüllten Bedürfnisse verstehe, verstehe ich den anderen, weil diese Bedürfnisse mit großer Wahrscheinlichkeit mir und allen Menschen aus eigenem Erleben bekannt sind (siehe Abschnitt »Gewaltfreie Kommunikation« in Kap. 2.1).

Paraphrasieren[36]

Im Schulalltag kann es nicht um Psychotherapie gehen, sondern um Beratung[37]. Meist ist auch die Zeit sehr begrenzt. Deshalb kann es in der Praxis oft nicht dabei bleiben zuzuhören, bis der Klient eine Lösung selbst entwickelt hat. Zwei weitere Elemente kommen hinzu, die in ihrer Gesamtheit das ausmachen, was Thomas Gordon »aktives Zuhören« genannt hat: »Paraphrasieren« und »Wiedergeben emotionaler Erlebnisinhalte« (Gordon 1977). Paraphrasieren meint das Wiedergeben des Gehörten mit eigenen Worten. Die Wiedergabe bezieht sich vor allem auf den Inhalt des Gesagten. *Beispiele:*

- Verstehend feststellen (»Du meinst also ...«)
- Fragen, ob meine Wahrnehmung stimmt (»Habe ich Sie richtig verstanden ...?«)
- Mit eigenen Worten wiedergeben, was der andere sagt oder meint (»Ich möchte gerne wissen, ob ich Sie richtig verstanden habe: Als Ihre Tochter vom Ergebnis der Klassenarbeit berichtet hat, sind Sie zuerst laut schreiend aus dem Zimmer gerannt und haben sie dann, als Sie sich ein wenig beruhigt hatten, in die Arme genommen.«)

Der Paraphrasierer greift also nicht in den Inhalt ein, manipuliert oder lenkt den Sprechenden nicht und bleibt überwiegend auf der Inhaltsseite. Das Paraphrasieren dient dazu, Übereinstimmung herzustellen zwischen dem Gesagten und dem Gehörten. Der Sprechende kann auf mehrere Weisen auf Paraphrasen reagieren:

- Er kann bestätigen, dass er sich korrekt verstanden fühlt.
- Er kann erläutern, dass er das so nicht gemeint hat, und dann klarstellen, was er meinte.
- Er kann die Paraphrase ignorieren.

In jedem Fall dient die Paraphrase der Vermehrung von Klarheit und dem Vermeiden von Missverständnissen, dem Vertrauensaufbau und ggf. der Entschleunigung.

Eine Übung zum Erlernen des Paraphrasierens sieht vor, dass bei einem Gespräch jeder Sprecher, bevor er einen eigenen Gedanken beisteuert, zunächst das paraphrasiert, was der Vorgänger gesagt hat. Sehr häufig stellt sich zu Beginn heraus, dass das Paraphrasierte nicht dem entspricht, was der zuvor Sprechende gesagt und gemeint hat. Mit ein wenig Übung gelingt das Paraphrasieren deutlich

---

36 Vgl. auch Gordon, a. a. O. und z. B. Online-Quelle 20.
37 Beratung wird i. d. R. als Hilfe beim Lösen konkreter Probleme definiert, Psychotherapie »ist ein bewusster, geplanter Prozess zwischen Patienten und Psychotherapeuten, um psychisches Leid zu lindern bzw. zu heilen, seelische sowie zwischenmenschliche Konflikte zu bewältigen und um Verhaltensstörungen zu beeinflussen« (Online-Quelle 21).

besser. Diese Übung macht deutlich, dass unsere Alltagsannahme, dass andere verstehen, was wir meinen, wenn wir sprechen, nur bedingt korrekt ist.

»Niemand würde viel in Gesellschaften sprechen, wenn er sich bewusst wäre, wie oft er die anderen missversteht.« (Johann Wolfgang von Goethe)

Verbalisieren emotionaler Erlebnisinhalte[38]

»Die Probleme der Menschen sind wie Zwiebeln – sie bauen sich in Schichten auf. Erst nachdem die äußeren Schichten abgeschält sind, stößt man auf das eigentliche Kernproblem«, sagt Thomas Gordon (Gordon 1979, S. 92). Durch das Verbalisieren emotionaler Erlebnisinhalte hat der Berater die Chance, zum Kern des Problems vorzudringen. Das Verbalisieren von Emotionen bedeutet auch, sie besprechbar zu machen. Der Berater eröffnet damit unter Umständen einen ganz neuen Bereich, der bisher noch nicht Gegenstand des Gesprächs war. Damit wird eventuell ein Verständnis des anderen mit seinen Problemen auf tieferer Ebene möglich. Hier einige Beispiele:

1. »Wenn es an die Hausaufgaben geht, sind Sie immer angespannt.«
2. »Der tägliche Hausaufgabenkampf geht Ihnen auf die Nerven.«
3. »Es macht Sie richtig wütend, wenn ...«
4. »Das hört sich so an, als würden Sie dann traurig.«
5. »Immer wenn es um Hausaufgaben geht, haben Sie ein ungutes Gefühl.«
6. »Haben Sie gemerkt, dass Sie gerade eine Faust geballt haben?«
(vgl. a. »Vokabeln für die Zungenfertigkeit« mit zahlreichen weiteren Beispielen in Schlee 2004, S. 137 ff)

Emotionen aus einer z. T. längeren Rede herauszufiltern und verbal wiederzugeben, bedarf einiger Übung.[39] Hinzu kommt die Anforderung einer intensiven Auseinandersetzung mit den Menschenbildannahmen und das Bewusstsein großer Verantwortung, um mit den Emotionen anderer Menschen angemessen umgehen zu können. An dieser Stelle wird noch einmal deutlich, dass Handwerkszeug alleine nicht ausreicht. Die Haltung muss die Basis sein, auf der die Werkzeuge eingesetzt werden.

---

38 Schlee verwendet die Bezeichnung »Reflektieren«: »So wie ein Spiegel Lichtstrahlen zurückwirft, so gibt man als Zuhörer seine Eindrücke zur Befindlichkeit zurück, so dass die Gesprächspartnerin ihre Befindlichkeit wie in einem Spiegel reflektiert findet« (Schlee 2004, S. 133).
39 Man muss ja nicht gleich eine Ausbildung absolvieren. Zur Information: Die mindestens dreijährige Ausbildung zum Gesprächstherapeuten bei der »Gesellschaft für personzentrierte Psychotherapie und Beratung e. V.« sieht 1070 Ausbildungsstunden vor. Fortbildungsmaßnahmen sind allerdings auch sehr sinnvoll. (Siehe auch Online-Quelle 22)

Aus dem Handbuch des schlechten Zuhörens[40]

Ein schlechter Zuhörer oder eine schlechte Zuhörerin beherzigt folgende Ratschläge – entweder alle oder zumindest einige von ihnen:

- Halte nie Blickkontakt mit dem Redner, du hörst ja schon zu, warum solltest du ihn auch noch ansehen?
- Wende dich dem Redner nie direkt zu, sitz lieber halb abgewandt, dann merkt er nicht, wenn du nicht bei der Sache bist.
- Sieh ab und zu auf die Uhr, schließlich musst du ja wissen, wie viel Zeit du noch hast.
- Setz dich beim Zuhören am besten hinter einen großen Tisch, zu viel Nähe schadet.
- Wenn du andere wichtige Dinge zu tun hast, erledige sie nebenbei, während du dem anderen zuhörst. Dann nimmt er sich nicht so wichtig und spürt, dass du ein wichtiger Mensch bist.
- Lass den anderen spüren, dass nicht er der wichtigste ist, sondern du.
- Sag dem anderen niemals, wie viel Zeit du hast, er würde es ausnutzen. Brich abrupt irgendwann das Gespräch ab, du hast schließlich noch anderes zu tun.
- Unterbrich den anderen frühzeitig, dann redet er nicht so viel.
- Wenn du halbwegs verstanden hast, worum es geht, gib so viele Ratschläge wie möglich, damit er erkennen kann, wie klug du bist.
- Wenn du nicht verstehst, wovon der andere spricht, sage ihm, er solle sich zusammenreißen und endlich zur Sache kommen und sich klar ausdrücken, du hast schließlich nicht ewig Zeit.
- Geh davon aus, dass der andere zu dumm ist, selbst eine Lösung für sein Problem zu finden; wenn er klug genug wäre, käme er mit seinem Problem nicht zu dir.
- Erzähle ausführlich davon, was du in einer ähnlichen Situation getan hast, davon kann der andere nur lernen.
- Wenn der andere irgendeine Kleinigkeit als Problem bezeichnet, lass ihn wissen, dass es sich nicht wirklich um ein Problem handelt, das wird ihn entlasten.
- Sieh ab und zu zur Decke, das wird den anderen wieder zur Sache zurückführen.
- Trommele ruhig mit den Fingern auf den Tisch, wenn der andere dir zu langatmig erzählt.
- Frag ab und zu nach, ob das jetzt allmählich alles ist, was er dir erzählen will.
- Achte darauf, dass du einen deutlich höheren Redeanteil hast als der andere, schließlich bist du der Fachmensch, und er ist der Ratsuchende.
- Nutze jede Gelegenheit zu sprechen. Meistens ist es mit einem Satz nicht getan, sprich also ruhig länger. Schließlich hast du etwas zu verkaufen.

---

40 Vgl. a. Tucholsky 1975, Bd. 8, S. 290.

- Steh ab und zu auf und geh im Raum umher, oder nimm dir ein Buch oder ähnliches aus dem Regal, das wird ihn ermutigen, zügig zur Sache zu kommen oder zu schweigen.
- Informiere den anderen darüber, was sein Problem ist, als Fachmensch hast du ja das nach ein paar Sätzen verstanden. Das wird ihn erstaunen, aber vor allem entlasten.
- Wenn der andere deine genialen Lösungsideen nicht annehmen will, hast du vollkommen recht, wenn du beleidigt bist; wie kommt er dazu, dich als Fachmensch nicht ernst zu nehmen?! Warum kommt er überhaupt zu dir?

3.7 »Warum und wie sage ich etwas über mich?« – Ich-Äußerungen

Verantwortungsübernahme und Kontaktaufnahme

Ich halte es für sehr wichtig, die Gründe zu reflektieren, die dazu führen, dass ich auch im professionellen Kontext von mir als Person spreche. Häufig stelle ich bei Ich-Äußerungen fest, dass die Absicht ist, sich selbst als Beispiel zu benennen. Die im Hintergrund wirksame Intention wäre dann etwa: »Mach es so wie ich, dann löst du dein Problem«, oder »dann wird alles gut!«. Eine weitere Intention ist, ein Stichwort des anderen zu nutzen und eigene Erfahrungen an die Erzählung des anderen anzuschließen. Beides kann sinnvoll sein, es bedarf jedoch der vorherigen Reflexion über die Frage, ob dieses Verhalten im jeweiligen Kontext sinnvoll und zielführend ist. Gründe, im Gespräch etwas über mich auszusagen, können sein:

- *Auch im Beruf bin ich Mensch:* Ich spreche im professionellen Kontext von mir als Person, weil ich auch in diesem Rahmen Mensch bin und nicht nur eine Berufsrolle erfülle. Auch in meiner Funktion als Lehrer, Schulleiterin oder Schulaufsichtsbeamter möchte ich selbst mich als Mensch erkennen, für andere als Mensch erkennbar werden und agieren.
- *Verantwortungsübernahme:* Wenn ich von mir spreche, äußere ich damit implizit auch, dass ich die persönliche Verantwortung für den Inhalt dessen, was ich sage, übernehme. Die Alternativen – Du-Botschaften/sich äußern als »man« – vernebeln die Frage der Verantwortung. Dieses Thema kann ich selbstverständlich auch explizit machen. Beispiel: »Wir haben an der Schule Regeln, hinter denen ich auch in diesem Punkt (Rauchen, Schulhof verlassen o. Ä.) vollständig stehe, in diesem Punkt möchte ich für Sie (Eltern) ein zuverlässiger Partner sein.« Ich verstecke mich nicht hinter dem Allgemeinen oder Anonymen, sondern positioniere mich als Person. In jedem Fall bin ich Partner in einem dialogischen Prozess und in besonderer Weise für meinen Dialogpartner und den Prozess verantwortlich.

- *Kontaktaufnahme:* Alle Menschen wollen gerne mit Menschen Kontakt aufnehmen, die als solche erkennbar sind, nicht nur mit Funktionsträgern. Das gilt in Alltagssituationen im Umgang mit Verwaltungsbeamten, Kaufhauspersonal oder Kellnern usw., erst recht jedoch beim Umgang mit den Menschen, die professionell mit Menschen arbeiten. Ein Teil der Kontaktaufnahme kann es sein, die eigenen Gefühle/Empfindungen auszudrücken. Beispiele:
  - »Das macht mich sehr ärgerlich.«
  - »Ich spüre, dass ich ungeduldig werde, wenn Sie so lange sprechen.«
  - »Ich merke, dass ich Ihnen nicht mehr zuhören kann.«
  - »Ich habe das Gefühl, dass Sie wütend auf mich sind.«
  - »Ich kann Ihre Trauer über diesen Verlust körperlich spüren.« (Bei intensiven Beratungsprozessen kann es vorkommen, dass ich in der Beraterrolle Gefühle empfinde, die nicht die meinen sind, sondern dem Dialogpartner »gehören«; es ist von größter Bedeutung, solche Gefühle sensibel wahrzunehmen und eine Entscheidung zu treffen, wie ich damit umgehen möchte.)
- Meine Empfindungen können Werkzeug im Beratungsprozess werden, insofern kann mein Ich Seismograph im Prozess werden.

Ich-Botschaften (Thomas Gordon)

In Kapitel 3.5 habe ich Gordons Problembesitzschema vorgestellt. Wenn ich im Problembesitz bin, schlägt Gordon vor, mit einer »Ich-Botschaft« zu reagieren. Was ist eine Ich-Botschaft?

Gordon grenzt die Ich-Botschaft zum einen von der Du-Botschaft ab (s. Kap. 3.7, Ich- und Du-Botschaften), zum anderen definiert er sie als eine spezielle Form, etwas über sich zu äußern. Weil der Empfänger meiner Ich-Botschaft selbst entscheidet, ob er sein Verhalten aufgrund meiner Äußerung ändern möchte oder nicht, sind Ich-Botschaften dann angebracht, wenn ich es selbst auch aushalten kann, dass der andere sein Verhalten möglicherweise eben nicht verändert.

Ein Änderungsverlangen – z. B. der Lehrerin und des Lehrers gegenüber Schülern oder der Schulleitungsperson gegenüber Lehrkräften – erfordert ein Kritikgespräch, keine Ich-Botschaft (s. Kap. 3.7, Ich- und Du-Botschaften).

Ich- und Du-Botschaften

Mit einer Ich-Botschaft übernehme ich die Verantwortung für meine Gefühlswelt, eine Du-Botschaft weist die Verantwortung dem Gegenüber zu und behindert den Kontakt (s. a. die zwölf Kommunikationssperren von Gordon in Kap. 3.6). Der Satz »Du machst mich nervös« stellt einen Vorwurf dar, »Wenn du xy machst/sagst, werde ich nervös« sagt etwas über mich aus. In gleicher Weise postuliert eine der Hilfsregeln der TZI (siehe Abschnitt »Digitale und analoge Kommunikation« in Kap. 2.3), als »Ich« zu sprechen und nicht als »man«. Auch im TZI-Kontext geht es um die Übernahme der Verantwortung und die Herstellung von Kontakt.

Um es ein wenig komplizierter zu machen: Die Äußerung »Ich habe das Gefühl, dass du ein Idiot bist« stellt eine Du-Botschaft dar, die sich als Ich-Botschaft tarnt.

Eine echte Ich-Botschaft könnte z. B. lauten: »Ich habe das Gefühl, dass ich nicht gut mit dir sprechen kann, und ich befürchte, dass du mich nicht ernst nimmst.«

Der Aufbau einer Ich-Botschaft

Eine Ich-Botschaft hat gemäß Gordon vier Teile:

1. Ich spreche ein konkretes Verhalten des anderen, eine Beobachtung an, ohne zu bewerten.
   Beispiel: »Wenn Sie sich mit Ihrem Nachbarn unterhalten, während ich Ihnen etwas erzähle, ...«
   Hinweis: Wörter wie »immer«, »dauernd«, »oft«, »ständig« sollten Sie vermeiden. Sie stellen eine unterschwellige Bewertung dar und führen meist dazu, dass der oder die Angesprochene sich unzulässig bewertet fühlt.
2. Ich benenne mein Gefühl.
   Beispiel: »... bin ich unsicher (frustriert, irritiert).«
   Viele Begriffe, die wir für Gefühle benutzen, drücken eine Bewertung des Empfängers aus, so z. B. »missverstanden«, »unterdrückt«, »missbraucht«, »getäuscht« etc.
3. Ich drücke eigene Bedürfnisse aus.
   Beispiel: »... weil ich die Akzeptanz/Unterstützung der Teilnehmer brauche.«
   Negative Gefühle entstehen, weil Ihre Bedürfnisse nicht erfüllt sind, und nicht, weil Ihr Gegenüber sich so oder so verhält. Also nicht »Ich bin ärgerlich, weil Sie ...«, sondern »Ich bin ärgerlich, weil ich ... brauche!«.
4. Ich formuliere eine Bitte.
   Beispiel: »Ich bitte Sie, mir zu sagen, ob Sie das Thema langweilt oder ob Sie sonst irgendetwas stört.«
   Die Bitte stellt die »Brücke« dar, über die die Kommunikation mit dem Empfänger wieder in Gang gebracht wird.
   Wichtig: Eine Bitte ist keine Forderung! Sie können niemand dazu zwingen, Ihre Bedürfnisse zu erfüllen, auch wenn Sie das vielleicht häufig glauben. Falls Sie es doch versuchen, bekommen Sie früher oder später die Quittung dafür.

Die vollständige Ich-Botschaft aus dem Beispiel lautet also:

> »Wenn Sie sich mit Ihrem Nachbarn unterhalten, während ich Ihnen etwas erzähle, bin ich unsicher (frustriert, irritiert), weil ich die Akzeptanz/Unterstützung der Teilnehmer brauche. Ich bitte Sie, mir zu sagen, ob Sie das Thema langweilt oder ob Sie sonst irgendetwas stört.«

So spricht natürlich kaum jemand im Alltag oder bei einer Lehrerfortbildung, der dieses Beispiel entnommen sein könnte.
Wichtig dabei ist aber, die Elemente einzuhalten:

- Das konkrete Verhalten des anderen beschreiben.
- Welche Gefühle löst das Verhalten des anderen bei mir aus?
- Keine Vorwürfe formulieren.

- Die Verantwortung für eine Veränderung bleibt beim anderen.
- Ich äußere eine Bitte, keine Forderung. Der andere kann diese Bitte auch ignorieren, zurückweisen o. Ä., das muss ich dann aushalten.

Ihnen fällt sicherlich die Affinität der Ich-Botschaft zu den vier Schritten auf, die in der Gewaltfreien Kommunikation vorgesehen sind (siehe den Abschnitt »Gewaltfreie Kommunikation« in Kap. 2.1). In diesem Sinne möchte ich Sie ermutigen, sich an das spannende Ausprobieren von Formulierungen zu machen.

3.8 Frage-Zeichen

Jemand sagt etwas, ich frage, er antwortet auf meine Frage und erläutert, was ich noch nicht verstanden habe. Der Lehrer fragt – er kennt die richtige Antwort – um die Schüler zum Nachdenken zu bewegen und ihnen zu weiteren Einsichten zu verhelfen. Ich frage jemanden nach dem Weg. Ein Kind fragt, wie etwas funktioniert. Jemand will einen Zusammenhang verstehen und fragt einen Fachmenschen. Fragen gehören mit großer Selbstverständlichkeit zur Alltagskommunikation.

Fragearten

Man unterscheidet verschiedene Typen von Fragen:

- *Geschlossene Fragen:* Solche Fragen lassen sich in der Regel relativ kurz und eindeutig beantworten. Diese Fragen lassen sich grundsätzlich mit ja oder nein beantworten. Zum *Beispiel:* »Sind Sie verheiratet?«
- *Offene Fragen:* Diese Fragen lassen sich in der Regel nicht mit einem Wort oder einem Satz beantworten. *Beispiel:* »Was waren die entscheidenden Ereignisse in Ihrer Kindheit?«
- *Alternativfragen:* Alternativfragen (auch: Ja-Ja-Fragen) geben der befragten Person nur die Möglichkeit, zwischen zwei oder mehr vorgegebenen Antworten zu wählen. Sie werden deshalb gerne von Verkäufern jeglicher Waren und Dienstleistungen angewendet, um den Entscheidungsspielraum des Kunden zu schmälern. *Beispiele:* »Möchten Sie den Artikel lieber in Weiß oder in Schwarz?« Auch Eltern benutzen einen solchen »Trick« gerne, wenn sie erreichen möchten, dass ein Kind einen Pullover anzieht: »Möchtest du lieber den warmen roten oder den kuscheligen grünen Pullover anziehen?«
- *Suggestive Fragen:* Eine vermeintlich richtige Antwort wird bereits in der Frage vorgegeben, meist indem eine Wertung (z. B. basierend auf einer Weltanschauung) in die Frage einfließt. *Beispiel:* »Meinen Sie nicht auch, dass die Bundesregierung wegen ihrer miserablen Politik abgewählt werden sollte?«
- *Rhetorische Frage:* Es wird keine Antwort erwartet. *Beispiel:* »Muss ich das schön finden?«

Ergänzen möchte ich Äußerungen, die sich als Fragen tarnen, aber einen völlig anderen Gehalt haben. *Beispiele:*

- »Warum halten Sie nicht mal den Mund?«, ist syntaktisch eine Frage, stellt aber eine herabsetzende Anweisung dar.
- »Haben Sie das etwa noch immer nicht erledigt?« ist ebenso wenig eine Frage, sondern ein Vorwurf.
- »Wann wäre denn Ihrer Meinung nach ein geeigneter Zeitpunkt?« ist, von einem süffisanten Lächeln begleitet, eine sarkastische Abwertung.
- »Warum haben Sie mir das denn nicht schon vor zwei Wochen mitgeteilt?« kann einen Vorwurf darstellen.
- »Haben Sie denn noch alle Tassen im Schrank?«
- »Geht's noch?«

Die Auflistung getarnter Fragen ließe sich weiter fortsetzen.

In der professionellen Gesprächsführung und in der Beratung können Fragen eine bestimmte Funktion haben, sie können Ausdruck einer bestimmten Haltung sein, sie können manipulativ sein, vom eigentlichen Gesprächsgegenstand ablenken, den Fragenden in den Fokus stellen (wohin er nicht gehört), sie können Vorwürfe ausdrücken, sie können etwas ganz anderes sein als Fragen usw. Wer die zweite Hilfsregel von Ruth Cohn (»Wenn du eine Frage stellst, sage, warum du fragst und was deine Frage für dich bedeutet. Sage dich selbst aus und vermeide das Interview.«, siehe den Abschnitt »Warum Sachlichkeit nicht reicht – Themenzentrierte Interaktion (TZI)« in Kap. 2.1.) einhält, macht sich selbst und den übrigen Gesprächsteilnehmern gegenüber seine Motive transparent und schafft damit eine der Voraussetzungen für eine gelingende Kommunikation.

Funktionen von Fragen

In einer Gesprächssituation geht es zunächst um die Funktionen, die eine Frage haben kann: Warum stelle ich eine Frage?

- *Information einholen*, Beispiele:
  - »Wann sind die Probleme zum ersten Mal aufgetreten?«
  - »Wann wurde Ihr Mann arbeitslos?«
  - »Wie lange sieht Ihr Sohn am Tag DVDs?«
- *Klarheit herstellen*, Beispiele:
  - »Habe ich Sie richtig verstanden …?«
  - »Sie sehen die Ursache also in … Stimmt das?«
  - »Worüber sind Sie so verärgert?«
- *Nichtverstehen signalisieren*, Beispiele:
  - »Können Sie bitte noch einmal erläutern, wo Sie den Zusammenhang zwischen Ihrer Berufstätigkeit und den Hausaufgabenproblemen Ihres Sohnes sehen, ich habe das noch nicht ganz verstanden.«

- »Ich habe Ihren letzten Gedanken nicht verstanden. Können Sie das bitte noch einmal erläutern?«
- *Nachdenken über einen Sachverhalt anregen*, Beispiele:
  - »Hat das etwas mit dem zu tun, was Sie vorhin berichtet haben?«
  - »Wie konnte es zu der Eskalation kommen?«
- *Nachdenken über eine Beziehung anregen (s. a. zirkuläres Fragen)*, Beispiele:
  - »Was meinen Sie, warum Ihre Tochter gerade mit der Mathematiklehrerin solche Probleme hat?«
  - »Was würde denn Ihr Mann dazu sagen?«
  - »Wenn Sie sich in Ihre Tochter (in die Mathematiklehrerin o. Ä.) versetzen: Wie fühlt sie sich, was meinen Sie?«
- *Reflexion über eigenes Handeln anregen*, Beispiele:
  - »Waren Sie zufrieden mit Ihrer Reaktion?«
  - »Hätten Sie auch etwas anderes tun können?«
  - »Reagieren Sie auch in anderen Situationen so? Kennen Sie das von sich?«
- *Bisherige Lösungsversuche darstellen*, Beispiele:
  - »Was haben Sie bisher getan, um das Problem zu lösen?«
  - »Welche Schritte haben Sie bisher sonst noch unternommen?«
  - »Woran ist das gescheitert? Warum war das erfolgreich?«

Fragen vor systemischem Hintergrund[41]

»Fragen sind neben handlungsbezogenen Interventionen ein zentrales Werkzeug systemischen Arbeitens« (Schwing/Fryszer 2009, S. 209). So bezeichnen Schwing und Fryszer die zirkulären Fragen als »Herzstück systemischen Arbeitens« (ebd., S. 212). Unter der Überschrift »Was ist eigentlich zirkulär an zirkulären Fragen?« weisen Schwing und Fryszer darauf hin, dass sich zirkuläre Fragen für folgende Elemente interessieren:

- »Die Beziehungen der Mitglieder des Systems und ihre Wechselwirkungen,
- die Unterschiede ihrer Beziehungen untereinander und die Folgen,
- die Unterschiede ihrer Reaktionen aufeinander,
- die Unterschiede ihrer Reaktionen auf das Problem,
- die Unterschiede ihrer Sichtweisen,
- mögliche Zusammenhänge zwischen früheren Ereignissen im System und dem Problem
- und vor allem immer wieder für die gegenseitigen Wechselwirkungen aller dieser Faktoren untereinander.«
(ebd., S. 210 f)

Systemische Berater kontextualisieren durch Fragen das Problem.

---

41 Siehe auch den Abschnitt »Im Fokus« in Kap. 2.1 über den systemischen Ansatz, s. a. Plate 2015, S. 118–142.

Beispiel
Am Beispiel »Paul ist faul« zeigen Schwing und Fryszer exemplarisch die Unterschiede in den Fragetechniken und damit in den Haltungen auf.

- Beispiel einer dekontextualisierten Frage an die Eltern: »Kann sich Paul längere Zeit auf eine Sache konzentrieren? Wie lange kann er das?«
- Beispiel einer kontextualisierten Frage an Paul: »Wer in deiner Familie regt sich am meisten auf, wenn du in der Schule eine Rüge wegen nicht gemachter Hausaufgaben erhältst? Wer am wenigsten?« (ebd., S. 212; auf den Seiten 209–238 widmen sich die Autoren sehr ausführlich und anschaulich den zirkulären Fragen)

Durch Fragen, die den Kontext einbeziehen, wird das Problem nicht mehr als Eigenschaft des Individuums Paul betrachtet, sondern entlastet ihn dadurch, dass er – allgemein gesprochen: der problembehaftete Mensch – »nur« als Symptomträger innerhalb des Systems gesehen wird, die Störung wird im Kontext – hier der Familie – gesehen. Verschiedene Arten zirkulärer Fragen sind u. a.:

- *»Tratsch über Anwesende«*: An den Vater: »Was muss Paul tun, damit Sie Zoff mit Ihrer Frau bekommen?«
- *Gedankenlesende Fragen*: »Wenn Ihr Mann jetzt hier wäre, was würde er Ihrer Ansicht nach wohl sagen?«
- *Aus Eigenschaften werden Verhaltensunterschiede*: Wenn ein Kollege als »Chaot« gesehen wird: »Wie schafft es Ihr Kollege, die Dinge im Team durcheinander zu bringen?«
- *Vergleichsfragen*: »Wann waren die Kooperationsprobleme im Kollegium besonders heftig? Wann weniger?«
- *Klassifikations- und Skalierungsfragen:*
    - »Mit welchem Lehrer bzw. welcher Lehrerin kommt Paul am besten zurecht, mit wem am zweitbesten usw.?«
    - »Wie gut kommen Sie mit dieser Klasse zurecht? 10 wäre: optimal; 1 wäre: ganz schlecht.« (In der Folge könnte z. B. die Frage stehen: »Was könnten Sie tun, um den Wert um einen Punkt zu verbessern?«)
    - »Mit wie viel Prozent sind Sie heute für das Sabbatjahr? Hat sich der Wert gegenüber gestern/letzter Woche geändert?«
- *Konsens- und Dissensfragen:*
    - »Wenn Herr Müller im Kollegium diese Meinung vertritt, wer unterstützt ihn dann, wer hält eher dagegen? – Wer sieht es ähnlich, wer anders?«
    - »Ich bemerke einen hohen Grad an Übereinstimmungen. Viele sind offensichtlich einer Meinung über den Schulleiter. Gibt es auch Unterschiede?«
- *Subsystemvergleiche*: »Wenn Frau Schmidt wieder einen heftigen Streit mit der Schulleiterin hatte, zu welchen Kollegen im Team geht sie dann? – Welche Bedeutung hat diese Gruppe? – Wie unterstützt diese Gruppe Frau Schmidt? – Wie geht die Leiterin mit dieser Subgruppe um?«
- *»Was wäre, wenn …«*:

- Wunderfrage: »Stellen Sie sich bitte vor, Sie würden am Morgen wach, und das Problem wäre gelöst. Woran würde Ihre Partnerin/Ihre Kollegin das merken?«
- »Wer wäre am meisten überrascht?«
- »Wäre jemand enttäuscht? – Für wen gäbe es einen Nachteil, wenn das Problem verschwunden wäre?«
- *Fragen zur Erfassung der Ressourcen des Systems:*
  - »Was sollte unbedingt so bleiben, wie es ist, und nicht verändert werden?«
  - »Was waren die Highlights der letzten zwei Jahre?«
  - »Was hat bisher geholfen, trotz der Probleme zurechtzukommen?«
  - »Welche Stärken haben die Betroffenen?«
- *Problemverschlimmerungsfragen:*
  - »Was könnten Sie tun, um das Problem zu verschlimmern?«
  - »Wie könnten Sie andere einladen, Ihnen zu helfen, damit es Ihnen schlechtgeht?«
- *Fragen nach dem Nutzen des Problems:*
  - »Wofür wäre es gut, das Problem noch eine Weile zu behalten?«
  - »Was wäre schlechter, wenn Sie das Problem nicht mehr hätten?«
- *Zukunftspläne für das Problem und das sonstige Leben:* »Wenn in einem oder zwei Jahren der gegenwärtige Umbruch zu einem Abschluss gekommen sein wird, wie wird es dann sein? Wer wird was machen? Wer wird mit wem zu tun haben?«
- *Fragen nach »bewusstem oder vorgetäuschtem Rückfall«:*
  - »Wenn Sie Ihr Problem schon lange verabschiedet haben, es aber noch einmal einladen wollen, wie könnten Sie das tun?«
  - »Wenn Sie gegenüber anderen so tun wollten, als ob Ihr Problem wieder zurückgekehrt wäre, ohne dass es tatsächlich da ist, wie würden Sie sich verhalten«

(Schwing/Fryszer 2009, S. 212–238)?

Haltung beim Fragen

Fragen können verschiedene Ziele haben. Im professionellen bzw. beraterischen Kontext dienen Fragen in jedem Falle dazu, den Beratungsnehmer/Klienten zum Nachdenken über Zusammenhänge und Lösungsansätze zu veranlassen, wobei auch der emotionale Anteil angesprochen wird. Fragen, die überwiegend der Befriedigung Ihrer Neugier als Berater dienen, sollten Sie nur dann stellen, wenn sie einen Nutzen für den Gesprächspartner haben. Einziges Kriterium für die Beurteilung der Qualität von Fragen ist das Wohl des Klienten.

3.9 Mit anderen Augen sehen – Perspektivwechsel

In dem Film »Der Club der toten Dichter« stellt sich der Lehrer John Keating in einer Szene im Unterricht auf einen Tisch und fordert die Schüler auf, ebenfalls auf den Tisch zu klettern. Als Begründung führt er an, dass die Veränderung der Perspektive eine veränderte Sicht auf »die Welt« ermöglicht.

Die Perspektive einer anderen Person

Der Ausdruck, die Welt »mit den Augen eines anderen zu sehen«, beschreibt treffend, was mit dem Begriff Perspektivenwechsel gemeint ist. Meine eigene, mir nur allzu gut bekannte und vertraute Sichtweise zeitweise aufzugeben und zu verändern, bedeutet einen mutigen Schritt. Aus der Sicherheit des Gewohnten, des Üblichen, des Bekannten wage ich den Schritt in etwas Unbekanntes und Neues, das Verunsicherung zur Folge haben kann. Spielerische Neugier und die Hoffnung, »das kann ja interessant sein!«, sind konstruktive Einstellungen für einen Perspektivenwechsel, zumal ja die Beendigung des sich zunächst nur im Kopf abspielenden Experiments jederzeit möglich ist und der Rückweg schnell und unkompliziert zu gehen ist.

> Urteile nie über einen anderen, bevor Du nicht einen Mond lang in seinen Mokassins gegangen bist. (Indianisches Sprichwort)

Selbstverständlich hängen wir alle sehr an unseren Sichtweisen, stehen gerne auf unseren »Standpunkten« und pflegen unsere Vorurteile und eingefahrenen Denkmuster. Das hat Sinn, es gibt uns Sicherheit in einer komplexer werdenden Welt, und es macht uns verlässlich für die Menschen in unserer Umgebung. Die 7b ist eine schwierige Klasse, da sind sich fast alle einig, und es tut gut, zu dieser großen Gruppe im Kollegium dazuzugehören. Die soziale Komponente dessen, was für uns Sicherheit bedeutet, ist nicht zu unterschätzen. Achmed ist dreist, Lena ist zickig und basta, so ist es eben. Dass Achmed auch sehr charmant sein kann und dass er hervorragend zeichnet, dass Lena sich liebevoll um ihre kranke Oma kümmert und toll Badminton spielt, nehmen wir meistens nicht oder nur am Rande wahr.

Für eine begrenzte Zeit den Blickwinkel von Achmed oder Lena einzunehmen, kann bedeuten, dass wir uns von unseren liebgewonnenen Einstellungen zumindest partiell verabschieden müssen. Die Bereitschaft und die Offenheit zu einer Veränderung sind die Voraussetzung für persönliche Weiterentwicklung, Horizonterweiterung und Lernen. Daraus kann Verständnis erwachsen, neue Ansatzpunkte zur Konfliktlösung können sich ergeben, andere Kommunikationsschemata können genutzt werden. Die eigene Irritation, die mit einem Perspektivwechsel verbunden ist, stellt nach systemischer Theorie die Voraussetzung für Veränderung dar.

Eng verbunden ist der Perspektivenwechsel mit der Fähigkeit zur Empathie. Wenn jugendliche Gewalttäter gezwungen werden, sich in die Rolle und vor allem die Gefühlswelt ihrer Opfer hineinzuversetzen, ist damit die Hoffnung auf eine Verhaltensveränderung verbunden. Empathie ist einer der Schlüsselbegriffe der Gewaltfreien Kommunikation (siehe den Abschnitt »Gewaltfreie Kommunikation« in Kap. 2.1).

Das »Handbuch des Scheiterns« – Die Perspektive des Misserfolgs

Eine kreative Möglichkeit des Perspektivwechsels stellt dar, sich nicht am oft nur schwer zu erreichenden Erfolg auszurichten, sondern paradoxerweise am Misserfolg. Die Frage etwa, welche Elemente das »Handbuch des Scheiterns« enthalten müsste, um das Problem zu verschlimmern, bringt oft Leichtigkeit in ein Gespräch, es macht Spaß, Möglichkeiten des Scheiterns zu überlegen, und in der Umkehrung wird aus den Schritten zum Scheitern häufig eine Ideensammlung zum Erfolg, um damit zur Lösung von Problemen zu gelangen. Wir wählen die Perspektive, aus der wir die Welt betrachten, so lehrt es uns der Konstruktivismus; und so ist es auch unsere Entscheidung, zuweilen mit spielerischer Leichtigkeit eine andere Perspektive zu wählen.

Als Schulleiter habe ich mich bei Lehrerkonferenzen manchmal an einen anderen als den üblichen Platz gesetzt und damit kleine Irritationen ausgelöst. Mir hat die andere Perspektive neue Einsichten ermöglicht, die Irritationen haben (manchmal) die Diskussion befruchtet. Welche Bedeutung die Fähigkeit zum Perspektivwechsel hat, um mit Problemen erfolgreich umzugehen, beschreibt Dörner eindrucksvoll (1995).

Eine wirksame Methode des Perspektivenwechsels stellt das Reframing dar (s. a. den Abschnitt »Reframing, Konfliktvermeidung, Konfliktprophylaxe und Konflikteskalation bzw. -deeskalation« in Kap. 4.6). Das gewohnte Verhalten wird aus einer anderen Perspektive, in einem anderen Rahmen betrachtet.

3.10 Sprechen über das Sprechen – Metakommunikation

Abb. 26: Metakommunikation (Schulz von Thun 2000, Bd. 1, S. 92)

Fußball und Kommunikation

Was macht das Sprechen über das Sprechen, die Metakommunikation zu einer Angelegenheit, die für viele Menschen kompliziert und verwirrend ist? Wir sind es gewohnt, über viele Inhalte zu sprechen. Ob wir über Politik, Fußball, Pädagogik, Mathematik, den Sinn des Lebens, unsere Urlaubspläne oder was auch immer miteinander reden, immer benutzen wir Sprache als Medium. Nur auf dem Wege dieses Austauschs, also über Sprache, können wir Dinge verändern, verbessern und zu einer Erweiterung unserer Einsichten kommen. Der Fußballtrainer kann die Spielweise seines Teams nur dann optimieren, wenn er über Technik und Taktik mit der Mannschaft spricht und entsprechende Übungen veranlasst. Fußballexperten analysieren im Fernsehen Spielzüge, Laufwege von Spielern, Passwege, sprechen also über ein Geschehen in der Vergangenheit, um es für die Zukunft zu optimieren.

Wir haben es auf der einen Seite mit einer Sache, einem Inhalt, in diesem Beispiel Fußball, zu tun und auf der anderen Seite mit der Sprache, dem Medium, mit dessen Hilfe wir über den Inhalt sprechen. Wir ersetzen nun den Inhalt Fußball durch den Inhalt Kommunikation. Die Schwierigkeit beim Sprechen über die Kommunikation ist, dass uns für dieses Sprechen ebenfalls nur die Sprache als Medium zur Verfügung steht. Das Problem dabei ist, dass der Inhalt und das Medium, mit dem wir über den Inhalt sprechen, fast identisch sind (»fast«, weil Kommunikation mehr ist als nur Sprache.). Das bedeutet, dass »die menschliche Kommunikationsforschung nur die natürliche Sprache als Medium der Kommunikation und der Metakommunikation« besitzt (Watzlawick et al. 1972, S. 42).

Wenn der Fußballtrainer seinem Spieler sagt »Ich will nicht, dass du diesen riskanten Pass spielst, sondern den sicheren«, kommuniziert er auf derselben Ebene wie die Lehrperson, die zu ihrem Schüler sagt »Ich will nicht, dass du so mit mir sprichst«.

Wenn der Inhalt Kommunikation ist, wird die Art, über die Kommunikation zu sprechen, als Metakommunikation bezeichnet. Ebenso wie beim Fußballbeispiel kann man bei der Metakommunikation Taktiken betrachten, unfaires Verhalten feststellen, Gefühle wahrnehmen, Manipulationsversuche entdecken usw. – nur dass diese sich jetzt auf die Art der Kommunikation beziehen.

Alle Menschen benutzen metakommunikative Äußerungen. Häufig geschieht dies nicht bewusst. Wenn Sie zur Kellnerin sagen »Ich würde gerne etwas bestellen!«, betreiben Sie Metakommunikation, die Bestellung des Cappuccinos ist Gegenstand der inhaltlichen Kommunikation. Die Möglichkeiten und Fallen zu kennen, gehört zu einem professionellen Kommunikationsverhalten, denn es gilt, was Paul Watzlawick so formuliert: »Die Fähigkeit zur Metakommunikation ist die ›conditio sine qua non‹ [die Bedingung, ohne die nichts geht] aller erfolgreichen Kommunikation« (1972, S. 56). Wenn ich nicht über Verhalten im sozialen Bereich sprechen kann, kann ich es auch kaum verbessern.[42]

---

42 Selbstverständlich kann ich mein eigenes Verhalten auch z. B. durch Denken und daraus hervorgehende Schlussfolgerungen verändern; um Kommunikation als sozialen Akt zu verändern, ist jedoch Metakommunikation erforderlich.

Als Kriterium kann man beispielsweise das Modell der vier Seiten einer Botschaft und der vier Ohren von Schulz von Thun (ebd.) verwenden. In der Analyse – aufgrund einer Transskription (Abschrift einer Kommunikationssequenz) oder Videoaufzeichnung eines Gesprächs – ist es spannend festzustellen, mit welchem Ohr die Gesprächsteilnehmer überwiegend hören. Diese Beobachtungen können für die sich selbst beobachtenden Personen Anlass sein, mit ihrem Kommunikationsstil zu experimentieren, d. h. zum Beispiel andere Ohren auszuprobieren.

Klärung der Ebenen

Am Beispiel des über das Urlaubsziel bzw. die Kommunikation streitenden Paares Sofie und Klaus versuche ich die Bedeutung der Ebenen-Klärung zu veranschaulichen:

Tab. 4: Kommunikation und Metakommunikation: Ebenen-Klärung

Äußerungsalternative 1	Äußerungsalternative 2	Kommentar
Klaus: »Lass uns an den Lago Maggiore fahren.«		Klaus spricht auf der inhaltlichen Ebene. Sein Thema ist die Frage: Was ist unser Urlaubsziel?
Sofie: »Immer willst du entscheiden, wohin wir fahren.«		Sofie spricht auf der Metaebene. Ihr Thema lautet: Wer entscheidet über unser Urlaubsziel?
Klaus könnte auf der Inhaltsebene antworten: »Meinetwegen können wir auch nach Spanien fahren«.	Er könnte aber auch auf Sofies Metaebene eingehen und sagen: »Na gut, dann entscheide du dieses Mal, wohin wir fahren«. Oder: »Dann lass uns mal in Ruhe darüber sprechen, wie wir in Zukunft über unser Urlaubsziel entscheiden.«	Klaus hat also die Wahl, auf welcher Ebene er antworten möchte. Je nach seiner Entscheidung fällt seine Äußerung sehr unterschiedlich aus. Selbstverständlich könnte es auch zu einem Machtkampf über die Ebenen kommen; der Ebenen-Kampf ist nach meiner Beobachtung ein häufiger Streitanlass.
Auch Sofie könnte auf der Inhaltsebene bleiben: »Ich bin schon immer für Spanien gewesen, das weißt du ja«.	Oder sie könnte weiterhin auf der Metaebene bleiben, die sie ja eingeführt hat. »Ich schlage vor, dass wir uns jetzt eine halbe Stunde Zeit nehmen, über das Wie unserer Entscheidung zu sprechen.«	Auch Sofie kann die Ebene wählen.

Schon diese kurze Kommunikationssequenz macht deutlich, dass der Dialog auf völlig unterschiedliche Weise verlaufen kann, die Zahl der Verzweigungen, der

3.10 Sprechen über das Sprechen – Metakommunikation

Optionen steigt mit jeder Äußerung und wird schon nach wenigen Dialogschritten unübersichtlich. Jeder Partner hat bei jedem Schritt die Wahl, auf welcher Ebene er den Dialog fortsetzen möchte. Mehrere Aspekte bleiben festzuhalten:

1. Jeder Kommunikationspartner kann über die Ebene, auf der er sich äußert, entscheiden – Inhaltsebene oder Metaebene.
2. Weil die Ebenen in der Alltagskommunikation – und erst recht in einer emotionsgeladenen Konfliktsituation – oft nicht leicht zu unterscheiden sind, liegt hier Konfliktpotenzial.
3. Die Ebenen-Wahl kann auch ein Faktor in einem Machtkampf sein.
4. Probleme der Ebenen-Wahl können auf der metametakommunikativen Ebene – also eine Ebene über der Metakommunikation – besprochen werden (»Wir sprechen darüber, wie wir Metakommunikation betreiben«). Hier wird es sehr kompliziert und letztlich nur mit optimaler Visualisierung verständlich.

Tab. 5: Weitere Ebenen der Kommunikation

Meta-Metaebene	Wir sprechen darüber, wie wir auf der Metaebene kommunizieren.
Metaebene	Wir sprechen darüber, wie wir auf der Inhaltsebene miteinander kommunizieren.
Inhaltliche Ebene	Wir sprechen über einen Inhalt

5. Wiederkehrende inhaltliche Auseinandersetzungen erfordern die Fähigkeit zu metakommunikativen Lösungen. Metakommunikation bietet die Chance, sich z. B. über verfahrene Situationen zu verständigen. Für Paarbeziehungen hat Moeller ein sehr gut praktikables metakommunikatives Modell vorgelegt.[43]
Im professionellen Kontext stellt es eine konfliktvermeidende bzw. konfliktreduzierende Intervention dar, wenn jemand – am besten der Leiter – in einer inhaltlich und emotional aufgeheizten Diskussionsrunde über metakommunikative Fähigkeiten verfügt und die inhaltliche Diskussion durch Einführung der Metaebene beruhigen kann, z. B. durch den Vorschlag einer kurzen Blitzlichtrunde zum gegenwärtigen Befinden.

---

43 Vgl. auch Moeller 1992; gemeint ist die Methode der »Zwiegespräche«: Jeder redet eine festgelegte Zeit, z. B. 15 Minuten, nur über sich in Bezug auf die Beziehung, der jeweils andere hört nur zu, es gibt keine Nachgespräche.

»Bitte beachten Sie diesen Satz nicht!« – Paradoxien

Paradoxien vermengen Inhalts- und Metaebene und stiften damit Verwirrung und Beziehungsprobleme (vgl. Watzlawick 1972, S. 56). Solche Paradoxien sind gar nicht so selten, wie auf der angegebenen Internetseite aufgezeigt wird:

> »In der Umgangssprache wird oft die widersprüchliche Wirkung von Paradoxien als rhetorische Stilfigur verwendet.
> - Stärker als der Stärkste.
> - Dümmer als der Dümmste.
> - Das ist so wahr, dass es nur falsch sein kann.
> - Das Leben ist der Tod und der Tod ist das Leben.
> - Der Mensch ist frei geschaffen, ist frei und würde er in Ketten geboren!
> - Je mehr es sich verändert, desto mehr bleibt es das gleiche.
> - Im Rückschritt liegt der Fortschritt.
> - Wenn jemand den Sinn des Lebens erklärte, hätte das Leben seinen Sinn verloren!
> - Die Ewigkeit ist lange, besonders gegen Ende hin!
> - Niemand hat das Recht zu gehorchen. (Hannah Arendt)
> - … mit ohne Ketchup.
> - Das einzig Beständige ist die Veränderung.
> - Wenn man sich klar ausdrücken will, muss man sich manchmal widersprechen.
> - Umsonst ist der Tod und der kostet das Leben.
> - Das Weizenkorn muss sterben, um zu leben.
> - Je mehr Käse, desto mehr Löcher; je mehr Löcher, desto weniger Käse. → Je mehr Käse, desto weniger Käse.
> - Je mehr man lernt, desto mehr weiß man. Je mehr man weiß, desto mehr vergisst man. Je mehr man vergisst, desto weniger weiß man. → Je mehr man lernt, desto weniger weiß man.
> - Aus der Erfahrung lernen wir, dass der Mensch aus Erfahrungen nicht lernt.
> - Wer will, dass die Welt so bleibt, wie sie ist, der will nicht, dass sie (so) bleibt. (Erich Fried)
> - Ich weiß, dass ich nichts weiß. (Sokrates)
> - Wirklichkeitsillusion (Thomas Mann)
> - Dieser Satz ist eine Lüge.
> - Kostenpflichtiges Geschenk«

(Online-Quelle 23)

Eine amüsante Fülle von Paradoxien findet sich auch in dem Buch von William Poundstone, »Im Labyrinth des Denkens« (1994). Paradoxien können aber selbstverständlich auch in der Pädagogik Anwendung finden. Es ist eine verwirrende Intervention, einem Schüler, der selten bis nie Hausaufgaben anfertigt, die Erledigung der Hausaufgaben unter Androhung von Strafen zu verbieten. Die eintretende Irritation kann im Sinne der systemischen Beratung zu einer Verhaltensänderung führen.

3.11 Deine Wirkung auf mich – Feedback

Funktionen von Feedback

Eine wichtige metakommunikative Art der Kommunikation stellt das Feedback dar. Folgende Funktionen werden dem Feedback zugeschrieben:

- *Allgemein:* Gezielte Rückmeldungen dienen in Kommunikationssituationen dazu, die Selbstwahrnehmung des Feedback-Empfängers zu verbessern und sein zukünftiges Verhalten zu beeinflussen. Feedback ist in beruflichen und privaten Beziehungen ein wirksames Instrument zur Verbesserung der Kommunikation und zur Vermeidung von Missverständnissen. Daher wird Feedback u. a. in der Führung von Mitarbeitern und in der Erwachsenenweiterbildung als Methode, um Übungen wirkungsvoll auszuwerten, eingesetzt.
- *Selbstbild überprüfen:* Jeder Mensch hat ein Bild von sich selbst (Selbstbild), und es gibt Bilder, die andere sich von uns machen (Fremdbild). Selbstbild und Fremdbild sind fast nie deckungsgleich. Die Zusammenhänge sind gut beschrieben im Johari-Fenster (Online-Quelle 24).

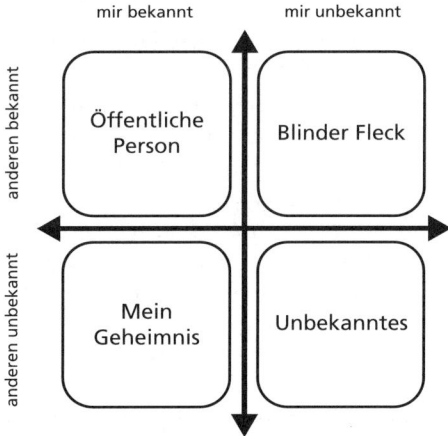

Abb. 27: Johari-Fenster[44]

---

44 Was mir und anderen über mich bekannt ist, gehört zu mir als öffentlicher Person. Mein Geheimnis kenne ich, gehe aber davon aus, dass meine Bemühungen um Geheimhaltung erfolgreich sind. Was andere von mir wahrnehmen, mir selbst aber unbekannt ist, wird als blinder Fleck bezeichnet, das mir und anderen Unbekannte entspricht dem Unbewussten bei Freud. Ziel der Arbeit mit dem Johari-Fenster kann es sein, den blinden Fleck zu verkleinern.

Je offener und ehrlicher Menschen einander mitteilen, wie sie einander wahrnehmen (Fremdbild), desto besser kann jeder sein Selbstbild überprüfen und gegebenenfalls anpassen.
- *Wirkung von Verhalten erkennen:* Hinter jedem Verhalten steht eine (mehr oder weniger klare) Absicht. Jedes Verhalten hat eine Wirkung und wird von anderen unterschiedlich erlebt und beurteilt. Durch offenes Feedback kann der Empfänger erfahren, wie er auf andere wirkt. Er kann nun überlegen, ob er das so will, und er kann gegebenenfalls sein Verhalten verändern.
- *Beziehungen klären:* In Beziehungen wird vieles verschwiegen. Durch offenes Feedback wird Verborgenes erkennbar. Wünsche und Bedürfnisse, Freude und Anerkennung können ausgetauscht, aber auch Ängste und Verletzungen können angesprochen werden. Dadurch entstehen Vertrautheit, Vertrauen und Nähe.
- *Arbeitsfähigkeit verbessern:* In vielen Gruppen werden Gefühle unter den Tisch gekehrt. Dort entfalten sie oft eine zerstörerische Wirkung. Widersprüchliche Ziele führen oft zu Konflikten. Im offenen Feedback können Gefühle gezeigt und Beweggründe und Bedürfnisse erklärt werden. Dadurch entsteht Klarheit – und diese kann zu einer besseren Zusammenarbeit führen.

Feedback-Regeln[45]

1. *Gib Feedback, wenn der andere es aufnehmen kann (Situation und Informationskapazität).*
   Wenn ich als Lehrer hinter dem Schulleiter, der auf dem Weg in den Unterricht ist, herlaufe und ihm ein Feedback zu seinem Verhalten in der gestrigen Lehrerkonferenz geben möchte, kann er wohl mit Recht behaupten, dass ich einen schlechten Zeitpunkt gewählt habe.
2. *Feedback soll so ausführlich und konkret wie möglich sein, d.h. sich auf ein begrenztes und konkretes Verhalten des anderen beziehen.*
   Verallgemeinerungen wie »immer«, »ständig« o.Ä. sind sehr ungünstig. »Als du bei unserem Gespräch gestern X und Y gesagt hast, habe ich das so empfunden ...«; so könnte ein Feedback beginnen: konkret und begrenzt.
3. *Teile Wahrnehmungen als Wahrnehmungen, Vermutungen als Vermutungen und Gefühle als Gefühle mit.*
   »Ich sehe, dass du rote Flecken im Gesicht hast, ich vermute, dass dich unser Gespräch sehr aufregt, und ich habe das Gefühl, dass es vielleicht besser wäre, wenn wir unser Gespräch jetzt abbrechen und morgen fortsetzen.« So etwa könnte ein Feedback formuliert sein.

---

45 Ähnliche Auflistungen finden sich u.a. in den Online-Quellen 25–27; die Regel selbst formuliere ich wie in der Vorlage in »Du-Form«, die Kommentare in »Sie-Form«.

Also nicht: »Du bist jetzt wütend, weil Markus so laut mit dir geschimpft hat.« Ich sehe nicht, dass es Wut ist, was der andere empfindet, ich vermute, dass es sich bei dem Gefühl des anderen um Wut handelt, ich vermute diesen oder jenen Grund dafür.
4. *Feedback soll den anderen nicht analysieren.*
»Das hast du doch nur gesagt, weil du eifersüchtig bist!« Mit dieser Analyse kann ich richtig liegen, aber auch falsch. Analysen und Interpretationen gehören nicht in ein Feedback. Stattdessen: Was löst die Äußerung des anderen bei mir aus?
5. *Feedback soll auch und gerade positive Gefühle und Wahrnehmungen enthalten.*
Selbstverständlich kann ich – mit Zustimmung des anderen – auch kritisches Feedback geben; dieses ist jedoch wesentlich leichter anzunehmen, wenn es auch positives Feedback gibt. Einleiten vielleicht mit: »Ich gebe dir jetzt ein Feedback, so haben wir es ja vereinbart. Zunächst werde ich einige Dinge benennen, die mir positiv aufgefallen sind, anschließend möchte ich auch noch drei kritische Anmerkungen machen.«
6. *Feedback soll möglichst unmittelbar erfolgen.*
Falsch: »Ich habe dir schon vor 22 Jahren gesagt ...«
7. *Die Aufnahme von Feedback ist dann am günstigsten, wenn der Partner es sich wünscht.*
Versuchen Sie doch einfach einmal, um ein Feedback zu bitten. Sie kommen ernsthaft in Kontakt mit dem Feedback-Geber, und Sie bekommen interessante Informationen über Ihre Wirkung auf ihn. Etwa: »Ich habe eine Bitte: Kannst du mir mal sagen, wie es auf dich gewirkt hat, als ich gestern in der Konferenz ...«
8. *Du solltest Feedback nur dann annehmen, wenn du dazu in der Lage bist.*
Sie befinden sich zwanzig Meter vor der Klassentür der 8b, es hat soeben gegongt, da stürmt Kollege Neuner auf Sie zu und beginnt: »Ich möchte Ihnen gerne ein Feedback geben zu Ihrer Äußerung letzte Woche auf dem Schulhof«. Freundliches und klares Abgrenzen ist hier das Mittel der Wahl, etwa so: »Schön, ich freue mich auf Ihr Feedback, aber jetzt geht es gar nicht. In der Pause machen wir einen Termin, ok?«
9. *Wenn du Feedback annimmst, höre zunächst nur zu.*
10. *Feedback geben bedeutet in erster Linie, Informationen über sich zu geben, und nicht, den anderen zu ändern. Die Verantwortung für Veränderungen trägt jeder Mensch selbst.*
Wenn du mir sagst, wie mein Verhalten auf dich wirkt, äußerst du etwas über dich. Deshalb ist es am günstigsten, wenn ich zunächst nur zuhöre, d. h.: Ich höre deine Äußerung zunächst ausschließlich mit dem Selbstkundgabe-Ohr (vgl. den Abschnitt »Digitale und analoge Kommunikation« in Kap. 2.3). Mit dem Selbstkundgabe-Ohr zu hören, hat zwei Vorteile:
 – Ich kann später in Ruhe über das Feedback nachdenken und entscheiden, ob ich Elemente davon aufnehme und mein Verhalten entsprechend ändere.
 – Ich kann mich in der aktuellen Situation gut schützen gegen möglicherweise kritisches Feedback, das mich eventuell emotional angreift.

11. *Feedback zu bekommen, ist ein Geschenk, es bietet mir Chancen. Deshalb bedanke ich mich bei allen, die mir Feedback geben, unabhängig davon, ob es positiv ist, mir schmeichelt oder kritisch ist* (vgl. Kap. 6.2 zum Geben und Annehmen von kritischem Feedback).

3.12 Vereinbarungen treffen

Am Ende eines Gesprächs ist es häufig notwendig und/oder sinnvoll, dass alle Teilnehmer eine Vereinbarung treffen. Der Inhalt dieser Vereinbarung kann sich auf ein nächstes Treffen und/oder auf Aktivitäten einzelner Gesprächsteilnehmer und/oder die Evaluation der Vereinbarung beziehen. Eine beliebte und effiziente (zum Unterschied zwischen Effektivität und Effizienz siehe u. a. Online-Quelle 29; Effektivität: Die richtigen Dinge tun, Effizienz: Die Dinge richtig tun) Frage, um Vereinbarungen zu strukturieren, lautet: »Wer macht was mit wem bis wann?«. Als Kriterien für eine Vereinbarung kann man benennen:

1. Jeder Gesprächsteilnehmer (TN) weiß, was er und jeder andere Teilnehmer als nächsten Schritt tut.
2. Jeder TN kennt das weitere Vorgehen (z. B. weiteres Treffen zur Evaluation).
3. Miteinander kann Vertraulichkeit vereinbart bzw. verabredet werden, wer wie über das Gesprächsergebnis informiert wird.
4. Hilfreich und der Klarheit förderlich ist es, ein Ergebnisprotokoll des Gesprächs anzufertigen und allen TN zuzusenden. Wenn das – was häufig der Fall ist – aus arbeitsökonomischen Gründen nicht oder nur schwer möglich ist, sollte es das Ziel sein, bei einer mündlichen Vereinbarung die hohe Qualität einer schriftlichen anzustreben. Ein stichwortartiges handschriftliches Protokoll ist meist besser als kein Protokoll.

Beispiel: Am 23.06. vereinbarten Klassenlehrer und Michaels Mutter:
– Ziel der Vereinbarung ist, dass Michael regelmäßig seine Hausaufgaben erledigt.
– Der Klassenlehrer wird bis September mit allen Fachlehrern den Vorschlag besprechen, Michael am Ende der Stunde per zu vereinbarendem Handzeichen an das Notieren der Hausaufgaben zu erinnern.
– Die Mutter wird bis dahin mit Michael eine Vereinbarung hinsichtlich der Zeitplanung für die Hausaufgaben treffen. Die Anregungen dazu aus dem Gespräch nimmt sie mit.
– Das nächste Gespräch findet am 25.09. um 15 Uhr in der Schule statt.

Leicht kann man sich dazu ein kleines Formblatt entwickeln, das etwa so aussehen kann:

Tab. 6: Formblatt Gesprächsvereinbarungen

Gespräch am   Uhrzeit
Einladender:
Teilnehmer/innen:
Thema:
Ergebnisse:
☐ Vereinbarung weiteres Gespräch am _____ 　Ort: _____ ☐ Kein weiteres Gespräch

3.13　»Vielen Dank und auf Wiedersehen!« – Gespräche beenden

Ebenso wie der formale Beginn ist auch die offizielle Beendigung des Gesprächs von Bedeutung. Nach der Zusammenfassung gilt es für den Gesprächsleiter, deutlich zu machen, dass das Gespräch beendet ist. Nach dem offiziellen Ende wird nicht mehr zum Gesprächsthema gesprochen. Es folgt – spiegelbildlich zum Beginn – ggf. eine Phase des Small Talks (»Lassen Sie Ihren Schirm nicht stehen«, »Hoffentlich haben Sie kein Knöllchen« o. Ä.). Sie sollten das Gespräch nicht mit der Türklinke in der Hand fortsetzen. Das nähme dem Gespräch die Ernsthaftigkeit. Es würde Ihr professionelles Gesprächsverhalten im Gespräch in die Alltagssprache hinein fortsetzen und damit Unklarheit und ggf. Irritation erzeugen. Stehen Sie nach Ihrer gesprächsbeendenden Äußerung von Ihrem Stuhl auf, die übrigen Teilnehmer des Gesprächs werden Ihnen folgen. In Kapitel 3.4 sind einige Beispiele für die Gesprächsbeendigung aufgeführt, hier einige weitere:

- »Ich bin sehr zufrieden mit dem Gesprächsergebnis, danke und auf Wiedersehen.«
- »Schön, dass wir so offen über XY sprechen konnten, dafür danke ich Ihnen sehr.«
- »Für die nächste Zeit, in der Sie (Eltern) und Sie (Lehrerinnen bzw. Lehrer), wie wir das vorhin vereinbart haben, intensiver kooperieren werden, wünsche ich Ihnen alles Gute.«
- »Mein Eindruck ist, dass dieses Gespräch für Sie sehr aufregend war. Fahren Sie bitte sehr vorsichtig.«

- »Möchten Sie beide vielleicht noch einen Kaffee zusammen trinken? Um die Ecke ist ein Café. Alles Gute!«
- »Wir waren zwar in einigen Punkten nicht einer Meinung, sind aber fair miteinander umgegangen; dafür danke ich Ihnen sehr.«
- Zu Eltern: »Bevor Sie gehen, möchte ich Ihnen eine kleine ›Hausaufgabe‹ mit auf den Weg geben: Achten Sie doch bitte einmal auf die Frage, ob Sie mir als Lehrer Vertrauen entgegenbringen können und in welchen Situationen Sie eher misstrauisch sind. Wenn wir uns, wie vereinbart, in drei Wochen wiedersehen, bin ich neugierig auf Ihre Erfahrungen.«

3.14 »Ich notiere« – Dokumentation

Jeder kennt das Phänomen, dass unser Gedächtnis häufig nicht ausreicht, um sich alle Dinge zu merken, die es wert sind, gespeichert zu werden. Schriftliche Notizen erleichtern das Gedächtnis unmittelbar, weil der Inhalt sofort vergessen werden kann und es nur wichtig bleibt, sich daran zu erinnern, dass und an welcher Stelle die Inhalte notiert sind (Metaerinnerung). Wenn z. B. Vereinbarungen (wie in Kap. 3.12) nicht schriftlich notiert werden, besteht die Gefahr, dass sich beim nächsten Gespräch drei Monate später niemand an die Vereinbarung im Einzelnen erinnern kann bzw. dass die Erinnerungen unterschiedlich sind. Dass eine solche Entwicklung das Folgegespräch sehr erschwert, ist naheliegend.

Aber auch andere Gesprächselemente verdienen es, notiert zu werden. Wenn ich bei meiner Vorbereitung eines Gesprächs mit den Eltern eines schwierigen Schülers die Notiz finde, dass die Oma schwer erkrankt war, stellt es einen »Türöffner« (siehe Gordon 1977, S. 61) dar, wenn ich mich zu Beginn des Gesprächs nach dem Gesundheitszustand der Großmutter erkundige. Eine solche Notiz nimmt kaum Zeit in Anspruch, kann aber hinsichtlich der Wertschätzung der Menschen und damit der Gesprächsatmosphäre eine enorme Wirkung entfalten. Wenn ich diesen Inhalt im Gespräch nicht mehr präsent habe, kann das zu einer eventuell bedeutenden Irritation führen. Die Eltern könnten denken: »Ich habe ihm doch erzählt, dass meine Mutter schwer krank ist, und jetzt erinnert er sich an etwas so Wichtiges nicht mehr. Ich fühle mich nicht besonders ernst genommen.«

Alles notieren? So lautete die Eingangsfrage, meine Antwort: Nein, nicht alles, aber es kann vor allem unter den Aspekten Klarheit und Umsetzung der Haltungsfragen wichtig sein, sich an Gesprächselemente zu erinnern. Die wenigen Minuten, die ich mir nach einem Gespräch für einige Notizen nehme, stellen eine lohnende Investition dar. Eine andere Möglichkeit stellt es dar, während des Gesprächs ein vorgefertigtes Formular zu verwenden, auf dem ich Namen der Gesprächsteilnehmer, Datum, Thema, grob den Verlauf und das Ergebnis bzw. die Meinungen notieren kann (s. Kap. 3.12). Es ist ein wenig Geschmackssache, welche Lösung jeder Einzelne wählt. Ich persönlich gehe fast immer mit voller Absicht mit einem leeren Blatt in Gespräche, um deutlich zu machen, dass jedes Gespräch bei null beginnt und evtl. vorherige Auseinandersetzungen zwar im Gedächtnis sind, aber auf meiner Seite Unvoreingenommenheit herrscht.

Wenn ich mich bestens vorbereitet habe und alle Aspekte, die ich ansprechen möchte, mit dem PC notiert habe, können die übrigen Teilnehmerinnen meine Notizen lesen, auch wenn sie nur von der Seite auf mein Blatt sehen können. Das kann ein Problem darstellen, weil ich evtl. Aspekte notiert habe, die für meinen Hinterkopf wichtig sind, aber nicht unbedingt angesprochen werden sollen. Wenn ich notiert habe »Schlagen?« (als Stichwort und Gedächtnisstütze für die Frage: Schlagen die Eltern das Kind?), ist das für mich wichtig; wenn aber Eltern diese Notiz lesen können, kann das Gespräch alleine dadurch sehr belastet werden. Ich mache Notizen vorab mit der Hand, meine schlechte Handschrift erweist sich bei dem angesprochenen Problem als Vorteil.

Fast immer mache ich während eines Gesprächs Notizen, nicht erst anschließend. Wenn ich mündlich das Zwischenergebnis zusammenfasse, ist es hilfreich und erhöht für die Gesprächspartner die Bedeutung, wenn ich mir zugleich einzelne Punkte stichwortartig notiere. Manchmal hilft es auch, Zeit zu gewinnen, wenn ich sage, dass ich mir, um mir alles merken zu können, einige Dinge notieren muss. Vom Gesprächspartner kann das Notieren auch als Wertschätzung verstanden werden.

3.15 Für die Klarheit – Visualisierung

Eine bessere Darstellung zur Visualisierung als das Buch von Josef W. Seifert ist mir nicht bekannt (2009). Er spricht überwiegend vom Darstellen vor Gruppen, zahlreiche Elemente sind jedoch auch im Gespräch einsetzbar. Ich will empfehlend auf dieses Buch hinweisen, an dieser Stelle nur eine kurze persönliche Anmerkung:

Immer habe ich bei Gesprächen ein leeres Blatt auf dem Tisch, auf dem ich, wenn es passt, grafische Elemente zeichnen kann, um Zusammenhänge und Beziehungsgefüge deutlich machen, Entwicklungslinien aufzeigen und Sachverhalte einfach und optisch wirksam darstellen zu können. Häufig kommt nicht nur das Papier zum Einsatz, sondern ich benutze auch Gegenstände wie Kaffeetassen, Stifte o. Ä., was eben gerade vorhanden ist. Einige *Beispiele*, die ich häufig benutze, will ich hier darstellen:

Beziehungsdarstellungen

Hier: Enge Mutter-Kind-Beziehung, wo steht der Vater?

Abb. 28: Mutter-Kind-Dyade

Bitte an Vater (oder Mutter oder Kind): Zeichnen Sie bitte mit dem Stift den Kreis für den Vater ein, wo müsste er stehen? Interessant ist es z. B., wenn Mutter und Vater die Position des Vaters an unterschiedliche Stellen einzeichnen. Wegen der leichten Veränderbarkeit eignen sich reale Gegenstände in diesem Fall sehr gut, evtl. besser als eine Zeichnung.

Solche Beziehungsgrafiken können selbstverständlich auch Lehrerinnen oder andere Personen einbeziehen. Sie können statt Grafiken selbstverständlich auch Spielfiguren aus Spielesammlungen oder Kaffeetassen einsetzen. Werden Sie kreativ!

Entwicklungslinie

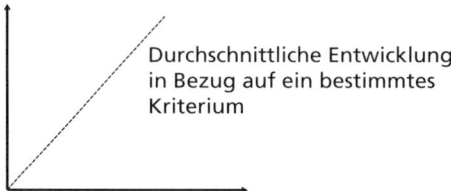

Abb. 29: Entwicklungslinie

Bitte an Vater oder Mutter: Zeichnen Sie bitte die Entwicklungslinie für Ihren Sohn im Hinblick auf das Kriterium (s. Abb. 29) ein.

Bezugsaspekte können u. a. sein: körperliche, geistige oder soziale Entwicklung, Ausdauer, Belastbarkeit o. Ä.

Entscheidungsgrafik

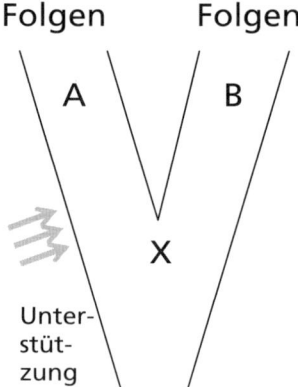

Abb. 30 Entscheidungsgrafik

Ein Schüler nimmt die Schule nicht mehr ernst, beginnt zu schwänzen, macht seltener Hausaufgaben, stört. Beim Gespräch der Klassenlehrerin mit ihm, seinen Eltern und dem Beratungslehrer der Schule kann diese Grafik (s. Abb. 30) zum Einsatz kommen.

Gemeinsam können sich alle TN die Alternativen A und B ansehen mit den entsprechenden Folgen. X kennzeichnet den gegenwärtigen Standort des Schülers. Mit den Pfeilen auf der linken Seite ist die Unterstützung gemeint, die der Schüler von Personen und durch eine Veränderung von Umständen bekommen kann.

Die Grafik kann dabei die Zusammenhänge verdeutlichen und veranschaulichen, die Verantwortlichkeit des Schülers selbst für die Wahl seines Weges, aber auch die Unterstützung klarmachen, die er bekommen möchte und kann. Damit werden nicht nur konkrete Optionen und Entscheidungen, sondern auch Hilfen sichtbar. Alle TN inklusive dem Schüler selbst beteiligen sich an dieser Entwicklung der Skizze des »Erziehungsplans«.

Entwicklungskontinuum

Eine »weichere« Form, eine Entscheidung bzw. eine Entwicklung zu visualisieren, stellt das Entwicklungskontinuum dar.

Abb. 31: Entwicklungskontinuum

Wenn eine Lehrkraft beispielsweise bemerkt, dass der eigene Unterricht Entwicklungsbedarf aufweist, weil er nach ihrer eigenen Einschätzung zu lehrerzentriert und zu häufig in Form des Frontalunterrichts verläuft (IST), kann er Fortbildungsmaßnahmen besuchen, die das selbstgesetzte Ziel (SOLL) haben, die Schülerzentrierung zu verstärken. Position A lautete dann Lehrerzentrierung, Position B Schülerzentrierung. Beide Positionen werden in der Grafik jedoch nicht als Alternativen bezeichnet, von denen die eine »irgendwie richtig« und die andere »irgendwie falsch« wäre. Ideologische Auseinandersetzungen können so vermieden werden. Vielmehr wird mit der Grafik der Prozesscharakter von Entwicklungsschritten betont. Dadurch, dass auch kleine Schritte sichtbar gemacht werden und die Ziele selbst gesetzt sein können, ist häufig eine hohe Akzeptanz für Entwicklung möglich. Polaritäten können u. a. sein:

- Autonomie vs. Bindung
- direktives Verhalten vs. nondirektives Verhalten
- starres Vertreten einer eindeutigen Position vs. Akzeptanz und Bedenken auch anderer Meinungen
- Klarheit über richtig und falsch vs. Zweifel bzw. Infragestellen
- Separation vs. Inklusion
- autoritatives Entscheiden vs. Partizipation

Über diese individuelle Möglichkeit hinaus können aber auch Anforderungen von innen oder außen auf die Institution Schule zukommen. Die Ergebnisse von Schulinspektion bzw. Qualitätsanalyse oder Prüfungen oder durch Inklusion verursachte Anforderungen können der Anlass zu Veränderungsnotwendigkeiten sein.

In der individuellen und institutionellen Beratung kann eine solche Grafik eingesetzt werden, um den Ist-Zustand zu identifizieren, Ziele zu formulieren, Zeiten festzulegen, Maßnahmen zu planen und Evaluationskriterien zu entwickeln.

Impasse

Das letzte Beispiel ist der Gestalttherapie entnommen und stellt den »Impasse«, die Sackgasse dar, die sich glücklicherweise sehr häufig nur als Engpass erweist, in dem sich manche Entwicklung befindet. Die Bewegungsrichtung ist von oben nach unten. Bei zahlreichen Entwicklungen ist ein solcher Mechanismus festzustellen. Die Lage läuft auf eine Entscheidung hinaus. Der Druck wächst, bis schließlich, wenn endlich eine Entscheidung gefallen ist, ein Aufatmen einsetzt, weil der Druck schlagartig nachlässt. Beispiel: Ein Schüler befindet sich das ganze Halbjahr lang am Rande der Nichtversetzung, er kämpft, arbeitet, Druck durch Eltern und Lehrpersonen baut sich auf, und er atmet auf, wenn die Entscheidung getroffen ist, selbst wenn sie negativ ausfällt. Es kann der Entlastung dienen, während des Druckaufbaus wahrzunehmen, dass der Schüler sich in einer Entwicklung befindet, die auf eine Entscheidungssituation hinausläuft. Nach der Entscheidung lässt der Druck nach, und das Feld öffnet sich wieder für weitere Blicke.

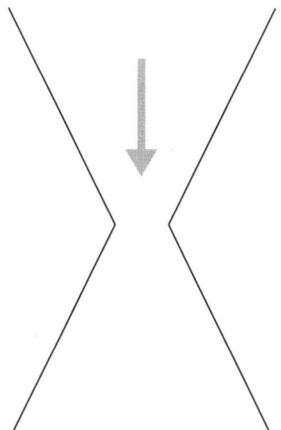

Abb. 32: Impasse

Visualisierungen – das sollen die Beispiele deutlich machen – bringen ein Gespräch sehr oft weiter und wirken sehr erhellend, wenn sie den Kern der Sache treffen. Werden Sie kreativ! Vertrauen Sie Ihren Ideen!

4 Konflikte in der Kommunikation

Streit bis hin zur Gewalt, Gewalt bis hin zum Krieg, Unlösbarkeit oft jahrzehntelanger Konflikte zwischen Nachbarn oder zwischen Völkern (wie zwischen Israelis und Palästinensern), Politiker, die mit Waffen oder verbal aufeinander eindreschen, ohne sich zuzuhören, im Untergrund wirkende, ungelöste und nie angesprochene Konflikte in Paarbeziehungen oder in Lehrerkollegien, Lautstärke und Heftigkeit von Gefühlen, Angst, oft Resignation – all das und mehr sind Assoziationen, wenn es um das Thema Konflikte geht.

An dieser Stelle geht es im Wesentlichen um Konflikte zwischen Erwachsenen, die im schulischen Alltag auftreten können. Ein großer Teil der Konflikte in der Schule betrifft ja den Umgang der Lehrerinnen untereinander sowie mit Schülern oder Eltern. Im Rahmen der Thematik dieses Buches – Kommunikation – interessiert mich zunächst die Frage, welche Kenntnisse über Konflikte erforderlich sind, anschließend gehe ich auf die Möglichkeiten ein, Konflikte kommunikativ klären und auf diese Weise konstruktiv mit ihnen umgehen zu können.

4.1 Definitionen

Glasl (2011) betont in seinem Standardwerk, dass es etliche Definitionen des Begriffs Konflikt gebe. Er selbst definiert den sozialen Konflikt – und um den geht es ja hier – folgendermaßen:

»Sozialer Konflikt ist eine Interaktion

- zwischen Aktoren (Individuen, Gruppen, Organisationen usw.),
- wobei wenigstens ein Aktor
- eine Differenz bzw. Unvereinbarkeiten im Wahrnehmen und im Denken bzw. Vorstellen und im Fühlen und im Wollen
- mit dem anderen Aktor (den anderen Aktoren) in der Art erlebt,
- dass beim Verwirklichen dessen, was der Aktor denkt, fühlt oder will, eine Beeinträchtigung
- durch einen anderen Aktor (die anderen Aktoren) erfolge.«

(ebd., S. 17)

Dabei unterscheidet Glasl den »Konflikt«, für den alle diese Bedingungen gegeben sein müssen, von »Unvereinbarkeiten« im kognitiven, emotionalen und volativen (Wollens-)Bereich sowie in Verhalten, die unvereinbar aufeinander stoßen.

4.2 Unvermeidlichkeit von Konflikten

Benien (2008) macht deutlich, dass Konflikte unvermeidbar sind und zum Leben gehören. »Es gibt keinen echten Kontakt ohne Konflikt!« (ebd., S. 70, s. a. Anm. 75 zur Kontaktgrenze in der Gestalttherapie). Er zitiert Schulz von Thun: »Menschen, die miteinander zu schaffen haben, machen einander zu schaffen« (ebd.).

Für den Umgang mit Konflikten ist es von größter Bedeutung, sich die rationale Erkenntnis der Unvermeidbarkeit von Konflikten ganzheitlich zu eigen zu machen und Konflikte nicht zu verdrängen, weil wir uns in Harmonie wohler fühlen und deshalb Konflikte vermeiden möchten. Konflikte verlieren viel von ihrem Schrecken, wenn es uns gelingt, sie als etwas selbstverständlich zum Leben Gehörendes zu akzeptieren. Mit der zunehmenden Erfahrung, dass es gelingen kann, sie friedlich zu bewältigen, kann die entspannte Sichtweise »Ach, da ist ja wieder ein Konflikt in meinem Leben, herzlich willkommen, ich weiß, dass ich dich bewältigen kann!« Einzug halten in unser Denken und Fühlen. Dabei, betont Benien,

> »sollte allerdings nicht vernachlässigt werden, dass Konflikte auch schmerzhaft sein können. Sie sind nicht nur eine üble Notwendigkeit, sondern auch ein notwendiges Übel. Sie können Auslöser von Angst sein, da sie einen tief treffen, schwer kränken oder einem an die Nieren gehen können. Konflikte können zu Gesichtsverlust, Schlaflosigkeit, Schuldgefühlen und Angst vor Beziehungsverlust führen.« (ebd., S. 71)

Viele Menschen kennen aber auch das erleichternde Gefühl nach einem heftigen Streit, wenn endlich doch jemand das unterschwellig vorhandene Unbehagen an- und ausgesprochen hat und es zur Explosion gekommen ist. Die Metapher »reinigendes Gewitter« trifft den Sachverhalt gut. Der intensive Kontakt, den ein Konflikt darstellt, auf der einen Seite und die damit verbundenen Gefühle des Unwohlseins auf der anderen Seite machen die Ambivalenz des Konfliktgeschehens deutlich. Kathartische (d. h. reinigende) Wirkungen zum einen, Gewaltandrohungen und Gewaltausübung – und die Angst davor – zum anderen sind zwei Seiten des janusköpfigen Konfliktbegriffs.

4.3 Eskalationsstufen eines Konflikts

Glasl hat neun Eskalationsstufen des Konflikts ausgemacht:

4.3 Eskalationsstufen eines Konflikts

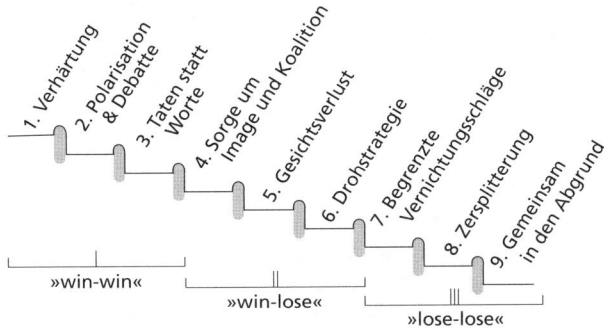

Abb. 33: Konflikt-Eskalationsstufen (aus Online-Quelle 30; s. a. Glasl 2011, S. 236 f)

- *Stufe 1 – Verhärtung:* Die Standpunkte verhärten sich und prallen aufeinander, aber es besteht noch die Überzeugung, dass die Spannungen durch Gespräche lösbar sind.
- *Stufe 2 – Debatte, Polemik:* Polarisation im Denken, Fühlen und Wollen, Schwarz-Weiß-Denken, Sichtweise von Überlegenheit und Unterlegenheit.
- *Stufe 3 – Taten statt Worte:* »Reden hilft nichts mehr«, Strategie der vollendeten Tatsachen. Die Empathie geht verloren, Gefahr von Fehlinterpretationen.
- *Stufe 4 – Images und Koalitionen:* Die Parteien manövrieren sich gegenseitig in negative Rollen und bekämpfen sich. Werbung um Anhänger.
- *Stufe 5 – Gesichtsverlust:* Öffentliche und direkte Angriffe, die auf den Gesichtsverlust des Gegners zielen.
- *Stufe 6 – Drohstrategien und Erpressung:* Drohung und Gegendrohung. Konfliktbeschleunigung durch Ultimatum.
- *Stufe 7 – Begrenzte Vernichtungsschläge:* Der Gegner wird nicht mehr als Mensch gesehen. Begrenzte Vernichtungsschläge als »passende« Antwort. Umkehrung der Werte. Ein kleinerer eigener Schaden gilt als Gewinn.
- *Stufe 8 – Zersplitterung, totale Zerstörung:* Zerstörung und Auflösung des feindlichen Systems als Ziel.
- *Stufe 9 – Gemeinsam in den Abgrund:* Totale Konfrontation ohne einen Weg zurück. Die Selbstvernichtung wird in Kauf genommen, wenn nur der Gegner vernichtet werden kann.
(siehe Glasl 2011, S. 233–309)

Die Konflikte der Stufen 1–3 sind nach Glasl mit einer Win-win-Strategie lösbar, die der Stufen 4–6 mit einer Win-lose-Strategie, (d. h. ein Konfliktteilnehmer gewinnt, einer verliert), während die restlichen drei Konfliktstufen keine Sieger mehr verzeichnen, sondern nur Verlierer (ebd.; zur näheren Beschäftigung mit dem Thema »Konflikte« verweise ich auf das (allerdings sehr teure) Buch von Glasl, in dem er alle Aspekte beleuchtet).

»Mit dem Betreten des nächsten Gewaltniveaus begibt man sich als Konfliktpartei einer ganzen Kategorie von Handlungsmöglichkeiten. Das eigene

Verhalten und das des Gegners werden weiter eingeengt, weil bestimmte Handlungsalternativen ausgeschlossen werden« (ebd., S. 234). Allerdings, so Glasl, ergibt sich kein Automatismus. »Unsere Eskalationstheorie soll so verstanden werden, dass eine Vielzahl von Mechanismen wirkt, die den Konflikt intensivieren, wenn ihnen nicht bewusst entgegengetreten wird. [...] Konfliktbehandlung [...] erfordert einen Entschluss, gegen den Strom schwimmen zu wollen. Sie muss dem Konflikt eine Energie zuführen, die nicht aus dem Konfliktprozess selbst stammt« (ebd., S. 306).

Letzteres stimmt mit Alltagserfahrungen überein. Wie leicht scheint es im Konfliktfall zu sein, wie stark kann der Sog sein, immer heftiger an der eigenen Position festzuhalten und den Konfliktgegner immer mehr abzuwerten. Es bedarf in der Tat einiger Anstrengung kognitiver, aber auch emotional-psychischer Art, von diesem »Immer-mehr-Desselben« abzulassen und auf die konstruktive Spur zu gelangen. Zugleich stellt diese Äußerung von Glasl einen Anlass zum Optimismus dar: Konflikte sind zu bewältigen, sie müssen nicht zwangsläufig eskalieren.

4.4 Heiße und kalte Konflikte

Glasl unterscheidet zwei markant unterschiedliche Formen der Konfliktaustragung: Heiße und kalte Konflikte. Einige der von Glasl benannten Merkmale zeige ich auf, und ich bin sicher, dass Sie Merkmale aus eigenem Erleben z. B. aus Lehrerkonferenzen wiedererkennen werden:

Heiße Konflikte

- Die Parteien zeigen viel Begeisterungsfähigkeit, sind von Idealen beseelt.
- Anhänger der anderen Seite sollen »bekehrt« werden.
- Vorherrschendes Gefühl: »Dann muss ich auch – wie bedauerlich dies sein mag – den Zusammenstoß mit der Gegenpartei in Kauf nehmen!«
- Die eigenen Motive stehen nicht zur Disposition, sie sind tabu.
- Die Parteien neigen zur Selbstüberschätzung.
- Heiße Konflikte führen zu einer starken Führerzentrierung.
- Die gegenseitigen Beziehungen werden – paradoxerweise – vom gegenseitigen Streben nach Annäherung bestimmt.
- Die Umgebung wird zur Erweiterung der eigenen Innenwelt.

Kalte Konflikte

- Grundlage kalter Konflikte sind tiefe Enttäuschungen, weitgehende Desillusionierung und Frustration.
- Ideale werden als illusorisch betrachtet.

- Die eigenen Motive können – auch oft sarkastisch oder zynisch – beschrieben werden.
- Die Stimmung lässt kaum ethische Bedenken aufkommen.
- Das Selbstwertgefühl verlöscht mit der Zeit fast völlig.
- Ein Führungsvakuum entsteht, niemand setzt sich an die Spitze der Bewegung.
- Sozialer Fatalismus breitet sich aus.
- Die Personen neigen eher zu psychosomatischen Erkrankungen.
- Es kommt zum Erliegen der Kommunikation zwischen den Parteien.
- Jede Person zieht sich mehr und mehr in sich selbst zurück (Glasl 2011, S. 76–90).

Lehrkräfte kennen heiße ebenso wie kalte Konflikte. Gegliedertes vs. integriertes Schulsystem, Frontalunterricht vs. schülerzentrierter Unterricht, Inklusion vs. Selektion – das sind einige der Themen, um die in Schulen z. T. heftig gestritten wird; in diesem Falle handelt es sich um den heißen Konfliktmodus. Wo die Meinung vorherrscht, alle Diskussionen führten zu nichts, und »die da oben« machten eh, was sie wollen, gibt es den kalten Konflikttyp, der resigniert und enttäuscht keine eigenen Handlungsoptionen mehr sieht.

Glasl schlägt vor, mit der Konfliktarbeit bei heißen Konflikten auf der Beziehungsebene zu beginnen, bei kalten auf der Persönlichkeitsebene, um das Selbstwertgefühl der Individuen wieder zu stärken (ebd., S. 87–90).

4.5 Konfliktarten

Karl Beniens Unterscheidung

Unter mehreren in der Literatur zu findenden Unterscheidungen verschiedener Konfliktarten bzw. einer Konfliktdiagnose (Glasl, Lumma, Benien u. a.; Glasl befasst sich sehr ausführlich mit der Typologie der Konflikte) wähle ich zur Darstellung an dieser Stelle die von Karl Benien aus (Benien 2008, S. 69–217).

Die Kategorisierung der Konflikte bei Benien – siehe Abb. 34 – erfolgt analog zu dem Modell der vier Seiten des Kommunikationsquadrats (vgl. Abschnitt »Vier Ohren, vier Schnäbel: Das Kommunikationsquadrat« in Kap. 2.3), d. h.: Benien legt die jeweilige Dimension des Kommunikationsquadrats zugrunde, um Konflikte zu kategorisieren.

Im Folgenden erläutere ich die verschiedenen Konfliktarten anhand von Beispielen aus dem schulischen Alltag.

4 Konflikte in der Kommunikation

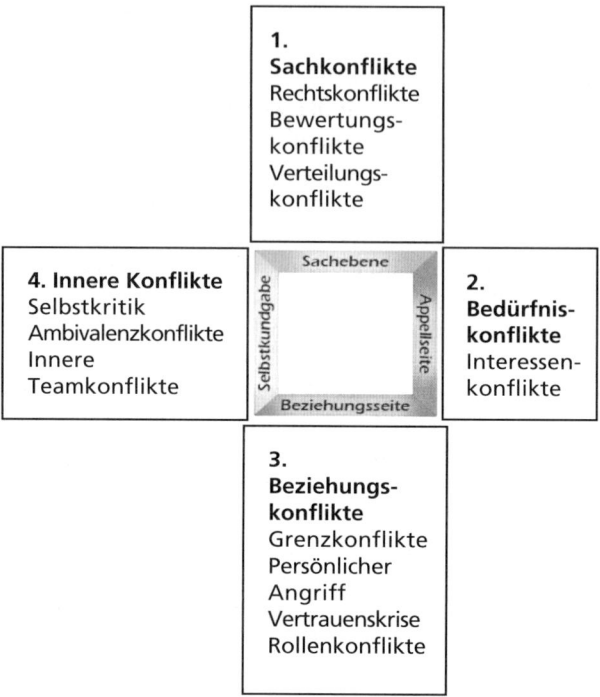

Abb. 34: Konflikte am Kommunikationsquadrat

Sachkonflikte

Rechtskonflikte

- Bei Rechtskonflikten geht es um die Frage: Wer ist im Recht? Dabei kommen sachliche bzw. juristische Kriterien zur Anwendung. Der Konflikt kann eindeutig geklärt werden, wenn die relevante Information vorliegt.

  > **Beispiel**
  > Bei einer Lehrerkonferenz bestreitet ein Lehrer, dass ein Sachverhalt so per Erlass vorgeschrieben sei. Wenn der Schulleiter den Erlasstext zur Verfügung hat, ist leicht zu entscheiden, ob der Lehrer im Recht ist oder nicht. Möglicherweise geht es bei dem Konflikt aber nicht nur um diese Information, sondern um die Umsetzung des Erlasses durch die Schulleitung; in diesem Fall handelte es sich um einen Beziehungs- oder Bewertungskonflikt.

- Bei Sachkonflikten stellt sich die Motivationslage der beteiligten Personen so dar, dass jeder Recht haben will. Nach einer in der Regel einfachen Klärung des Sachverhalts gehört es zu einer reifen Haltung, zuzugeben, dass man im Unrecht gewesen ist.

Dies kann relativ leicht fallen, weil der Verlierer nur sein Rechthaben verliert, sonst nichts. Dennoch fällt es vielen Menschen schwer, zuzugeben, sich geirrt zu haben. »Du hast Recht, ich habe mich geirrt.« Dieser einfache Satz kommt vielen Menschen nur schwer oder überhaupt nicht über die Lippen und sollte deshalb geübt werden.

Voraussetzung zur Lösung eines Sachkonflikts ist die Einigung auf eine anerkannte Autorität, die eine Tatsache belegen kann. Das kann ein Text sein (wie im obigen Beispiel), Fachliteratur o. Ä., das kann auch ein Fachexperte der fraglichen Disziplin sein, z. B. ein Gutachter.

- Ideologische Verhärtungen lassen häufig nicht zu, dass jemand sich Sachargumenten öffnet, die nicht mit der eigenen Ideologie vereinbar sind. Fundamentalisten aller Art sind mit Sachargumenten kaum zu erreichen.

Bewertungskonflikte

- Anders als beim Sachkonflikt geht es bei einem Bewertungskonflikt um unterschiedliche Sichtweisen, bei denen niemand weiß und wissen kann, was richtig und falsch ist, weil es keine objektiven Maßstäbe gibt.

> **Beispiel**
> Ein klassisches Beispiel ist die Frage der Ordnung im Kinderzimmer. Es gibt keinen objektiven Maßstab dafür, dass Eltern sagen, jetzt sofort müsse aufgeräumt werden; es gibt aber auch keinen für das Argument des 13-jährigen Sohnes, dass nicht aufgeräumt werden müsse. In vielen Fällen handelt es sich um Machtkonflikte. Für Wohngemeinschaften gilt selbstverständlich Ähnliches.

- »Das sehen Sie völlig falsch!« wäre eine Äußerung, die die eigene Bewertung zum objektiven Maßstab erklärt. Ich (A) bin im Besitz der richtigen Bewertung, du (B) liegst mit deiner Einschätzung falsch. Diese Haltung kann dann zutreffen, wenn B tatsächlich nicht im Besitz aller wesentlichen Informationen ist und A über deutlich mehr Sachkompetenz verfügt.

> **Beispiel**
> Wenn ein Schüler bestreitet, dass die Winkelsumme im Dreieck 180 Grad beträgt und diese Angabe als Meinung des Lehrers definiert, er jedoch sei anderer Meinung, handelt es sich um einen Kategorienfehler, weil es nicht um Meinungen geht.

In der Regel geht es oft darum, die scheinbare und behauptete Objektivität als Machtinstrument einzusetzen.

- »Mir scheint ...«, »ich glaube ...«, »nach meiner Einschätzung ...« – das sind angemessene Äußerungen, wenn es um Bewertungskonflikte geht. Die subjektive Bewertung des anderen ebenso zu akzeptieren wie die eigene – in dem

Bewusstsein, dass auch diese eine subjektive Bewertung ist – stellt die Basis zur Lösung eines Bewertungskonflikts dar.
- Dabei ist zwischen normativen Konflikten und Geschmacksurteilen zu unterscheiden. Geht es um eine Wertfrage, ist mein Ziel, den anderen durch Argumente zu überzeugen. Das Ergebnis kann dann sein, dass er meinen Argumenten zustimmt und seine Meinung ändert, dass ich von seinen Argumenten überzeugt werde und meine Meinung ändere oder dass es beim Dissens bleibt. Bei Geschmacksurteilen ist das Ziel dagegen, sich besser zu verstehen. Die Gesprächspartner fragen deshalb nach und erläutern ihre Empfindungen, ohne vom anderen zu erwarten, dass er ihre Geschmacksurteile teilt.
- Einen Sonderfall stellt die Machtausübung auch hinsichtlich von Bewertungen dar: »Ich bewerte den Sachverhalt so und ich habe die Macht, von dir zu fordern, meine Bewertung als gültig zu akzeptieren.« In Beziehungen, die sich innerhalb einer Hierarchie vollziehen und in denen es z. B. um die Beurteilung von Leistungen geht, ist ein solcher Umgang mit Bewertungen gang und gäbe, z. B. in den Beziehungen »Schulleiter – Lehrerinnen«, »Lehrerinnen – Schüler«, »Schulaufsicht – Schulleitung«, »Eltern – Kind«, »Abteilungsleiter – Mitarbeiter« usw.

Es ist Aufgabe der hierarchisch höherstehenden Person zu entscheiden, inwieweit sie mit ihrer Deutungsmacht transparent und partizipativ – wie es dem demokratischen Staat gemäß wäre – umgeht (vgl. zu dieser Diskussion u. a. Bergmann 2003). Denn nur dann ist es möglich, dass die Konfliktpartner jenseits aller Machtfragen im Gespräch bleiben.

Verteilungskonflikte

- Bei Verteilungskonflikten besteht Mangel oder Knappheit, d. h. nicht alle beteiligten Personen oder Institutionen können zur gleichen Zeit ihre Bedürfnisse erfüllen (vgl. Benien 2008, S. 79). *Beispiele* sind:
  - Der Kampf um knappe Güter – in der Schule z. B. bei der Frage, wie die Haushaltsmittel verteilt werden.
  - Der Kampf um ideelle Ressourcen wie Aufmerksamkeit, Zuwendung – in der Schule z. B. die Sporthalle zu einer bestimmten Zeit oder möglichst wenige Springstunden im Stundenplan.
- Wenn die Menge der zu verteilenden materiellen oder immateriellen Güter gleich bleibt, stellen sich Verteilungskonflikte in der Regel als Nullsummenspiel dar: A kann nur dann mehr bekommen, wenn B weniger bekommt. Letztlich könnten auch Machtkämpfe als Verteilungskonflikte betrachtet werden, bei denen eine bestimmte Menge »Macht« vergeben werden kann, z. B. durch die Beauftragung von Aufgaben mit Weisungsrecht oder Beförderungsstellen (s. a. Glasl 2011, S. 129 ff).

Bedürfniskonflikte

Konfliktanlass kann im beruflichen und privaten Alltag sein, dass verschiedene Interessen oder Bedürfnisse aufeinandertreffen.

»Eine Bedürfnisauseinandersetzung liegt dann vor, wenn zwei Kommunikationspartner ihre jeweiligen Bedürfnisse wahrnehmen, die Unterschiedlichkeit der Anliegen und Wünsche anerkennen und die entstehende Auseinandersetzung beziehungsfreundlich austragen« (Benien 2008, S. 89). Eine solche Auseinandersetzung kann leicht in einen Streit oder einen Beziehungskonflikt eskalieren. Zwei Ursachen können einen solchen Konflikt anheizen:

- Viele Menschen sind es nicht gewohnt, ihre eigenen Bedürfnisse ernst zu nehmen bzw. überhaupt wahrzunehmen. »Alte Sätze« (Glaubenssätze oder Introjekte[46]) sind wirksam wie etwa: *Kinder, die was wollen, kriegen was auf die Bollen.* Vor allem in Partnerschaften, aber auch im beruflichen Kontext beobachte ich häufig, dass es Menschen »irgendwie unangenehm« ist, eigene Bedürfnisse zu äußern und in eine erwachsene Auseinandersetzung einzutreten. Die Angst vor Zurückweisung einer Bitte, die als Zurückweisung der eigenen Person erlebt würde, oder ein Mangel an Selbstwertgefühl (»Bloß keinen Korb bekommen!«) können Ursachen sein. Hier wäre das Ziel, sich aus dem Kind-Ich-Zustand (Transaktionsanalyse) zu lösen und in den Erwachsenen-Ich-Zustand zu gelangen.
- Um ein Bedürfnis eines anderen Menschen wahrnehmen und verstehen zu können, ist zweitens Empathie erforderlich, d. h. die Loslösung der Konzentration von der eigenen Gefühlswelt und den eigenen Bedürfnissen und die Öffnung für die andere Person.

Die Verantwortung für die eigenen Gefühle und – tieferliegend – die eigenen Bedürfnisse zu übernehmen und damit auch Gefühle oder Bedürfnisse anderer Menschen wahrnehmen und akzeptieren zu können, ist eine Grundvoraussetzung für einen angemessenen Umgang mit Bedürfniskonflikten. Benien schlägt als Grundhaltung vor: »Das Äußern der Bedürfnisse stellt keine Zumutung für den anderen dar. Es ist gestattet und erlaubt, Bedürfnisse ehrlich auszudrücken, und es ist erlaubt, dem Appell, der in einer Bedürfnisäußerung steckt, nicht nachzukommen« (ebd., S. 90).

> **Beispiel**
> Kollegin Müller äußert am Morgen den Wunsch, dass Kollegin Meier ihr die Aufsicht in der zweiten Pause abnimmt, weil sie noch Kopien für den Nachmittagsunterricht anfertigen muss. Nach der sechsten Stunde hat sie zwar zwei Stunden Zeit, muss aber ihre kranke Mutter besuchen. Kollegin Meier äußert Verständnis für den Wunsch und die Situation von Kollegin Müller, kann oder will die Pausenaufsicht aber nicht übernehmen, Gründe will oder kann sie nennen (z. B. hat sie selbst ein Elterngespräch in der Pause o. Ä.).

---

46 Introjekte werden solche »unverdauten« normativen Sätze in der Gestalttherapie genannt.

Wichtig: Beides ist in Ordnung – das Äußern der Bitte und die Ablehnung der Bitte. Sehr häufig wird schon das Äußern einer Bitte als Zumutung erlebt, was es nicht ist. Eine Bitte ist keine Forderung und nicht mit einem Recht verbunden. Aber auch die Ablehnung ist völlig O. K., auch wenn sie – möglicherweise von beiden Parteien – als Härte erlebt werden kann.

»Kannst du mir bitte die Marmelade reichen?« »Nein, im Moment nicht, hab beide Hände voll, tut mir leid.«

> Der verschwiegene Wunsch von heute ist der Vorwurf von morgen. (ebd., S. 135)

Es ist ein kindlicher Wunsch, Bedürfnisse erfüllt zu bekommen, ohne sie zu äußern. Die Erwartung an den anderen lautet etwa: »Du musst doch sehen oder wissen oder spüren, dass ich X oder Y möchte.« Beim Säugling mag es zutreffen, dass die aufmerksame Mutter oder der aufmerksame Vater die Bedürfnisse des Kindes erahnen oder erspüren; Erwachsene mit dieser Erwartung werden in der Regel enttäuscht. Wenn sie dann die Verantwortung für die Frustration dem anderen zuschieben, entsteht leicht ein Vorwurf. Wer Wünsche äußert, kann enttäuscht werden. Wer Wünsche nicht äußert, wird mit großer Wahrscheinlichkeit enttäuscht und ist dann für diese Enttäuschung selbst verantwortlich.

Beziehungskonflikte

Grenzkonflikte

Aus der Gestalttherapie kennen wir den Begriff der »Kontaktgrenze«, d. h.: An der Grenze vom Ich zum Du kommt Kontakt zustande. Dabei ist der exakte Ort von Bedeutung: Nur dann, wenn sich im folgenden Bild beide Kreise (Kreis = Individuum) berühren, findet Kontakt statt. Jedes Individuum ist vollständig, es überschneidet sich nicht mit dem anderen, sondern ist klar abgegrenzt. An der Grenze kann intensiver Austausch stattfinden. Wenn die Kreise sich überschneiden, ist der Kontakt beeinträchtigt, weil beide ihre eigene vollständige Identität aufgeben und z. T. mit dem anderen verschmelzen.[47]

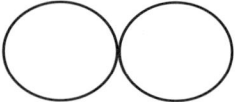

Abb. 35: Kontaktgrenze

---

47 In der Gestalttherapie wird diese Verschmelzung »Konfluenz« genannt, vgl. a. Dreitzel 2004, S. 55; Konfluenz tritt normalerweise im Kontakt zwischen Mutter und Säugling oder im sexuellen Kontakt auf, in den übrigen Kontexten gilt Konfluenz eher als unangemessene Verhaltensweise.

Abgrenzungen sind dann erforderlich, wenn ein anderer Mensch die eigene Grenze überschreitet oder zu überschreiten beabsichtigt oder die Überschreitung gewaltsam erzwingt. Kriterium ist das eigene Empfinden. Grenzüberschreitungen können als Versuche der Kontaktaufnahme verstanden werden, ohne dass die Kontaktgrenze eingehalten wird. Wenn mich jemand ungefragt berührt, wenn mich jemand ungefragt duzt, wenn jemand mich über vertrauliche Inhalte informiert, die ich nicht wissen will – immer dann und in vielen anderen Fällen ist es erforderlich, dass ich mich mit Klarheit abgrenze. Das muss nicht unfreundlich, aber eindeutig geschehen.

Grenzüberschreitungen treten häufig auf, wenn Erwachsene Kinder berühren oder gegen oder ohne deren Willen küssen. Die Achtung der Würde des anderen erfordert es – auch bei Kindern –, vor Berührungen oder Zärtlichkeiten verbal oder nonverbal, auf jeden Fall aber eindeutig, die Zustimmung des anderen einzuholen. Zum Erlernen einer gesunden Abgrenzung sollten Kinder darin unterstützt werden, bewusst Entscheidungen darüber zu treffen, wem sie Berührungen erlauben. Dabei schließe ich mich der Meinung an, dass nur ein eindeutiges »ja« auch ja bedeutet, alles andere bedeutet aus meiner Sicht nein. Massive Grenzüberschreitungen mit traumatischen Folgen für das Opfer stellen etwa sexuelle Übergriffe, körperliche Gewalt, Stalking, Mobbing oder seelische Verletzungen dar.

Bei Grenzkonflikten im sozialen Kontakt sind Beziehungsdefinitionen wesentlich: Wie wollen wir miteinander umgehen, welche Formen der Nähe und Distanz vereinbaren wir (meist nicht explizit), was ist akzeptabel, was nicht (siehe Benien 2008, S. 83 f)?

Persönliche Angriffe und Vertrauenskrise

Persönliche Angriffe können als »Angriffe auf das Selbstkonzept« (ebd.) verstanden werden und sind oft mit dem Gefühl der Kränkung, Entwertung oder Verletzung verbunden. Einer Vertrauenskrise liegt der Verdacht zugrunde, der andere sei nicht ehrlich, er taktiere vielmehr, ich fühle mich »geschickt« behandelt oder manipuliert und nicht ernst genommen (siehe ebd., S. 85 f). An dieser Stelle wird deutlich, dass auch die bloße Anwendung von Gesprächstechniken der Gefahr unterliegt, dass der Kommunikationspartner Echtheit und Authentizität vermisst und sich manipuliert fühlen kann.

Die eigenen Gefühle möglichst genau wahrnehmen zu können, ist die wichtigste Voraussetzung, um angemessen (re-)agieren zu können. Du-Botschaften helfen dabei nicht weiter, sondern Ich-Botschaften bzw. metakommunikative Äußerungen sind angemessen.

Rollenkonflikte

Ein weites Feld stellen die Rollenkonflikte dar. Zahlreiche Konflikte haben ihre Ursache in Unklarheiten hinsichtlich der Rollenkonstellation bzw. -definition.

Lehrer nehmen in ihrem beruflichen – und selbstverständlich auch im privaten – Alltag verschiedene Rollen ein. Im Unterricht kann eine Lehrperson Instrukteur, Lernberater, Erzieher, Kritisierer, Lobverteiler, Zuwendungsverteiler, Beurteiler, Entertainer, Elternersetzer und mehr sein. Bei einem Elterngespräch kann sie u. a. die Rollen Fachautorität, Berater, Informierer, Feedback-Geber, Konsequenzen-Aufzeiger einnehmen. In jedem Falle ist es von größter Bedeutung, sich selbst darüber im Klaren zu sein, welche Rolle man in der sozialen Konstellation in der konkreten Situation einnimmt und einnehmen will.

Konflikte innerhalb einer Rolle können z. B. auftreten, wenn es widersprüchliche Erwartungen anderer gibt, z. B. im Falle eines Aufstiegs einer Lehrkraft zur Schulleiterin oder zum Schulleiter an der Schule. Die ehemaligen Kollegen können die Erwartung haben, dass jetzt »einer von uns« in der Leitung ist. Die Schulaufsicht könnte z. B. erwarten, dass der neue Leiter endlich Ordnung in den Laden bringt. Beide Erwartungen schließen sich gegenseitig aus, treffen aber in der Person des neuen Leiters aufeinander und bereiten ihm möglicherweise ein Problem. Das Modell des Inneren Teams bietet eine gute Möglichkeit, um solche Konflikte zu diagnostizieren und mit ihnen umzugehen (s. a. den Abschnitt »Das Parlament in mir – Das Innere Team« in Kap. 2.3).

Ein Interrollenkonflikt tritt dann auf, wenn jemand zwei Rollen mit widersprüchlichen Aufgaben einnimmt, z. B. wenn eine Lehrkraft Fördervereinsvorsitzender wird.

Rollen können auch Konflikte implizieren. Wenn an der Schule z. B. Lehrerinnen und Schulsozialarbeiter arbeiten, die je unterschiedliche und sich z. T. widersprechende Aufgabendefinitionen haben, sind Kooperationskonflikte absehbar und in den Rollendefinitionen bereits angelegt.

Innere Konflikte

Konflikte, die sich in unserem Inneren abspielen, wirken auch nach außen. Die analogen Teile der Kommunikation – also Körperhaltung, Bewegung, Mimik, Gestik, Blick, Stimme – lassen Rückschlüsse auf unser inneres Befinden zu. Erfahrene Physiotherapeuten und in Körperarbeit geschulte Psychotherapeuten können z. B. aufgrund intensiver Wahrnehmung dieser Faktoren qualitativ gute Aussagen zum inneren Zustand der beobachteten Person machen. Jeder kennt die Erfahrung, dass aus dem Äußeren auf das Innere geschlossen werden kann, dass das Äußere Ausdruck des Inneren ist. Auch wenn wir glauben, bei dem Versuch erfolgreich zu sein, innere Zustände vor den Augen anderer Menschen zu verbergen, können wir sicher sein, dass uns das nur zum Teil gelingt.

Selbstkritik

Gehe ich mit mir selbst häufig mit Selbstvorwürfen und Selbstanklagen um, kann es sein, dass mein Agieren unklar und für andere verwirrend wirkt. Ein starker »Kritisierer« oder »Niedermacher« in meinem Inneren Team kann die Ursache dafür sein. »Äußerungen« des inneren Kritisierers (die natürlich nur ich selbst wahrnehme) können z. B. sein: »Ich mache ja eh alles falsch«, »Nichts gelingt mir«, »Dazu bin ich sowieso zu blöd« oder »Ich fühle mich oft völlig inkompetent«. Ein derart geprägtes Selbstbild bleibt selbstverständlich nicht geheim, sondern dringt, auch wenn ich es nicht verbal explizit mache, nach außen. Der entsprechende Appell (»Du stimmst mir doch sicherlich in meiner Selbsteinschätzung zu«) kann den Kommunikationspartner irritieren.

Ambivalenzkonflikte

Wenn zwei gegensätzliche Stimmen in meinem Inneren Team laut werden, denen ich als Oberhaupt beiden Recht gebe, dann kann das – kommt keine Einigung zustande – dazu führen, dass ich unklar nach außen agiere. Wenn mich z. B. die Frage beschäftigt, ob ich mich auf eine ausgeschriebene Fachleiter- oder Schulleitungsstelle bewerben soll oder nicht, kann die innere Verunsicherung auch nach außen dringen und mich unsicher agieren lassen, so dass mein Kommunikationspartner irritiert reagieren kann.

Innere Teamkonflikte

Manchmal reden viele Mitglieder des Inneren Teams durcheinander und melden unterschiedliche Bedürfnisse an. In solchen verwirrten Zeiten ist es nahezu unmöglich, nach außen hin klar und eindeutig zu agieren.

Bei den genannten inneren Konflikten hilft es, zunächst Klarheit und eindeutige Entscheidungen im Inneren zu treffen, um nach außen hin für das soziale Umfeld wieder klar agieren zu können. Beratung – professionell oder mit Kolleginnen oder Kollegen oder Freunden –, Coaching, Supervision oder Therapie können Auswege aus solchen inneren Konflikten sein.

»Ein Entschluss ist erst dann stimmig, wenn alle wesentlichen Stimmen berücksichtigt wurden und eine weise Entscheidung vorher abgeklärt hat, wer sich da im inneren Team zu Wort meldet« (Benien 2008, S. 82).

Selbstverständlich treffen wir alle nicht nur weise Entscheidungen, sondern auch solche, die nicht zu uns oder zur Situation passen. Es gehört zu einem friedvollen, nachsichtigen und gesunden Umgang mit uns selbst, wenn wir uns für solche Entscheidungen nicht geißeln, sondern uns selbst mit unseren Unzulänglichkeiten akzeptieren und lieben lernen.

Doppelkonflikte

Im komplizierten Geflecht der Konflikte gehören Doppelkonflikte zu denjenigen, die nicht leicht zu erkennen und zu diagnostizieren sind. Benien hat ein Schema entwickelt, mit dessen Hilfe Konflikte, die den Sach- und den Beziehungsaspekt betreffen, leichter zu diagnostizieren sind.

Tab. 7: Doppelkonflikte

		Beziehung	
		einig	uneinig
Sache	einig	Konfrontation bei doppelter Einigkeit	Beziehungskonflikt
	uneinig	Sachkonflikt	Doppelkonflikt

1. Die Haltung bei doppelter Einigkeit lautet etwa: »Wir sind uns einig darin, dass wir unterschiedlicher Meinung sind, und wir stimmen ebenfalls darin überein, wie wir mit diesem Sachverhalt umgehen wollen.« Dennoch kann es zu einer Konflikteskalation kommen, wenn z. B. Selbstwertbeschädigungen geschehen.
2. Die Haltung beim Beziehungskonflikt: »In der Sache könnten wir unsere Meinungsunterschiede gut behandeln, aber die Art, wie du mit mir umgehst, geht mir total auf die Nerven.«
Die Gefahr, dass der Beziehungskonflikt auf die Sachebene übertragen wird, ist groß. Metakommunikation kann dazu beitragen, die Situation zu klären und den Konflikt auf der Ebene zu behandeln, wo er besteht, nämlich auf der Beziehungsseite.
3. Die Haltung beim Sachkonflikt: »Ich werde meinen Standpunkt klar und eindeutig vertreten und dabei in der Art freundlich und wertschätzend sein.«
Dass diese Haltung zu den Zielvorstellungen für den Umgang mit unvermeidlichen Sachkonflikten darstellt, ist unmittelbar einsichtig. Dennoch ist es nicht leicht, eine solche Haltung in jedem Falle durchzuhalten. In der Gesprächsvorbereitung und -durchführung klar zwischen Sach- und Beziehungsebene zu trennen, kann es erleichtern, den anderen nicht wegen seiner abweichenden Meinung abzuwerten. Hartmut von Hentig nannte die Aufgabe: »Die Sachen klären, die Menschen stärken«.
4. Die Haltung beim Doppelkonflikt: »Wir sind inhaltlich sehr unterschiedlicher Meinung und auch dein Umgang mit mir gefällt mir gar nicht.«
In diesem Fall stellt die weitere Kooperation eine echte Herausforderung dar, wenn die Kommunikation nicht in Gezänk ausarten soll. Es ist eine hohe Kunst, beide Ebenen zu trennen und nacheinander die Konflikte zu behandeln, wobei der Beziehungskonflikt als erster geklärt werden sollte (siehe Benien 2008, S. 91–100).

Konfliktverlagerung

Häufig werden Konflikte von der Ebene, auf der sie eigentlich bestehen, auf eine andere Ebene verlagert. Dies geschieht meist unbewusst und nicht beabsichtigt, kann aber auch bewusst in der Absicht der Manipulation des Kommunikationspartners geschehen.

- *... von der Beziehungsebene auf die Sachebene:* Wir alle kennen wahrscheinlich die Pseudo-Scharmützel auf der Sachebene, wenn eigentlich ein Konflikt auf der Beziehungsebene besteht. Mir fallen Situationen aus Lehrerkonferenzen ein, bei denen auf der Sachebene um zu vernachlässigende Kleinigkeiten intensiv gerungen wurde, im Grunde aber eine Beziehungsstörung zugrunde lag und eigentliches Thema gewesen wäre, z. B. ein Machtkampf oder ein Buhlen um Zuwendung durch den Schulleiter oder die Schulleiterin.
- *... von außen nach innen:* Konflikte werden nicht in der Außenwelt, sondern im Inneren ausgetragen. Introjekte, d. h. normative Sätze, die unreflektiert sind (nach gestalttherapeutischer Theorie nicht »verdaut«, sondern »hineingeworfen«), das eigene Selbstbild bestimmen, spielen eine entscheidende Rolle. (Solche Sätze können z. B. sein: »Kinder, die was wollen, kriegen was auf die Bollen«, oder »Du bist doch eh zu nichts nütze«.)
Introjekte führen häufig dazu, dass dem Inneren Team ein »innerer Niedermacher« oder Kritiker angehört, der seine Aufgabe oft mit Ausdauer und Konsequenz betreibt (s. a. Dreitzel 2004).
Unterdrückung von Gefühlen kann zu Somatisierung und/oder Depression führen.
- *... von innen nach außen:* Der andere wird zur Leinwand meines Inneren. Diesen Prozess der Projektion (Schulz von Thun: »Wozu ich nicht recht stehen kann, das häng‹ ich einem andern an«, zit. n. Benien 2008, S. 108) bei sich selbst wahrzunehmen und zunächst einmal offen zu sein für eine solche Wahrnehmung, kann zu überraschenden Einsichten führen. Wichtig dabei ist eine wertschätzende Haltung sich selbst gegenüber. Aspekte können u. a. sein:
    - Mir besonders unsympathische Menschen repräsentieren vielleicht Anteile in mir, die ich an mir nicht mag oder ablehne.
    - Motto: Ich kenne einen Menschen – nämlich mich – der diese Teile auch hat, so ungern ich es auch wahrhaben möchte.
- *Übertragung*[48]: Ich übertrage meine Gefühle gegenüber jemandem – meist aus der Kindheit – auf andere Menschen. (»Ich kannte einen Menschen, der so war wie du und der mir zu schaffen gemacht hat.«)
Auch hinsichtlich Lehrern finden in der Rolle als Unterrichtende, aber auch in der Beraterrolle Übertragungsprozesse statt. Schüler übertragen z. B. Elternrollen auf Lehrer, Schülereltern wiederum eigene Elternrollen.
- *Als Gegenübertragung bezeichnet man den Prozess, diese Übertragungsrolle anzunehmen. Beispiel:* Wenn eine Schülerin die Vaterrolle auf mich als Lehrer überträgt, kann ich das u. a. dadurch feststellen, dass ich ggf. selbst Vatergefühle für diese Schülerin entwickele (Gegenübertragung).

---

48 Der in der Psychotherapie wesentliche Begriff der Übertragung – und auch der der Gegenübertragung – kann hier nicht ausführlich behandelt werden. Wenn ich mich in einer Beraterrolle befinde, ist es aber wichtig, die wesentlichen Aspekte des Übertragungsphänomens zu kennen, um Erklärungen für bestimmte Verhaltensweisen meines Kommunikationspartners zu finden.

- *Die Kenntnis und die Wahrnehmung dieser Prozesse ist wichtig, um angemessen agieren zu können.* Diese Mechanismen wirken immer – ob ich sie wahrnehme, ob sie mir bewusst sind oder nicht. Voraussetzung professionellen Kommunikationsverhaltens sind a) das Wissen über die Zusammenhänge, b) das Bewusstsein seiner selbst in Kommunikationssituationen (besonders im Konfliktfall) sowie c) das Verfügen über Handwerkszeug, um mich konkret verhalten zu können.
- *… in Teams durch Feindbilder nach innen:*
  - Außenseiter
  - Systemisch gesprochen: »Symptomträger«
- *… in Teams durch Feindbilder nach außen:*
  - »Falsche« Harmonie nach innen
  - Stärkung des inneren Zusammenhalts durch äußere Feindbilder

4.6 Umgang mit Konflikten

Einen angemessenen Umgang mit Konflikten zu beherrschen, stellt die Königsdisziplin der Kommunikation dar. Es geht, wenn man selbst im Konflikt emotional engagiert ist, darum, diese Emotionen zu erleben und zugleich in der Lage zu sein, aus der Situation hinauszutreten und das Gespräch zu strukturieren. Schulz von Thun weist zu Recht darauf hin, dass es nicht darum gehen kann, sich emotional völlig aus Kommunikationssituationen auszublenden und cool zu agieren (Motto: »Das ist alles nicht mein Problem!«); damit wäre das Gebot der Authentizität verletzt. Den Mittelweg zu finden zwischen eigenem Schutz z. B. vor verbalen Angriffen, völliger Coolness und gutem Kontakt mit dem Gegenüber ist eine hohe Kunst, die nicht allein durch die Lektüre eines Buches erlernt werden kann. In jedem Falle gehören weitere Elemente dazu, die das kognitive Verstehen von Zusammenhängen ergänzen:

- *Selbsterfahrungsanteile:* Ich muss etwas über mich und meine bevorzugten emotionalen Reaktionen erfahren und kennenlernen, um ggf. zu Modifikationen zu gelangen.
- *Erfahrungen:* Erproben und Anwenden von Handlungsweisen im geschützten Rahmen z. B. von Fortbildungsmaßnahmen.
- *Handwerkszeug:* Hilfreiche und weniger hilfreiche Elemente und Alternativen gilt es kennenzulernen, um den eigenen Handwerkskoffer füllen zu können.
- *Entwicklung eines eigenen Stils:* Wie in der Kommunikation insgesamt gilt es im Falle des Umgangs mit Konflikten in besonderer Weise, aus den genannten Elementen einen eigenen Sprach-, Verhaltens- und Verarbeitungsstil zu entwickeln.

Glasl entwickelt ein Strategiemodell für die Konfliktbehandlung, das sich an den Eskalationsstufen orientiert (Glasl 2011, S. 396 ff).

Tab. 8: Strategien in Eskalationsstufenbereichen

Eskalationsstufenbereich	Strategie
1–3	Moderation Supervision
3–5	Prozessbegleitung
4–6	System-therapeutische Prozessbegleitung
5–7	Klassische Vermittlung (Mediation)
6–8	Schiedsverfahren
7–9	Machteingriff

Reframing, Konfliktvermeidung, Konfliktprophylaxe und Konflikteskalation bzw. -deeskalation

Eine sehr wirksame Strategie des Umgangs mit Konflikten ist die, dafür zu sorgen, dass Konflikte erst gar nicht entstehen. Wie kann ich das Entstehen von Konflikten vermeiden, was kann ich prophylaktisch tun? Glasl sieht drei Ebenen der Prävention.

- Erstens sei »dies möglich, indem wir u. a. die bestehende Organisation und Führung regelmäßig nach vorhandenem Konfliktpotential untersuchen. Wir tun dies mit Instrumenten, die wir als ›Methoden der Gesundenuntersuchung‹ bezeichnen.«
- Eine zweite Ebene stellt der Prozess dar: »Schulung in Kommunikation, im Umgehen mit Druck und Stress usw.«
- Maßnahmen der dritten Ebene haben zum Ziel, »dass im Konfliktfall der Schaden möglichst begrenzt wird.«
(Glasl 2011, S. 313 f)

Deeskalierende Maßnahmen haben zum Ziel, die Eskalation zu reduzieren, z. B. durch Bewusstmachen der nicht gewünschten Wirkungen oder der »verzerrten Perzeptionen« bei den Konfliktparteien (ebd., S. 314). Es kann aber auch richtig sein, einen Konflikt bewusst »anzuheizen«, z. B. einen kalten Konflikt zu einem heißen (s. Kap. 4.4) eskalieren zu lassen, um den Konflikt klarer erlebbar und damit bearbeitbar zu machen (ebd., S. 315). Kurativ nennt Glasl Maßnahmen, die eingesetzt werden, um einen bereits vorhandenen Konflikt zu lösen, zu begrenzen oder zu regeln (ebd., S. 314).

Wie bei allen Gesprächen kann niemand vorhersagen, welche Folgen bestimmte Maßnahmen haben. Ebenso wenig kann im Vorhinein eine bestimmte Methode als die einzig angemessene bezeichnet werden. Die Wahl der Methoden ist davon abhängig, über welche Kompetenzen die beteiligten Personen verfügen, welche persönlichen Verhaltensoptionen im Repertoire vorhanden sind (Körpersprache, Selbstwertgefühl, Stimme usw.), welche Verhaltensmöglichkeiten sich aus dem Status ergeben, und schließlich davon, welchen persönlichen Stil die beteiligten Personen pflegen. Ein *Beispiel* mag dies verdeutlichen:

> Häufig verlaufen Konflikte in Lehrerkollegien derart, dass bestimmte Personen und Gruppen bestimmte Positionen vertreten. Sehr kurz ist daher der Weg von der sachlichen Auseinandersetzung zur persönlichen Attacke. Wenn es zum Stil und zum Repertoire der Konferenzmoderation durch Schulleitung und/oder Steuergruppe gehört, konfliktprophylaktisch zu arbeiten, könnten z. B. in einer Lehrerkonferenz zunächst alle Argumente für Position A gesammelt werden (durch alle!), anschließend alle Argumente für Position B. Personen und Positionen sind dann getrennt. Das hat zum einen den Vorteil, dass tatsächlich sachlich im dritten Schritt abgewogen werden kann und das Konfliktpotenzial reduziert wird; zum anderen werden Personen weniger mit bestimmten Rollenerwartungen verbunden und können sich von Fall zu Fall flexibler verhalten.
>
> Eine solche Vorgehensweise ist selbstverständlich davon abhängig, dass die Konferenzleitung eine solche Methode kennt und es wagt, sie zu erproben. Transparenz ist dabei ein wesentliches Element, eine abschließende Methoden-Evaluation, z. B. über ein Blitzlicht, ist wichtig für die Fortführung der Arbeit.

Reframing bedeutet »Umdeutung« (s. a. den Abschnitt »Im Fokus: Der Mensch – Humanistische Psychologie« in Kap. 2.1.; Online-Quelle 32).

> *»Ein orientalischer König hatte einen beängstigenden Traum: Er träumte, dass ihm alle Zähne, einer nach dem anderen, ausfielen. Beunruhigt rief er seinen Traumdeuter herbei. Dieser eröffnete dem König sorgenvoll: ›Ich muss dir eine traurige Mitteilung machen. Du wirst deine Angehörigen, einen nach dem anderen verlieren, ähnlich wie deine Zähne, die im Traum ausfielen.‹ Dies erzürnte den König, und er ließ den Mann in den Kerker werfen. Ein zweiter Deuter wurde geholt. Er hörte sich den Traum an und sagte: ›Ich bin glücklich, dir eine freudige Mitteilung machen zu können: Du wirst älter werden als alle deine Angehörigen, du wirst sie alle überleben.‹ Der König war hoch erfreut und belohnte den Mann reichlich.«* (Schwing/Fryszer 2009, S. 242 f)

Der Inhalt ist in beiden Fällen identisch, der zweite Deuter orientiert seine Art der Darstellung an der Frage, was wohl dem König gefallen könnte.

Bandler und Grinder führen das folgende Beispiel für die Arbeitsweise Virginia Satirs an, die in der Familientherapie das inhaltliche Reframing als eines ihrer wichtigsten Handwerkszeuge betrachtet.

> »Der Vater war Bankier und wird als steifer Kerl beschrieben. Die Mutter war Hausfrau und wird als beschwichtigende Person beschrieben. Der Vater beklagt sich in einer der Therapiesitzungen über die Sturheit der Tochter und wirft der Mutter vor, bei der Erziehung Fehler diesbezüglich gemacht zu haben. Als er diese Vorwürfe wiederholt, drehte sich Virginia Satir zu ihm um, sah ihn an und meinte: ›Sie sind doch ein Mann, der es im Leben zu etwas gebracht hat. Stimmt das?‹

Mann:	›Ja.‹
Satir:	›Wurde Ihnen das alles einfach geschenkt? Gehörte die Bank Ihrem Vater und er brauchte nur zu sagen, nimm sie, du bist der Präsident?‹
Mann:	›Nein, nein. Ich habe mich hochgearbeitet.‹
Satir:	›Dann sind Sie ganz schön beharrlich, nicht wahr?‹
Mann:	›Ja.‹
Satir:	›Nun gut, es gibt also einen Teil von Ihnen, der es Ihnen ermöglicht hat, dort hinzukommen, wo Sie sind, und ein guter Bankier zu sein. Und manchmal müssen Sie Menschen Dinge abschlagen, die Sie ihnen lieber gewähren würden, einfach weil sie wissen, dass später etwas Unangenehmes daraus erwachsen könnte, wenn sie es täten.‹
Mann:	›Ja.‹
Satir:	›Gut, es gibt einen Teil von Ihnen, der stur genug ist, um sie auf verschiedene Weise effektiv zu schützen.‹
Mann:	›Nun ja. Aber Sie wissen, dass man solche Dinge nicht außer Kontrolle geraten lassen kann.‹
Satir:	›Jetzt möchte ich, dass Sie sich umdrehen und ihre Tochter anschauen und sich unmissverständlich klar machen, dass Sie ihr beigebracht haben, stur zu sein und für sich einzustehen, und dass das etwas Unbezahlbares ist. Diese Fähigkeit, die Sie ihr mitgegeben haben, kann man nicht kaufen, und vielleicht kann sie ihr das Leben retten. Stellen Sie sich vor, wie wertvoll diese Fähigkeit sein wird, wenn Ihre Tochter zu einer Verabredung mit einem Mann geht, der schlechte Absichten hat.‹«

(Bandler/Grinder 2005, S. 21, s. a. Plate 2015, S. 143–163)

Schwing und Fryszer führen etliche Beispiele von Einsatzmöglichkeiten des Reframings an, die u. a. auch von Lehrkräften genutzt werden können:

- Die Verhaltensauffälligkeit eines Schülers, die man auch als Kompetenz verstehen kann, die Lehrkräfte gegen sich aufzubringen und den Unterricht effektiv zu stören. Zielrichtung: Wie kann der Schüler lernen, diese Kompetenz (u. a. Situationen »lesen«, Schwachstellen anderer Menschen entdecken, effektive Mittel finden) einzusetzen, ohne sich und anderen zu schaden?
- Das Verhalten wird als Ausdruck guter Absichten gedeutet: »Du verwendest viel Energie darauf, ein guter Clown zu werden und deine Mitschüler zum Lachen zu bringen, das kannst du inzwischen richtig gut.«
- Zur Mutter, die ihren Kindern kaum Grenzen setzt: »Sie setzen alles daran, dass Ihre Kinder Sie lieben, und das tun Ihre Kinder auch. Könnte es sein, dass sie Sie noch mehr lieben könnten, wenn Sie ihnen etwas mehr Halt geben?«

(Schwing/Fryszer 2009, S. 242 ff)

Wie kommt man zu Äußerungen, die ein Reframing, eine Umdeutung bedeuten? Schwing und Fryszer nennen fünf Schritte:

1. »Notieren Sie: Was ist es genau, das stört? Beschreiben Sie das störende Verhalten konkret und ohne Wertung.
2. In welchen Kontext könnte das störende Verhalten passen? Wo, in welchen Situationen war es einmal sinnvoll oder könnte es noch immer sinnvoll sein?
3. Welche Fähigkeiten zeigen sich in dem Verhalten? Was muss er/sie können, um sich so aufzuführen? Wo könnte er/sie diese Fähigkeit anders oder sinnvoller einsetzen?

4. Was möchte der/die Betreffende bewusst oder unbewusst damit erreichen? Welcher positive Zweck, welche gute Absicht könnte darin liegen?
5. Welche alternativen Verhaltensweisen könnten die Person dem Ziel ebenfalls oder besser näher bringen? Was könnte und müsste er/sie dazulernen?«

(ebd., S. 248)

Vermeidung von Konfrontation

Konfrontationen zu vermeiden, kann eine Angelegenheit sein, die auf verschiedene Mitspieler im Inneren Team zurückgeht.

- Es kann Ausdruck methodischer Geschicklichkeit und des Ernstnehmens sein, im Unterricht einen Schüler, der sehr in Rage ist und Mitschüler oder Lehrerinnen oder Schulleitung (oder alle zusammen) wüst beschimpft, dadurch »leerlaufen zu lassen«, dass der Lehrer oder die Lehrerin sich ans Pult setzt und ihm einfach mit dem Selbstoffenbarungs-Ohr zuhört, ohne zu widersprechen – in dem Wissen, dass bald das Pulver verschossen sein wird und momentan nicht mit dem Schüler zu reden ist. Ohne Sarkasmus und Ironie kann der Lehrer bzw. die Lehrerin dem Schüler anschließend ein Gespräch unter vier Augen vorschlagen und dabei auf dessen Problem eingehen, das wahrscheinlich deutlich geworden ist. Selbstverständlich kann die Lehrkraft auch sofort die Konfrontation annehmen.
- Die Konfrontation zu vermeiden, kann aber auch Ausdruck von Ängstlichkeit und/oder Mangel an Durchsetzungsfähigkeit hinsichtlich der eigenen Bedürfnisse sein. Wer einen Stundenplan erhält, der täglich zwei Freistunden enthält, und »um des lieben Friedens willen« nicht die Konfrontation sucht, sorgt möglicherweise nicht gut für sich. Der »liebe Frieden« geht oft zu Lasten dessen, der ihn will. Denken Sie daran: Klarheit geht vor guten Gefühlen.
- Die Konfrontation zu vermeiden, kann aber auch direkt der Gesundheit guttun. Wenn mich abends im Park eine Horde angetrunkener Jugendlicher anmacht, werde ich gut daran tun, nicht auf die verbalen und nonverbalen Provokationen zu reagieren, sondern mein Augenmerk darauf zu richten, unbeschadet aus der Situation hinauszukommen.

Herunterspielen

Ebenfalls deeskalierend kann es wirken, wenn die Bedeutung des Konflikts heruntergespielt wird. »Wir haben im Moment zwar diesen Konflikt, aber ansonsten arbeiten wir doch gut zusammen, oder?« kann etwa die Aussage lauten. Wenn ein massiver Konflikt von zwei kleineren begleitet wird, kann es sinnvoll sein, zunächst mit den beiden kleineren zu beginnen, um deutlich zu machen: »Wir beide sind in der Lage, mit Konflikten umzugehen, da brauchen wir keine Sorge zu haben, was den großen Konflikt angeht, das schaffen wir ebenfalls!«

Körpersprache

Im Abschnitt »Die vier Ebenen der Kommunikation« in Kapitel 2.3 habe ich nonverbale Kommunikation behandelt; im Zusammenhang mit Konflikten wird die Körpersprache besonders wichtig. Wenn ich sehr aufrecht mit hochgerecktem Kinn und verschränkten Armen auf den anderen hinabblicke, sage ich meinem Gegenüber: »An Kompromissen bin ich nicht interessiert, ich will gewinnen!«. Gerade in emotional aufgeladenen Konfliktsituationen sind wir sehr sensibel auch für kleine nonverbale und körpersprachliche Äußerungen wie z. B. ein Hochziehen der Augenbraue, eine kleine abwertende Handbewegung o. Ä.

Konfrontation

Für viele Menschen gehört es zu den mit Schwierigkeiten verbundenen Verhaltensweisen, Mitmenschen mit der eigenen Meinung, dem eigenen Standpunkt und der eigenen Haltung zu konfrontieren.

- In manchen Situationen ist Konfrontation unvermeidlich. Wenn eine Lehrerin oder ein Lehrer auf dem Schulhof bemerkt, dass mehrere Schüler einen Mitschüler körperlich attackieren, wenn ich als Bürger eine solche Situation im Bus oder auf der Straße mitbekomme, wenn im Fußballstadion dunkelhäutige Spieler beschimpft werden: Immer ist Zivilcourage gefragt (bzw. bei Lehrern auf dem Schulhof auch die Pflichterfüllung), gegen Gewalt, Mobbing und Ausgrenzung vorzugehen.
- Selbstverständlich ist Konfrontation abhängig vom Standing bzw. von der Einschätzung, wann die eigene Unversehrtheit gefährdet wird, von Mut und auch von körperlicher Konstitution. Das Eintreten für andere, z. B. gegen Rechtsradikalismus, das Nicht-Wegsehen, das Sich-Einmischen sind soziale Tugenden, die auch persönlich gefährlich sein können. Es gibt Beispiele von mutigen Personen, die ihre Einmischung mit dem Leben bezahlt haben.

  Konfrontation ist in solchen Fällen auch mit Angst verbunden. Es kann nicht darum gehen, die moralische Tugend der Zivilcourage zu fordern, ohne die berechtigte Angst vor persönlichen Nachteilen oder Gefährdungen als ebenso wichtigen Aspekt zu berücksichtigen. Vielleicht ist es richtig, in der konkreten Situation das eigene Empfinden als Maßstab zu nehmen und auch beim Gespräch über solche Situationen auf ideologische Normen zu verzichten.

Konfrontation kann aber auch bedeuten, die eigenen Bedürfnisse zu äußern. Du willst ins Kino gehen, ich aber lieber ins Theater, also müssen wir uns einigen. Wenn ich mein Bedürfnis öfter verschweige, nehme ich mich nicht ernst und gefährde letztlich das, was zu schonen ich vorgebe: die Beziehung.

Suche ich aber die Konfrontation um jeden Preis, geht es um Sturheit und Intoleranz. Auch in Kleinigkeiten auf meiner Position zu beharren, in jeder Auseinandersetzung Recht haben zu wollen, Nachgeben als Schwäche zu empfinden – all diese Verhaltensweisen haben Gründe, über die sich ein Gespräch auf der Metaebene lohnen würde. Für die Mitmenschen ist das Verhalten selbst problematisch und anstrengend.

Prozessorientierte Konfliktmoderation (Konfliktregulation ohne eigene Beteiligung)[49]

»Der Moderator kann darauf vertrauen, dass die Parteien die Konflikte nach einigen Interventionen selbst bewältigen können«, sagt Glasl (Glasl 2011, S. 396).

Diese Fähigkeit zur Moderation von Konflikten sollte zum Basishandwerkszeug von Lehrern gehören, weil Konflikte der Stufen 1 und 2 nach Glasl (siehe Auflistung in Kap. 4.3) im schulischen Alltag häufig auftreten und nur selten ein externer Moderator zur Verfügung steht. Die Moderationskompetenz fasse ich unter die Kommunikations-, Gesprächsführungs- und Beratungskompetenz, um die es in diesem Buch geht.

Für Schulleitungsmitglieder ist die Moderationskompetenz unerlässlich. Konfliktprophylaxe und Konfliktmoderation erfordern moderative Fähigkeiten, die wesentlichen Einfluss auf das Kooperationsklima zwischen allen beteiligten Gruppen in der Schule haben. Dabei ist es von entscheidender Bedeutung, dass die Schulleitungsmitglieder ihre eigene Rolle jeweils einschätzen können: Handle ich in der konkreten Situation als Entscheider oder als Unterstützer? Von der Antwort auf diese Frage hängt wesentlich die Wahl der Methode ab. Es gilt die Balance zwischen diesen beiden Rollen zu finden. Ein Schulleiter, der ausschließlich als Entscheider auftritt, wird als autoritär erlebt werden und mit viel Widerstand zu rechnen haben; einer, der sich nur als Unterstützer und Moderator versteht, wird als führungsschwach erlebt werden und die unterschiedlichen Strömungen in der Schule nicht koordinieren und auf gemeinsame Ziele ausrichten können. In beiden Fällen dürfte es zu einer größeren Zahl von Konflikten kommen, im ersten Falle wahrscheinlich eher kalte, im zweiten Fall eher heiße Konflikte (s. a. Bartz 2005b). Das gilt in modifizierter Weise analog auch für Lehrkräfte in Bezug auf den Unterricht.

Prozessbegleitung

Der Übergang von der Moderation zur Prozessbegleitung ist fließend. Das Ziel der Begleitung ist das gleiche wie das der Moderation. Die Begleitung ist jedoch ein zeitlich längerer Prozess, der dazu führen soll, dass die Konfliktparteien »das Wissen und die Fähigkeiten erworben [haben], in Zukunft Konflikte weitgehend selbständig zu bewältigen« (Glasl 2011, S. 408).

---

49 Siehe dazu ausführlich Kapitel 6.1, »Das Konfliktmoderationsgespräch«.

Mediation

Wenn der Konflikt die Eskalationsstufen 5–7 erreicht hat, »erscheint den Parteien der Konflikt bereits so schwer lösbar, dass sie keine Möglichkeiten für kooperative Konfliktbehandlung zu sehen«. Interesse scheint nur noch zu sein, »weiteren Schaden einzuschränken oder zu vermeiden« (ebd., S. 418). König und Volmer formulieren weiter: Mediation umfasst »alle Verfahren der Konfliktlösung, in denen ein neutraler Dritter ohne eigentliche Entscheidungsgewalt versucht, sich im Streit befindenden Personen auf dem Weg zu einer Einigung zu helfen« (Altmann, zit. n. König/Volmer 2008, S. 357). Damit wäre Moderation ebenso eingeschlossen wie die Streitschlichtung, die sich ja in etlichen Schulen etabliert hat. Die Begriffe werden in der Literatur uneinheitlich verwendet.

An dieser Stelle möchte ich Mediation und Streitschlichtung in der Schule als Moderations- und Mediationsverfahren bezeichnen und das Schiedsverfahren, das wir z. B. aus Tarifverhandlungen oder aus der Tätigkeit von Ombudsleuten kennen, davon unterscheiden (s. u.). Der Vermittler hat keine Entscheidungsbefugnis. Nach Glasl wollen in der vierten bis sechsten Eskalationsstufe die Parteien nichts mehr gemein haben, sie sind jedoch in gewisser Weise abhängig voneinander und haben deshalb ein gemeinsames Interesse an einer Regelung (Glasl 2011, S. 418).

Schiedsverfahren

Bei einem Schiedsverfahren (oder Schlichtungsverfahren) handelt es sich um ein formelles Verfahren mit einem klaren Auftrag an die Schiedsperson, die von den Parteien akzeptiert wird und die über Entscheidungsbefugnis verfügt.

Machteingriff

»Wenn die Konfliktregulatoren versagen und andere Bemühungen um eine Beilegung des Konflikts fehlgeschlagen sind, dann kann ein Machteingriff angebracht sein«, schreibt Glasl (ebd., S. 399). Die Autorität mit Entscheidungsmacht greift ein, um einen Konflikt zu regulieren, zu beenden oder zu lösen, z. B. der Schiedsrichter beim Fußball, eine Lehrerin oder ein Lehrer zwischen zwei streitenden Schülern, ein Schulleiter angesichts einer nicht endenden Diskussion in der Lehrerkonferenz, die eine baldige Entscheidung erfordert (vgl. a. ebd., S. 432 ff).

Die Methode des 6-Hut-Denkens[50]

Eine Methode, mit Konflikten und Problemen moderativ umzugehen, stellt die von Edward de Bono entwickelte Methode des 6-Hut-Denkens dar, die ich hier in der Version von Ralf Senftleben einfüge:

»Ob beruflich oder privat – wir stehen immer wieder vor komplexen Problem- oder Fragestellungen, die wir nur dann effektiv und kreativ lösen können, wenn wir in der Lage sind, das Problem auf verschiedene Arten anzugehen. Das 6-Hut-Denken ist ein Instrument, das es Ihnen ermöglicht, systematisch unterschiedliche Positionen zu einer Frage einzunehmen und so verschiedene Denkansätze durchzuspielen. Auf diese Weise erhalten Sie sehr viel mehr Problemlösungen oder Ideen, als wenn Sie nur auf einem Standpunkt beharren. Die Methode kann von einer Person allein oder innerhalb von Gruppen eingesetzt werden. Sie ist schnell zu erlernen und ohne materiellen oder organisatorischen Aufwand durchzuführen.

Verschiedene Sichtweisen führen zu unterschiedlichen Lösungsansätzen
Probleme und Fragestellungen können sehr komplex sein. Um diese Komplexität zu erfassen, müssen wir das Problem von möglichst vielen Seiten beleuchten. Oft fällt es uns aber schwer, eine Sichtweise oder eine einmal eingenommene Position loszulassen. Dann halten wir zu sehr an dem Vertrauten fest und stehen uns damit selbst im Weg.

Die Fähigkeit zu einem schnellen, flexiblen Umdenken und das Vermögen, verschiedene Standpunkte sehen zu können, sind in Diskussionen, Problemlösungs- oder auch Entscheidungsprozessen sehr hilfreich. Eine solche Denkweise wird der Komplexität von Prozessen oder Problemen gerecht und eröffnet uns vollkommen neue Lösungswege und damit Möglichkeiten.

Das 6-Hut-Denken fördert das flexible Umdenken
Das flexible Umdenken ist eine Fähigkeit, die wir erlernen und trainieren können. Was uns anfangs noch so schwer erscheint, wird dann immer mehr zur Gewohnheit. Das 6-Hut-Denken ist hierbei sehr hilfreich.

Das Grundprinzip des 6-Hut-Denkens
Die Methode beruht auf folgendem Modell: Jedem von uns stehen verschiedene ›Hüte‹ zur Verfügung, die symbolhaft für eine bestimmte Denkrichtung stehen (z. B. kritisch, kreativ, neutral, usw.). Diese Hüte können wir nach Belieben und Bedarf aufsetzen und somit unsere jeweilige Denk- und Sichtweise verändern.

Die Hüte haben verschiedene Farben
Jeder Hut hat eine andere Farbe. Die Farben symbolisieren die jeweilige Einstellung, die man mit dem entsprechenden Hut bekommt. Insgesamt stehen sechs verschiedene Hüte zur Verfügung. Damit ist die Zahl der verschiedenen Möglichkeiten übersichtlich und trotzdem vielseitig genug. Wenn Sie sich nun einem Problem oder einer Fragestellung gegenübersehen, können Sie systematisch alle sechs Hüte aufsetzen und Ihre Erkenntnisse zu der jeweiligen Denkrichtung aufschreiben. Dann erhalten Sie ein sehr umfassendes Bild von dem Problem.

---

50 Ralf Senftleben in Online-Quelle 32, s. a. Online-Quelle 33.

Der weiße Hut: Objektivität und Neutralität
Der weiße Hut steht dafür, Informationen zu sammeln, ohne sie zu werten. Wer den weißen Hut aufsetzt, ist einem Computer ähnlich: Nun zählen nur die nackten Fakten und Zahlen. Versuchen Sie, mit dem weißen Hut auf dem Kopf, sich konsequent freizumachen von allen Emotionen oder Urteilen – keine Angst, Sie müssen Ihre Gefühle ja nicht für immer wegschieben, denn mit einem anderen Hut können Sie alle Ihre Gefühle herauslassen! Der Träger des weißen Huts verschafft sich einen objektiven Überblick über alle verfügbaren Daten und Informationen – vollkommen unabhängig von der persönlichen Meinung. Dieser Hut wird häufig zu Beginn einer Diskussion oder eines Prozesses aufgesetzt, um einen ersten Überblick zu erhalten.

Der rote Hut: das ganz subjektive Empfinden, die persönliche Meinung
Ganz im Gegensatz zum weißen Hut steht der rote Hut nun für Emotionen. Lassen Sie alle Gefühle zu, die in Ihnen sind. Gemeint sind sowohl positive als auch negative Gefühle, wie z. B. Ängste, Freude, Zweifel, Hoffnungen, Frustration oder was auch immer. Zusätzlich geht es hier aber auch um ›allgemeinere‹ Ansätze, wie z. B. Intuition. Lassen Sie mit dem roten Hut immer Ihren Bauch sprechen, nicht den Kopf. Als Träger des roten Hutes können Sie alles äußern, was Sie in sich fühlen, unabhängig davon, wie klar Sie es artikulieren können oder ob die anderen in der Gruppe etwas damit anfangen können. Alles Diffuse, alles Gefühlsmäßige kann mit dem roten Hut ausgesprochen werden, ohne dass Sie sich rechtfertigen müssen.

Der schwarze Hut: objektiv negative Aspekte
Beim schwarzen Hut geht es darum, die objektiv negativen Aspekte des Problems oder der Fragestellung zu finden. Dazu gehören Bedenken, Zweifel, Risiken – also alle sachlichen Argumente, die gegen ein Projekt bzw. eine Entscheidung sprechen oder die eine Fragestellung verneinen. Wer den schwarzen Hut aufsetzt, strebt an, objektiv (!) alle negativen Aspekte eines Themas herauszufinden, z. B.: ›Gegen dieses Projekt spricht…‹, ›Die objektiv erkennbaren Gefahren unseres Vorhabens sind…‹. Bringen Sie hier aber bitte wirklich nur objektive Bedenken an und nicht Ihre persönlichen negativen Gefühle – diese werden mit dem roten Hut geäußert.

Der gelbe Hut: objektiv positive Aspekte
Der gelbe Hut steht für das Gegenteil des schwarzen Huts: Hier geht es darum, das objektiv Positive zu entdecken. Wer den gelben Hut aufsetzt, hat die Aufgabe, Chancen oder Pluspunkte zu finden, aber auch realistische Hoffnungen und erstrebenswerte Ziele zu formulieren. Auch hier geht es wieder darum, die positiven Aspekte aus einer möglichst objektiven Sicht zu erkennen und nicht aus einer Gefühlsstimmung heraus (so gehört z. B. Euphorie zum roten Hut). Hier geht es auch noch nicht darum, Ideen zu entwickeln (grüner Hut), sondern um das Erkennen aller Aspekte, die für ein Projekt, eine Entscheidung oder eine Idee sprechen.

Der grüne Hut: hin zu neuen Ideen
Dieser Hut steht für die Kreativität, für Wachstum und für neue Ideen. Wer diesen Hut trägt, begibt sich auf die Suche nach Alternativen. Der grüne Hut befähigt, über das hinauszudenken, was bereits getan wird oder angedacht ist. Mit dem grünen Hut können Sie Kreativitätstechniken einsetzen oder auch das Mittel der Provokation nutzen, um andere zum Widerspruch zu reizen. Träger des grünen Huts dürfen alles formulieren, was zu neuen Ideen und Ansätzen führt, unabhängig davon, wie verrückt oder unrealistisch die Ideen sind. Mit dem grünen Hut auf dem Kopf sind kritische Bemerkungen untersagt (dafür steht der schwarze Hut).

Der blaue Hut: Dirigent sein
Der blaue Hut steht für Kontrolle und für die Organisation des gesamten Denkprozesses. Wer den blauen Hut trägt, begibt sich auf die sogenannte Metaebene, blickt also von einem übergeordneten Punkt auf den gesamten Prozess und erlangt so einen Überblick. Die

Aufgaben des Trägers des blauen Huts bestehen z. B. daraus, die Ergebnisse zusammenzufassen oder Entscheidungen darüber zu treffen, welche Hüte im weiteren Prozess überhaupt oder noch einmal aufgesetzt werden müssen. Oft wird dieser Hut am Ende einer Sitzung aufgesetzt. Es bietet sich aber auch an, dass eine Person den blauen Hut über den ganzen Prozess hinweg aufbehält und somit Moderator der Besprechung, Diskussion oder Problemlösung ist.

Ein Team wird zusammengestellt

Für das nächste Treffen wird ein Team von fünf bis sechs Personen zusammengestellt, dessen Mitglieder aus möglichst unterschiedlichen Gruppen des Kollegiums und Arbeitsbereichen der Schule kommen sollten. Voraussetzung für den Prozess ist, dass das Thema für alle Teilnehmenden eindeutig klar ist.

Erster Schritt: Alle setzen gemeinsam die verschiedenen Hüte nacheinander auf.

Beginnen Sie das Meeting damit, dass alle Beteiligten nacheinander die verschiedenen Hüte aufsetzen und jeder dann laut äußert, was er unter dem jeweiligen Hut zur Fragestellung zu sagen hat. Die Äußerungen werden schriftlich – am besten für alle sichtbar auf Pinnwänden – gesammelt. Im Prozess kann es notwendig sein, die Aufzeichnung der jeweils anderen Hüte zu verdecken, damit diese Aussagen nicht zu sehr beeinflussen.

Die weitere Vorgehensweise

In einer weiteren Phase können die Hüte dann auch ganz gezielt aufgesetzt werden. Zum Beispiel setzen alle den grünen Hut auf, damit zunächst so viele Ideen wie möglich gesammelt werden. Die Ideen können dann mit dem gelben und schwarzen Hut ›geprüft‹ werden. Der blaue Hut würde dann eingesetzt werden, um aus den Ideen konkrete Ziele und Maßnahmen festzulegen.

Jetzt haben Sie einen guten Eindruck davon, wie Sie das 6-Hut-Denken anwenden können, um ein Thema systematisch durchzudenken.

Sie können das 6-Hut-Denken in allen möglichen Bereichen einsetzen, in denen es darum geht, die beste Lösung zu finden:

- Problemlösungsprozesse
- Entscheidungen
- Projekte
- Vorhaben
- Besprechungen
- Meetings
- Diskussionen
- usw.

Die Methode ist sowohl im beruflichen als auch im privaten Bereich einsetzbar. Sie können Sie allein oder mit anderen zusammen anwenden. Im Team können Sie die Hüte auf die verschiedenen Leute aufteilen oder alle setzen nacheinander die Hüte auf und notieren ihre Erkenntnisse.

Die Vorteile der Methode

Tipp

Bereiten Sie sich doch ein kleines Formular vor, auf dem Sie in einer Tabelle oben die sechs Farben aufschreiben. So können Sie Ihre Ideen schnell notieren und haben bereits das Wesentliche schriftlich zusammengefasst.

Es wird schnell deutlich, wo die Vorteile der Methode liegen: Jeder hat die Möglichkeit alles loszuwerden. Allen Beteiligten ist es außerdem möglich, sich durch die symbolischen Hüte immer nur auf das Wesentliche zu konzentrieren. Dabei hat der blaue Hut eine entscheidende Funktion. Das Gesagte muss immer wieder zusammengefasst und der Denkprozess muss organisiert werden. Deshalb ist es sehr sinnvoll, eine Person als Moderator für den Prozess zu bestimmen.

Die besonderen Vorteile des 6-Hut-Denkens bei der Teamarbeit
Tipp
Wenn Sie dieses Instrument präsentieren oder in einer Gruppenarbeit einführen wollen, dann verwenden Sie ruhig ›reale Hüte‹ zur Demonstration. Das prägt sich ein, macht Spaß und unterstreicht das Verfahren. Sie können solche Hüte z. B. einfach aus farbigem Papier basteln.
   Hat sich die Methode in einem Team erst einmal etabliert, bietet sie auch eine ausgezeichnete Kommunikationsbrücke. So können Sie zu Ihrem ewig pessimistischen Kollegen einfach sagen ›Setz doch mal den gelben Hut auf!‹, ohne ihm zu nahe zu treten. Vor allem in angespannten Diskussionen ist das 6-Hut-Denken eine Möglichkeit, etwas Spaß und Lockerheit in ein Gespräch zu bringen und festgefahrene Argumentationsketten aufzulösen.

Erweitern Sie bei Bedarf die Hüte!
Bei Bedarf können Sie der jeweiligen Situation entsprechend auch noch weitere Hüte ›kreieren‹. So könnte z. B. in einem Team die Zusammenarbeit von Männern und Frauen ein Thema sein, mit dem alle bewusster umgehen wollen. So könnte ein Frauenhut und ein Männerhut entworfen werden, mit denen jeweils ein geschlechtsspezifischer Blick möglich ist. Denken Sie jedoch daran, dass die Anzahl der Hüte nicht zu groß werden darf, damit der Prozess und die Durchführung nicht zu kompliziert werden.«

Sie erkennen bei dieser Methode sicherlich sofort die enge Verwandtschaft zum Inneren Team von Schulz von Thun, wobei im Fall der 6-Hut-Methode die Rollen vorgegeben sind, während sie beim InT selbst entwickelt werden. Deshalb eignet sich die 6-Hut-Methode gut, um sachliche Probleme zu lösen und Konflikte durch Partizipation zu vermeiden.

5 Gesprächsarten[51]

In diesem Kapitel gehe ich näher auf einige häufig vorkommende Gesprächsarten ein, allen voran das Beratungsgespräch. In Kapitel 5.1 finden Sie dem entsprechend etliche Aspekte, die auch für andere Gesprächsarten von Bedeutung sind. Deswegen empfehle ich, in jedem Fall zunächst Kapitel 5.1 zu lesen, bevor Sie vielleicht nur einen der übrigen Abschnitte lesen, der Sie momentan besonders interessiert.

Die Kapitelüberschrift »Gesprächsarten« suggeriert, dass es klar gegeneinander abzugrenzende Arten von Gesprächen gibt. In der Praxis kommen selbstverständlich daneben auch Mischformen vor. Zahlreiche Gespräche weisen Elemente auf, die ansonsten dem Beratungsgespräch zuzuordnen sind (z. B. aktives Zuhören), andere Gespräche können ihren Charakter verändern (z. B. kann ein Beschwerdegespräch sich dahin entwickeln, dass der Beschwerdeführer ein eigenes Problem erkennt und dadurch das Beschwerde- zu einem Beratungsgespräch wird). Die Kompetenz der Gesprächsleiterin liegt darin, zur richtigen Zeit das Richtige zu tun; die Kunst ist es, beides zu erkennen.

Ich verstehe die Darstellung einiger Gesprächsarten ausdrücklich exemplarisch. Es ist kaum möglich, alle in der Praxis vorkommenden Arten von Gesprächen in Struktur, Ablauf und Kompetenzen für die Gesprächsleitung im Einzelnen aufzuführen. Sie finden hier ausführliche Hinweise zu folgenden Gesprächsarten:

- Beratungsgespräch
- Ratschlaggespräch
- Schullaufbahn-Beratungsgespräch
- Planungsgespräch

Darüber hinaus werden in der Literatur u. a. folgende Gesprächsarten aufgeführt:

- Schlechte-Nachrichten-Gespräch
- Feedback-Gespräch
- Beurteilungsgespräch

---

51 Siehe dazu auch Bartz 2006, Beitrag 70.11.

- Beauftragungsgespräch
- Zielfestlegungsgespräch
- Orientierungsgespräch
- Arbeitsantrittsgespräch
- Abmahnungsgespräch

Ich verzichte auf die Darstellung all dieser Gesprächsarten, weil durch die in den Kapiteln 5 und 6 – Konfliktgespräche – aufgeführten Gesprächsarten Analogieschlüsse leicht möglich sind, wenn Sie die Gesprächselemente in Kapitel 3 und die Hinweise auf die genannten Gesprächsarten gelesen haben.

5.1 »Wenn du willst, helfe ich dir, es selbst zu tun!« – Das Beratungsgespräch

Was ist Beratung? – Merkmale, Grundannahmen und Arten von Beratung

Wenn der Versicherungsvertreter in meinem Wohnzimmer sitzt, nennt er das, was er da gerade macht, Beratung. Beim Kauf eines Autos berät mich der Verkäufer. Der Kundenberater der Telekommunikationsgesellschaft bietet mir Beratung an. Eine Lehrerin berät die Mutter eines Schülers hinsichtlich der Hausaufgaben. Der Psychologe in der Beratungsstelle berät Eltern, die wegen der Erziehungsprobleme des Kindes kommen. Ein Freund sagt: »Mach doch einfach XY, das hat mir auch gut geholfen!«. Ein Fachleiter berät seinen Referendar. »Sonntags nur Beratung, kein Verkauf«, sagt ein Schild. Ein Schulleiter berät junge Lehrerinnen während der Probezeit. All das und mehr wird alltagssprachlich unter der Überschrift »Beratung« verbucht. Professionelle Beratung im psychosozialen und pädagogischen Bereich meint eine konkrete Art von Gesprächsführung in einem bestimmten Setting mit einer bestimmten Zielrichtung.

Jörg Schlee stellt die zahlreichen Definitions- und Kategorisierungsansätze dar (Schlee 2004, S. 43–57). Allen gemeinsam sind folgende Elemente:

- Beratung ist ein sozialer Interaktionsprozess zwischen zwei Parteien.
- Der Prozess erfordert ein durchdachtes Setting.
- Es geht dabei um zielgerichtete Veränderungsbemühungen; einer Partei soll bei der Lösung von Problemen geholfen werden.
- Notwendige Voraussetzung ist die Freiwilligkeit der Teilnahme.
- Der Prozess muss von theoretischen Überlegungen und ethischen Haltungen getragen sein.

Schlee benennt dazu einige Grundannahmen:

- »Niemand hat direkten Einfluss auf die Subjektiven Theorien der ratsuchenden Person. Nur sie selbst ist in der Lage, sie zu verändern« (ebd., S. 56).
- Ebenso wie der wissenschaftliche Forscher Theorien nur unter bestimmten Bedingungen zu verändern bereit ist, kann auch der Subjektive Theoretiker seine Grundannahmen nur verändern, wenn er neben Irritation und Konfrontation auch Unterstützung erfährt.
- Bevormundung beeinträchtigt Autonomie, deshalb gibt es keine Ratschläge, Empfehlungen, Tipps, Ursachenforschungen, Aufmunterungen, Mitleidsbekundungen, Tröstungen, Solidarisierungen (siehe ebd.).

Ziel eines Beratungsgesprächs ist, dass der Beratungsnehmer »in der Lage [ist], bei einem Problem, für das er keine Lösung weiß, aufgrund des Beratungsgesprächs selbst eine Lösung zu finden« (Bartz 2006).

Beratungsauftrag/Kontrakt

Beratung setzt immer einen Beratungsauftrag bzw. eine Vereinbarung (Kontrakt) voraus. Der Berater wird dann in seiner Beraterrolle aktiv, wenn es einen Gesprächspartner gibt, der ihm eindeutig zu verstehen gibt: »Ich habe ein Problem, bitte hilf mir, dafür eine Lösung zu finden«. In zahlreichen Situationen gibt es einen solchen Auftrag nicht explizit.

Um Klarheit herzustellen, ist es sinnvoll, im Gespräch die Rollen und den Auftrag zu klären. Wenn ich mich in die Beraterrolle begebe, ohne einen Auftrag dazu bekommen zu haben, wird der Gesprächspartner das als übergriffig ablehnen, weil ich ihm Hilfe gebe, um die er nicht gebeten hat. Aufgedrängte Beratung ruft berechtigten Widerstand hervor, weil ich damit zum Ausdruck bringe: Du hast ein Problem, und ich helfe dir dabei, es zu lösen, ob du willst oder nicht. Alle diese Implikationen sind falsch: Ob du ein Problem hast, kann ich nicht entscheiden. Ob du willst, dass ich dir helfe, weiß ich ebenso wenig. Ob du, wenn du wirklich ein Problem hast, es lösen willst, weiß ich ebenfalls nicht.

> **Beispiel**
> Wenn ein Kollege in der Pause ins Lehrerzimmer poltert, seine Tasche in die Ecke wirft und stöhnt »Die 7c macht mich fertig!«, reagiert er mit großer Wahrscheinlichkeit pikiert, wenn Sie ihn, aufgrund Ihres Hörens mit dem Appell-Ohr ein Beratungsangebot machend, fragen: »Möchtest du darüber reden?«. »Nee, ich brauch jetzt einen Kaffee!« könnte die abwehrende Antwort auf dieses möglicherweise nicht situationsadäquate Angebot sein.

Ein Gesprächspartner kann sich auch einen Beratungsauftrag abholen, d. h.: Er kann z. B. bei einem Planungsgespräch, das er mit einem Kollegen führt und bei dem der Kollege öfter auf sein Problem mit einem schwiegen Schüler zu sprechen kommt, fragen, ob der Kollege eine Zeit lang dieses Problem zum Thema machen möchte und ob er damit einverstanden ist, wenn er für diese Zeit als Berater fungiert.[52] Fragen dazu können u. a. sein:

- Kann und will ich – als Beraterin (BR) – die Beratung anbieten oder durchführen?
- Kann und will ich – als Beratungsnehmer (BN) – die Beratung erbitten bzw. annehmen?
- Was kann ich als BR leisten, was nicht (aufgrund von Kompetenzen, Rolle usw.)?
- Bis zu welchem Punkt kann ich als BR beraten? An welcher Stelle geht Beratung in Therapie über?
- Wie offen kann ich als BN gegenüber dem BR sein? Was will ich ansprechen, was nicht?

Beratungsarten

Auf dieser Grundlage unterscheidet Schlee verschiedene Beratungsarten:

1. Beratung in hierarchischen Verhältnissen
   - Dies ist keine Beratung im Sinne von Schlee; Beratung und Beurteilung sind nicht klar zu trennen. Ein Fachleiter, der einen Referendar »berät«, hat immer auch eine Beurteilungsaufgabe, ggf. später während einer anderen Ausbildungsphase; selbst wenn auf der Seite des Ausbilders eine hohe Kompetenz in der Trennung der verschiedenen Funktionen vorhanden ist, lässt sich doch auf der Seite des Beratungsnehmers nicht vermeiden, dass der »Berater« auch als Beurteiler erlebt wird.
   - Im Verhältnis »Schulleiter – Lehrkraft« stellt sich die Beziehung ähnlich dar; mir erscheint es in diesem Falle aufgrund eigener Erfahrung leichter, die verschiedenen »Hüte« (also Rollen) auseinanderzuhalten. Das setzt aber voraus, dass der Schulleiter die Rolle, in der er agiert, und vor allem auch einen Rollenwechsel vom Entscheider zum Berater klar markiert.

2. Beratung im Profitbereich, z. B. Versicherungswesen
   - Interessegeleitete »Beratung« führe zur Verletzung ethischer Standards, so Schlee, und in der Tat ist jedem der auf dem Sofa oder am Küchentisch sitzende Versicherungsvertreter bekannt, dessen »erkenntnisleitendes Interesse« (Habermas) nicht wirkliche Beratung, sondern der Verkauf von Versicherungen ist.

---

52 Ich habe seit über 30 Jahren einen sehr guten Freund, der ebenfalls über Beratungskompetenz verfügt. Wenn einer von uns ein Problem besprechen möchte, sagen wir z. B.: Ich brauche dich mal als Berater, und damit ist das Setting in Bezug auf die Rollen geklärt. Ich weiß nicht, wie viele Tausend Euro an Honoraren für Supervision, Coaching oder Therapie uns beiden diese wechselseitige Möglichkeit schon erspart hat.

3. *Vertikale Beratung*
   – Gemeint ist die sogenannte Expertenberatung (direkte oder direktive Beratung). Der Experte berät den Beratungsnehmer mit der Absicht, dessen Defizite auszugleichen. Grundhaltung des Experten ist: Ich weiß etwas, was du nicht weißt, und ich gebe dir dieses Wissen weiter. Die Sonderschullehrerin, die ein Gutachten über ein Kind verfasst und anschließend die Eltern über ihre Erkenntnisse hinsichtlich des Entwicklungsstandes des Kindes informiert, stellt – für einen Teil des Gesprächs – ein Beispiel für diese Art von Beratung dar.
4. *Horizontale Beratung/Prozessberatung*
   – Diese Art von Beratung bezeichnet man auch als Prozessberatung oder nondirektive Beratung: Der Berater hilft dem Beratungsnehmer bei der Aktivierung der eigenen Problemlösungsfähigkeit, d. h. er hilft ihm, eine eigene Lösung zu finden.

Prozessberatung

Bei der professionellen Prozessberatung unterscheidet sich das Gesprächsverhalten des Beraters (BR) am deutlichsten von dem, was man in der Alltagssprache unter Beratung versteht. Bei der Prozessberatung geht es darum, dass der BR dem Beratungsnehmer (BN) dabei hilft, eigene Lösungen für dessen Problem zu finden. Dieses Ziel kann nur dann erreicht werden, wenn der BR über eine Haltung verfügt, die die Verantwortung für das Problem und die Lösungssuche beim BN belässt, und Handwerkszeug kennt, das dem Ziel förderlich ist.

Unterscheidung »Expertenberatung – Prozessberatung«

Im Gesprächs-, aber auch im Unterrichtsalltag ist die Unterscheidung beider Beratungsarten von größter Bedeutung. Ihr Einsatz ist abhängig vom Menschenbild des Lehrers und von der Situation.

Expertenberatung meint eine Form der Kommunikation, bei der eine Person ihr Wissen und ihre Informationen einer anderen Person zur Verfügung stellt. »Zwischen den Beratern und den Ratsuchenden (besteht) ein deutliches Gefälle«, schreibt Schlee zur »vertikalen Beratung« (Schlee 2004, S. 20 f). »Ein Beratungserfolg kommt dann zustande, wenn es dem Berater gelingt, mit Hilfe seines Fachwissens bei den Ratsuchenden Defizite auszugleichen« (ebd.). In der horizontalen oder Prozessberatung dagegen »versteht sich der Berater nicht so sehr als Experte, sondern mehr als Begleiter und Klärungshelfer. Bildlich gesprochen steht er nicht über den Ratsuchenden, sondern neben ihnen« (ebd.).

Es gibt Mischformen beider Beratungsarten. Wenn beispielsweise ein Arzt dem Patienten nach der diagnostischen Phase die Ergebnisse mitteilt, handelt es sich um Expertenberatung, d. h. im Wesentlichen um Information aufgrund seiner Expertise. Wenn er Handlungsoptionen nennt, gilt das gleiche (z. B.: »Ich sehe drei Möglichkeiten für die Therapie: a) Operation, b) konservative medikamentöse Behandlung oder c) alternativmedizinische Behandlung wie Homöopathie oder

Akupunktur, jeweils mit folgenden möglichen Konsequenzen«). Wenn es nun um die Entscheidung des Patienten für eine der Handlungsoptionen geht, wird die bisherige Expertenberatung zur Prozessberatung, d. h. der Arzt hat die Aufgabe, dem Patienten Unterstützung zu seiner eigenen Entscheidungsfindung zu geben. Analog gilt das auch für andere Experten wie Rechtsanwälte, Automechaniker und andere Handwerker usw.: Alle können aufgrund ihrer Expertise Optionen benennen, bei der Entscheidungsfindung, für die ausschließlich der Klient bzw. Kunde verantwortlich ist, geht es im besten Falle nicht um Ratschläge, sondern um Prozessberatung; mit »im besten Falle« meine ich den leider eher seltenen Fall, dass die Experten über Beratungskompetenz verfügen. Wenn ich im Folgenden den Begriff »Beratung« benutze, meine ich damit Prozessberatung.

Aufgaben, Kompetenzen und Rolle des Beraters im Beratungsgespräch

- Der BR hat die Verantwortung dafür, den BN anzunehmen, ihm zuzuhören, dessen Äußerungen nicht zu werten, ihm die Verantwortung für seine Schritte und Lösungsansätze zu lassen, selektiv authentisch zu sein, kurz: die in den Kapiteln über die Menschenbildannahmen und in dem über das Zuhören dargestellte Haltung zu praktizieren.
- Hinzukommen muss ein entsprechendes Handwerkszeug, das dem BN hilft, sein Problem zu benennen, seine Gedanken und Gefühle zu ordnen und zu strukturieren, Lösungsschritte zu entwickeln und eine Lösung zu beschließen und umzusetzen.
- Handwerkszeug des BR können alle in Kapitel 3 genannten Elemente sein.
- König und Volmer zitieren Bachmair et al., die vom »Primat der Beratervariablen (Akzeptanz, Empathie, Kongruenz) über die Gesprächstechniken« sprechen (2008, S. 85 f), d. h. in meiner Terminologie: Der Haltung gebührt Vorrang vor dem Handwerkszeug.
- Der Berater ist also in einer Dienstleisterrolle gegenüber dem Beratungsnehmer; er stellt sein Know-how über Prozessberatung dem BN zur Verfügung. Beratung ist ein dialogischer Prozess mit einer besonderen Prozess-Verantwortung des Beraters. Der Berater ist für den Prozess, der Beratungsnehmer für die Problemlösung verantwortlich.

Struktur des Beratungsgesprächs[53]

Die hier vorgestellte Struktur bedeutet nicht, dass ein Berater sich sklavisch an diese Reihenfolge halten muss. Wenn neue Aspekte zur Sprache kommen, kann es

---

[53] Es gibt etliche Strukturierungsvorschläge für Beratungsgespräche, u. a. von Boettcher (2004) oder Benien (2008).
Ich entscheide mich aufgrund der Klarheit und Anwendbarkeit für alle Gesprächsarten für die Struktur von König/Volmer (2008), S. 82–109.

sinnvoll sein, zu einer früheren Phase zurückzukehren. Falls es sich um ein Folgegespräch handelt, kann die Klärungsphase entfallen. Es gehört zum Handwerkszeug des Beraters, mit der Struktur flexibel und situationsangemessen umzugehen. Für den Anfänger ist es allerdings ratsam, sich an diese Struktur zu halten und mit zunehmender Erfahrung und Sicherheit allmählich Flexibilität und Kreativität zuzulassen und zu nutzen.

In jedem Fall ist es wichtig, transparent und dialogisch mit der Struktur umzugehen, d. h.: Es ist im Sinne der Grundhaltung nicht nur möglich, sondern auch angeraten, die Gesprächsstruktur offenzulegen und ggf. als Berater laut zu denken; damit meine ich, die eigenen Gedanken zur Struktur auszusprechen, z. B.: »Ich möchte Sie mal eben unterbrechen und Ihnen meine Gedanken mitteilen. Sie haben das Problem jetzt dargestellt, und ich überlege, ob ich das Nebenproblem, das Sie genannt haben, ausführlich thematisieren soll oder ob es besser ist, jetzt mit Ihrem Hauptproblem zur Veränderungsphase weiterzugehen. Was meinen Sie dazu?«

Damit sage ich als Metabotschaft: Ich betreibe keine Geheimwissenschaft, Sie werden hier nicht manipuliert, wir beide sind verantwortlich, ich habe nichts zu verbergen, Sie können mir vertrauen.

Orientierungsphase

Zur Orientierungsphase gehören etliche der Elemente, die in Kapitel 3 benannt wurden.

- Begrüßung
- Übergang vom Smalltalk zur Gesprächseröffnung
- Settingfragen
- Klärung und Definition der Situation als Beratungssituation
  - Gesprächsleitung mit Rechten und Aufgaben wie Fragen stellen, strukturieren, zusammenfassen, Verantwortung für Prozess, nicht für das Ergebnis
  - Für Lösungen ist der BN verantwortlich
  - Vertraulichkeit vereinbaren
  - Vereinbarung treffen hinsichtlich der Weitergabe von Informationen an Dritte
- Thema des Gesprächs benennen (durch BN)
- Ziel des Gesprächs festlegen (durch BN mit Hilfe des BR)
- Regeln des Gesprächs verdeutlichen, soweit erforderlich

Beispiel einer Berater-Äußerung in der Orientierungsphase (nach dem Smalltalk und den Settingfragen wie Sitzordnung, Kaffee u. ä.)
»Ich begrüße Sie sehr herzlich zu unserem Gespräch, das wir ja letzte Woche vereinbart hatten. Wir haben 30 Minuten Zeit und wollen uns mit dem Thema ›Kooperationsprobleme mit Ihrem Kollegen Müller unterhalten, so haben wir es am Telefon vereinbart. Es ist sicher in Ihrem Sinne, wenn wir Vertraulichkeit vereinbaren. Ich werde versuchen, Ihnen dabei zu helfen, zu einer eigenen Lösung zu gelangen, dazu werde ich Ihnen zuhören, zusammenfassen und Sie ermuntern, eigene Wege zu finden.

Wenn Sie damit einverstanden sind (Zustimmung einholen), lassen Sie uns über Ihr Ziel für dieses Gespräch reden. Wenn Sie die Kooperationsprobleme mit Herrn Müller nicht mehr hätten, wie sähe der Zielzustand aus? [...] Könnten wir als Ziel formulieren: ›Die Kooperation mit Herrn Müller verläuft konfliktarm und sachlich‹?«

Diese Zielformulierung bedarf selbstverständlich der Kooperation und der Zustimmung des BN.

Klärungsphase

In dieser Phase geht es um die genaue Klärung der Frage: Was ist das Problem? Im Hinblick auf das weitere Gespräch in der anschließenden Veränderungsphase ist es enorm wichtig, möglichst exakt zu formulieren, was das Problem ist, für das eine Lösung gesucht werden soll. Dabei muss das Problem vor allem dem Beratungsnehmer klar sein, nicht unbedingt dem Berater. Der Berater ist an dieser Stelle in der Rolle des Klärungshelfers. Methoden können in dieser Phase sein:

- Aktives Zuhören, Paraphrasieren, Verbalisieren emotionaler Erlebnisinhalte
- Ich-Äußerungen (Ich habe dieses und jenes noch nicht verstanden; nur dann sinnvoll, wenn es der Klarheit des BN dient)
- Fragen, insbesondere Klärungsfragen; alle Fragearten, die im ersten Abschnitt, »Im Fokus«, in Kap. 2.1 und in Kap. 3.8, »Systemischer Ansatz«, aufgeführt sind, können selbstverständlich auch hier genutzt werden. Diese Fragen können sowohl zur Klärung des Problems (in der Klärungsphase) als auch zur Entwicklung von Lösungen (in der nächsten Phase) eingesetzt werden. *Beispieläußerungen:*
  – Was genau ist Ihr Problem?
  – Was genau ist daran für Sie problematisch?
  – Wie geht es Ihnen in dieser Situation?
  – Was genau hat Sie so wütend gemacht?
  – Wie genau sah die Handbewegung aus, die Sie als Abwertung verstanden haben?
  – Was genau hat Sie an der Äußerung verletzt?
  – Kennen Sie das Problem, oder ist es für Sie neu?
  – Was genau hat der andere getan, was haben Sie getan?
  – Wie kam es zu dieser Situation?
  – Wie ist die bisherige Entwicklung verlaufen?
  – Wie sind Sie bisher vorgegangen?
  – Was meinen Sie, wie sich die Situation weiterhin entwickeln wird – best case – worst case (s. a. König/Volmer 2008, S. 95)?
- Strukturierende Äußerungen. *Beispieläußerungen:*
  – Ich fasse noch mal zusammen: ... Stimmen Sie dem zu?
  – X ist für Sie als Problem klar, bei Y wissen Sie aber noch nicht so genau, was das Problem eigentlich ist. Habe ich das richtig verstanden?

- Sie haben jetzt länger über die Äußerung Ihres Kollegen gesprochen. Sie hat Sie zwar geärgert, das stellt für Sie aber kein Problem dar.
- Das Hauptproblem für Sie ist AB, daneben gibt es ein weiteres Problem CD, das momentan aber nicht so wichtig ist. Ist das richtig so?
- Problemformulierung
Es ist allgemein wegen der Herstellung von Klarheit und konkret im Hinblick auf die Entwicklung von Lösungsüberlegungen sehr hilfreich, wenn es dem BN mit Hilfe des BR gelingt, das Problem möglichst eindeutig und klar zu formulieren. Schwammige Formulierungen wie »Ich komme mit Frau Meyer nicht klar« oder »Markus geht mir im Deutschunterricht auf die Nerven« o. Ä. helfen kaum weiter.

Im obigen Beispiel des BN, der Kooperationsprobleme mit Herrn Müller hat, könnte die Problemdefinition folgendermaßen lauten: »Ich traue mich bisher nicht, Herrn Müller ein kritisches Feedback zu geben, wenn er eine Vereinbarung nicht einhält, weil ich befürchte, dass er mich dann ablehnt.«

Während der Klärung des Problems kann sich das Thema des Gesprächs verändern. Statt »Ich als Mutter habe ein Problem mit der Lehrerin, Frau Lehmann« kann sich herausstellen, dass das wirkliche Problem lautet: »Ich habe ein Problem damit, dass mein Sohn meine Erwartungen nicht erfüllt«.

Das wesentliche Element am Ende der Klärungsphase muss sein: Das Problem bzw. die Probleme liegen – am besten vom Beratungsnehmer selbst genau formuliert – auf dem Tisch.

Lösungs- oder Veränderungsphase

In dieser Phase geht es darum, dass der BN Ideen entwickelt, wie er sein soeben konkret formuliertes Problem lösen kann. Ob der BN die Ideen selbst entwickelt oder ob er Ideen von außen aufnimmt, ist für seine Lösungsfindung nicht relevant, wenn er Lösungsvorschläge von außen akzeptiert. Eine große Bedeutung hat aber, dass er selbst nur Lösungsideen aufnimmt und weiterverfolgt, die er sich für sich vorstellen kann. Lösungen dem Berater zuliebe umzusetzen, ist nicht erfolgversprechend. Die Verantwortung für die Lösungen liegt ausschließlich beim Beratungsnehmer.

Auf dieser Basis kann der Berater mehrere Methoden einsetzen; einige stelle ich hier dar – ohne Anspruch auf Vollständigkeit. Für weitere Methoden verweise ich auf Methodensammlungen, die im Internet zu Hauf zu finden sind. Empfehlend möchte ich auf die Seite von Prof. Kersten Reich, Universität Köln, hinweisen (Online-Quelle 34). Er stellt für jede der zahlreichen Methoden folgende Elemente zur Verfügung: Kurzbeschreibung, Quellen, Begründung, Darstellung, Beispiele, Reflexion, Praxiserfahrungen.

Für alle Methoden gilt: Der Berater bzw. Gesprächsleiter schlägt eine Methode vor (oder mehrere zur Auswahl) und fragt den Beratungsnehmer, ob er damit einverstanden ist. So liegt diese Verantwortung nicht nur beim Berater, sondern kann geteilt werden. Wenn der BN zustimmt, kann die Methode umgesetzt werden, wenn er Bedenken äußert (z. B. »lieber nicht« oder »ich würde lieber ...«), hat der

BR zwei Möglichkeiten: Er lässt ohne weiteren Kommentar seinen Vorschlag fallen, oder er thematisiert die Ablehnung, betreibt also Metakommunikation, z. B.: »Mir fällt auf, dass Sie heute alle meine Vorschläge ablehnen. Hat das für Sie etwas zu bedeuten? Ist meine Vermutung richtig, dass Sie vor etwas ausweichen wollen?«. Wenn der BN das verneint, sollte der BR nicht insistieren, sondern einen methodischen Alternativvorschlag machen oder den BN nach eigenen methodischen Ideen fragen.

Beispiel
»Ich möchte Ihnen an dieser Stelle ein Experiment vorschlagen: Sie stellen mit diesen Spielfiguren hier die Situation nach, in der Sie so wütend geworden sind, und wir sprechen dann darüber. Ist das O. K. für Sie?«

Hier beispielhaft einige Methoden:

1. **Aktives Zuhören, Paraphrasieren, Reflektieren**

Als sehr wirksam erweisen sich Lösungen, zu denen der BN selbst gelangt. Um das zu erreichen, kann der Berater alle Möglichkeiten nutzen, die im Kapitel 3.4, »Zuhören«, genannt wurden.

2. **Brainstorming**

- Alle Gesprächsteilnehmer, auch der Berater, bringen Lösungsvorschläge ein, die vom BR leserlich notiert werden. Anschließend geht der BN alle Vorschläge durch und bewertet sie, etwa: »Vorschlag A kommt für mich nicht in Frage, bei Vorschlag B würde ich gerne noch einmal näher hinsehen und genauer nachdenken, wie das aussehen könnte, Vorschlag C ist sehr gut, der passt genau zu mir usw.«
- Bei der Bewertung geht es etwa um folgende Fragen und Aspekte:
  - Welche Vor- und Nachteile hat der Lösungsvorschlag?
  - Welche Chancen und Risiken liegen darin?
  - Welches Gefühl habe ich, wenn ich mir die Umsetzung vorstelle?
  - Vielleicht passt eine Lösungsidee emotional spontan zur Person des BN, bei rationaler Überlegung aber kommt die Lösung nicht in Frage.
  - Wichtig für den Berater ist, dass er nicht etwa die Vorschläge, die er selbst gemacht hat, verteidigt und für sie wirbt, sondern es aushält, dass der BN sie ablehnt.
- Der Berater kann den BN unterstützen, indem er z. B.
  - die Wahl oder Abwahl von Ideen hinterfragt;
  - hinterfragt, welche positiven Aspekte eine abgewählte Lösungsidee bzw. welche negativen eine gewählte haben könnte;
  - auf die Körpersprache des BN achtet (z. B. spontanes Lächeln bei einer Lösungsidee, Stirnrunzeln, abwehrende Gestik usw.), aber auch auf widersprüchliche Reaktionen wie Zustimmung bei gleichzeitiger mimischer Ab-

lehnung. Diese Wahrnehmungen kann der Berater dem BN als Rückmeldung anbieten;
- ein Feedback zum Prozess gibt bzw. diesen paraphrasiert (z. B.: »Ich habe den Eindruck, Sie wissen genau, was Sie wollen!« oder »Sie wägen jede Lösungsidee genau ab«).
• Erst in der nächsten Phase geht es um die konkrete Umsetzung.

3. Experimente mit den vier Ohren und vier Schnäbeln

Beispiele:

- Der BR weist den BN darauf hin, darauf zu achten, mit welchem Ohr er überwiegend hört, und schlägt im Gespräch vor, sich vorzustellen, er würde die Äußerungen anderer Menschen mit einem anderen Ohr hören. Wer häufig mit dem Beziehungs- oder dem Appell-Ohr hört, kann z. B. versuchen, das Selbstoffenbarungs- oder das Sach-Ohr zu stärken und bedeutsamer werden zu lassen. Diese Übung kann auch für den Alltag wichtig sein. Wenn jemand am Kaffeetisch suchend seinen Blick über den Tisch gleiten lässt, fühlt sich jemand, der gewohnt ist, mit dem Appell-Ohr zu hören (bzw. wahrzunehmen), häufig bereits aufgefordert, aus der Situation zu schließen, dass dem Sucher Zucker fehlt, und es kann sein, dass er beim Kellner oder auf dem Nachbartisch Zucker besorgt. Das ist freundlich und sozial, aber wenn jemand immer oder sehr oft mit dem Appell-Ohr hört, überhört er leicht die Stimme in seinem Inneren Team, die für die Selbstsorge zuständig ist. Nebenbei: Auch nonverbale Äußerungen beinhalten alle vier Aspekte.
- Der BR könnte dem BN »Hausaufgaben« mit auf den Weg geben, z. B. regelmäßig zu notieren, mit welchem Ohr er hört, um besser wahrzunehmen, wie er sich üblicherweise verhält. Zweiter Schritt könnte sein, diese Wahrnehmung nicht zu bewerten, sondern zu akzeptieren, etwa in dem Sinne: »Aha, da ist es wieder, ich höre wieder mit dem Beziehungs-Ohr. So ist das also bei mir, und das ist O. K. so.« In einem dritten Schritt könnte die Aufgabe lauten, gedanklich Alternativen zu entwickeln. »Ich habe vorhin wieder mit dem Beziehungs-Ohr gehört, und das ist O. K. so, aber ich hätte auch mit dem Selbstoffenbarungs-Ohr hören können.« Das heißt: Was sagt der Sprecher über sich?
- Wenn ich beispielsweise um ein Feedback bitte, schalte ich immer auf den Selbstoffenbarungsmodus, d. h. ich höre vorläufig jede Äußerung mit dem Selbstoffenbarungs-Ohr: Jeder, der sich äußert, sagt etwas über sich. Später kann ich dann darüber nachdenken, welche Kritik ich zum Anlass nehme, mein Verhalten zu verändern.

Ziel kann sein, die Wahl zu haben, mit welchem Ohr ich hören will, d. h. die Autonomie zu vergrößern. Wenn ich spüre, dass ich sehr empfindlich bin und Schutz benötige, kann ich mir gut tun, indem ich bewusst das Selbstoffenbarungs-Ohr einschalte. Darüber hinaus kann es auch viel Spaß machen, zu hören und wahrzunehmen, was die Menschen über sich selbst zum Ausdruck bringen. Ausdrücklich möchte ich Sie ermuntern, Ihre Kreativität zum Einsatz zu bringen.

4. Das Innere Team

Dass das Innere Team (InT) bei Beratungsprozessen eine Rolle spielen kann, ist unmittelbar einsichtig. Im Abschnitt »Digitale und analoge Kommunikation« in Kap. 2.3 habe ich eine Möglichkeit dargestellt. Für den Beginn (als noch ungeübter Berater) ist es sicherlich einfacher, mit lediglich zwei Aspekten zu arbeiten. Polaritäten kommen im Alltag häufig vor:

Jeder »Zwei«-fel hat eine Polarität in sich, etwa: »Soll ich mehr Zeit für meine Hausaufgaben oder für das Computerspielen einsetzen?«, »Soll mein Sohn an der Schule bleiben oder die Schule wechseln?« oder »Soll ich ein Sabbatjahr nehmen oder nicht?«. In vielen Fällen gibt es zwei Alternativen, denen zwei innere Stimmen, zwei Mitglieder im InT entsprechen, mit denen der Berater im Gespräch gut arbeiten kann.

Der BR kann – nach Einholung des Einverständnisses für dieses Experiment – vorschlagen, sich nacheinander mit beiden InT-Mitgliedern zu identifizieren, z. B.: »Bleiben Sie doch bitte mal ganz bei der inneren Stimme (bzw. dem Mitglied des InT), die meint, Ihr Sohn soll an der Schule bleiben. Was sagt diese Stimme?«. Der Berater kann an dieser Stelle die Äußerungen stichwortartig notieren. Es folgt die andere Seite, anschließend eine Bewertung durch den BN.

Methodisch kann eine solche Polarität auch schriftlich erfolgen, indem auf einem senkrecht in der Mitte gefalteten Blatt links die Argumente für A, rechts die für B notiert werden. Am lebendigsten und im ganzheitlichen Erleben am intensivsten ist die gestalttherapeutische Methode der zwei Stühle. Der BN nimmt auf Stuhl A Platz und argumentiert für Position A, anschließend auf Stuhl B für Position B. Der BR kann auch einen Dialog zwischen A und B anregen, bei der der BN abwechselnd die Positionen A und B einnimmt und dabei den Stuhl wechselt oder sich auf ausgelegte Blätter stellt, auf denen die Positionen markiert sind.

Auch bei der Moderation von Gruppengesprächen – im Kollegium oder Arbeitsgruppen – können solche oder ähnliche Techniken eingesetzt werden, wenn zwei Meinungen vorhanden sind (s. Kap. 9). Wenn der Berater mehr Sicherheit bekommen hat, kann er sich auch an komplexere Probleme heranwagen und das InT mit mehr als zwei Teilnehmern als Methode wählen.

> Die psychische Sicherheit der Person hat immer Vorrang.

5. Paradoxe Interventionen

»Wie könnten Sie Ihre Situation verschlimmern?« So lautet die typische paradoxe Frage, deren Beantwortung nicht nur in der Umkehrung Verbesserungsmöglichkeiten sichtbar werden lässt, sondern auch Spaß machen und Leichtigkeit in die oft vorhandene Schwere von Beratungsgesprächen bringen kann.

6. Fragen

Auf Fragen bin ich in Kapitel 3.8 ausführlich eingegangen. An dieser Stelle weise ich deshalb lediglich noch einmal auf die Zielrichtung von Fragen hin. Alle Fragen in der Lösungsphase des Beratungsgesprächs haben das Ziel, dem BN Möglichkeiten, sein Problem zu lösen, bewusst zu machen bzw. klarer werden zu lassen. Es geht nicht darum, die Neugier des Beraters zu befriedigen.

Abschlussphase

- König und Volmer schlagen vor: »Auf jeden Fall ungefähr 10–15 Minuten vor Ende der vereinbarten Zeit in die Abschlussphase wechseln – gleichgültig, wie weit man bei der Behandlung des Themas gekommen ist« (König/Volmer 2008, S. 108; dabei gehen sie sicherlich von einem 60-minütigen Gespräch aus). Je nach Komplexität des Themas und des Ergebnisses können nach meiner Erfahrung auch 5–10 Minuten für die Abschlussphase ausreichend sein.
- Aufgabe der Abschlussphase ist es, den Prozess »rund zu machen«, auch wenn noch nicht alle Aspekte angesprochen sind. Es geht um die Umsetzung der gefundenen Lösungswege, um einen Handlungs- und Zeitplan sowie ggf. um die Vereinbarung eines weiteren Gesprächs zur Evaluation. Diese Schritte erfordern sehr konkrete Angaben und eine schriftliche Dokumentation. Außerdem empfiehlt sich ganz am Ende ein kurzes Feedback zum Gespräch.
- Fragen in dieser Phase können u. a. sein:
  - Wie gehen Sie konkret vor?
  - Was ist der erste Schritt, den Sie gehen?
  - Was sind die weiteren Schritte?
  - Wen müssen Sie informieren bzw. einbeziehen?
  - Wie weit möchten Sie bis zu einem bestimmten Zeitpunkt kommen?
  - Welche Unterstützung benötigen Sie? Von wem könnten Sie diese bekommen? Was müssten Sie dafür tun?
  (vgl. ebd.)
- Bezüglich eines weiteren Gesprächs ist es hilfreich, die Zielrichtung zu klären. Berateräußerungen könnten sein: »Was meinen Sie, welcher Zeitpunkt wäre sinnvoll, um ein weiteres Gespräch zu führen? Worüber sollen wir dann sprechen?«.
- Alle diese Ergebnisse kann der Berater stichwortartig schriftlich festhalten und anschließend kopieren, der BN kann auch seinerseits Notizen anfertigen. Die schriftliche Form ist sehr hilfreich, weil das nächste Gespräch ggf. mehrere Wochen später stattfindet und sich niemand mehr genau an die Vereinbarung erinnert. Schriftlichkeit erhöht für den Klienten zusätzlich die Verbindlichkeit.
- Ganz am Ende sollte der Berater um ein kurzes Feedback zu dem Gespräch bitten. Er kann dabei Fragen einbringen wie: »Was hat mir gut gefallen an dem Gespräch, womit war ich nicht zufrieden, was könnten wir optimieren?« Auch der Berater selbst kann ein Feedback geben, das die positiven und konstruktiven Elemente betonen sollte.
- Es ist wichtig, das Gespräch explizit zu beenden.

Herausforderungen für den Berater

- Für Sie als Berater kann die Versuchung groß sein, ein Problem als Kleinigkeit zu betrachten und eine schnelle Lösung bei der Hand zu haben, wie der BN sein »Mini-Problemchen« lösen könnte.
- Wenn Sie als Berater beispielsweise den Eindruck haben, der BN mache Probleme zu seinen, die aus Ihrer Sicht nicht seine sind, stellt die Feststellung »Das ist gar nicht mein Problem!« eine Lösung dar, zu der der BN selbst gelangen kann. In dieser Phase ist es wichtig, alles als Problem des BN aufzunehmen, was er als solches benennt. Werten Sie die Probleme als Berater nicht, vor allem: Werten Sie sie nicht ab. Wenn der BN es nicht als Problem erkannt hätte, säße er jetzt nicht mit Ihnen als Berater zusammen.
- Es kann Ihnen nicht gelingen, Ihre Einstellung, die etwa lautet »Ach, das ist ja nun wirklich ein winziges Problem, der BN macht viel Aufhebens um fast nichts!«, zu verbergen. Diese Einstellung wird sich nonverbal, d. h. mimisch, gestisch oder über die Stimme, Ausdruck suchen und ihn finden. Damit will ich deutlich machen, dass Ihre Beratungshaltung von nicht zu unterschätzender Bedeutung ist. Echtes Ernstnehmen des Gesprächspartners ist unverzichtbare Haltung.
- Wenn der Berater in der Lösungsphase inhaltliche Vorschläge macht, muss er darauf achten, dass die Verantwortung für die Lösung in jedem Falle der Beratungsnehmer behält. Der BN muss also die Lösung als seine eigene annehmen und werten und die Verantwortung dafür übernehmen. Dies kann der BR durch explizites metakommunikatives Nachfragen und Hinweisen erreichen. Geschieht dies nicht, kann es dazu kommen, dass bei einem weiteren Treffen der BR – zu Recht – mit dem Scheitern der Lösung und Vorwürfen konfrontiert wird, etwa: »Sie haben das doch vorgeschlagen!«.
- Aus meiner Erfahrung erleichtert es eine gründliche Gesprächsvorbereitung, eine solche Haltung einzunehmen. Wenn ich mir vor dem Gespräch klarmache, dass ich für die Struktur des Gesprächs verantwortlich bin, nicht aber für die Lösung, gebe ich nicht so leicht der Versuchung nach, Verantwortung zu übernehmen, die ich nicht habe.

5.2 Vermeintlicher Imperativ – Das Ratschlaggespräch

Ein Beispiel

Ein Schulleiter rief mich an: »Ich habe heute Mittag ein Gespräch mit einer Mutter und dem Klassenlehrer. Es geht darum, dass die Mutter dem Lehrer vorwirft, er habe das Kind an den Schultern gepackt und auf den Stuhl gedrückt, das lasse sie sich nicht gefallen, sie erwäge auch rechtliche Schritte gegen den

Lehrer. Der Lehrer sagt, der Junge, Marcel (zwölf Jahre, fünfte Klasse), habe bei einem Streit um eine Lappalie ›wie von Sinnen‹ um sich geschlagen, mit Gegenständen geworfen, und er habe Marcel festhalten müssen, damit er niemanden verletzte. Gib mir doch bitte schnell drei Hinweise für das Gespräch, ich habe ganz wenig Zeit.«

Voraussetzung für ein solches Telefonat zwischen Schulleiter und Schulaufsichtsbeamten ist ein Vertrauensverhältnis, eine hohe Meinung des Schulleiters hinsichtlich der Gesprächskompetenz des Aufsichtsbeamten und einige Erfahrung im Umgang miteinander. Es handelt sich nicht um ein Beratungsgespräch, sondern der bittende Schulleiter möchte ausdrücklich Ratschläge haben. Auf der genannten Basis ist das auch möglich unter der Prämisse, dass es sich um Hinweise handelt, für deren Übernahme die um Ratschläge bittende Person verantwortlich ist.

Ich sagte ungefähr Folgendes: »Es ist dir ja klar, dass es nicht um ein Beratungsgespräch geht, sondern um einen Ratschlag, um den du bittest. Zum Inhalt: 1. kannst du die Mutter über ihr Recht aufklären, Anzeige zu erstatten. 2. finde ich es wichtig, dass du während des Gesprächs exakt in der Mitte und in der Moderationsrolle bleibst. In einem Exkurs mit Rollenwechsel kannst du die Mutter darauf hinweisen, dass der Lehrer aus deiner – also der Schulleitersicht - alles richtig gemacht hat, 3. kannst du das Gespräch so strukturieren, dass du den Fokus darauf legst, was Marcel in der Zukunft nützen kann, etwa mit der Frage: Wie können wir – Lehrer und Mutter – in der Zukunft verhindern, dass Marcel dermaßen außer sich gerät? – Kannst du damit etwas anfangen?« Er bedankte sich, wir beendeten das Gespräch, das drei Minuten gedauert hatte.

Merkmale des Ratschlaggesprächs

Zwei Arten des Ratschlaggebens gilt es zu unterscheiden:

1. *Der direkte Ratschlag:* Wenn ich gefragt werde, welche von zwei zur Verfügung stehenden Möglichkeiten A und B ich empfehle, und ich rate, Lösung A zu wählen, gebe ich einen direkten Ratschlag.
2. *Der indirekte Rat oder »Ratschlag zweiter Ordnung« (s. a. Prior 2009):* Wenn ich bei derselben Fragestellung empfehle, auf einem Blatt alle Argumente, die für A, und daneben alle Argumente, die für B sprechen, zu notieren, um zu einer Lösung zu gelangen, die zum Fragesteller als Person und zur Situation passt, gebe ich einen »Ratschlag zweiter Ordnung«, den man »Metaratschlag« nennen könnte. Mit diesem Ratschlag befinde ich mich auf der Ebene der Methodik und der Prozessberatung. Ich gebe einen Rat, wie der Fragesteller zu einer eigenen Lösung gelangen kann.

Im obigen Beispiel habe ich Ratschläge auf beiden Ebenen dargestellt.

Merkmale eines Ratschlaggesprächs sind vor allem folgende:

- Das Gespräch besteht in der Regel aus einer Frage und einer Antwort, eben dem Ratschlag.
- Ein Ratschlaggespräch ist kurz, manchmal dauert es nur zwei bis drei Minuten. Wenn mehr Zeit zur Verfügung steht, sollte aus meiner Sicht ein Beratungsgespräch bevorzugt werden.
- Wichtige Voraussetzung ist, dass beiden Gesprächsteilnehmern bewusst ist, dass der Ratschlag eine Empfehlung darstellt und die Verantwortung für die Übernahme der Empfehlung(en) bei dem Ratschlagnehmer liegt.
- Ein Ratschlaggespräch setzt in der Regel eine gute Kenntnis des Kontextes des Ratsuchenden voraus.
- Weitere Voraussetzung ist eine Vertrauensbasis der Gesprächsteilnehmerinnen.

Aufgaben, Kompetenzen und Rolle des Ratschlaggebers im Ratschlaggespräch

- Kenntnisse über Beratung und vor allem das Bewusstsein über den Unterschied zwischen Ratschlag- und Beratungsgespräch
- Klarheit über die eigene Rolle und Verfügen über Ausdrucksmöglichkeiten hinsichtlich der Rollenklarheit – »Ich gebe dir den erwünschten Ratschlag in dem Wissen, dass es sich um eine Empfehlung handelt und du über die Umsetzung entscheidest«
- Vorhandensein bzw. Herstellen einer guten Beziehung zur Ratschlagerbitterin

Struktur des Ratschlaggesprächs

In der Regel folgt ein Ratschlaggespräch dem einfachen Muster: eine Frage – eine Antwort. Es kann auf beiden Seiten Rückfragen geben, die beantwortet werden.

Herausforderungen für den Ratschlaggebenden

- Es gibt die Verführung, Ratschläge zu überschätzen und die Meinung zu entwickeln, dass auch in Beratungsgespräche mehr Ratschläge hineingehören und viele Gespräche durch Ratschläge abgekürzt werden könnten. Dieser Verführung gilt es zu widerstehen. Die Gründe liegen in den grundsätzlichen Überlegungen, die in den Kapiteln über die Menschenbildannahmen und das Beratungsgespräch aufgeführt sind. Innerhalb eines Beratungsgesprächs können eigene Lösungsüberlegungen des Beraters an der Stelle Platz finden, an der von allen Gesprächsteilnehmern eine Sammlung von Lösungsideen stattfindet.
- Um einen Ratschlag gebeten zu werden, kann möglicherweise die eigene Eitelkeit befriedigen. Es ist wichtig, sich bewusst zu machen, dass dieser Aspekt höchst zweischneidig ist. Niemand hat etwas dagegen, dass jemand eine hohe Meinung von sich selbst hat. Wenn dies jedoch dazu führt, dass Ratschläge »von

oben herab« gegeben werden, wird derjenige wahrscheinlich nicht mehr oft um Ratschläge gebeten werden: Niemand will von oben herab behandelt werden.
- Ratschläge können auch die Folge davon sein, dass der Berater sich verpflichtet fühlt, für den Beratungsnehmer zu arbeiten. Das kann zu dem Eindruck führen, nicht zum Ergebnis beigetragen zu haben, weil der Beratungsnehmer die Lösung selbst gefunden hat. Hier hilft eine Vergewisserung, die in der Regel zeigt, dass der Beratungsnehmer genau deshalb die Beratung als hilfreich und erfolgreich erlebt hat.

5.3 »Wohin wirst du gehen?« – Das Schullaufbahn-Beratungsgespräch[54]

Definition und Gegenstände eines Schullaufbahn-Beratungsgesprächs

Ein Schullaufbahn-Beratungsgespräch ist das Gespräch einer Lehrperson mit einem Schüler oder einer Schülerin und ggf. den Eltern über die weitere Wahl der Schule, der möglichen Abschlüsse, der fachlichen Schwerpunkte unter Berücksichtigung der individuellen Potenziale und der beruflichen Orientierung bzw. der Studienwahl. Analog gilt dies selbstverständlich auch für Gespräche von Mitarbeiterinnen einer Kindertagesstätte mit den Eltern eines Kindes. Ausschließlich den angemessenen Ort der zukünftigen Schullaufbahn eines Schülers in den Blick zu nehmen, wäre eine unzulässige Verengung des Blickwinkels.

Ein Schullaufbahn-Beratungsgespräch mit einem Schüler zu führen, ist immer dann sinnvoll, wenn im Verlauf der Schulzeit Wahlmöglichkeiten bestehen. Das ist in der Regel der Fall, wenn eine Phase sich dem Ende entgegen neigt. Bartz spricht von »Gelenkstellen der Schullaufbahn« (Bartz 2014a, S. 220) und empfiehlt das Gespräch ein bis zwei Jahre vor Abschluss einer Stufe. Die wesentlichen Fragestellungen zu den verschiedenen Zeitpunkten sind:

- Zu welchem Zeitpunkt soll das Kind eingeschult werden?
- Welche Grundschule ist die angemessene für das Kind? Gemeinschaftsschule, Bekenntnisschule, besonders ausgerichtete Schule wie Montessori-, Waldorf- oder Petersenschule, wohnortnahe Schule, inklusiv arbeitende Schule, Förderschule usw.?
- Welche weiterführende Schule kommt für das Kind in Frage?

---

54 Siehe auch Bartz 2014a, S. 220–225.

- Lässt sich die Entscheidung über einen möglichen Schulabschluss zum Ende der Grundschulzeit bereits treffen, oder soll eine Schulform in der Sekundarstufe I gewählt werden, bei der die Entscheidung über den Schulabschluss erst später getroffen werden kann (z. B. Gesamtschule)?
- Welche Abschlüsse sind an der Sek.-I-Schule möglich?
- Wie kann – bei schwachen Leistungen – ein Hauptschulabschluss möglich werden?
- Welche Leistungen erlauben den Besuch der gymnasialen Oberstufe?
- Welche Ziele sind erreichbar angesichts der bisher gezeigten Leistungen, aber auch angesichts der bisher gezeigten Anstrengungsbereitschaft und Motivation?
- Welche Ziele möchtest du – Schülerin – am Ende der laufenden Phase erreicht haben?
- Welche Ressourcen kannst du einbringen, um diese Ziele zu erreichen?
- Hast du bereits Ziele oder Vorstellungen hinsichtlich der beruflichen Ausbildung oder eines Studiums?
- Wie können dich Lehrpersonen, Eltern und andere Personen bei der Erreichung deiner Ziele unterstützen? Wie kannst du ihnen deine Unterstützungsbitte nahebringen?
- Wie kannst du deine Leistungen auf dem guten Stand halten bzw. zu einer Verbesserung gelangen?
- Wo liegen deine Schwächen, was kannst du bisher nicht so gut?
- Gibt es Unterschiede zwischen deiner Einschätzung und der deiner Lehrerinnen? Welche Gründe kann das haben?
- An wen kannst du dich wenden, wenn Schwierigkeiten auftreten?
- Ist dir klar, dass du deine Entscheidungen selbst triffst und dass du damit die Verantwortung für deine Entscheidungen und deren Folgen übernimmst?
- Wie kannst du damit umgehen, wenn du scheiterst und deine Ziele nicht erreichst?
- Wie können dir Lehrpersonen Rückmeldungen über den erreichten Stand geben?

Aufgaben, Kompetenzen und Rolle des Gesprächsleiters im Schullaufbahn-Beratungsgespräch

Vor allem die letzten Fragen machen deutlich, dass es sich beim Gespräch sehr wohl um ein Beratungsgespräch handelt, bei dem der Schüler oder die Schülerin selbst die Verantwortung trägt und die Lehrperson im Wesentlichen Prozessberatung betreibt. Darüber hinaus geht es beim Schullaufbahn-Beratungsgespräch aber auch um einen Anteil Expertenkompetenz. Die Lehrperson muss Kenntnisse über die Schullaufbahnen an den verschiedenen Schulformen und die möglichen Abschlüsse sowie über die bisherige schulische Biographie der Schülerin oder des Schülers besitzen. Das Schullaufbahn-Beratungsgespräch sollte vom Klassenlehrer geführt werden, nachdem er bei den Fachkolleginnen eine Potenzialeinschätzung eingeholt hat.

Wird ein Gespräch durch Kita-Mitarbeiterinnen vor der Einschulung geführt, ist es sinnvoll, dass nur die Eltern das Gespräch führen – ohne das Kind, das mit diesem Inhalt überfordert wäre.

Außerdem kann die Lehrperson mit unterschiedlichen Vorstellungen des Schülers/der Schülerin und der Eltern konfrontiert werden und ggf. sogar in einen Konflikt zwischen Eltern und Kind hineingezogen werden. Unterschiedliche Auffassungen kann es sowohl inhaltlich hinsichtlich einer realistischen Zukunftsperspektive als auch in Bezug auf die Frage der Bewertung der Ideen und Vorstellungen und der Verantwortlichkeit geben.

Beispiel
Natalie, Neuntklässlerin einer Hauptschule, sitzt mit beiden Elternteilen im Gespräch. Natalie hat ein Praktikum in einer Zoohandlung absolviert und möchte seitdem Tierärztin werden. Ihre Leistungen liegen auf einem unterdurchschnittlichen Hauptschulniveau. Der Vater äußert mehrfach mit abwertenden Blicken und Gesten: »Dafür bis du doch viel zu dumm!«. Natalie besteht auf ihrem Berufswunsch. Die Mutter versucht, zwischen beiden zu vermitteln.

Wenn die Lehrperson mit Natalie alleine das Gespräch führte, könnte sie sie mit den Anforderungen für ein Einser-Abitur konfrontieren (in Bezug auf Leistungen und Lern- und Arbeitsverhalten) und diese mit den gegenwärtigen Leistungen und dem Lern- und Arbeitsverhalten abgleichen und so Natalie zu einer realistischen Selbsteinschätzung hinführen. Dabei könnte sich die Lehrperson eindeutig in der Beratungsrolle verhalten und damit zu einer nachhaltig realistischen Selbsteinschätzung beitragen.

Durch die Abwertungen seitens des Vaters ist dieser Weg deutlich erschwert. Eine Lösung könnte darin bestehen, dass die Lehrperson zunächst das Gespräch mit Natalie alleine führt und die Eltern später wieder hinzuholt.

Größte Rollenklarheit ist also erforderlich. Bartz benennt als Rolle der Lehrkraft:

> »Die Lehrperson unterstützt den Schüler bei der Gestaltung seiner weiteren Lern- und Leistungsentwicklung. Sie informiert über die Anforderungen, gibt Anregungen und ein Feedback zur Selbsteinschätzung des Schülers und seiner Übergangs- und Abschlussziele. Das Feedback stützt sich auf ihre Einschätzung des Leistungspotenzials, der persönlichen Ressourcen und die Kompetenzen des Schülers.« (Bartz 2014a, S. 223)

Struktur des Schullaufbahn-Beratungsgesprächs

Bei der Darstellung der Struktur orientiere ich mich wieder an dem bekannten Konzept von König und Vollmer.

1.   Orientierungsphase

- Settingfragen werden geklärt.
- Die Lehrperson benennt das Thema und die Zielsetzung des Gesprächs.

2. Klärungsphase

Die Klärungsphase kann in drei Phasen unterteilt werden:

- Phase 1:
  - Es ist wichtig, dass zunächst die Sichtweise des Schülers thematisiert wird. Er muss Gelegenheit haben, seine Einschätzung seiner Potenziale und Schwächen sowie seiner Ideen zu seiner Zukunft ausführlich und ohne bewertende Reaktionen darzustellen.
  - Dazu kann es hilfreich sein, wenn er sich auf das Gespräch – vielleicht anhand eines Fragenkatalogs (s. o.) – vorbereiten kann.
  - Der Schüler kann Fragen stellen, die die Lehrperson notiert, um den Redefluss des Schülers nicht zu unterbrechen. Später werden die Fragen selbstverständlich beantwortet.
  - Die Lehrperson hat dabei im Wesentlichen die Aufgabe, dem Schüler zuzuhören.
- Phase 2:
  - Erst anschließend äußert sich die Lehrperson inhaltlich und gibt ihre Einschätzung der Stärken und Schwächen des Schülers sowie seiner Potenziale wieder.
  - Die Lehrperson beantwortet die Fragen des Schülers.
  - Die Lehrperson stellt die Anforderungen dar, die der vom Schüler angestrebte Weg und Abschluss mit sich bringen.
- Phase 3:
  - Beide gemeinsam stimmen miteinander ab, an welchen Punkten es Konsens, an welchen es Dissens in den Einschätzungen gibt.
  - Von großer Bedeutung ist es, dass die Lehrperson sich dabei jeglicher Wertung enthält, also nicht: »Abitur schaffst du nie!«, sondern vielmehr: »Um das Abitur zu bewältigen, gibt es die genannten Anforderungen, unsere Einschätzungen hinsichtlich deines Potenzials weichen meiner Wahrnehmung nach in folgenden Punkten voneinander ab: ... – Wie siehst du das?«
  - Je mehr Konsens erreicht werden kann, umso besser ist es für die weitere Schullaufbahn des Schülers.
  - Dissens kann bestehen bleiben, ohne dass die Lehrperson die Einschätzung des Schülers bewertet. In diesem Fall sind die Sichtweisen des Schülers Basis für die folgende Gesprächsphase.

3. Veränderungsphase

- Welche Ziele setzt sich der Schüler?
- Welche Notwendigkeiten sieht die Lehrperson für den Schüler, damit er seine Ziele erreichen kann?
- Beide planen konkrete Schritte, der Schüler bleibt immer in der Verantwortung. Was wird er ab sofort mit wessen Unterstützung tun? Inwiefern sind Veränderungen erforderlich?

- Welche Notwendigkeiten sieht die Lehrperson? Auch wenn der Schüler mit der Einschätzung der Lehrperson nicht einverstanden war und ist, ist es wichtig, dass die Lehrperson die konkreten Schritte benennt, die sie für notwendig hält.

4. Abschlussphase

- Gemeinsam fassen Schüler und Lehrperson das Gesprächsergebnis zusammen.
- Konkrete nächste Schritte werden benannt.
- Die Lehrperson bittet den Schüler, das Gesprächsergebnis zu notieren; notfalls protokolliert sie selbst in Stichworten das Gesprächsergebnis (s. a. Bartz 2014a, S. 224 f).

Herausforderungen für den Gesprächsleiter

Es gehört sicherlich zu den schwierigen Aufgaben für die Lehrperson, die Verantwortung beim Schüler zu belassen. Das gilt vor allem dann, wenn die Einschätzungen der Lehrperson weit von denen des Schülers abweichen und die Lehrperson die Selbsteinschätzung des Schülers für sehr unrealistisch hält.

Manchmal kann es sinnvoll sein, eine »Probezeit« zu vereinbaren: Die Lehrkräfte fordern den Schüler für drei Monate gemäß seiner eigenen Zielsetzungen, die von den Lehrpersonen für unrealistisch gehalten werden, bei einem weiteren Gespräch wird diese Zeit evaluiert: Was ist gut gelaufen, gab es Überforderungen, müssen Ziele neu formuliert werden?

Auf die Problematik unterschiedlicher Sicht- und Umgangsweisen zwischen Eltern und Kind habe ich hingewiesen. Es gilt, größtmögliche Klarheit herzustellen. Dazu kann es hilfreich sein, das Tempo zu reduzieren. »Langsam – gerade in schwierigen Situationen« – dieser Satz gilt auch in diesem Zusammenhang.

5.4 »Was tun wir morgen?« – Das Planungsgespräch

Definition

Planung »beschreibt die menschliche Fähigkeit der gedanklichen Vorwegnahme von Handlungsschritten, die zur Erreichung eines Zieles notwendig scheinen« (Online-Quelle 35) und stellt insofern in der Institution Schule ein unverzichtbares Instrument dar. *Beispiele* für Planungsaktivitäten in der Schule sind die Planung …

- … einer schulinternen Fortbildungsveranstaltung oder einer Veranstaltungsreihe
- … einer Projektwoche oder eines Projekttages
- … einer Unterrichtsreihe
- … einer Schulfusion
- … einer Kooperationsmaßnahme mit einem außerschulischen Partner

- ... des Ablaufs einer Schulinspektion oder einer Qualitätsanalyse
- ... eines Schulentwicklungsvorhabens

Dabei kann sich die Planungsaktivität im Rahmen eines Gesprächs zwischen zwei Personen oder auch innerhalb einer Gruppe abspielen. Wie bei allen Gesprächen sind Leitung und Struktur von großer Bedeutung. Vor allem in dem Fall, dass es sich um eine Planungsgruppe mit drei oder mehr Personen handelt, muss die Frage der Leitung geklärt sein, während diese Frage in einem Zweiersetting nicht unbedingt geregelt werden muss.

Vor dem Gespräch ist es wichtig, die Zusammensetzung der Planungsgruppe festzulegen. In vielen Schulen existieren Steuergruppen, die Schulentwicklung gemeinsam mit der Schulleitung planen. Bei diesen ist die Gruppenzusammensetzung für einen festen Zeitraum bestimmt. Falls es sich jedoch um die Planung eines einmaligen Projekts oder Vorhabens handelt, muss von allen Teilnehmenden – bzw. vom beauftragenden Gremium (z. B. Schulleitung, Lehrerkonferenz) – darauf geachtet werden, dass alle wesentlichen Gruppen bzw. Positionen in der Planungsgruppe vertreten sind. Hinzu kommt die Frage der Freiwilligkeit vs. Teilnahmeverpflichtung. Selbstverständlich sind Personen, die sich freiwillig zur Übernahme einer Aufgabe bereiterklären, besser motiviert als solche, die zur Teilnahme verpflichtet werden (müssen). Andererseits nehmen Lehrpersonen sehr genau wahr, inwieweit das eigene Engagement dem Durchschnitt entspricht, weit darüber hinausgeht oder dahinter zurückbleibt, so dass die Frage der Belastungsgerechtigkeit in einem Kollegium meist als »heimliches Thema« – im bekannten Eisbergmodell also unter der Wasseroberfläche – virulent ist. Wie bei den meisten solcher psycho-»logischen« Themen ist es sinnvoll, sie »nach oben« zu holen, d. h. bewusst und besprechbar zu machen. Das stellt sich als eine Schulleiteraufgabe dar, die am günstigsten nicht projektbezogen, sondern grundsätzlich mit dem Kollegium geklärt werden kann. Kriterien können u. a. folgende sein: Voll- und Teilzeitbeschäftigung, Belastungen außerhalb der Schule wie Kinderzahl oder Pflege von Angehörigen, Gesundheitszustand, Alter usw.

Die folgende Grundsatzfrage muss ebenfalls vorab geklärt werden: Können Vorschläge oder Entscheidungen der Gruppe mit großer Wahrscheinlichkeit Nachhaltigkeit entwickeln, oder ist es wahrscheinlich oder möglich, dass ministerielle oder andere Vorgaben geändert werden und schulische Entscheidungen obsolet machen? Kaum etwas wirkt demotivierender als Arbeit »für die Mülltonne«, als Anstrengungen, die keinerlei praktische Wirkungen zeitigen, als Gespräche, die völlig folgenlos bleiben.

Struktur des Planungsgesprächs[55]

Adolf Bartz schlägt das in Tabelle 9 dargestellte »Formblatt für einen Projektauftrag« vor (nach Bartz 2004).

---

55 Siehe auch Hinweise zum Thema Projektmanagement, u. a. Online-Quelle 36.

Tab. 9: Formblatt für einen Projektauftrag nach Bartz

Projekt:	
Auftraggeberin bzw. -geber:	Kurzzeichen:
Projektleiterin bzw. -leiter:	Kurzzeichen:
Aufgabenstellung:	
Zielsetzungen:	
Zu erarbeitende Ergebnisse:	
Überprüfung der Zielerreichung (Evaluationsplanung):	
Budget:	
Termine, Meilensteine:	
Auftraggeberin bzw. -geber:	Projektleiterin bzw. -leiter

Alle Fragen, die mit dem »globe« zusammenhängen, mit den Rahmenbedingungen und dem Charakter der Planungsgruppe zu tun haben, bedürfen bis spätestens Ende der Orientierungsphase der Klärung.

1. Orientierungsphase

Zunächst ist die Frage der Leitung zu klären. Auch wenn ein Schulleitungsmitglied Teilnehmer der Gruppe ist, muss dieses Mitglied nicht automatisch die Gruppenleitung übernehmen. Wichtig ist, dass die Leitungsperson über Gesprächsführung- bzw. Moderationskompetenz verfügt und das Vertrauen möglichst vieler Gruppenmitglieder genießt.

Ferner sollte die Planungsaufgabe explizit benannt und schriftlich festgehalten werden. Es kann sich um eine selbstgesetzte Aufgabe handeln, möglich ist jedoch auch eine Planung im Auftrag eines schulischen Gremiums. Auch Zielsetzung und Zeitrahmen für die Arbeit der Planungsgruppe bzw. des Planungsteams sollten mit möglichst großer Klarheit benannt werden. Fragen in dieser Phase können sein:

- Einigung auf zentrale Begriffe, z. B.: Was verstehen wir unter einem Projekt?
- Hat die Planungsgruppe Entscheidungsvollmacht, oder kann sie lediglich Vorschläge entwickeln und einem anderen Gremium zur Entscheidung vorlegen?
- Welchem Gremium muss bis zu welchem Datum Bericht erstattet werden?
- Wie viele Sitzungen der Planungsgruppe kann und muss es (voraussichtlich) geben?
- Gibt es eine Deadline?
- Kann es Zwischenberichte geben?
- Welche Kriterien gibt es für die Zielerreichung (wir haben unser Gruppenziel erreicht, wenn ...)?

- Kann die Gruppe Aufträge an Personen vergeben, die nicht Mitglieder der Planungsgruppe sind?

2. Klärungs- und Veränderungsphase

Elemente und Fragen in der Klärungsphase können sein:

- Klärung der Ziele für das Vorhaben
- Klare Vorgaben für die Ressourcennutzung
- Klare Terminziele (Bis wann geschieht was?)
- Klare Organisationsformen (Wer ist für welchen Bereich verantwortlich und zuständig?)
- Brainstorming zu Planungsideen
- Erstellen einer Mindmap
- Clustern von Ideen
- Klärung der zur Verfügung stehenden Ressourcen (personelle, finanzielle, organisatorische, Unterstützungsressourcen)
- Welche Stolpersteine gibt es zur Zielerreichung?
- Wie soll mit Widerstand umgegangen werden?
- Gibt es Meilensteine, die zu bestimmten Zeitpunkten erreicht sein sollen?
- Wie wird das Vorhaben während der Durchführung koordiniert?
- Wie und durch wen wird kontrolliert, ob konkrete geplante Schritte getan wurden (Controlling)?
- Wie wird das Vorhaben in welcher Öffentlichkeit publik gemacht (Schüler-, Lehrer-, Elternschaft, lokale Öffentlichkeit, Medien)? Wer erhält wann welche Information in welcher Weise?

Eine Matrix könnte wie in Tabelle 10 dargestellt oder ähnlich aussehen:

Tab. 10: Projektaufgaben-Matrix

Aufgabe	Verantwortlichkeit	Mit wessen Unterstützung?	Wer wird informiert?	Bis wann wird informiert?

3. Abschlussphase

In der Abschlussphase wird das Ergebnis zusammengefasst und Klarheit über die Aufgaben sowie den Zeitplan für jedes einzelne Planungsgruppenmitglied erzielt. Eventuelle Unklarheiten und Missverständnisse sollten spätestens jetzt beseitigt werden. Die Termine und Orte der Folgesitzungen werden benannt, der Leiter beendet die Sitzung, nachdem zum Ende ein Feedback zur Sitzung erfolgt, z. B. mit der Blitzlichtmethode.

Aufgaben, Kompetenzen und Rolle des Gesprächsleiters im Planungsgespräch[56]

Aus der Struktur des Planungsgesprächs ergibt sich die Antwort auf die Frage nach den Aufgaben, Kompetenzen und Rollen des Gesprächsleiters. Im Wesentlichen geht es dabei darum,

- Moderationskompetenz zu zeigen,
- die Sitzung klar zu strukturieren, das bedeutet u. a. auch, die jeweils nächste Phase einzuleiten,
- Transparenz herzustellen,
- die Kompetenzen aller Teilnehmer zu nutzen (z. B. durch die Bitte um Äußerung oder darum, sich kurzzufassen),
- Ergebnisse oder Zwischenergebnisse zusammenzufassen,
- Vorschläge für das weitere Vorgehen zu machen,
- Prozessschritte und Ergebnisse zu visualisieren, z. B. an der Flipchart,
- die Sitzung zu beenden.

Der Fokus des Leiters oder der Leiterin liegt deutlich mehr bei der Struktur als beim Inhalt. Findet ein Planungsgespräch nur zwischen zwei Personen statt – z. B. bei der Planung einer Unterrichtsreihe –, ist eine Leitung in der Regel nicht erforderlich.

Herausforderungen für den Gesprächsleiter[57]

Effiziente Leitung einer Projekt- oder Planungsgruppe erfordert immer wieder die Rückkoppelung der Leitungsperson mit dem auftraggebenden Gremium, z. B. der Schulleitung bzw. der Schulkonferenz. Für die Leitung der Planungsgruppe stellt sich auch die Frage, wie sie mit möglicherweise wenig motivierten Kollegen umgehen kann, die durch die Schulleitung zur Teilnahme verpflichtet wurden. Das Minimum an Anforderung stellt es aus meiner Sicht dar, die Arbeit der Gruppe nicht zu behindern.

Die Planungsgruppenleitung kann ein Problem damit bekommen, dass ein Schulleitungsmitglied Gruppenmitglied ist. Es kann nützlich sein, die eigene Rolle für sich zu klären und Unklarheiten in der Gruppe und gegenüber dem Schulleitungsmitglied transparent zu machen. Auf der anderen Seite kann der Gruppenleiter bzw. die Gruppenleiterin die Anwesenheit des Schulleitungsmitglieds nutzen und Fragen an die Schulleitung stellen, Klärungsaufgaben zur Besprechung im

---

56 Der Lehrplan Deutsch für die Grundschule in NRW sieht für die Klassen 3 und 4 ebenfalls das Planungsgespräch vor. Dabei werden die gleichen Kompetenzen angestrebt, die ich hier benenne. Siehe Online-Quelle 37.
57 Unter dem Titel »Strategische Steuerung der Schule mit Multiprojektmanagement« macht Kurt U. Heldmann einen Vorschlag für die Schulleitung, den Überblick über alle Projekte in einer Schule zu behalten (siehe Online-Quelle 38).

Schulleitungsteam weitergeben, Forderungen der Gruppe unmittelbar an die Schulleitung übermitteln.

Es kann vorkommen, dass der Auftrag unklar ist oder dass die Ressourcen nicht ausreichen, die Planung umzusetzen. In diesem Fall kann der Gruppenleiter bzw. die Gruppenleiterin als Sprecherin der Gruppe gegenüber der Schulleitung fungieren. Insofern nimmt die Gruppenleiterin eine Sonderstellung ein: Einerseits ist sie im Auftrag des Gremiums tätig, das die Gruppe mit der Aufgabe betraut hat, zum anderen ist sie Vertreterin der Gruppe gegenüber diesem Gremium. Beiden gegenüber loyal zu sein und beide Aufgaben zu erfüllen, erfordert vor allem ein hohes Maß an Rollenklarheit und Transparenz.

6 Konfliktgespräche

6.1 A will X, B will Y, C moderiert – Das Konfliktmoderationsgespräch

Als Ausgangssituation gehe ich bei der Behandlung des Themas Konfliktmoderation zunächst von der Annahme aus, dass der Moderator nicht am Konflikt beteiligt ist, dass also eine echte Moderationsrolle gefragt ist. Sollten *alle* beteiligten Personen inhaltliche Interessen haben, könnte ein Gesprächsteilnehmer den Vorschlag machen, für bestimmte Zeit die Moderationsrolle zu übernehmen und dies mit Zustimmung aller übrigen tun. Diese Art von Moderation erfordert ein hohes Maß an kommunikativen Kompetenzen und vor allem größte Rollenklarheit und Transparenz.

Im Abschnitt »Herausforderungen für den Moderator« dieses Kapitels beleuchte ich u. a. die Probleme und Möglichkeiten, die sich ergeben, wenn der Moderator zugleich Konfliktpartei ist.

Definition und Merkmale von Konfliktmoderation

> »Moderation bedeutet im ursprünglichen Sinne Mäßigung und steht in der Moderationsmethode für
>
> - eine spezifische Grundhaltung des Leiters/Moderators,
> - die Arbeit nach einer bestimmten Methodik,
> - die Verwendung spezieller Hilfsmittel und Materialien.«

(Seifert 2009, S. 87 f)

Glasl untersucht die verschiedenen Strategie- und Rollenmodelle und stellt für die Konfliktmoderation folgende Merkmale fest:

- »Der Moderator greift bei Missverständnissen direkt ein, klärt kognitive und semantische Differenzen und führt Methoden ein, mit denen auftretende Missperzeptionen aufgedeckt und korrigiert werden können« (Glasl 2011, S. 436).
- »In den ersten drei Eskalationsstufen ist bei den Konfliktparteien eine zureichende Basis des Vertrauens vorhanden, so dass Moderator oder Prozesskonsulent nur indirekt an einer Vertrauens- und Akzeptanzbasis arbeiten. Eigene Motivation ist die Akzeptanzbasis« (ebd., S. 438).

- »Moderator und Prozesskonsulent verfügen gegenüber den Konfliktparteien über keinerlei eigene Macht. Sie können auf keine Weise erzwingen, dass ihre Vorschläge zur Durchführung gelangen« (ebd., S. 439).
- »Die Drittpartei geht als Moderator davon aus, dass die Parteien mit den Problemen und Spannungen im direkten Kontakt miteinander zurechtkommen. Wenn es nötig wird, dass sich die Drittpartei zwischen die Konfliktparteien stellt, dann nur sehr kurz, und dies soll auf keinen Fall den Abstand vergrößern« (ebd., S. 440).
- »Die Interventionen der Moderation und der Prozesskonsultation bauen auf eine maximale Eigenaktivität der Konfliktparteien. Von den Betroffenen werden Vorschläge stimuliert, und ihre Vorschläge fließen in die Methoden der Konfliktbehandlung ein, so dass sich die Parteien mit dem Ziel, dem Weg und den Inhalten der Konfliktbehandlungsstrategien weitestgehend identifizieren können« (ebd., S. 441).
- »Interventionen der Moderation können zeitlich sehr beschränkt sein. Sie führen zu ad-hoc-Verbesserungen der Gesprächsführung und Problemlösungsmethoden« (ebd., S. 442).
- »Interventionen der Moderation erzielen Wirkungen für die unmittelbare Vergangenheit, für die unmittelbare Zukunft und für die jetzt vorhandenen Spannungen in der Gegenwart« (ebd., S. 443).

Seifert betont, dass sich der Moderator als »Helfer, um nicht zu sagen Diener der Gruppe«, versteht (Seifert 2009, S. 88). Grundhaltung, Methodik und Werkzeuge sind analog zu denen im Beratungsgespräch zu sehen (s. Kap. 5.1), bei dem ebenfalls der Berater als »Dienstleister« fungiert. Seifert stellt zu Recht fest, dass der Moderator durch sein So-Sein als Vorbild der Gruppe wirkt und damit die Atmosphäre in der Gruppe bestimmt. Ein äußerst wichtiger Satz zur Moderationsrolle stammt ebenfalls von Seifert:

> »Sie sind Experte für die Methodik, nicht für den Inhalt!«

Auch für die Gesprächsstruktur ist der Moderator verantwortlicher Experte. Dies gilt insbesondere bei der Konfliktmoderation. Bei der Konfliktmoderation ist die Verfahrensweise in den Merkmalen Inhalt, Setting und Methodik non-direktiv (Glasl 2011, S. 446).

Aufgaben, Kompetenzen und Rolle des Moderators im Konfliktmoderationsgespräch

Aus den genannten Merkmalen der Konfliktmoderation ergibt sich eine Beschreibung der wünschenswerten Kompetenzen, Aufgaben und Rollen für den Moderator.

- Der Konfliktmoderator ist neutral und allparteilich. Er hält sich exakt in der Mitte zwischen den Positionen der Parteien.
- Er hat das Vertrauen der Parteien und geht damit behutsam um.

- Er verhält sich sachlich und freundlich gegenüber allen Teilnehmern.
- Er stellt seine Kompetenzen in den Dienst der Konfliktparteien.
- Er ist fair.
- Der Moderator ist vollkommen transparent hinsichtlich seines Expertentums für Methodik und Struktur.
- Zu allen Vorschlägen, die er macht, holt er die Zustimmung aller Gesprächsteilnehmer ein.
- Hinsichtlich seiner methodischen und strukturellen Vorschläge akzeptiert er Ablehnung ohne Diskussion.
- Er kennt vorher die Lösung nicht und hat auch keine inhaltlichen Präferenzen.
- Die Art der Lösung, die die Parteien finden, wird vom Moderator inhaltlich nicht bewertet.
- Der Moderator will alle beteiligten Personen aktiv in den Lösungsprozess einbeziehen.
- Er würdigt alle Äußerungen von Gesprächsteilnehmern gleichermaßen.
- Er gibt eigene Fehler, die ihm passieren können, zu und entschuldigt sich. Auf diese Weise ist er für die Parteien ein Vorbild, und seine Art der Gesprächsführung und -moderation wirkt als Modellhandeln.
- Er verfügt über ein großes Methodenrepertoire.
- Er kennt die eigenen Kompetenzen und Grenzen.

Struktur des Konfliktmoderationsgesprächs

Ich bleibe auch bei der Darstellung der Phasenstruktur der Konfliktmoderation beim Vier-Phasen-Modell von König und Volmer (Orientierungs-, Klärungs-, Lösungs- und Abschlussphase) (2008, u. a. S. 69).

1. Orientierungsphase

In der Orientierungsphase erläutert der Moderator Anlass und Struktur des Gesprächs. Er wertschätzt, dass die Konfliktparteien sich mit ihrem Konflikt an ihn gewandt haben (Vertrauensbeweis). Dabei berücksichtigt der Moderator, dass beide Parteien emotional erregt sein können, sitzen sie doch jemandem gegenüber, mit dem sie sich evtl. heftig gestritten haben. Der Moderator sollte sich sachlich, freundlich und klar verhalten, um den Parteien Halt zu geben und Vertrauen zu ermöglichen. Ziele dieser Phase sind Klarheit hinsichtlich...

- ... des Konflikts,
- des Vorgehens im Gespräch,
- der Gesprächsregeln (z. B. keine Beleidigungen) und
- hinsichtlich der Erwartungen an das Gesprächsergebnis: Die Konfliktparteien finden eine Lösung für ihren Konflikt (z. B. Fachlehrkraft und Eltern können wieder vertrauensvoll zusammenarbeiten: Die gestörte Beziehung ist wieder hergestellt).

»Situationsklärung geht vor Konfliktklärung.« (Benien 2008, S. 126)

Beispiel
»Ich begrüße Sie beide sehr herzlich zu unserem Gespräch. Dass Sie sich zu diesem Gespräch bereitgefunden haben, weiß ich sehr zu schätzen, denn Sie befinden sich in einer schwierigen Situation. Es geht um einen Konflikt, den Sie miteinander haben. Für das Vertrauen, das Sie mir als Moderator entgegenbringen, danke ich Ihnen sehr herzlich. Ich hoffe, dass ich Ihren Erwartungen an mich als Moderator gerecht werde.

Es geht in der nächsten Stunde darum, dass Sie Ihren Konflikt möglichst bereinigen. Dazu werde ich Sie bitten, sich zu äußern, dem anderen zuzuhören, ich werde ggf. Fragen stellen und auch Ihre Fragen beantworten. Aus meiner Sicht ist unser Gespräch erfolgreich, wenn Sie beide am Ende eine Vereinbarung getroffen haben.

Meine Position ist exakt in der Mitte. Ich habe kein Interesse an einer bestimmten Lösung, darüber entscheiden nur Sie.

Ich habe noch eine Bitte an Sie: Wenn wir uns jetzt unterhalten, bitte ich Sie, sich nicht zu beschimpfen, auch wenn etwas Sie sehr aufregt, was der andere sagt. Bringen Sie ruhig Ihren Ärger, Ihre Trauer oder Ihre Wut zum Ausdruck, aber verzichten Sie bitte darauf, den anderen zu beschimpfen. Dann müsste ich eventuell das Gespräch abbrechen.

Ist das bis hierhin für Sie ok?«[58]

Settingfragen müssen selbstverständlich – wie bei jedem Gespräch – zu Beginn und/oder vorab geklärt werden. Gerade im Konfliktfall spielen diese Fragen eine große Rolle.

2. Klärungsphase

Der Moderator bittet denjenigen, der – sichtbar oder wahrscheinlich – den größeren emotionalen Druck empfindet, darum, mit der Darstellung seiner Sicht und seiner Position zu beginnen.

Beispiel
»Ich werde Sie beide jetzt bitten, Ihre Sichtweise darzustellen. Der andere, der gerade nicht spricht, hat in dieser Phase die Aufgabe, dem Sprechenden nur zuzuhören. Sie können ganz sicher sein: Anschließend kommen Sie an die Reihe und können auch sprechen, ohne vom anderen unterbrochen zu werden. Ist das O.K. für Sie? – (Bei Zustimmung:) Dann möchte ich Sie, Frau Müller, bitten anzufangen, und Sie Herr Schmitz hören bitte nur zu.

---

58 Dieses Beispiel soll Sie als Leser nicht einengen, sondern, vor allem für den Fall, dass Sie ungeübt sind, Ihnen eine Möglichkeit aufzeigen. Mit Zeit und Übung werden Sie einen eigenen Stil entwickeln.

Ich mache mir ein paar Notizen, damit nichts von dem verlorengeht, was Sie zu sagen haben.
  Noch etwas vorab: Wenn Sie Herrn Schmitz meinen, sprechen Sie ihn bitte unmittelbar an. Reden Sie also bitte nicht zu mir über Herrn Schmitz, sondern mit ihm.
  Frau Müller, was ist Ihre Sichtweise, worüber haben Sie sich geärgert (o. Ä.), was belastet Sie, was hat Sie verletzt oder gekränkt?«

Konfliktpartei A erläutert nun die Situation aus ihrer Sicht, B hört zunächst nur zu. Der Moderator achtet während der Rede von A auf Einhaltung dieser Regel, fragt nach, ob er richtig verstanden hat, fragt B, ob dieser verstanden hat. Der Moderator achtet darauf, dass A keine Vorwürfe macht, sondern von sich spricht und konkrete Vorfälle benennt und nicht verallgemeinert.

> Beispiel
> »Frau Müller, darf ich Sie mal eben unterbrechen? Sie können gleich weitersprechen. Haben Sie, Herr Schmitz, verstanden, worüber sich Frau Müller so aufgeregt hat? (Wenn Bejahung:) Gut, dann sprechen Sie bitte weiter, Frau Müller.«

Dabei geht es darum, dass Person A alles ausspricht, was aus ihrer Sicht den Konflikt ausmacht, und dass Person B tatsächlich zuhört. B wird an manchen Stellen den Kopf schütteln oder abwertende oder abwehrende Handbewegungen machen. Wenn es erforderlich ist, kann der Moderator beide wiederholend darauf hinweisen, dass B im Anschluss ebenfalls drankommt und seine Sicht darstellen kann.

> Beispiel
> »Ich verstehe, dass Sie das anders sehen, Herr Schmitz, aber jetzt ist Frau Müller dran. Gleich können Sie auch sprechen, und ich werde dafür sorgen, dass Sie möglichst nicht unterbrochen werden.«

Wenn A zu Ende gesprochen hat, erfolgt der Wechsel. Zuvor sollte der Moderator jedoch A noch einmal fragen, ob er/sie tatsächlich alle Aspekte benannt hat.

> Beispiel
> »War das alles, was Sie sagen möchten? Jetzt haben Sie Gelegenheit, alles auszusprechen, was Sie belastet, und es ist wichtig, dass Sie das auch tun. Gibt es noch etwas?«

Der Moderator hört aktiv zu, paraphrasiert, reflektiert und wird so auch zu einem Vorbild für B, der eine ganz andere Sichtweise hat und die Akzeptanz der Haltung von A durch den Moderator miterlebt. Dabei kann er auch den Satz einbringen, der lautet: Verständnis bedeutet nicht Einverständnis.
  Ebenso agiert der Moderator nach dem Wechsel. Beide Konfliktparteien benötigen Zeit, um ihre aggressiven oder ärgerlichen Emotionen auszusprechen. Nur

wenn es dazu ausreichend Gelegenheit gibt, wird Raum frei für Kompromissbereitschaft und Lösungsideen. In vielen Fällen ist es hilfreich, wenn der Moderator sich Notizen macht.

Nachdem auch B seine Position benannt hat, fasst der Moderator beide Positionen zusammen.

Beispiel
»In diesem ersten Schritt haben Sie beide Ihre Positionen dargestellt. Ich will versuchen, das noch einmal zusammenzufassen, und Sie sagen mir dabei bitte, ob ich Sie richtig verstanden habe.

Sie, Frau Müller, haben gesagt, ... und Sie fühlen sich ... Stimmt das so, hab ich das richtig verstanden und zusammengefasst? Und Sie, Herr Schmitz ...

Ich versuche mal, das Problem exakt zu benennen: Das Hauptproblem zwischen Ihnen ist X, und hinzu kommen die Nebenprobleme Y und Z. Stimmt das so? Frau Müller, ist das aus Ihrer Sicht richtig? Was meinen Sie, Herr Schmitz?«

Dadurch werden zum Ersten die beiden Positionen in zentralen Punkten komprimiert deutlich, zum Zweiten ist die erste Gemeinsamkeit geschaffen, nämlich das übereinstimmende Verständnis dessen, was den Konflikt ausmacht. Zum Dritten stellt der Moderator dar, dass seine Position als Moderator exakt in der Mitte ist. Damit sind gute Voraussetzungen geschaffen für die nächste Phase.

3.   Veränderungs- oder Lösungsphase

In dieser Phase geht es darum, Ideen zu entwickeln und Lösungsansätze zu finden, um den Konflikt zu bereinigen. Einige Möglichkeiten führe ich auf:

- Der Moderator bittet beide Parteien, ein DIN-A4-Blatt querzulegen und in der Mitte senkrecht zu unterteilen. Er bittet beide, die linke Spalte mit »Ärger« zu überschreiben – die rechte Seite bleibt noch leer – und gibt beiden Gelegenheit und Zeit, allen Ärger zu notieren. Anschließend, wenn beide fertig sind, bittet er darum, die rechte Spalte mit dem Wort »Wünsche« zu überschreiben und jeden Ärger in einen Wunsch an den Konfliktpartner umzuformulieren.
  Mit den Wünschen kann nun weitergearbeitet werden. Die Ärgernisse spielen keine Rolle mehr, das Blatt kann in der Mitte geknickt werden, der Ärger wird nach hinten weggeklappt. Jeder nennt einen Wunsch an den anderen, dieser nimmt dazu Stellung und der Moderator notiert die übereinstimmenden Ergebnisse. So entsteht eine Vereinbarung.
- Beide formulieren im Sinne eines Brainstormings Lösungsideen, die unkommentiert bleiben; hier kann sich auch der Moderator vorsichtig mit einbringen, indem er Vorschläge macht, von denen allen Personen klar ist, dass es keine Ratschläge sind.
  Dieses Brainstorming sollte nach dem Motto »Verrücktes herein!« erfolgen und damit der Phantasie freien Lauf lassen (Benien 2008, S. 138). Das gleiche gilt für

den Grundsatz »Unverschämtes herein!« (ebd.; zugrunde liegt die offene Haltung: »Mein Wunsch sei dir Information – nicht Befehl!«)
Anschließend gehen die Konfliktparteien mit Moderatorenhilfe alle Vorschläge durch und bewerten und diskutieren sie. Fragen dazu können u. a. sein: Welche Konsequenzen hat die Lösung für mich kurz- und langfristig? Kann ich hinter dieser Lösung stehen? Ideen, die Zustimmung beider finden oder finden können, werden vom Moderator markiert und in einem weiteren Schritt konkret gefasst und formuliert.

- Der Moderator bringt die Frage ein: Was kann jede Partei tun, um den Konflikt zu lösen? Manchmal kommt eine Partei dahin, einen Weg zu ebnen, indem sie z. B. sagt, sie könne sich entschuldigen oder sie habe jetzt erstmals Verständnis für die Handlungsweise der anderen Partei.
- Der Moderator bringt für beide die Frage ins Spiel: Was kann ich besonders gut, wo liegen meine Stärken? Inwiefern kann ich diese Kompetenz einbringen, um zur Konfliktregulation beizutragen?
- Der Moderator kann den Vorschlag des Rollenwechsels einbringen; jeder übernimmt für eine kurze Sequenz die Rolle des anderen. Ziel ist es, Verständnis für die Gefühle und die Handlungsweise des anderen zu entwickeln.
- Benien schlägt den »verlangsamten Streitdialog« vor: »Verlangsamt sollte der Streitdialog sein, damit das Gesagte nicht am Argumentationsgerüst des anderen abprallt, sondern jedem die Zeit bleibt, die Inhalte nach innen zu nehmen, sie zu kauen, zu schmecken, durch das ›Kraftwerk des Herzens‹ zu lassen und, mit neuem Eigenen angereichert, zurückzugeben« (ebd., S. 132).

4. Abschlussphase

In dieser Phase stellen die Konfliktparteien zunächst gemeinsam mit dem Moderator Konsens und Dissens fest.

- In welchen Punkten haben Sie beide Einigkeit erzielt?
- Wie genau sieht unsere Vereinbarung aus?
- Wer macht was bis wann?
- In welchen Punkten haben Sie noch Dissens? Haben Sie darüber Einigkeit?
- Welche konkreten Verabredungen zur Umsetzung der Lösung treffen wir?
- Wir treffen eine Vereinbarung zur Evaluation der Umsetzung (Folgetermin o. Ä.).

Der Moderator bittet die Gesprächsteilnehmer dann um ein Feedback zur Sitzung. Ich nenne einige Möglichkeiten:

- Das kann eine freie Äußerung sein.
- Der Moderator kann bitten, die Rückmeldung in drei Sätzen zu geben.
- Der Moderator kann drei inhaltliche Punkte notieren, wobei er zu jedem Punkt um einen Satz bittet, z. B.: »Ergebnis, Atmosphäre, Agieren des Moderators« oder »Prozess, Vereinbarung, Was hätten wir gemeinsam besser machen können?« oder »Das nehme ich mit: …«, »Das hat mir gefehlt: …«.

- Der Moderator kann eine Bewertungszahl erfragen, z. B.: »10 ist super, 1 ist schlecht: Mit welcher Zahl würden Sie unser Gespräch bewerten?«.

Der Moderator thematisiert anschließend noch einmal die Frage, ob ein weiteres Gespräch erforderlich oder erwünscht ist, und sorgt für eine konkrete Vereinbarung. Der Moderator bedankt sich abschließend bei den Teilnehmern, wünscht noch einen guten Heimweg o. Ä. und beendet das Gespräch.

Herausforderungen für den Moderator

Der Moderator kann leicht in die Versuchung geraten, sich einer der beiden Konfliktparteien eher zuzuneigen als der anderen. Das kann aus sachlichen, aber auch aus emotionalen Gründen geschehen (Sympathie, Mitleid o. Ä.). Es ist wichtig, solche eigenen emotionalen Aspekte sehr wachsam wahrzunehmen, um die Neutralitätspflicht, die von enormer Bedeutung ist, einhalten zu können. Dabei ist, wenn ich eine solche Wahrnehmung gemacht habe, maßvolles Agieren statt Überkompensation wichtig. Eine Analogie aus dem Fußball: Um dem Ruf des Heimschiedsrichters (unbewusste Bevorzugung der Heimmannschaft) zu entgehen, pfeifen manche Schiedsrichter übertrieben hart gegen die Heimmannschaft.

Wenn in der Klärungs- oder (noch schwieriger) in der Lösungsphase immer wieder neue Probleme auf den Tisch kommen, die bislang noch nicht geäußert wurden, kann Ungeduld ein weiteres Problem für den Moderator werden. Es kann helfen, sich auf einen oder ganz wenige Aspekte des Konflikts zu beschränken und ganz bewusst und transparent alle anderen Aspekte auszublenden. Es kann auch wichtig sein, sich strukturell zu beschränken und nicht alle Phasen in dieses eine Gespräch packen zu wollen. Manchmal ist es auch eine gute Leistung aller beteiligten Personen, konkrete Problemdefinition und -klarheit zu erreichen und die Lösungsansätze auf eine weitere Sitzung zu verschieben. Der Moderator kann alle diese Verfahrensmöglichkeiten ansprechen und Lösungen vorschlagen.

Wenn trotz aller Bemühungen keine oder kaum Lösungsanstrengungen von einer oder beiden Konfliktparteien erkennbar werden, kann es sinnvoll sein, die Gesprächsstruktur zu unterbrechen und Metakommunikation zu betreiben. Fragen könnten dann etwa sein:

- Sehen Sie noch Sinn darin, dass wir unser Gespräch fortsetzen?
- Sind Sie noch an einer Lösung interessiert?
- Wie würde es Ihnen gehen, wenn wir jetzt das Gespräch abbrechen?
- Können Sie mit dem Zustand, wie er jetzt ist, leben?
- Was wäre für Sie der Vorteil, wenn wir keine Lösung finden?

Falls kein konstruktiver Umgang miteinander möglich ist, »gilt die Regel, die auch bei immer wieder auftauchenden Konflikten und teufelskreisartigen Verstrickungen gilt:

> »Explizite Beziehungsklärung geht vor Sachklärung.« (Benien 2008, S. 134)

- Wenn sich die Konfliktparteien gegenseitig beschimpfen und damit die vom Moderator vorgegebene Regel nicht einhalten, kann es sinnvoll sein, das Gespräch abzubrechen – freundlich und klar, vielleicht so:

  Beispiel
  »Ich hatte als Regel vorgegeben, dass Sie sich nicht beschimpfen. Wir reden jetzt seit zehn Minuten zusammen, und immer wieder kommen von Ihnen (oder von Ihnen beiden) Beschimpfungen vor. Ich habe Sie schon dreimal gebeten, das zu unterlassen. Ich breche deshalb dieses Gespräch jetzt ab. Sie können sich gerne gemeinsam wieder bei mir melden, wenn Sie in der Lage sind, ohne Beschimpfungen ein Gespräch zu führen. Ich bin Ihnen deshalb nicht böse, möchte diese meine Position aber sehr klar darstellen. Danke, dass Sie hier waren, ich wünsche Ihnen noch einen schönen Tag.« Dann steht der Moderator auf und reicht beiden die Hand.

- Ein Gespräch zu moderieren bei eigener Beteiligung, d.h. wenn ich selbst Konfliktpartner bin, ist eine anspruchsvolle Herausforderung. Diese Form der Gesprächsführung kommt öfter vor, wenn ein hierarchisch Höherstehender mit einem Untergebenen einen Konflikt klären möchte. Eingeleitet werden könnte das etwa so:

  Beispiel
  Darf ich mal einen Moment Metakommunikation betreiben und einen Vorschlag zum Vorgehen machen?
  Wir beide streiten uns jetzt schon eine Weile, und es ist nicht absehbar, dass wir weiterkommen. Deshalb schlage ich vor, dass ich für die nächsten zehn Minuten auch die Moderation des Gesprächs übernehme, d. h. Vorschläge zu einer Strukturierung mache, zusammenfasse usw. Wenn Sie an irgendeiner Stelle nicht mehr damit einverstanden sind, brechen wir das sofort ab. Ist das O. K. für Sie? Das kann z. B. dann geschehen, wenn Sie den Eindruck haben, dass ich es nicht mehr schaffe, meine beiden Rollen klar zu trennen.
  (Bei Zustimmung:) Zuerst schlage ich vor, dass jeder von uns seine Meinung in drei Sätzen zusammenfasst. Wollen Sie den Anfang machen?

- Der Moderator, der zugleich Konfliktpartei ist, benötigt Vertrauen von der anderen Konfliktpartei. Es besteht die Gefahr, dass der andere sich manipuliert fühlt. Das gilt vor allem dann, wenn ihm die Trennung zwischen seinen beiden Rollen »Moderator« und »Partei« nicht klar gelingt. Eine Hilfe kann es sein, sich als Moderator auf Stuhl X zu setzen und als Partei auf Stuhl Y, man kann auch als Moderator stehen und als Partei sitzen. Wichtig ist auch die explizite verbale Klärung, z. B.: »Als Moderator möchte ich sagen ...« oder »Ich spreche jetzt als Partei ...« (vgl. a. Seifert 2009, S. 160).
  Er braucht aber bei der Moderation nicht alleine zu bleiben, sondern kann auch die andere Partei metakommunikativ um Ideen für die nächsten Schritte bitten: »Wir könnten jetzt so weitermachen, dass jeder benennt, was er vom anderen verstanden hat, oder wir könnten einen Rollentausch durchführen. Was

meinen Sie, was jetzt sinnvoll wäre?« Oder: »Ich habe im Moment keine Idee, wie wir weitermachen könnten. Was meinen Sie?«

Der Wechsel zwischen emotionaler Beteiligung als Konfliktpartei und der neutralen Rolle als Moderator ist eine schwierige Aufgabe, die sich Anfänger im Moderationsgeschäft kaum zutrauen sollten. Deshalb sollten Sie mit kleinen ausschließlich sachorientierten Moderationen und nicht mit großen und emotionsgeladenen Konfliktmoderationen beginnen.

6.2 Konfliktgespräche mit eigener Beteiligung

Kritik äußern, kritisches Feedback geben, ein Beschwerde- oder ein Kritikgespräch führen, streiten – das sind die Inhalte dieses Kapitels. Vorab versuche ich, terminologische Klarheit zu schaffen und die Begriffe und damit die Sachverhalte voneinander unterscheidbar zu machen. Die Beschwerde nimmt dabei eine Sonderstellung ein; sie kommt in allen Kontexten vor. Eine Beschwerde kann sowohl in Vertrags- bzw. Vereinbarungsangelegenheiten erfolgen als auch bei Einschätzungs-, Interpretations- bzw. Meinungsdifferenzen. Beispiele für Beschwerden:

- Meine abonnierte Zeitung wurde nicht geliefert.
- Der servierte Espresso ist kalt.
- Lehrerinnen meiner Tochter geben zu viele Hausaufgaben auf.
- Der Vermieter kümmert sich nicht um die vereinbarte Renovierung.

Ob ich ein Recht zur Beschwerde habe oder nur eine Meinung – eine Beschwerde zu führen ist in solchen und ähnlichen Fällen immer möglich.

In der Literatur fehlt mir eine Form, die ich hier unter der Bezeichnung »Kritik äußern« einführen möchte. Für den folgenden Sachverhalt gibt es bislang nach meiner Kenntnis keine Terminologie: Ich möchte mich kritisch äußern und eine Konsequenz ankündigen, d. h. zum Beispiel: mein eigenes Verhalten ändern.

> **Beispiel**
> Die abonnierte Wochenzeitung ist zum dritten Mal hintereinander nicht geliefert worden, der Betrag wurde aber in voller Höhe von meinem Konto abgebucht. Was ich bei einem Anruf, einem Schreiben oder einer E-Mail jetzt mache, ist nicht nur eine Beschwerde, sondern ich drohe auch als Konsequenz an, das Abo zu kündigen. Damit stellt mein Verhalten etwas anderes dar als eine Beschwerde und mehr als kritisches Feedback.

Die folgende Tabelle verdeutlicht die Abgrenzungen:

Tab. 11: Übersicht Kritik, kritisches Feedback, Kritikgespräch

Bereich	Eine Beschwerde führen		Ein Kritikgespräch führen
	Kritik äußern	Kritisches Feedback geben	
Beziehung	Eine Person kritisiert das Verhalten einer hierarchisch gleich- oder höhergestellten Person	Eine Person erklärt einer hierarchisch gleich- oder höhergestellten Person, wie ihr Verhalten auf sie wirkt	Eine vorgesetzte Person mit Durchsetzungsmacht kritisiert das Verhalten einer untergebenen Person und fordert Verhaltensänderung
Basis	Rechtsnorm, Vereinbarung: Ich bin im Recht	Ein Gefühl wird benannt, ein Bedürfnis ist nicht erfüllt	Machtgefälle
Maßstab	Sachliche Kriterien wie Vertrag, Vereinbarung usw.	Wirkung des Verhaltens des anderen auf den Feedback-Geber (Ebene Emotionen, Denken, Motivationen, Arbeitsfähigkeit usw.)	Anweisungen, Gesetze, Regeln, Normen, die durch das Verhalten der kritisierten Person verletzt sind. Die Definitionsmacht liegt bei der Autorität
Appell	Forderung, die bei Nichterfüllung bei einer Autorität eingeklagt werden kann und deren Nichterfüllung von der Autorität mit Sanktionen belegt werden kann, oder Ankündigung eigener Verhaltensänderung im Verhältnis zum anderen	Bitte, die vom Feedback-Nehmer erfüllt werden kann oder nicht; keine Möglichkeit des Einklagens	Forderung, das Verhalten zu verändern, bei gleichzeitigem Aufzeigen von negativen Konsequenzen für den Fall der Nichterfüllung
Durchsetzbarkeit	Drohung mit Konsequenzen über eine Autorität oder eigene Verhaltensänderung	Wunsch ohne Druckmittel	Die Forderung ist in vollem Maße durchsetzbar
Ziel	Eigener Anspruch soll durchgesetzt werden	Weiterhin soll die Beziehung aufrechterhalten werden – unter möglicher Inkaufnahme der momentanen Nicht-Durchsetzung des eigenen Interesses	Durch Machtausübung soll eine Verhaltensnorm durchgesetzt werden

Ich habe ein Problem mit dem anderen – Kritisches Feedback geben und Kritik äußern

1. Terminologie-Vorschlag: Kritik und kritisches Feedback

Unter Kritik versteht man die Beurteilung eines Gegenstandes oder einer Handlung anhand von Maßstäben. Dabei geht es um eine Kritik unter ranggleichen Personen oder auch an ranghöheren und nicht um die Kritik des Vorgesetzten am Untergebenen (siehe dazu Kap. 6.5 und 7.1).

Als kritisches Feedback bezeichne ich metakommunikative Äußerungen des Feedback-Gebers, die dem Feedback-Nehmer die negativen Wirkungen seines Verhaltens auf den Feedback-Geber spiegeln. In Tabelle 11 habe ich den für unsere Thematik äußerst wichtigen Unterschied, den ich in der Literatur so nicht gefunden habe, deutlich gemacht. An einem schulischen Beispiel will ich ihn erläutern:

> Zwei Kollegen, die in Parallelklassen Mathematik unterrichten, vereinbaren, dass Kollege A im ersten Halbjahr alle Klassenarbeiten vorbereitet und dem Kollegen B übergibt, im zweiten Halbjahr soll es umgekehrt laufen.
> Annahme: Kollege A hält diese Vereinbarung nicht ein.
> Kollege B kann entscheiden, ob er seine Reaktion auf diese Nicht-Einhaltung als Kritik oder als kritisches Feedback äußert.
> Wenn er sie als Kritik äußern will, könnte er sagen: »Wir haben eine Vereinbarung getroffen, und ich bestehe darauf, dass du sie einhältst. Wenn ich nicht bis Mittwoch die Klassenarbeit für nächsten Montag habe, werde ich dir im nächsten Halbjahr keine Aufgaben für die Klassenarbeiten vorlegen, denn dann fühle ich mich nicht mehr an unsere Vereinbarung gebunden.«
> Falls er sich für die Variante »kritisches Feedback« entscheidet, könnte seine Äußerung so lauten: »Wir haben eine Vereinbarung, und ich bin sehr enttäuscht darüber, dass du sie nicht einhältst, weil ich dadurch deutlich mehr Arbeit habe. Mir wäre sehr lieb, wenn du noch einmal darüber nachdenken und mir bis Mittwoch sagen könntest, ob du bei deiner Haltung bleibst, weil ich mich dann an die Ausarbeitung meiner Klassenarbeit machen müsste.«

Mit dem Beispiel will ich verdeutlichen, dass es für den Akteur eine wichtige Entscheidung zu treffen gilt, nämlich letztlich die, ob er dem Ziel folgt, sein Interesse gegenüber dem anderen durchzusetzen oder die Beziehung aufrechtzuerhalten, wobei er in Kauf nimmt, dass er im Moment sein Interesse möglicherweise nicht durchsetzen kann. An diesem Punkt wird ebenfalls deutlich, dass Lehrer Eltern gegenüber nur im Ausnahmefall Kritik im hier genannten Sinne äußern, sondern in fast allen Fällen lediglich kritisches Feedback geben können. Der Grund liegt auf der Hand: Lehrer haben keinerlei Druckmittel gegenüber Eltern. Drei Ausnahmen gibt es, auf die ich in der »Zusammenfassung« von Kap. 2.4 hinweise (Ordnungsmaßnahmen § 53 Schulgesetz NRW; Kindeswohlgefährdung § 42 Abs. 6 Schulgesetz NRW; Ordnungswidrigkeiten § 126 (Schulpflichtverletzung) Schulgesetz NRW).

2. Durchsetzung vs. Beziehungspflege

Viele Menschen tun sich schwer damit, andere zu kritisieren bzw. ein kritisches Feedback zu geben. Ich nehme an, dass die Angst davor, jemanden zu verletzen, das Motiv ist. Diese empathische Sicht ist sehr wichtig, weil der andere mit seiner Befindlichkeit auch beim Äußern von Kritik und kritischem Feedback als Mensch wertgeschätzt werden soll und muss. Andere kritisieren ohne große Rücksichtnahme und halten sich dabei zugute, den eigenen Unmut, den Ärger oder die Wut loswerden und nicht »in sich hineinfressen« zu wollen.

Beide Aspekte sind berechtigt. Um in der Sprache des Inneren Teams (InT) zu sprechen: Beide InT-Mitglieder haben ihre Berechtigung, beide sind vorhanden, beide sind wichtig für den Einzelnen. Als soziale Wesen sind wir auf Empathie angewiesen. Wir sind nicht lebensfähig, wenn wir ausschließlich unsere eigenen Interessen durchsetzen und uns dadurch isolieren. Zum anderen ist das InT-Mitglied, das auf Abgrenzung achtet und dabei durchaus egoistisch ist, wesentlich für Autonomie und Psychohygiene. Es gilt, zwischen diesen beiden InT-Mitgliedern einen Ausgleich herzustellen, d. h. Antworten auf die Fragen zu finden: Wie kann ich mit meinen eher aggressiven und mir oft unangenehmen (= »unangenommenen«) Gefühlen umgehen, ohne dabei andere Menschen zu verletzen, zu kränken oder ihnen zu schaden? Welche angemessenen Formen für den Umgang mit dieser Aufgabe kann ich finden? Wie kann ich Kritik äußern, ohne den anderen zu verletzen, und dabei meine Interessen durchsetzen? Gibt es Möglichkeiten, meine Interessen durchzusetzen und zugleich auch die Beziehung möglichst auf Kooperationskurs zu halten?[59]

---

[59] Bei der Beantwortung dieser Fragen spielt selbstverständlich auch der kulturelle gesellschaftliche Hintergrund eine Rolle. Wie steht es in unserer Kultur mit der Expressivität, dem Ausdruck von Gefühlen, an welchen Stellen, zu welchen Zeiten, in welchen Situationen ist es gesellschaftlich akzeptiert, Gefühle expressiv zu äußern? Gibt es eine Übereinkunft darüber, wie Menschen Wut ausdrücken können? Oder Freude? Oder Trauer? Es ist ja fast eine Karikatur, wenn man jemanden sagen hört: »Ich möchte eine Störung anmelden. Über Ihren Satz vorhin bin ich sehr verärgert«. Ein solcher Umgang mit Ärger (beispielsweise) ist jedoch allgemein üblich und scheint gesellschaftlich konsensual zu sein. In welchen Situationen darf man brüllen? Als Zuschauer beim Fußball darf man, aber nicht in der Lehrerkonferenz. Als Unfallopfer mit Schmerzen darf man, aber nicht aus Wut.
 In unserer Zivilisation scheint es üblich zu sein, starke Emotionen nur in ritualisierter Form zu zeigen, z. B. beim Sport. Auch der Bildungsstand und die soziale Schichtzugehörigkeit spielen selbstverständlich ebenso eine Rolle wie das Temperament oder der kulturelle Hintergrund; wenn wir mit deutschem Kulturhintergrund z. B. Griechen bei einer Unterhaltung hören, meinen wir, sie befänden sich in einem massiven Streit, in der Tat unterhalten sie sich aber (oft) freundschaftlich: Es gibt eine andere Gesprächskultur. Sprachmelodie, Tonfall, Lautstärke sind dabei wichtige Merkmale.
 Der eigene Umgang mit Gefühlen ist also von mehreren Faktoren abhängig. Ich behaupte, dass wir Mitteleuropäer kaum angemessene Ausdrucksformen für Wut und Ärger haben. Eine mögliche Form ist die Ich-Botschaft, die selbstverständlich eine sehr rationalisierte Form des Gefühlsausdrucks darstellt.

3. Ich habe die Wahl: Kritisches Feedback oder Kritik

Wer kritisches Feedback gibt, gibt einer anderen Person die Rückmeldung, dass ihr Verhalten bei einem selbst unangenehme Gefühle ausgelöst hat. Der Feedback-Geber sagt damit etwas über sich selbst. Eine angemessene Form ist z. B. die Ich-Botschaft, die ja die Verantwortung für Veränderung beim anderen belässt. Zur Ich-Botschaft gehört auch das Äußern eines Wunsches, z. B. der, dass die andere Person ihr Verhalten in Zukunft unterlässt oder ändert. Aufgrund meines Feedbacks *muss* der andere sein Verhalten nicht verändern, auch wenn eine Veränderung mein Wunsch ist. Die Nichterfüllung meines Wunsches hat für den Feedback-Empfänger keinerlei negative Konsequenzen.

Beim Feedback-Geben ist es gerade dann wichtig, die Feedback-Regeln einzuhalten, wenn das Feedback kritisch ist. Die Trennung zwischen Person und Verhalten hat große Bedeutung, Feedback bezieht sich auf ein konkretes Verhalten, nicht auf die Person, Verallgemeinerungen (»immer«, »nie« usw.) sind schädlich, weil sie in der Regel falsch sind und das Annehmen des Feedbacks deutlich erschweren.

Kritik zu äußern ist kein Kritikgespräch und kann keines sein, weil keine Hierarchie besteht. Ich kann beim Äußern von Kritik nur meine eigenen Konsequenzen, d. h. meine eigene Verhaltensänderung ankündigen: Wenn du dich weiterhin so verhältst, verlasse ich dich, arbeite ich nicht mehr mit dir zusammen o. Ä., oder ich kann eine Autorität als Unterstützung hinzuziehen, die für mich mit ihrer Weisungsmacht meinen Standpunkt durchsetzen soll.

Ganz so leicht und eindeutig ist es mit der Klärung der Verantwortlichkeiten jedoch nicht, weil auch die Gefahr der Manipulation besteht. Je nach Art der Beziehung kann ich mit Kritik Druck auf mein Gegenüber ausüben, auch wenn prinzipiell die Verantwortung für Veränderung beim anderen liegt. Wenn ich beispielsweise weiß, dass mein Lebenspartner große Angst davor hat, dass ich ihn verlasse, wirkt der Satz »Wenn du dich weiterhin so verhältst, verlasse ich dich!« als Drohung, mit der ich die Angst des Partners instrumentalisiere und ihn damit manipuliere. Empathie, d. h. das Spüren und Wissen um »Schwachstellen« (Vorlieben, Abneigungen, Ängste, Befürchtungen usw.) des anderen, kann in diesem Fall die Basis für Manipulation sein.

Andererseits ist ebenfalls offensichtlich, dass ich mich mit einem Feedback zu einem Teil entblöße, indem ich ein Gefühl und ein nicht erfülltes Bedürfnis äußere. Ich gebe zu, dass dein Verhalten mich belastet. Ich mache mich angreifbar und verletzlich und begebe mich mit meiner Ich-Botschaft in die Gefahr, manipuliert zu werden. Viele Menschen wollen nicht, dass andere so viel über sie erfahren. Ich empfehle dennoch: Gerade da, wo ich mich zeige, besteht die gute Chance, mit anderen Menschen in Kontakt zu kommen oder zu bleiben.

Kritik zu üben, fällt vielen Menschen leichter, als kritisches Feedback zu geben. Wenn ich Kritik im hier gemeinten Sinne äußere, habe ich eine Basis, auf die ich mich berufen kann. Ich kann mich im Recht fühlen und dieses Recht durchsetzen, wenn es sein muss. Ich nenne einige Beispiele:

- Der Maler hat zugesagt, am Montag zu kommen, er ist nicht da.
- Ich als Lehrerin habe eine Vereinbarung mit einem Kollegen getroffen, er hält sie nicht ein.
- Ein Schüler hat mir in die Hand versprochen, die Hausaufgaben bis heute nachzuholen, er hat es nicht getan.
- Die Jugendherberge hatte mir eine Zusage bezüglich der Klassenfahrt gegeben, jetzt nimmt sie sie zurück.

In allen Fällen könnte ich ein kritisches Feedback geben, ich könnte aber auch die Einhaltung der Zusage einfordern und ggf. sogar rechtlich einklagen. Ich habe die Wahl. Welche Entscheidung ich treffe, ist sicherlich von mehreren Faktoren und Antworten auf Fragen abhängig:

- Welche Bedeutung hat die Beziehung zum anderen für mich?
- Will ich zunächst das weichere Mittel des kritischen Feedbacks zum Einsatz bringen und mir den Weg, Kritik zu äußern, für einen späteren Zeitpunkt offen lassen? Wäre ein solches Vorgehen fair? Sicherlich nur dann, wenn ich es in großer Transparenz anwende.
- Ist meine Angst, manipuliert zu werden, in der jeweiligen Situation größer als mein Wunsch nach authentischer Kommunikation?
- Ist Offenheit situationsangemessen? In einer eher sachlichen Arbeitsatmosphäre mit viel Konkurrenz zwischen den Mitarbeitern mag es sinnvoll sein, eher weniger offen mit Kollegen umzugehen als in einer kooperativen Atmosphäre.
- Eine philosophisch-weltanschauliche Grundhaltung wirkt sicherlich stark in die oft unbewusste Entscheidung hinein, eher den offenen Konflikt oder eher die weichere Variante zu wählen.

Der andere hat ein Problem mit mir – Kritisches Feedback und Kritik annehmen

Kritische Äußerungen über sich selbst und das eigene Verhalten zu hören, gehört zu den Kommunikationssituationen, die den meisten Menschen besonders unangenehm sind. Positives über uns hören wir gerne, wir fühlen uns akzeptiert (d. h. angenommen), wir fühlen uns wertgeschätzt.

Bei kritischen Rückmeldungen fällt es uns nicht nur schwer, zwischen unserem Verhalten und unserer Persönlichkeit zu unterscheiden, am liebsten hören wir Kritisches überhaupt nicht und erleben Kritik und kritisches Feedback als narzisstische Kränkung.[60] Wir wollen die Rückmeldung bekommen, dass wir als

---

60 »Narzisstische Kränkung ist ein Begriff, der auf Sigmund Freud zurückgeht. Er bezeichnet Vorgänge oder Erkenntnisse, welche den Narzissmus oder allgemeiner das Selbstwertgefühl einer Person oder einer Gesellschaft in Frage stellen und zu einer negativen Diskrepanz zwischen idealisiertem Selbstbild und tatsächlicher Realität führen« (Online-Quelle 39).

Menschen O. K. sind, so wie wir sind. Niemand oder kaum jemand hat als Kind erlebt, dass er als Mensch vollständig angenommen worden ist und dass das, was von Eltern oder anderen kritisiert wurde, lediglich einzelne Verhaltensweisen betraf (s. Abb. 9). Jede Kritik weckt – bei vielen Menschen – sofort den tief in uns lauernden und ruhenden Selbstzweifel, den wir – wenn alles gut gegangen ist und wir nicht ständig an unserem Wert zweifeln – hinter uns gelassen zu haben glauben.[61]

Der Realitätssinn sagt uns, dass wir uns als erwachsene Menschen auch dieser kritischen Dimension des Verhaltens und Erlebens stellen müssen. Und wenn wir das tun müssen, können wir wählen, ob wir uns seufzend in die Unabänderlichkeit fügen oder aber wachen Auges und mit klarem Verstand diese Realität annehmen in dem Wissen und der festen Überzeugung, dass Konflikte und unangenehme Situationen lebbare Bestandteile unserer sozialen Existenz sind. Wer über ein schwaches Selbstwertgefühl verfügt, wird sich durch kritische Äußerungen über sich selbst eher als Mensch insgesamt negativ beurteilt erleben als jemand mit einem gut ausgeprägten Selbstwertgefühl. Eine wichtige Rolle spielt selbstverständlich auch der Umgang mit eigenen Fehlern. Wenn jemand nachsichtig mit sich selbst ist und sich Fehler zugesteht, wird er auch anderen eher erlauben, ihn auf Fehler hinzuweisen. Streng und unnachsichtig in der Selbstkritik bei eigenen Fehlern zu sein, kann dagegen bei Kritik von außen eher zu Selbstvorwürfen oder gar Selbsthass führen – viele Menschen haben einen starken »Kritisierer« in ihrem Inneren Team, der häufig sehr wirkmächtig ist.

In diesem Zusammenhang wird wieder einmal deutlich, dass bei der Entwicklung eines professionellen Handwerkszeugs auf der Basis einer der Person angemessenen Haltung Selbsterfahrung im Sinne der Wahrnehmung und Auseinandersetzung mit eigenen Wahrnehmungs-, Erlebnis- und Verarbeitungsstilen einen sehr hohen Stellenwert besitzt. Es ist nicht leicht, auch beim Annehmen von Kritik oder kritischem Feedback dem anderen mit der grundlegenden Haltung gegenüberzutreten: »Ich heiße dich mit deinen Anliegen und Problemen und Gefühlen herzlich willkommen«.

Gührs und Nowak (2004, S. 259 ff) machen »Vorschläge für einen produktiven Umgang mit Kritik«, die ich – in verkürzter Form – übernehme, weil sie das Wesentliche aussagen; auf meine Unterscheidung zwischen kritischem Feedback und dem Äußern von Kritik weise ich hin:

- »*Vereinbarungen treffen:* Ich bin nicht gezwungen, mir jede Art von Kritik von jeder Person an jedem Ort und zu jeder beliebigen Zeit anzuhören. So gilt es, im Vorfeld für mich zu klären, ob ich überhaupt die richtige Adresse für die Kritik bin, ob ich hier und jetzt darüber sprechen will. Entsprechend sollte ich mit dem Kritiker eine Vereinbarung für ein Gespräch zu seiner Kritik treffen.
- *Kritik anhören:* Ich muss mir die Kritik zunächst anhören, ohne mein Gegenüber zu unterbrechen oder sogleich Stellung zu beziehen. Dabei sollte ich zugleich zulassen, dass mein Gegenüber sich emotionalisiert äußert. Gefühle zulassen kann die folgende Problemlösung erleichtern.«

---

61 Selbstverständlich ist mir bewusst, dass ich hier unzulässig pauschalisiere; nach meiner Erfahrung trifft diese Einschätzung jedoch auf sehr viele Menschen zu.

Mein Kommentar dazu: An dieser Stelle im Gespräch ist es von entscheidender Bedeutung, dass ich bewusst mit dem Selbstoffenbarungs-Ohr hören kann: Der andere sagt etwas über sich und seinen Ärger, seine Wut o. Ä.; mit dieser Einstellung erleichtere ich mir das aktive Zuhören und muss mich weniger angegriffen fühlen.

- »*Den Inhalt der Kritik mit eigenen Worten wiedergeben:* Ich gebe so meinem Gegenüber das Gefühl, ihn als Person und mit seinem Anliegen zu akzeptieren und sichere zugleich die Verständigungsgrundlage für die Konfliktlösung. Es kommt dabei darauf an, eigene – insbesondere abwertende oder interpretierende – Kommentare zu vermeiden.
- *Anerkennenswerte Inhalte und Aspekte benennen:* Es ist meine Entscheidung, welche Aspekte, mit denen ich hier und jetzt etwas anfangen kann, ich mir aus der geäußerten Kritik nehme. In jedem Fall sollte ich darauf verzichten, dem anderen seine Gefühle auszureden.
- *Eigenes Verhalten transparent machen:* Ich erläutere das eigene Verhalten, ohne mich jedoch zu rechtfertigen, und weise ggf. Kritik, die mir unberechtigt oder unangemessen erscheint, zurück.
- *Absprachen treffen und Bilanz ziehen:* Im Hinblick auf die Kritikpunkte, die ich akzeptieren kann, treffe ich klare Vereinbarungen. Dabei ist zu klären, was mein Gegenüber konkret von mir erwartet, ob ich das auch will und es in meiner Macht liegt, und welche Spielräume zur Verfügung stehen.«

(Bartz 2005a, Arbeitshilfe 6: Checkliste zum Umgang mit Kritik)

So wird die Basis dafür gelegt, dass es möglich wird, Kritik anzunehmen und an ihr zu wachsen.

6.3 »Was beschwert dich?« – Das Beschwerdegespräch

Definition

Das etymologische Wörterbuch nennt als Bedeutung der Beschwerde: »Ich zeige mich als beschwert« (Kluge 1999, S. 102; s. a. Online-Quelle 40: »Klage, mit der man sich [an höherer Stelle] über jemanden, etwas beschwert«) (belastet). Eigentlich geht es bei einer Beschwerde darum, sich von dem zu entlasten, was einen beschwert; man könnte das Beschwerdegespräch also ebenso gut auch als »Entlastungsgespräch« bezeichnen, wenn die Intention in den Fokus gerückt würde.

Der »Beschwerderucksack«

Um den Zusammenhang anschaulich deutlich zu machen, wähle ich die Metapher des »Beschwerderucksacks«, der alles das enthält, was den Beschwerdeführer belastet.

6.3 »Was beschwert dich?« – Das Beschwerdegespräch

Abb. 36: Der Beschwerderucksack

Zum Umgang mit dem »Beschwerderucksack« zeige ich am Beispiel einer Elternbeschwerde einige wichtige Elemente auf, die mit den Themen Abgrenzung, Selbstschutz, Problembesitz und Verantwortungsübernahme zu tun haben. Die hier aufgeführten Elemente können auch als Schritte der Gesprächsstruktur gelesen werden.

1. *Der Beschwerdeführer trägt auf seinen Schultern, was ihn beschwert und belastet.*
   Deshalb ist es gut nachvollziehbar, dass er sich entlasten will, indem er sich »beschwert«, d. h. seine Belastung – den Rucksack – abgeben möchte. In der Gesprächsvorbereitung kann ich mir diesen Zusammenhang bewusst machen und schon vorab Verständnis entwickeln.
2. *Er will das Belastende mir geben.*
   Der Beschwerdeführer ist der Meinung, dass ich verantwortlich bin für seine Belastung. Mein Verhalten hat zu seiner Belastung geführt. So sieht er subjektiv die Angelegenheit. Deshalb will er das Belastende nicht nur abgeben, sondern er hat dabei ein Ziel: Ich als Lehrerin oder Lehrer soll den schweren Rucksack annehmen.
3. *Ich respektiere die Gefühle des anderen.*
   Wer sich beschwert, hat oft negative Gefühle gegenüber demjenigen, der seiner Meinung nach die Belastung zu verantworten hat. Ärger, Wut, Rachegefühle sind im Spiel. Es geht darum, dass ich als derjenige, der die Beschwerde entgegennimmt, diese Gefühle respektiere. Dabei ist wichtig, dass ich mir darüber klar bin, dass Verständnis nicht Einverständnis bedeutet. Inwieweit ich durch mein Verhalten für die Gefühle eines anderen Menschen verantwortlich bin bzw. jeder Mensch für seine Gefühle selbst die Verantwortung trägt, will ich an dieser Stelle nicht im Einzelnen untersuchen. Es gibt ja keinen Automatismus: Handlung X löst Gefühl Y aus, die Menschen reagieren unterschiedlich. Gefühle sind da, sie sind wichtige Elemente des Menschseins und damit der Kommunikation und deswegen verdienen sie Respekt. Drei Aspekte sind hier von Bedeutung:

- Beleidigungen muss ich mir auch in einem Beschwerdefall nicht anhören. Deshalb sollte ich als Lehrerin oder Lehrer freundlich, aber klar Beleidigungen zurückweisen bei gleichzeitiger Akzeptanz der dahinter liegenden Gefühle: »Ich verstehe ihren Ärger, möchte Sie aber bitten, mich nicht zu beleidigen.«
- Es ist noch nicht geklärt, ob ich überhaupt Adressat der Beschwerde und damit auch der eingesetzten Emotionen bin, das wird noch zu klären sein.
- Selbst wenn ich einen Fehler gemacht haben sollte und die Kritik des anderen berechtigt ist, muss ich nicht eine inferiore Position einnehmen. Auch hier gilt die Trennung von Person und Handlung: Ich kann sozusagen erhobenen Hauptes (als Person bin ich immer völlig in Ordnung) zu meinem Fehler (meiner Handlung) stehen.

»Das Ärgerliche am Ärger ist, dass man sich schadet, ohne anderen zu nutzen.« (Kurt Tucholsky)

4. *Ich kann noch nicht erkennen, um welchen Inhalt es sich handelt.*
Wenn der Beschwerdeführer sich bei mir beschwert, kann ich oft zunächst seine Gefühle wahrnehmen, sachlich aber noch nicht genau erkennen, was Inhalt der Beschwerde ist. Es ist jedoch wichtig, dass ich den Inhalt des Rucksacks kenne, um angemessen reagieren und in Kontakt mit dem Beschwerdeführer treten zu können. Mit echtem Interesse versuche ich, mit Hilfe aktiven Zuhörens, Paraphrasierens und Reflektierens herauszufinden, worum es genau geht und was Inhalt des Beschwerderucksacks ist.

5. *Ich übernehme den Beschwerderucksack nicht, sondern bitte den Beschwerdeführer, ihn auf den Tisch zu legen.*
Ich bin am Inhalt interessiert, mache ihn mir aber nicht zu eigen. Ich bin auch für die Gefühle des anderen nicht verantwortlich, auch wenn ich durch eine Handlung, die die Gefühle ausgelöst hat, einen Anteil daran habe. Ich bin nicht im Problembesitz und lasse mir den Problembesitz auch nicht aufdrücken.
Mein Interesse ist in allen Fällen echt; die Frage lautet: Was habe ich getan, das beim anderen solche z. T. heftigen Gefühle ausgelöst hat? Habe ich das überhaupt getan oder wer ist Adressat der Beschwerde? In der Regel habe ich die Beschwerung nicht beabsichtigt, sie ist dennoch geschehen. Wir können nicht vorhersagen, was unser Verhalten bei anderen Menschen auslöst, können – und wollen und müssen – uns aber für die Reaktionen interessieren.

»Ich bin verantwortlich für das, was ich schreibe, nicht für das, was Sie lesen.« (Humberto Maturana)

6. *Wir sehen uns den Inhalt gemeinsam an.*
Wenn der Inhalt ausgebreitet auf dem Tisch liegt, können wir uns die einzelnen Elemente gemeinsam ansehen. Vorrangige Methode ist aktives Zuhören: »Ich habe X getan, das hat bei Ihnen Y ausgelöst, ich verstehe« oder »Sie sind wütend über das, was Kollege H. getan hat«. Ich gehe mit der Beschwerde also um, wie ich es für kritisches Feedback beschrieben habe. Außerdem gilt es, Sachverhalte zu klären, Meinungen deutlich zu machen und beides voneinander zu unter-

scheiden. Wenn z. B. eine Beschwerde lautet, der Sohn sei dadurch ungerecht behandelt worden, dass er als einziger von mehreren »Tätern« bestraft worden sei, kann die Lehrkraft darauf hinweisen, dass diese Behauptung nicht der Wahrheit entspricht, sondern der Sohn sich geirrt hat. Vielleicht hat er die Konsequenzen für die übrigen Schüler nicht mitbekommen. Manchmal ist es sinnvoll und notwendig, auf die Subjektivität der Wahrnehmung hinzuweisen, wenn im Beispiel die Eltern davon sprechen, dass der Sohn ein weiteres Mal von ihnen bestraft werden solle, weil er gelogen hat.
7. *Ich entscheide, was davon ich annehme, was nicht.*
Es ist ausschließlich meine Entscheidung, was von den auf dem Tisch liegenden Elementen ich annehme. Ich kann metakommunikativ diese Phase einleiten mit der Bemerkung, dass ich jetzt laut denkend die Elemente betrachte und bewerte.

> **Ein Beispiel**
> »Sie haben folgende Beschwerden genannt, und ich habe Ihnen sehr intensiv zugehört, um herauszufinden, was Sie bewegt. Ich bitte Sie jetzt, mir zuzuhören, wenn ich mir jetzt diese drei Elemente ansehe und bewerte.
> Zunächst haben Sie Punkt A kritisiert und sind sehr ärgerlich darüber, wie ich mich verhalten habe. Ich habe mich so verhalten, weil …, und wenn ich mir das jetzt aufgrund Ihrer Beschwerde noch einmal durch den Kopf gehen lasse, muss ich sagen, dass ich bei meiner Entscheidung bleibe. Das will ich begründen: …
> Sie haben weiterhin B kritisiert, und dazu muss ich Ihnen Recht geben. Es wäre besser gewesen, ich hätte B1 getan statt B. Gleich möchte ich mit Ihnen überlegen, wie wir gemeinsam damit umgehen. Zu Punkt C kann ich im Moment überhaupt nichts sagen, dazu möchte ich zunächst einmal mit den Fachlehrerinnen sprechen.[62]
> Im Übrigen möchte ich auch gerne mit Ihnen darüber sprechen, was Sie tun können, damit diese problematische Verhaltensweise X Ihrer Tochter möglichst nicht mehr auftritt.«

8. *Wir treffen eine Verabredung.*
Zum Abschluss kann ich mit dem Beschwerdeführer eine Verabredung treffen, die den weiteren Umgang miteinander und/oder auch z. B. ein weiteres Treffen beinhalten kann.
9. *Wir bewerten das Gespräch.*
Beide Gesprächspartner geben ein kurzes Feedback zum Gespräch. Dabei kann ich beispielsweise durchaus sagen, dass ich »zunächst einmal schlucken musste, als Sie mit einem so heftigen Vorwurf und mit starken Gefühlen begonnen haben. Gut, dass wir uns dennoch auf einen Weg verständigen konnten, auch

---

[62] »Audiatur et altera pars.« Auch die andere Seite muss gehört werden. Dieser Rechtsgrundsatz gilt immer dann, wenn die Beschwerde oder Teile der Beschwerde das Verhalten anderer Menschen betreffen (s. a. Online-Quelle 41).

wenn nicht alle Unterschiede in den Auffassungen bereinigt sind und wir unterschiedliche Standpunkte beibehalten.«

Aufgaben, Kompetenzen und Rolle des Gesprächsleiters im Beschwerdegespräch

Folgende Aspekte sind von Bedeutung:

- Der Gesprächsleiter muss in der Lage sein, beim Zuhören mit dem Selbstoffenbarungs-Ohr zu hören und zunächst dem Beziehungs-Ohr eine niedrige Priorität einzuräumen. Der Beschwerdeführer sagt etwas über sich und seine Gefühle.
- Er muss in der Lage sein, eine Beschwerde über sich, d. h. kritisches Feedback anzunehmen und auszuhalten, ohne unmittelbar in eine Haltung des Beleidigtseins oder des Gegenangriffs überzugehen.
- Er muss sich klar abgrenzen können gegen Erwartungen des Beschwerdeführers, vielmehr muss er seine Autonomie wahren.
- Er muss über das kommunikative Handwerkszeug verfügen, auch bei emotionalen Attacken, sachlich und – möglichst – freundlich zu bleiben und lösungsorientiert kommunikativ zu agieren.
- Er muss eine wertschätzende Haltung auch gegenüber einer beschwerdeführenden Person beibehalten können.
- Die genannten Kompetenzen sind bei Lehrerinnen ebenso wenig nach der Lehrerausbildung bereits vorhanden wie bei Angehörigen anderer Berufsgruppen. Selbsterfahrung, d. h. die Kenntnis der eigenen Reaktionsweisen und die Einübung alternativer Verhaltensweisen sind ebenso wichtig wie theoretisches Fachwissen. Die beste Basis stellt auch im Falle der Beschwerdegespräche die Entwicklung einer Haltung dar, die auf einem Menschenbild beruht, mit dem sich jede Lehrerin und jeder Lehrer intensiv auseinandersetzen sollte.

Zu den Hintergrundkompetenzen gehört auch ein professionelles Selbstbild, das die eigene Person mit einschließt. Nicht Coolness ist gefragt, sondern Authentizität. Eigene Emotionen wie Irritation, Erschrecken, Betroffenheit dürfen mit einfließen. Ein gefestigtes Selbstbild ist nicht eine starre und unverrückbare Angelegenheit, sondern Basis für einen situations- und personadäquaten Umgang mit den zwischenmenschlichen Begegnungen.

Struktur des Beschwerdegesprächs

Eine mögliche Struktur des Beschwerdegesprächs habe ich oben im Zusammenhang mit dem Beschwerderucksack aufgeführt. Hier zeige ich die bereits bekannte Struktur von König/Volmer hinsichtlich des Beschwerdegesprächs in Kurzform auf, die im Wesentlichen dieser Struktur entspricht.

Orientierungsphase

- In der Orientierungsphase hört die Lehrkraft den Anlass des Gesprächs an.
- Sie kann wertschätzen, dass die Eltern sich mit der Beschwerde an sie direkt wenden. Das stellt einen Vertrauensbeweis dar. Alternative für die Eltern wäre der unmittelbare Weg zur Schulleitung gewesen.
- Ziel dieser Phase ist es, Klarheit hinsichtlich des Beschwerdeanlasses, des Vorgehens und des Gesprächsziels zu erlangen.

> **Beispiel**
> Zu unserem Gespräch begrüße ich Sie herzlich. Ich bitte um Verständnis, dass ich für das Gespräch genau eine halbe Stunde Zeit habe, weil ich dann wieder in den Unterricht muss. Sie haben gesagt, dass Sie einige Dinge haben, über die Sie sich beschweren wollen. Mein Ziel ist es, dass wir gemeinsam versuchen, eine Lösung für Ihre Beschwerden zu finden. Zunächst werde ich Ihnen nur zuhören, denn ich möchte genau verstehen, womit Sie unzufrieden sind. Später werde ich dazu natürlich auch etwas sagen. Worum geht es Ihnen genau?

Klärungsphase

1. Die Eltern erläutern Situation und Anlass für ihre Beschwerde und machen deutlich, welches Lehrerverhalten sie »beschwert« hat.
2. Die Lehrerkraft respektiert die Gefühle – auch heftige – der Eltern, wehrt aber Beleidigungen ab.
3. Sie hört zu, stellt klärende Fragen, bis sie genau verstanden hat, worum es den Eltern mit der Beschwerde geht.

Wichtig dabei: Mit dem Selbstoffenbarungs-Ohr hören! Zunächst nur zuhören! Fragen können z. B. sein:

- Was »beschwert« Sie?
- Inwiefern belastet mein Agieren Sie?
- Wer ist sonst noch betroffen?
- Welche Folgen könnte der Beschwerdeanlass haben?

Veränderungsphase

1. Die Lehrerin fragt nach den Wünschen der Eltern:
    - Was würde eine Entlastung für Sie bedeuten?
    - Was können Sie selbst zu Ihrer Entlastung beitragen?
    - Was erwarten Sie von mir?
    - Die Lehrperson hört zunächst genau zu.
2. Sie wägt ab und kann dabei »laut denken«:
    - Welchen Teilen der Erwartung kann und will ich nachkommen?
    - Welchen Teilen kann und will ich nicht nachkommen?

3. Eltern nehmen dazu Stellung (a, b und c können sich im Dialog mehrfach abwechseln).
4. Die Lehrkraft fasst zusammen und stellt gemeinsam mit den Eltern Konsens und Dissens fest.

Abschlussphase

1. Gemeinsam wird eine Verabredung zum weiteren Vorgehen getroffen.
2. Kommt es zu keiner Verständigung, kann die Lehrkraft auf weitere Möglichkeiten für die Eltern wie die Beschwerde beim Schulleiter oder bei der Schulaufsicht hinweisen.
3. Sinnvoll ist zudem eine Vereinbarung, wie die Wirksamkeit der Vereinbarung überprüft wird und wie beide Partner sich informieren, wenn es bei der Umsetzung der Vereinbarung Störungen und Schwierigkeiten gibt.

Herausforderungen für den Gesprächsleiter

An etlichen Stellen eines Beschwerdegesprächs lauern Fallen, in die der Gesprächsleiter tappen kann.

- Das beginnt bei der Gesprächsvorbereitung u. a. mit der Frage, ob es ihm gelingt, den angemessenen Abstand zu finden, um zum einen sich selbst emotional zu schützen, zum anderen aber einen guten Kontakt zum Beschwerdeführer aufzubauen (s. Kap. 3.1).
- Mit kritischem Feedback, Vorwürfen oder Beschwerden gegen sich selbst so umzugehen, dass man nicht spontane emotionale Aggressionsreaktionen, sondern ruhige überlegte rationale Reaktionen zeigen kann, ist eine Fähigkeit, die von etlichen Faktoren wie Übung, Erfahrung, emotionaler Ausgeglichenheit und psychischer Stabilität abhängig ist. Das setzt wieder Selbsterfahrung und -reflexion voraus.
- Die eigenen Emotionen zu kontrollieren und zugleich dem Gespräch eine Struktur zu geben, stellt eine große Herausforderung an die kommunikativen und emotionalen Kompetenzen dar. Eigene Emotionen dosiert und gezielt zu äußern, zugleich authentisch zu wirken und nicht nur eine Rolle zu spielen, ist eine schwierige und erlernbare Herausforderung. Selektive Authentizität ist hier das wesentliche Erfolgskriterium.
- Die Haltung, auch jemanden wertzuschätzen, der mein Handeln kritisiert, setzt ausführliche und ganzheitliche Beschäftigung mit den Menschenbildannahmen voraus. Günstige Voraussetzung ist es, nicht nur intellektuell auf dem Laufenden zu sein, sondern auch psychosoziale Erfahrungen gesammelt zu haben. Wer die Antwort auf die Frage kennt, warum er sich bei jemandem für ein kritisches Feedback bedanken sollte, ist emotional gut vorbereitet für ein Beschwerdegespräch: Weil Kritik mich dazu veranlasst, mich mit mir und meinem Verhalten auseinanderzusetzen. Das wiederum ist eine der Voraussetzungen für meine eigene psychosoziale Weiterentwicklung.

Beschwerde über einen Dritten – Beschwerde von Eltern bei einer Lehrperson über eine andere Lehrerin oder einen Lehrer[63]

Um den beiden Gefahren, dass sich zum einen Eltern nicht ernst genommen fühlen könnten und dass zum anderen die Lehrkraft Partei wird, vorzubeugen, gilt es zunächst, den Beschwerdeführer willkommen zu heißen, ernst zu nehmen und ihm zuzuhören. Der strukturelle Umgang mit der Beschwerde ist dabei deutlich anders als der mit einer Beschwerde, die sich gegen einen selbst richtet. Die Lehrperson kann und darf nach dem Vorbringen der Beschwerde zum Inhalt in der Regel nicht Stellung nehmen. Mögliche Verfahren:

- Die angesprochene Lehrperson kann die Eltern an die Lehrkraft verweisen, der die Beschwerde gilt.
- Sie kann, wenn sie sich z. B. als Klassenlehrerin zuständig fühlt, darauf verweisen, dass sie zunächst die betroffene Lehrkraft hören muss, bevor sie sich zum Inhalt der Beschwerde äußert.
- Beim Gespräch mit der Lehrperson, über die sich die Eltern beschweren, informiert die angesprochene Lehrperson den betreffenden Kollegen über die Tatsache und den Inhalt der Beschwerde und holt deren Stellungnahme ein. Dabei können beide kollegial darüber beraten, wie sie weiterhin mit der Elternbeschwerde umgehen wollen. Sehen sie vor, dass die betroffene Lehrperson ein Gespräch mit den Eltern führt, kann der angesprochene Kollege auf Wunsch des Kollegen, dem die Beschwerde gilt, in einer Moderationsrolle am Gespräch mit den Eltern teilnehmen.

6.4 »Wir beide haben ein Problem miteinander« – Das Streitgespräch

Streitgespräche machen kaum jemandem Vergnügen. Das gilt für persönliche Beziehungen – wie z. B. Paarkonflikte – ebenso wie für Streit im beruflichen Kontext. Oft sind starke Emotionen im Spiel – Ärger, Wut, Missachtung, Kränkungen, Hass usw. – es geht häufig um Rechthaben und Rechtbekommen, Durchsetzen der eigenen Position und Machtfragen. Auslöser von Streit sind, wie jeder weiß, der einmal in einer Wohngemeinschaft gelebt hat, oft Kleinigkeiten, die dann zu grundsätzlichen Fragen führen. Die schmutzigen Socken auf dem Badezimmerbo-

---

63 In Kapitel 7.3 stelle ich den Ablauf einer Elternbeschwerde über eine Lehrperson bei der Schulleitung dar.

den können den Sinn einer Beziehung in Frage stellen. Häufig wirkt ein Streit vergiftend für die Atmosphäre und hat eine langfristige Nachwirkung, wenn er nicht abgeschlossen wird. Heftiger Streit bleibt oft lange im Gedächtnis.

Wenn Blutdruck und Puls hochschnellen und der Adrenalinausstoß ansteigt, sind wir kaum mehr in der Lage, rational zu denken und deeskalierende Schritte zu tun. Der Streit eskaliert, bis die Streitenden erregt und ratlos mit Wut im Bauch auseinandergehen. Dass es so etwas wie die »Kunst des Streitens« gibt, dass es die Möglichkeit gibt, dass »Streiten verbindet« (Bach 1992), können sich Personen in der heißen Phase eines Streits kaum vorstellen.

Beim Streit geht es in der Regel darum, dass jede Streitpartei will, dass der andere sein Verhalten ändert. »Wenn du dich anders verhieltest, hätten wir keinen Streit, und alles wäre in Ordnung«; so etwa lautet die Grundaussage, die dem Streit häufig zugrunde liegt.

Aus diesen Gründen ist es sinnvoll, sich mit dem Thema Streit in einer Phase zu beschäftigen, in der kein Streit anliegt, in der die Kooperation sachlich und ohne Probleme verläuft. Im politischen Raum hat Streit oft das sachliche Ringen um die »richtige« inhaltliche Position zum Gegenstand. Insofern stellt politischer Streit ein Wesensmerkmal der Demokratie dar.

Die Befassung mit dem Thema Streitgespräch ist eine metakommunikative Angelegenheit, d. h.: Es geht um die Frage, wie gehen wir miteinander um, wenn wir unterschiedliche Interessen bzw. Bedürfnisse haben oder A aufgrund des Verhaltens von B negative Emotionen entwickelt; Fragestellungen sind u. a.:

- Wie kommen Streitfälle zustande, was sind Streitanlässe?
  - Gibt es wiederkehrende Muster? Z. B.: Immer wenn A xyz sagt oder macht, wird B wütend, und es kommt zum Streit.
- Wie streiten wir?
  - Gibt es bestimmte Abläufe, die immer wiederkehren (z. B. heftiges Anbrüllen zwischen A und B, dann verlässt B schreiend und türknallend den Raum)?
  - Welche stimmlichen und nonverbalen Elemente benutzen wir beim Streiten?
  - Wie steht es um die Wertschätzung des anderen?
  - Trennen wir Person und Handlung?
  - Wollen wir uns verletzen? Wie gelingt uns das?
- Welche Ziele verfolgt jeder beim Streit?
  - Will ich um jeden Preis meine Position durchsetzen?
  - Will ich den anderen kleinmachen und demütigen?
  - Will ich mich rächen?
  - Will ich Macht demonstrieren, meine Macht nicht verlieren, Macht gewinnen?
- Welche Gefühle sind vorrangig im Spiel?
  - Als Streitauslöser, als Ursache, während des Streits und nach dem Streit.
  - Bei mir und beim anderen.
- Welche Bedürfnisse werden nicht erfüllt?
  - Ist meine (psychische) Sicherheit bedroht?
  - Sind meine Bedürfnisse nach Nähe, Zugehörigkeit, Anerkennung, Respekt unerfüllt?

6.4 »Wir beide haben ein Problem miteinander« – Das Streitgespräch

- Ist mein Bedürfnis nach Abgrenzung und Identität erfüllt?
- Kann ich die Bedürfnisse des anderen sehen und respektieren?
- An welchen Punkten bin ich zu Zugeständnissen bereit?
  - Habe ich Punkte, an denen ich zu keinem Kompromiss bereit bin? Was geht aus meiner Sicht überhaupt nicht?
  - An welchen Punkten kann ich nachgeben?
- Wie geht es nach dem Streit weiter?
  - Gehen wir zum Alltag über?
  - Sind wir in der Lage, über den Streit zu sprechen?
  - Können wir den anderen um Verzeihung bitten?
  - Können wir dem anderen vergeben, was er in Erregung gesagt hat?

Die große Herausforderung beim Streiten stellt es dar, emotional ggf. intensiv beteiligt zu sein, aber dennoch in der Lage zu sein, reflektiert zu handeln. Gerade beim Streiten gilt, was Glasl so nennt: »Das Was und das Wie sind gleich wichtig« (Glasl 2011, S. 104). Allen Hinweisen auf richtiges Streiten sind einige Elemente gemeinsam, die in diesem Buch bereits genannt wurden; ich wähle exemplarisch eine Internetseite aus, die alle wesentlichen »Tipps« enthält (Online-Quelle 42):

1. *»Pauschalierungen vermeiden*
   Pauschalierungen wie ›nie‹, ›immer‹ und ähnliche Ausdrücke werden beim Streit zwar häufig verwendet, es ist aber ebenso wie beim Feedback unmittelbar einsichtig, dass es gilt, solche Verallgemeinerungen unbedingt zu vermeiden. Stattdessen gehören konkrete Gegebenheiten auf den Tisch. Was genau stört/ärgert mich, macht mich wütend, ratlos usw.?
2. *Ich-Botschaften verwenden«*
   [Meine Ergänzung: Ich-Botschaften werden in Kapitel 3.7 behandelt, sie erfolgen in vier Schritten:
   1. Konkretes Verhalten benennen
   2. Gefühl benennen
   3. Bedürfnis benennen
   4. Bitte äußern]
3. *Beleidigungen vermeiden*
   Bei einem heftigen Streit kommen beleidigende Worte schnell über die Lippen. Aber genau solche Beleidigungen, Beschimpfungen und auch Provokationen lassen kein ›richtiges‹ Streiten zu. Im Gegenteil! Damit wird der Streit auf eine dekonstruktive Ebene verlagert. Zwei chinesische Sprichwörter bringen es auf den Punkt:
   ›*Es ist schwer, in einem Jahr einen Freund zu gewinnen. Es ist leicht, ihn in einer Stunde zu verlieren.*‹
   ›*Wer wütend ist, verbrennt oft an einem Tag das Holz, das er in vielen Jahren gesammelt hat.*‹
4. *Vergangenheit ruhen lassen*
   In einer Auseinandersetzung wird häufig Vergangenes wiederholt und für die eigene Argumentation verwendet. Dieses Aufwärmen vergangener Fehler ist alles andere als förderlich für die Lösungsfindung. Wenn Sie ›gut‹ streiten, wird es auch immer weniger Unbearbeitetes aus der Vergangenheit geben, das hervorgeholt werden könnte. ›Darüber habe ich mich schon vor zwölf Jahren geärgert, als du Klassenlehrerin der 8b warst!‹ hilft nicht weiter.
5. *Unter vier Augen*
   Das Streitgespräch sollte möglichst unter vier Augen stattfinden. Das gilt auch für Beziehungen mit Kindern. Oft wird in deren Anwesenheit gestritten. Das verletzt und

belastet die Kinder. Auch ein Streit zwischen dem/der Schulleiter/in und einer Lehrperson sollte nicht vor dem gesamten Kollegium ausgetragen werden.
Deshalb sollte grundsätzlich unter vier Augen gestritten werden. Wenn hingegen beide Streitpartner keinen Schlichtungsweg finden, kann eine neutrale Person hinzugezogen werden, die die Rolle des Mediators übernimmt.

6. *Zuhören*
Auch wenn es nicht leicht fällt, sollten Sie versuchen, der anderen Person zuzuhören. Welche Gefühle spielen beim anderen eine Rolle, welche Bedürfnisse sind nicht erfüllt? Besonders hilfreich ist es, wenn zumindest einer der Streitpartner in der Lage ist, mit dem Selbstoffenbarungsohr zu hören: Was sagt der andere über sich selbst?

7. *Zusammenfassen*
Wenn eine der Streitparteien in der Lage ist, für eine kurze Zeit aus der Rolle als Streitpartei herauszutreten und eine moderierende Rolle zu übernehmen, ist es sehr hilfreich, das Gespräch metakommunikativ zusammenzufassen, etwa so: Ich habe den Eindruck, dass wir uns jetzt an folgender Stelle befinden: ›Darf ich mal versuchen, den Stand der Dinge zusammenzufassen? Du bist der Meinung XY und bist ziemlich wütend, und mich ärgere mich darüber, dass du AB gemacht hast. Siehst du das auch so?‹

8. *Lösung bzw. Kompromiss anbieten*
Im besten Fall laufen Auseinandersetzungen auf eine für beide Seiten zufriedenstellende Lösung hinaus. Das Anbieten einer solchen durch eine Partei trägt zu einem konstruktiven Streitgespräch bei.

9. *Zeit nehmen*
Ein Streit – ebenso wie andere Gespräche – sollte nie zwischen Tür und Angel ausgetragen werden. Auch wenn es in den wenigsten Fällen möglich ist, so lässt sich der Zeitpunkt eines Streitgesprächs manchmal planen.

10. *Sich in die Lage des anderen hineinversetzen* (s. Kap. 3.9)
[Dazu nur Abbildung 37 aus der genannten Homepage]

Abb. 37: Drei oder vier Balken?

11. *Auch positives Feedback geben*
Die Grundüberzeugung ›Wir arbeiten ansonsten ganz gut zusammen, in diesem Punkt haben wir einen Konflikt‹ ist besonders dann hilfreich und konstruktiv, wenn sie während des Streits ausgesprochen wird. Solche Ressourcen wahrzunehmen und zu benennen, ist für eine konstruktive Streitlösung bedeutsam.«

Die Fähigkeit zur Metakommunikation (s. Kap. 3.10) ist unverzichtbar für einen konstruktiven Umgang mit Streit. Für viele Menschen schwer auszuhalten ist es, wenn Abneigung und Antipathie dazu führen, dass offener Streit nicht zustande kommt, sondern im Untergrund schwelt. In diesem Falle handelt es sich häufig um kalte Konflikte (siehe den Abschnitt »Kalte Konflikte« in Kap. 4.4), die es in fast jedem Lehrerkollegium gibt. Die Personen haben dann möglichst wenige Berührungspunkte, nur ab und zu flammt ein Konflikt auf, der aber nicht ausgetragen wird, sondern dem alle beteiligten Personen gerne ausweichen und den sie verdrängen.

6.5 Ändere dein Verhalten – Das Kritikgespräch

In diesem Kapitel wird das Kritikgespräch beschrieben, das ein Lehrer oder eine Lehrerin mit einem Schüler führen. Wie bei einem Kritikgespräch, das eine Schulleitungsperson mit einer Lehrkraft oder eine Schulaufsichtsperson mit einer Schulleitungsperson führt, ist die Voraussetzung immer eine hierarchische Beziehung, in der die oder der Vorgesetzte mit Weisungsmacht ausgestattet ist.

Definition

Kritikgespräche kann nur führen, wer hierarchisch über der kritisierten Person steht. In diesem Fall sprechen wir über die Kritik einer Lehrkraft gegenüber einem Schüler. Ein Kritikgespräch kann deshalb nur jemand führen, der aufgrund seiner Position in der Institution berechtigt ist, ein Änderungsverlangen zu äußern. In einem Kritikgespräch hat die Lehrperson die Aufgabe, die zu kritisierende Person – den Schüler oder die Schülerin – zu einer Veränderung ihres Verhaltens zu bringen. Darüber, was ein Fehlverhalten ist und ob eines vorliegt, entscheidet die Lehrperson auf der Grundlage der Rechtsvorschriften und schulinterner Regelungen wie der Hausordnung zu den Pflichten der Schülerinnen. Diese können nicht entscheiden, ob sie an dem Kritikgespräch teilnehmen wollen oder nicht, sie müssen es.

Aufgaben, Kompetenzen und Rolle des Gesprächsleiters im Kritikgespräch

Beim Kritikgespräch agiert die Lehrperson in der Rolle der Orientierung. Sie muss strikt zwischen der Person und dem Verhalten trennen. Denn das Kritikgespräch bezieht sich auf ein konkretes Verhalten und nicht auf die kritisierte Person insgesamt. Ein bestimmtes Verhalten soll abgestellt werden, alles andere wird von der Lehrperson bei diesem Gespräch nicht thematisiert. Sie bleibt konsequent beim Thema des Fehlverhaltens der Schülerin oder des Schülers und darf sich nicht durch andere Themen ablenken lassen.

Sie darf auch nicht die Gesprächsführung aus der Hand geben. Im Mittelpunkt steht das Änderungsverlangen, das klar benannt werden muss. Während des Gesprächs darf die Lehrperson nicht den Eindruck aufkommen lassen, es sei möglich, durch Argumentation zu erreichen, das Fehlverhalten zu relativieren. Die erforderliche Haltung beschreibt Bartz sehr treffend mit dem Begriff der »zugewandten Konfrontation«, d. h. Achtung und Wertschätzung der Person, Verzicht auf abwertende Bemerkungen, Klarheit in den Botschaften, Kooperation muss weiterhin möglich sein. Freundlich, sachlich und klar – so kann die Haltung der Lehrkraft zusammenfassend benannt werden.

Struktur des Kritikgesprächs

1. Orientierungsphase

Der Gesprächsleiter benennt – nach der möglicherweise zu vereinbarenden Vertraulichkeit – den Anlass des Gesprächs. Das kann auch bereits bei der Einladung zu dem Gespräch geschehen, die mündlich oder schriftlich erfolgen kann.

Beispiel
Die Lehrperson (Klassenlehrerin Frau Moll) fordert den Schüler Markus nach dem Mathematikunterricht auf, um 13.45 Uhr am Besprechungsraum zu erscheinen. Sie nennt als Anlass für das Gespräch das häufige Zuspätkommen und das frühzeitige Verlassen des Unterrichts in den letzten Wochen. Markus sagt, dass er Nadja als Person seines Vertrauens mitbringen möchte, Frau Moll stimmt zu. Nach kurzer Klärung über Termin und Ort beendet Frau Moll dieses kurze »Setting-Gespräch«.

Im Gespräch
»Ich habe dir den Anlass des Gesprächs genannt. Du hast Nadja als Person deines Vertrauens mitgebracht, das ist für mich völlig O. K. Du kannst gerne mit dabei sein, Nadja, herzlich willkommen, das Gespräch führe ich aber nur mit Markus. Für unser Gespräch habe ich maximal fünfzehn Minuten eingeplant.«

2. Klärungsphase und Veränderungs- oder Lösungsphase

Klärungs- und Lösungsphase lassen sich nicht deutlich unterscheiden, sie gehen ineinander über, deshalb stelle ich sie gemeinsam als kontinuierlichen Ablauf dar.
Die Gesprächsleiterin erläutert die Situation und die Gründe, warum das gezeigte Verhalten für sie nicht akzeptabel ist. Sie holt anschließend die Stellungnahme der kritisierten Person ein.

»Konkret geht es um Folgendes: In den letzten vier Wochen bist du mindestens fünfmal morgens zu spät zum Unterricht erschienen – zweimal sogar eine ganze Stunde, und fünfmal hast du den Unterricht vor deiner letzten Stunde verlassen. Ich bin nicht bereit, das zu akzeptieren. Schüler haben das Recht auf ihren

Unterricht, aber selbstverständlich auch die Pflicht zur Teilnahme, das ist dir ja bekannt. Nimm bitte dazu Stellung.«

Die kritisierte Person kann nun prinzipiell auf zwei Arten reagieren:

1. Sie räumt das Fehlverhalten ein und benennt ihr eigenes Problem. Damit kommt sie in den Problembesitz.
2. Sie räumt das Fehlverhalten nicht ein. Der Problembesitz bleibt beim Gesprächsleiter.

Im Rahmen der Beschäftigung mit dieser Stellungnahme wird der Versuch einer gemeinsamen Definition des Kritiktatbestands vorgenommen. Möglicherweise können beide den Sachverhalt einvernehmlich sehen, vielleicht geht die Bewertung auseinander. Ziel für den Gesprächsleiter ist, dass der Kritisierte das Problem übernimmt und als sein Problem akzeptiert.

Zu 1.: Hat der Schüler den Problembesitz und seine Verantwortung dafür, sein Fehlverhalten zu ändern, akzeptiert, kann das Gespräch den Charakter eines Beratungsgesprächs annehmen, in dem es um Möglichkeiten der Abhilfe geht. Wichtig ist, dass die Beratung nicht die Klarheit des Änderungsverlangens relativiert. Deshalb ist der Wechsel von der Rolle der Orientierung in die der Unterstützung deutlich zu markieren.

> Markus könnte z. B. sagen: »Ja, ich weiß, dass ich da ein Problem habe. Der Hintergrund ist folgender: Meine Eltern haben sich vor ein paar Wochen getrennt und ich lebe jetzt wöchentlich wechselnd bei meiner Mutter und meinem Vater. Immer, wenn ich bei meiner Mutter lebe, muss ich morgens meine kleine Schwester in die Kita bringen, die erst um 7.30 Uhr am Morgen öffnet. Dann habe ich noch die Busfahrt zur Schule von 20 Minuten zu bewältigen. Meistens klappt das ganz gut, manchmal aber auch nicht, wenn meine Schwester weint und mich nicht gehen lassen will. Ich weiß selbst nicht mehr, was ich tun kann. Manchmal würde ich am liebsten nur noch bei meinem Vater wohnen.«
>
> Frau Moll kann sich hier in die Beraterrolle begeben und z. B. aktiv zuhören: »Ich verstehe. Du willst gerne pünktlich sein, schaffst es aber nicht immer. Außerdem macht dir die Situation am Morgen oft Stress.«
>
> Damit befindet sich das Gespräch, das jetzt den Charakter eines Beratungsgesprächs angenommen hat, bereits in der Lösungsphase. Gemeinsam mit Markus kann Frau Moll Ideen entwickeln, wie das Problem zu lösen sein kann. Vielleicht kann die Mutter einbezogen werden, vielleicht beide Elternteile, möglicherweise kann eine Beratungsstelle den Eltern und Markus helfen usw. Auch Ideen, die Markus selbst einbringt, sind selbstverständlich zu bedenken. Der Lösungsidee, dass Markus erst ab der zweiten Stunde die Schule besucht, dürfte Frau Moll allerdings nicht zustimmen.

Zu 2.: Bleibt die Lehrerin im Problembesitz, weil der Schüler die Kritik nicht akzeptiert und sein Verhalten für gerechtfertigt hält, äußert sie klare Erwartungen und ein Änderungsverlangen. Dieses Verlangen ist aufgrund der Weisungsmacht von Lehrern gegenüber den Schülern verbindlich.

Markus könnte auch sagen: »Allmählich habe ich das Gefühl, Sie wollen mir unbedingt einen reinwürgen. Ja, ich bin ein paar Mal zu spät gekommen. Ich könnte Ihnen aber mindestens fünf Schüler nennen, denen das auch passiert. Ausgerechnet ich muss dann wieder bei Ihnen antanzen und mich kritisieren lassen, warum nicht auch die anderen? Sie selbst sind neulich auch erst um 8.30 Uhr hier eingetrudelt, das habe ich von meiner Klasse aus gesehen. Ich werde seit längerer Zeit ungerecht behandelt, deshalb habe ich ja auch Nadja mitgebracht, damit ich nicht wieder alleine dastehe.«

In diesem Falle könnte Frau Moll etwa sagen: »Ich höre, dass du dich öfter ungerecht behandelt fühlst, und ich möchte dir anbieten, dass wir zu einem späteren Zeitpunkt darüber noch einmal ausführlicher sprechen. Zum Anlass dieses Gesprächs aber bleibe ich dabei, dass ich deine Verspätungen nicht akzeptiere. Möchtest du etwas zu den Gründen sagen? Hast du ein Problem, bei dessen Lösung ich dir helfen kann?« (Dies stellt das nochmalige Angebot dar, den Problembesitz zu übernehmen.) »Ich fordere dich auf, ab sofort pünktlich zum Unterrichtsbeginn in der Klasse zu sein. Sollte dir das nicht gelingen, werde ich die Schulleitung über dein Fehlverhalten informieren, und du musst dann mit einer Ordnungsmaßnahme rechnen.«

3. Abschlussphase

Wesentlich ist größte Klarheit auch in der letzten Phase des Gesprächs, insbesondere falls es nicht zur Problemübernahme durch den Schüler kommt. In diesem Fall

- vergewissert sich die Lehrerin, dass dem kritisierten Schüler klar ist, was von ihm erwartet wird,
- teilt die Konsequenzen mit, falls die Schülerin oder der Schüler das kritisierte Verhalten nicht ändert,
- werden Absprachen zum weiteren Vorgehen getroffen (z. B. weiteres Gespräch in drei Wochen o. Ä.) und
- beendet die Lehrerin das Gespräch.

Wenn die Schülerin oder der Schüler den Problembesitz übernimmt, handelt es sich ja in Teilen um eine Beratungssituation, in diesem Falle steht am Ende eine Vereinbarung, die u. a. auch das Abstellen des Fehlverhaltens beinhaltet.

Die Lehrperson dokumentiert das Kritikgespräch in einem Aktenvermerk, der in die schulinterne Schülerakte aufgenommen wird. Sie wird aus Transparenzgründen auch die übrigen Lehrkräfte der Klasse über das Gesprächsergebnis kurz informieren – »in geeigneter Weise«, d. h. z. B. auf die arbeitsökonomisch einfachste Weise, z. B. über ein kopiertes Blatt im Fach.

Herausforderungen für die gesprächsführende Lehrkraft

Der Lehrkraft muss klar sein, dass der kritisierte Schüler in seiner Peergroup über das Gespräch berichtet hat und berichten wird, d. h. etliche Mitschüler wissen in der Regel von der Tatsache des Gesprächs, viele werden fragen. Ein Maßstab für die Lehrkraft vor Beginn des Gesprächs können die eigenen Phantasien hinsichtlich dessen sein, was die Schülerin oder der Schüler darüber berichten wird. »Die hat mich fertiggemacht!«, wäre eine Variante, »Die hat mich wie immer auf dem Kieker!« eine andere. Wenn die Lehrkraft die Chance erhöhen will, dass die Äußerung lauten könnte »Sie hat mich kritisiert, war aber eigentlich ganz fair!«, kann sie entsprechend agieren. (Selbstverständlich hat die das Gespräch führende Lehrperson keinerlei Einfluss darauf, was der kritisierte Schüler tatsächlich sagt.)

7 Spezifische Aspekte der Gesprächsführung durch Schulleitungspersonen

Dieses Buch wendet sich vor allem an Lehrerinnen, aber auch an Schulleitungsmitglieder. Ein eigenes Kapitel für Schulleitungsmitglieder gestalte ich deswegen, weil Leitungsmitglieder in der hierarchischen Ordnung einige Aufgaben im Bereich der Personalentwicklung und -führung haben, die Lehrkräfte nicht haben. Dies betrifft vor allem vier Elemente:

- Das Kritikgespräch einer Schulleitungsperson mit einer Lehrkraft
- Das Mitarbeitergespräch
- Die Elternbeschwerde über eine Lehrperson
- Das Beratungsgespräch (Coaching)

7.1 Das Kritikgespräch in der Schulleitungsrolle

Definition

Während sich Kapitel 6.5 mit dem Kritikgespräch befasst, das eine Lehrperson mit einem Schüler bzw. einer Schülerin führt, geht es an dieser Stelle um das Kritikgespräch des Schulleitungsmitglieds mit einer Lehrperson. Weil beide Sachverhalte in weiten Teilen Parallelen aufweisen, finden Sie an vielen Stellen gleiche oder ähnliche Formulierungen. In einem Kritikgespräch hat die Schulleitungsperson die Aufgabe, die zu kritisierende Person zu einer Veränderung ihres Verhaltens zu bringen. Ein Kritikgespräch kann deshalb – allgemein gesprochen – nur jemand führen, der hierarchisch über der kritisierten Person steht und aufgrund seiner Position in der Institution berechtigt ist, ein Änderungsverlangen zu äußern. In der Schule ist das die Schulleitung gegenüber Lehrern.

»Anlass für ein Kritikgespräch ist ein Lehrerinnen- und Lehrerverhalten, das gegen Rechts- und Verwaltungsvorschriften verstößt« (Bartz 2007, 73.25; dieser lesenswerte Beitrag beinhaltet alle wesentlichen Informationen zum Kritikgespräch). Darüber, was ein Fehlverhalten ist und ob eines vorliegt, entscheidet der Schulleiter »auf der Grundlage der hierarchischen Positionsmacht« (ebd.). Diese Macht darf er aber nicht zur Durchsetzung persönlicher Vorlieben missbrauchen. Er ist an die schul- und dienstrechtlichen Vorgaben sowie die Regeln, Vereinbarungen und Konferenzbeschlüsse innerhalb der Schule gebunden und dafür verantwortlich, dass sie in der Schule beachtet und umgesetzt werden. Lehrkräfte sind dienstlich verpflichtet, an dem Kritikgespräch teilzunehmen.

Auch für Lehrkräfte ist es sinnvoll, die Funktion und den Ablauf eines Kritikgesprächs zu kennen, weil sie, wenn sie in diese Situation kommen, in der subalternen Position über Rolle, Haltung und Art der Gesprächsführung durch ihre/n Vorgesetzte/n informiert sind, diese Elemente transparent werden und sie so mehr Verständnis für die Leitungspersonen entwickeln können.

> **Beispiel**
> Als Beispiel wähle ich die Situation, dass eine Lehrerin oder ein Lehrer seit einigen Wochen am Morgen etliche Male zu spät zum Unterricht erscheint und die Klasse dann unversorgt ist.

Aufgaben, Kompetenzen und Rolle der Schulleiterin im Kritikgespräch

Die Schulleitungsperson muss in jeder Situation entscheiden, in welcher Rolle sie agiert. Beim Kritikgespräch agiert sie als Entscheiderin, die Lehrerverhalten bewertet und unangemessenes Verhalten konfrontiert.

Von besonderer Bedeutung ist dabei, dass der Schulleiter oder die Schulleiterin strikt zwischen der Person und dem Verhalten der Lehrerin oder des Lehrers trennt. Diese Kompetenz ist unverzichtbar. Das Kritikgespräch bezieht sich auf ein konkretes Verhalten und nicht auf die Berufsausübung bzw. die kritisierte Person insgesamt. Dieses Verhalten soll abgestellt werden. Alles andere wird von der Schulleitungsperson bei diesem Gespräch nicht thematisiert. Sie bleibt konsequent beim Thema des Fehlverhaltens der Lehrerin oder des Lehrers und geht auf andere Themen, die möglicherweise von der Lehrerin oder dem Lehrer angesprochen werden, nicht ein.

> »Es geht jetzt nicht um die schlechten Arbeitsbedingungen, sondern um ihr Verhalten. Wenn Sie ein Gespräch wünschen, wie wir die Arbeitsbedingungen verbessern können, können wir dafür gern am Schluss unseres Gesprächs einen Termin vereinbaren.«

Der Leiter darf sich also nicht ablenken lassen. Er darf auch nicht die Gesprächsführung aus der Hand geben. Im Mittelpunkt steht das Änderungsverlangen des Schulleiters, das klar benannt werden muss. Die Lehrkraft nimmt zu dem Vorwurf, der Anlass des Gesprächs ist, Stellung. Dabei muss die Schulleiterin bzw. der Schulleiter darauf achten, sich nicht in eine Diskussion verwickeln zu lassen, die zu einer Relativierung des Fehlverhaltens und damit zu Unklarheit führt. Die Schulleiterin/der Schulleiter bewertet, was die Lehrkraft vorträgt: Entkräftet die Stellungnahme den Vorwurf? Macht sie glaubwürdig deutlich, dass der Vorwurf sachlich nicht zutrifft? Wird das Fehlverhalten verständlich? Wenn ja, darf das dann nicht die Folge haben, es deshalb zu entschuldigen.

Die erforderliche Haltung beschreibt Bartz sehr treffend mit dem Begriff der »zugewandten Konfrontation«, d. h. Achtung und Wertschätzung der Person, Verzicht auf abwertende Bemerkungen, Klarheit in den Botschaften, Kooperation muss weiterhin möglich sein. Freundlich, sachlich und klar – so kann die Haltung des Schulleiters zusammenfassend benannt werden.

Ein Kritikgespräch hat in der Regel eine Dauer von maximal 30 Minuten, meist ist es nach 10–15 Minuten beendet.

Struktur des Kritikgesprächs

1. Orientierungsphase

Der Schulleiter benennt – nach dem Hinweis auf die Vertraulichkeit – den Anlass des Gesprächs. Das kann auch bereits bei der Einladung zu dem Gespräch geschehen, die mündlich oder schriftlich erfolgen kann.

> **Beispiel**
> Der Schulleiter legt dem Kollegen Müller ein Blatt in sein Fach: »Lieber Kollege Müller, ich bitte Sie, zu einem Gespräch zum Zeitpunkt X in mein Büro zu kommen. Anlass ist, dass Sie in den letzten Wochen etliche Male zu spät zum Unterricht erschienen sind. Um Missverständnisse zu vermeiden, füge ich hinzu, dass Sie zur Teilnahme an dem Gespräch verpflichtet sind. Mit freundlichen Grüßen (... Unterschrift).«
>
> **Im Gespräch**
> Ich habe Ihnen in meiner Einladung den Anlass des Gesprächs genannt. Sie haben eine Person Ihres Vertrauens, Herrn Lehmann, mitgebracht, das ist für mich völlig O. K., Sie können gerne mit dabei sein, Herr Lehmann, herzlich willkommen, das Gespräch führe ich aber nur mit Herrn Müller. Nebenbei: Es wäre nett gewesen, wenn Sie, Herr Müller, mich vorab darüber informiert hätten, dass Herr Lehmann teilnimmt. Für unser Gespräch habe ich maximal dreißig Minuten eingeplant.

2. Klärungsphase und Veränderungs- oder Lösungsphase

Klärungs- und Lösungsphase lassen sich nicht deutlich unterscheiden, sie gehen ineinander über, deshalb stelle ich sie gemeinsam als kontinuierlichen Ablauf dar. Der Gesprächsleiter erläutert die Situation und die Gründe, warum das gezeigte Verhalten für ihn nicht akzeptabel ist. Er holt anschließend die Stellungnahme der kritisierten Person ein.

> »Konkret geht es um Folgendes: In den letzten vier Wochen sind Sie mindestens fünfmal morgens zu spät zum Unterricht erschienen – zweimal sogar 20 Minuten, und ich bin nicht bereit, das zu akzeptieren. Schüler haben das Recht auf Ihren Unterricht, es geht auch um die Aufsichtspflicht – ich muss das nicht weiter begründen. Nehmen Sie bitte dazu Stellung.«

Die kritisierte Person kann nun prinzipiell auf zwei Arten reagieren:

1. Sie räumt das Fehlverhalten ein und benennt ihr eigenes Problem. Damit kommt sie in den Problembesitz.
2. Sie räumt das Fehlverhalten nicht ein. Der Problembesitz bleibt beim Gesprächsleiter.

Im Rahmen der Beschäftigung mit dieser Stellungnahme wird der Versuch einer gemeinsamen Definition des Kritiktatbestands vorgenommen. Möglicherweise können beide den Sachverhalt einvernehmlich sehen, vielleicht geht die Bewertung auseinander. Ziel für die Schulleiterin ist, dass sein Problem, für einen ordnungsgemäßen Unterricht zu sorgen, zum Problem der Lehrkraft wird, ihr Verhalten entsprechend zu ändern.

Zu 1.: Übernimmt die kritisierte Person den Problembesitz, so muss die Schulleiterin nur noch mit ihr über Möglichkeiten der Abhilfe sprechen. Sie kann dazu Beratung anbieten, muss dann aber auf eine klare Markierung des Wechsels von der Entscheider- in die Unterstützerrolle achten, damit die Nichtakzeptanz des Fehlverhaltens eindeutig bleibt.

> Herr Müller könnte z. B. sagen: »Ja, ich weiß, dass ich da ein Problem habe. Der Hintergrund ist folgender: Meine Frau und ich haben uns vor ein paar Wochen getrennt, und ich muss jetzt täglich meinen Sohn in die Kita bringen, die erst um 7.30 Uhr am Morgen öffnet. Dann habe ich noch den Fahrtweg zur Schule von 20 Minuten zu bewältigen. Meistens klappt das ganz gut, manchmal aber auch nicht. Manchmal klammert mein Sohn, wenn ich ihn ins Gebäude der Kita bringe, so dass ich nicht pünktlich dort wegfahren kann. Zweimal bin ich auch in einen Stau geraten. Ich weiß selbst nicht mehr, was ich tun kann. Jeden Morgen dieser Stress!«
>
> Die Leitungsperson kann sich hier in die Beraterrolle begeben und z. B. aktiv zuhören: »Ich verstehe. Sie wollen gerne pünktlich sein, schaffen es aber nicht immer. Außerdem macht Ihnen die Situation jeden Morgen großen Stress.«
>
> Damit befindet sich das Gespräch, das jetzt den Charakter eines Beratungsgesprächs angenommen hat, bereits in der Lösungsphase. Gemeinsam kann die Schulleitungsperson mit dem Kollegen Ideen entwickeln, wie das Problem zu lösen sein kann, durch Hilfe einer Nachbarin, die ebenfalls Kinder zur Kita bringt, durch eine Ausnahmeregelung, die es ermöglicht, an vielleicht einem Wochentag den Sohn bereits um 7.20 Uhr zur Kita zu bringen usw. Es kann aber auch sein, dass beispielsweise der Schulleiter sich bereiterklärt, mit dem Stundenplaner zu überlegen, ob am Mittwoch, für den es keine Lösung im Einflussbereich von Herrn Müller gibt, Herr Müller erst ab der zweiten Stunde eingesetzt werden kann.

Zu 2.: Bleibt die Leitungsperson im Problembesitz, äußert sie klare Erwartungen und ein Änderungsverlangen an die kritisierte Person und weist sie zur Änderung an.

Herr Müller könnte auch sagen: »Allmählich habe ich das Gefühl, Sie wollen mir unbedingt einen reinwürgen. Ja, ich bin ein paar Mal zu spät gekommen. Ich könnte Ihnen aber mindestens fünf Kollegen nennen, denen das auch öfter passiert. Ausgerechnet ich muss dann wieder bei Ihnen antanzen und mich kritisieren lassen, warum nicht auch die anderen? Sie selbst sind neulich auch erst um 8.30 Uhr hier eingetrudelt, das habe ich von meiner Klasse aus gesehen. Ich werde seit längerer Zeit ungerecht behandelt, deshalb habe ich ja auch Herrn Lehmann mitgebracht, damit ich nicht wieder alleine dastehe.«

In diesem Falle könnte der Schulleiter etwa sagen: »Ich höre, dass Sie sich öfter ungerecht behandelt fühlen, und ich möchte Ihnen anbieten, dass wir zu einem späteren Zeitpunkt darüber noch einmal ausführlicher sprechen. Zum Anlass dieses Gesprächs aber bleibe ich dabei, dass ich Ihre Verspätungen nicht akzeptiere. Möchten Sie etwas zu den Gründen sagen? Haben Sie ein Problem, bei dessen Lösung ich Ihnen helfen kann?«

Dies stellt das nochmalige Angebot dar, den Problembesitz zu übernehmen. Nimmt Herr Müller dieses Angebot an, entwickelt sich ein Beratungsgespräch. Wenn er dies nicht tut: »Ich fordere Sie auf, ab sofort 15 Minuten vor Unterrichtsbeginn im Haus zu sein. Sollte Ihnen das nicht gelingen, werde ich die Schulaufsicht über Ihr Fehlverhalten informieren.«

3. Abschlussphase

Wesentlich ist größte Klarheit auch in der letzten Phase des Gesprächs. Insbesondere, falls es nicht zur Problemübernahme kommt und damit die Bereitschaft zur ernsthaften Lösungsfindung fehlt,

- vergewissert sich der Schulleiter, dass der kritisierten Person klar ist, was von ihr erwartet wird,
- teilt der Schulleiter die Konsequenzen mit, falls die Lehrerin oder der Lehrer das kritisierte Verhalten nicht ändert,
- werden Absprachen zum weiteren Vorgehen getroffen (z. B. weiteres Gespräch in drei Wochen o. Ä.) und
- beendet der Schulleiter das Gespräch.

Wenn die Lehrerin oder der Lehrer den Problembesitz übernimmt, handelt es sich ja in Teilen um eine Beratungssituation, in diesem Falle steht am Ende eine Vereinbarung, die im Wesentlichen das Abstellen des Fehlverhaltens beinhaltet. Der Schulleiter dokumentiert das Kritikgespräch in einem Aktenvermerk, der in die schulinterne Personalakte aufgenommen wird.[64]

---

64 Bartz (2007) schlägt dazu ein Formblatt vor, das während des Gesprächs transparent ausgefüllt und auch der Lehrkraft ausgehändigt werden sollte.

Herausforderungen für den Schulleiter

Dem Schulleiter muss klar sein, dass der kritisierte Lehrer im Anschluss an das Gespräch im Lehrerzimmer bzw. in seiner Peergroup über das Gespräch mit Kolleginnen spricht, auch wenn Vertraulichkeit vereinbart war. Etliche Kollegen wissen in der Regel von der Tatsache des Gesprächs, viele werden fragen. Ein Maßstab für den Schulleiter vor Beginn des Gesprächs könnte die eigenen Phantasien hinsichtlich dessen sein, was die Lehrerin oder der Lehrer im Lehrerzimmer darüber berichtet. »Der hat mich fertig gemacht!«, wäre die eine Variante, »Der hat mich wie immer auf dem Kieker!« eine andere. Wenn der Schulleiter will, dass die Äußerung lauten könnte »Er hat mich kritisiert, war aber eigentlich ganz fair.«, kann er entsprechend agieren. (Selbstverständlich hat der Schulleiter keinerlei Einfluss darauf, was der kritisierte Kollege tatsächlich sagt.)

Die Angst des SL vor dem Kritikgespräch

Erfahrungsgemäß haben viele Schulleitungspersonen unangenehme Gefühle vor einem Kritikgespräch und verzichten in vielen Fällen aus einem der nachgenannten Gründe darauf, ein solches Gespräch zu führen.

- Die Vorwürfe erweisen sich im Gespräch als nicht berechtigt.
  - Gute Vorbereitung des Schulleiters kann und muss diese Befürchtung irrelevant machen.
  - Falls der Fall doch eintritt, was natürlich geschehen kann, kann der Schulleiter das Gespräch beenden mit der Feststellung, dass diese Klarstellung gut und wichtig war.
  - Es war besser, das Gespräch mit diesem Ergebnis zu führen, als es nicht zu führen.
- Die Lehrkraft reagiert mit Gegenangriffen.
  - Der Schulleiter kann zunächst wertschätzend zuhören und dabei sowohl auf den Inhalt als auch auf das Motiv achten (z. B. Ablenkungsversuch).
  - Er kann ein weiteres Gespräch über die Vorwürfe der Lehrkraft anbieten.
  - Er lässt sich aber nicht ablenken vom Gegenstand dieses Kritikgesprächs.
- Das Kritikgespräch erweist sich als unwirksam, weil die Lehrkraft ihr Verhalten nicht verändert.
  - Klar die Konsequenzen zu benennen, kann dieser Befürchtung die Substanz nehmen.
  - Der Schulleiter muss durch geeignete Maßnahmen darauf achten, dass die Konsequenzen tatsächlich umgesetzt werden.
  - Deshalb darf er nur ankündigen, was auch umsetzbar ist.
- Das Gespräch scheitert, weil es der Lehrkraft gelingt, dem Schulleiter die Gesprächsführung aus der Hand zu nehmen.
  - Eine gute Vorbereitung in Bezug auf Haltung und Handwerkszeug ist von Bedeutung: Benennung des Fehlverhaltens, Änderungsverlangen, Konsequenzen bei Nicht-Änderung könnte vorformuliert werden und als Notizen

dem Schulleiter vorliegen. Bewusstmachung der Haltung: »Ich will das konkrete Verhalten kritisieren und eine Änderung herbeiführen, aber nicht die Person ändern, sondern wertschätzen. Denn ich kann ihr eine Verhaltensänderung nur zumuten, wenn ich sie ihr auch zutraue.«
- Der Schulleiter achtet darauf, das Gespräch zeitlich zu begrenzen (ca. 15 Minuten).
- »Wenn ich eine Lehrkraft kritisiere, liegt mir am nächsten Morgen die Krankmeldung auf dem Tisch, und nichts ist gewonnen.«
  - Gegenüber dieser häufig genannten Befürchtung ist die grundsätzliche Rollenklärung als Schulleiter wichtig: Was für ein Schulleiter will ich sein? Wie stehe ich zu meinen eigenen Ansprüchen? Warum bin ich Schulleiter geworden? Wie stehe ich zu den Fragen von Macht, Autorität, Partizipation und Mitbestimmung – In welchen Bereichen gebe ich Spielraum, in welchen setze ich mich durch?
  - Der Schulleiter kann Metakommunikation mit der Lehrerin oder dem Lehrer betreiben, etwa in dem Sinne: »Ich habe mit Ihnen im abgelaufenen Schuljahr dreimal ein Kritikgespräch führen müssen. Daraufhin haben Sie sich in einem Fall für drei Wochen, in den anderen beiden für je zwei Wochen krankschreiben lassen. Darüber möchte ich gerne mit Ihnen sprechen.« Bei diesem Gespräch sollte der Lehrkraft klar werden, dass der Schulleiter den Zusammenhang im Blick hat: »Hängen die Krankschreibungen mit der Kritik zusammen?«

7.2 Das Jahresgespräch mit Lehrkräften[65]

Zum Kontext der Aufgabe

In den »Handlungsfeldern und Schlüsselkompetenzen« für Schulleitungspersonal in NRW heißt es:

> »Pädagogische Führung kennzeichnet den kreativ-gestalterischen Aspekt der Leitungstätigkeit. Gute Führung bindet alle in der Schule arbeitenden Menschen, d. h. Lehrkräfte, pädagogische und sozialpädagogische Mitarbeiterinnen und Mitarbeiter und Verwaltungspersonal, gezielt in den Arbeitsprozess ein und fördert den Teamgeist. Alle sollen befähigt werden, die für die Umgestaltung und Weiterentwicklung der Schule erforderlichen Schritte einzuleiten und konsequent voranzutreiben; die Qualitätsentwicklung von Unterricht ist dabei insbesondere zu befördern. Sie sollen mental und emotional für eine gemeinsame Zukunftsvorstellung von Schule gewonnen werden. Dazu gehört auch die Fähigkeit, mit Widerständen umzugehen bzw. sie antizipierend aufzugreifen.« (Online-Quelle 43)

---

65 In weiten Teilen dieses Abschnitts orientiere ich mich an Kloft (o. J.), Beitrag 75,35.

Weiter heißt es dort unter der Überschrift »Schulinterne Kommunikation und Kooperation«:

> »Schulleitung kooperiert konstruktiv mit den schulischen Mitwirkungsgremien und Gruppen wie Eltern, Schülern und Fördervereinen auf der Grundlage gemeinsamer Verantwortung für die Qualitätsentwicklung der Schule. Sie organisiert die schulische Arbeit in Teamstrukturen, fördert bereits bestehende Kooperationen und die Bildung neuer Teams mit klar definierten Aufgaben und baut den Teamentwicklungsprozess kontinuierlich aus. [...] Sie nutzt das Mittel der Zielvereinbarung, baut ein effizientes Controlling auf und legt Rechenschaft ab. Dies erfordert zielgerichtetes Denken und Handeln der Schulleitung auf kommunikativer Ebene.« (ebd.)

Als benötigte Kompetenzen auf Seiten der Schulleitung werden u. a. genannt,

- »Personalentwicklungsprozesse zu steuern,
- Personalentwicklung systematisch durchzuführen, Personalpflege kontinuierlich zu praktizieren« (ebd.).

Zahlreiche Schulleitungen nutzen als Instrument der Personalentwicklung und Personalpflege das regelmäßige und ansonsten anlasslose Gespräch mit den Lehrkräften und dem übrigen Personal der Schule. Häufig finden diese Gespräche einmal jährlich statt und werden deshalb auch »Jahresgespräche« genannt. Gemeint ist das gleiche, was im außerschulischen Raum in der Regel mit dem Terminus »Mitarbeitergespräch« belegt wird.

> »Das Jahresgespräch bietet die Möglichkeit für Schulleitung und Lehrkräfte, in einem 4-Augengespräch und losgelöst von der Hektik des Tagesgeschäfts die persönliche Arbeitssituation, die individuelle Entwicklung und die Qualität der Kooperation zwischen Schulleitung und Lehrkraft zu besprechen. Das Jahresgespräch ist ein gleichberechtigter Dialog zwischen den Gesprächspartnern, wobei Vorgesetzte/r und Mitarbeiter/in unterschiedliche Funktionen und Perspektiven wahrnehmen.« (Kloft o. J., 75,35)

Vom Jahresgespräch unterschieden werden müssen Gespräche zwischen Schulleitung und Lehrkräften, die sich im Schulalltag ergeben (sogenannte »Tür-und-Angel-Gespräche«), aber auch anlassbezogene Gespräche wie Kritik-, Anerkennungs- oder Beauftragungsgespräche. Weil eine Leitungsperson kaum mehr als fünfzehn bis zwanzig Gespräche, die eine Dauer von einer bis eineinhalb Stunden haben, im Schuljahr führen kann, muss in größeren Systemen innerhalb des Leitungsteams besprochen und festgelegt werden, ob die Aufgabe, Jahresgespräche zu führen, auch auf weitere Leitungsmitglieder delegiert werden kann und soll. Für das Jahresgespräch muss unbedingte Vertraulichkeit vereinbart bzw. durch die Schulleitung festgelegt werden. Nur so kann das benötigte Vertrauen auf beiden Seiten entstehen.

Die Termine für die Jahresgespräche sollten längere Zeit vor dem Gespräch vereinbart werden. Günstig ist es, die Termine in die Jahresplanung aufzunehmen, ohne sie aber zu veröffentlichen. Etwa ein bis zwei Wochen vor dem Gespräch sollten die Themen für das Gespräch zwischen beiden Gesprächspartnern vereinbart werden, damit beide genügend Zeit haben, sich auf das Gespräch vorzubereiten.

Nutzen von Jahresgesprächen

Die umfangreiche Literatur zu Jahresgesprächen hebt insbesondere folgende Nutzenaspekte für Mitarbeiterinnen und Führungskräfte hervor:

- Würdigung und Standortbestimmung durch Rückblick, Bilanzierung und Feedback.
- Orientierung und Transparenz durch Klärung der Erwartungen und Wünsche.
- Verbindlichkeit durch Vereinbarung von Zielen und Unterstützungen.
- Verbesserung der offenen und vertrauensvollen Zusammenarbeit.
- Mehr Motivationskraft durch klare Ziele: »Wer den Hafen nicht kennt, in den er segeln will, für den ist kein Wind ein günstiger« (Seneca).
- Und schließlich gilt: Mehr Wissen über die Vorstellungen und Erfahrungen der einzelnen Lehrkräfte und über die Wirkung der eigenen Leitungstätigkeit auf das Kollegium ist eine wichtige Voraussetzung, die Arbeit der Schulleitung weiterzuentwickeln.

Themen in Jahresgesprächen

Grundsätzlich sind alle berufsbezogenen Themen möglich. Am besten werden die Themen – nicht mehr als drei bis vier – einige Tage vorher zwischen den Gesprächspartnern vereinbart. Für die Themenwahl gelten folgende Leitlinien: Es sollten solche Themen ins Zentrum gerückt werden, die in Gruppenbesprechungen keinen Platz finden und über anlassbezogene Gespräche hinausgehen. Zum Beispiel persönliche Belange der Lehrkraft, Faktoren der Arbeitszufriedenheit und -unzufriedenheit, gegenseitiges Feedback, Wünsche und Möglichkeiten des Unterrichtseinsatzes oder der beruflichen Weiterentwicklung.

Jahresgespräche sollten nicht zur Besprechung von Konfliktthemen genutzt werden. Das heißt nicht, dass keine Themen beziehungsweise Probleme behandelt werden dürften, zu denen unterschiedliche Sichtweisen bestehen. Gemeint sind Konflikte, die (inzwischen) auf der emotionalen Ebene liegen und die Arbeitsbeziehung beeinträchtigen. Hier gilt es, zunächst in einem anlassbezogenen Gespräch eine Klärung zu suchen, um die Offenheit und das Vertrauen für persönliche Themen wieder herzustellen.

Merkmale von Jahresgesprächen

Tab. 12: Übersicht Jahresgespräche

Wer führt das Gespräch?	Der unmittelbare Vorgesetzte und Mitarbeiter
Art des Gesprächs	Vier-Augen-Gespräch
Häufigkeit	Jährlich, wenn es personell möglich ist
Anlass	Das Jahresgespräch ist ein anlassloses Gespräch

Tab. 12: Übersicht Jahresgespräche – Fortsetzung

Dauer	1–1,5 Stunden
Themen	Alle berufsbezogenen Themen, die persönliche Arbeitssituation der Mitarbeiterin, insbesondere Arbeitsprozesse, Belastungen, Unterstützungsbedarf, Fort- und Weiterbildungsbedarf, Arbeitsklima, Kooperation mit Kollegen, Klärung von gegenseitigen Erwartungen, Bilanzierung, Feedback, Würdigung und Wertschätzung usw.
Leitfragen für die Phase Rückblick – Bilanzierung – Analyse	<ul><li>Einschätzung Ihrer Entwicklung seit dem letzten Jahresgespräch</li><li>Wo lagen die besonderen Herausforderungen für Sie im letzten Jahr?</li><li>Ihre Highlights des letzten Jahres</li><li>Was ist Ihnen gut gelungen?</li><li>Welche Ziele konnten Sie verwirklichen?</li><li>Was ist weniger gut oder überhaupt nicht gelungen, welche Ziele haben Sie nicht erreicht?</li><li>Was hat Sie behindert?</li><li>Welche Strategien haben sich bewährt, welche nicht?</li><li>Wie schätzen Sie die Kooperation mit der Schulleitung ein, was war positiv, wo gibt es Optimierungsbedarf aus Ihrer Sicht?</li></ul>
Wer wählt die konkreten Themen aus?	Vereinbarung zwischen den Gesprächspartnern
Ergebnisse	<ul><li>Verbindlichkeit durch Vereinbarungen</li><li>Verbesserung der Kooperation durch Offenheit und Vertrauen</li><li>Woran konkret möchten Sie weiterarbeiten?</li></ul>

Aufgaben, Kompetenzen und Herausforderungen des Schulleiters im Jahresgespräch

Es ist unmittelbar einsichtig, dass bestimmte Kompetenzen beim Schulleiter bzw. der Schulleiterin erforderlich sind, um ein solches Jahresgespräch professionell führen zu können. Rollenklarheit gehört zu den wichtigsten Bedingungen. Das Schulleitungsmitglied ist in der Rolle des Vorgesetzten aktiv, aber nicht in einer Beurteilungs- oder Kontrollfunktion, sondern ausschließlich in der Unterstützerrolle. Es ist hilfreich, die eigene Rolle zu Beginn des Gesprächs bzw. vorab bei der Vereinbarung zum Gespräch explizit zu benennen. Günstig ist es, diese Rollenklarheit bereits zu dem Zeitpunkt herzustellen, an dem im Kollegium Jahresgespräche eingeführt werden sollen. Damit kann Vertrauen geschaffen und die erforderliche Gesprächsatmosphäre hergestellt werden. Wichtig ist selbstverständlich auch, keine Zusagen zu machen, die nicht gehalten werden können. Carmen Kloft nennt einen häufigen Spezialfall – Themen, die Dritte betreffen:

»Hier muss der Schulleiter abwägen, ob der persönliche Anteil im Vordergrund steht und damit das Jahresgespräch der adäquate Ort ist oder ob besser sogleich ein Gespräch mit allen Beteiligten herbeigeführt werden sollte. Im ersten Fall ist zu beachten:
  Die absolute Vertraulichkeit von Jahresgesprächen erfordert es, dass zwischen den Gesprächspartnern gegebenenfalls zu vereinbaren ist, wer nach dem Gespräch welche Informationen an wen weiter gibt.
  Es dürfen in Jahresgesprächen keine Vereinbarungen getroffen werden, die in die Verhandlung von Teams gehören oder andere Mitarbeiter tangieren. Vereinbart werden kann dann im Jahresgespräch lediglich, wer wie dafür Sorge trägt, dass Klärungen mit Dritten stattfinden.« (Kloft, a. a. O.)

7.3 Beschwerde über eine Lehrperson

Ablaufplan

In der Regel sind es – im Bereich Schule – Schulleitungsmitglieder, die mit Beschwerden über andere Personen konfrontiert werden, nämlich mit Eltern- oder Schülerbeschwerden über Lehrkräfte (Bartz 2006, 44.21).

Um den beiden Gefahren, dass sich zum einen die Beschwerdeführer nicht ernst genommen fühlen könnten und dass zum anderen der Schulleiter Partei wird, vorzubeugen, gilt es zunächst, den Beschwerdeführer willkommen zu heißen, ernst zu nehmen und zuzuhören. Bartz entwickelt acht Arbeitshilfen, die eine wesentliche Unterstützung beim Umgang mit Beschwerden und beim Beschwerdemanagement sein können. Die Arbeitshilfen bestehen aus einem »Leitfaden für ein Beschwerdegespräch«, einer »Checkliste zur Folgewirkungsabschätzung«, einer »Checkliste für die Analyse einer Elternbeschwerde«, einer »Checkliste zum Umgang mit Kritik«, einem möglichen Raster zu »Aufbau und Struktur eines Beschwerdemanagements der Schule« sowie einem »Ablaufplan für die Bearbeitung von Beschwerden«, den ich exemplarisch hier darstelle.

Aus diesem Ablaufplan wird deutlich, dass eine Elternbeschwerde über eine Lehrerin/einen Lehrer bei der Schulleitung eine wesentlich komplexere Angelegenheit ist als die einfache Elternbeschwerde bei der Lehrerin/dem Lehrer des Kindes.

Der Schulleiter kann und darf nach dem Vorbringen der Beschwerde zum Inhalt in der Regel nicht Stellung nehmen, sondern muss darauf verweisen, zunächst auch den meist nicht anwesenden anderen Teil zu hören. Beim Gespräch mit der Lehrerin oder dem Lehrer informiert der Schulleiter die betreffende Lehrkraft über die Tatsache und den Inhalt der Beschwerde und holt die Meinung der Lehrkraft ein. Erst danach kann das Gespräch mit den Eltern – am günstigsten mit der Lehrerin oder dem Lehrer – fortgesetzt werden, wobei dann in vielen Fällen die Schulleiterin eher eine Moderationsrolle einnimmt.

7.3 Beschwerde über eine Lehrperson

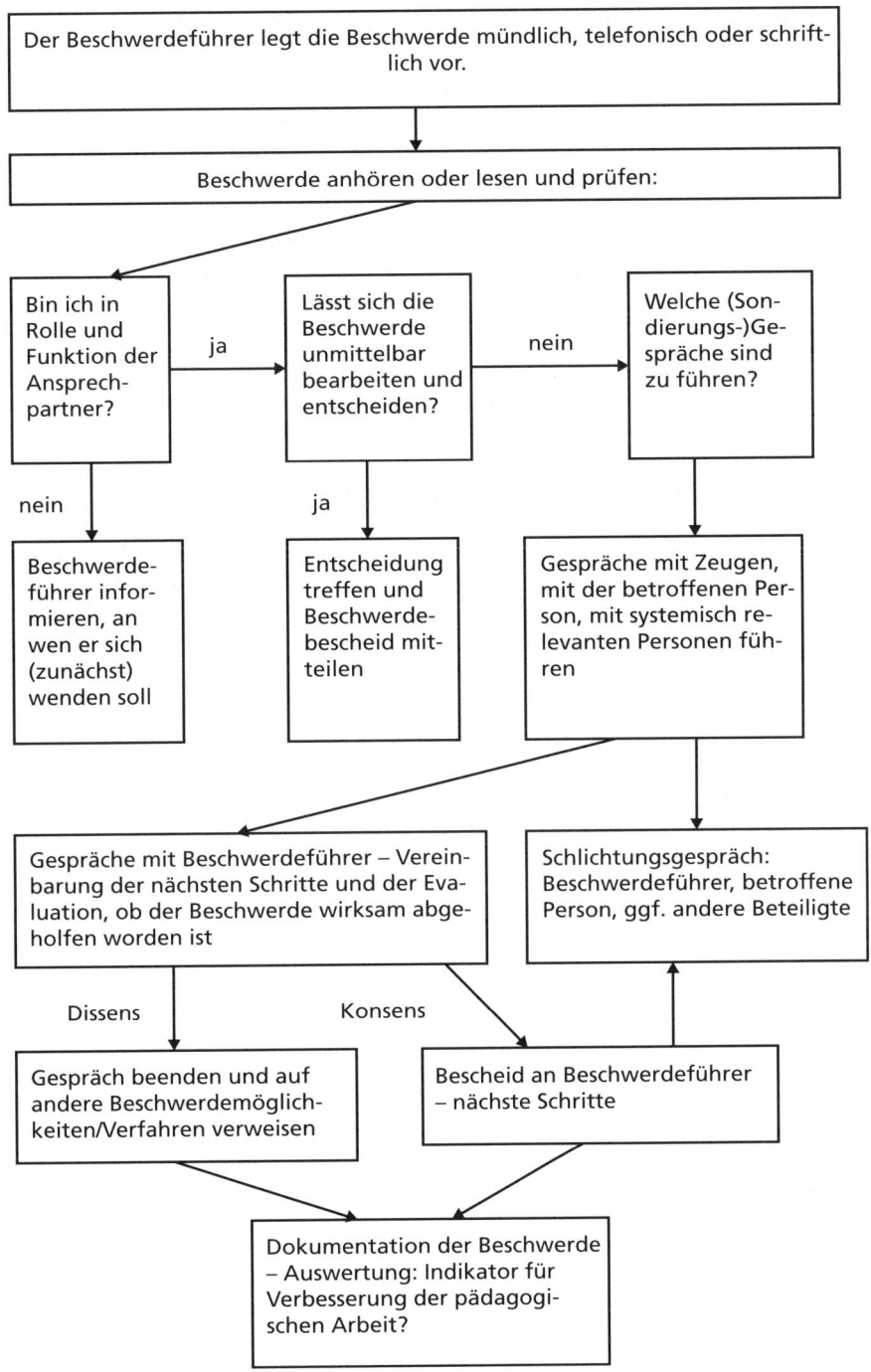

Abb. 38: Beschwerdegespräch – Ablaufplan nach Bartz

Die administrativ-juristische Seite einer Beschwerde

Wenn die kommunikativen Möglichkeiten, mit einer Beschwerde umzugehen, erschöpft sind, ist es von größter und die Entspannung fördernder Bedeutung, über die administrativ-juristische Seite von Beschwerden informiert zu sein. Eltern können sich an die Schulleitung oder die Schulaufsicht wenden, sie können eine Dienstaufsichtsbeschwerde einlegen.

Lehrpersonen haben häufig Angst vor solchen juristisch relevanten Schritten und knicken häufig schon ein, wenn Eltern mit einem Rechtsanwalt drohen. Lehrerinnen haben jedoch Möglichkeiten, ihre Angst zu reduzieren und solche Drohungen entspannt entgegenzunehmen. Wenn sie über die aufgezeigten kommunikativen Möglichkeiten verfügen und tatsächlich alle genutzt haben, die Beschwerde aber nach wie vor für die Eltern nicht abschließend geklärt ist, tun Lehrkräfte gut daran, Eltern über die weiteren möglichen Schritte zu informieren.

»Wenn Sie Ihre Beschwerde weiter verfolgen wollen, haben Sie die Möglichkeit, schriftlich innerhalb eines Monats Widerspruch beim Schulleiter einzulegen. Sollte der Schulleiter Ihrer Beschwerde nicht abhelfen, entscheidet die Schulaufsicht. Lehnt auch diese Ihren Widerspruch ab, können Sie beim zuständigen Verwaltungsgericht klagen. Ob Sie nun den Rechtsweg gehen und Widerspruch einlegen, ist Ihre Entscheidung.« (Bartz 2014a, S. 126)[66]

Bei allen Gesprächen, die einen Verwaltungsakt vorbereiten oder für einen solchen relevant sind, ist die Dokumentation verpflichtend.

7.4 Coaching

Externes Coaching

Handelt die Schulleitung in der Unterstützerrolle, ist das Coaching als berufsbezogene Beratung die passende Gesprächsart. In Abgrenzung zu anderen Beratungsformen definieren König und Volmer Coaching als »Beratung von Führungskräften, Experten, Mitarbeitern bei der Erreichung von Zielen im beruflichen Bereich, wobei das Schwergewicht auf der Einzelberatung liegt« (König/Volmer 2008, S. 55). »Unter Coaching«, sagt Maren Fischer-Epe, »verstehe ich eine Kombination aus individueller Beratung, persönlichem Feedback und praxisorientiertem Training« (2011, S. 19). Themenfelder können u. a. sein:

- »Die Entwicklung geeigneter Führungs- und Problemlösungsstrategien,
- die Rollenklärung und Positionsbestimmung in Konflikten und schwierigen Entscheidungssituationen,

---

66 In diesem Buch finden Sie auf den Seiten 94–132 hervorragende Hinweise auf alle Aspekte, die bei Beschwerden Berücksichtigung finden sollten.

- die persönliche Arbeitsorganisation und das Selbstmanagement,
- die persönliche Motivation und Entwicklung der beruflichen Karriere,
- das Umgehen mit Macht und Einfluss,
- Auftritt und Wirkung in der Kommunikation und Kooperation mit Vorgesetzten, Mitarbeitern und Kollegen,
- die persönliche Gesundheit, Leistungsfähigkeit und work-life-balance.«
(ebd., S. 19 f)

Merkmale des Coaching sind u. a.:

- Im Coaching-Prozess geht es immer um zwei Perspektiven: Rolle und Person.
- Zwei Experten kommen zusammen, der Coachee ist Experte in seinem Arbeitsfeld, der Coach ist Experte für Gesprächs- und Beratungsmethoden und besitzt Feldkompetenz.
- Der Coach leistet Hilfe zur Selbsthilfe, er gibt dem Coachee keine Lösungen vor.
- Der Coaching-Prozess ist zielorientiert und zeitlich befristet.
(siehe Fischer-Epe 2011, S. 20 f)

Das Coaching erfüllt zwei wesentliche Beratungskriterien:

- Coaching basiert auf einem wertschätzenden Menschenbild, das Hilfe zur Selbsthilfe geben will. Es geht von der Fähigkeit zur Reflexivität und Autonomie des Menschen aus. Das zugrundeliegende Menschenbild entspricht in den Grundzügen dem der Humanistischen Psychologie.
- Im Fokus steht nicht nur der Mensch in seiner Berufsrolle, sondern auch in seinem Menschsein. Damit ist die Manipulationsgefahr relativ gering.
- Coaching ist nicht nur Begleitung, sondern beinhaltet auch kritisches Feedback, nach Schlee eine der Voraussetzungen, um Beratung wirksam zu gestalten.[67]

Die Schulleitungsperson als Coach

Wenn die Schulleitungsperson sich als Coach versteht und entsprechend mit Lehrkräften arbeiten will, muss sie drei Voraussetzungen beachten:

1. Das Leitungsmitglied darf als Coach nicht von dem Problem direkt betroffen sein. Ärger über Unzuverlässigkeit einer Lehrperson erfordert Leitungsverhalten (Änderungsverlangen, siehe Kritikgespräch), nicht aber Coaching.
2. Das Gespräch muss eindeutig als Coaching definiert sein (Beratungs- und nicht Vorgesetztenrolle).
3. Coaching als Leitungsperson setzt die Zustimmung der Lehrkraft voraus.
(König/Söll 2005, S. 2 f)

---

67 Siehe auch den Abschnitt »Paraphrasieren« in Kapitel 3.6 zur Frage der Veränderung aufgrund der Parallelitätsannahme: Menschen sind zur Veränderung bereit, wenn sie Wertschätzung erleben und konfrontiert werden, ebenso wie Wissenschaftler.

8 Schwierige Situationen in Gesprächen

In allen Gesprächen – unabhängig von der jeweiligen Gesprächsart – kann es zu schwierigen Situationen kommen. Dann ist es wichtig, dass die Lehrpersonen ihre Rolle der Gesprächsführung halten und das Gespräch zu einem Ergebnis führen können. Vorab:

- Schwierige Gesprächspartner haben oft Schwierigkeiten. Sie können sich die Situation dadurch erleichtern, dass Sie sich vor und in dem Gespräch vergegenwärtigen, dass Menschen sich so verhalten, wie sie es tun, weil sie dieses Verhalten als Lösung ihrer Probleme betrachten.
- Es ist Ihre subjektive Einschätzung, was Sie als schwierig empfinden. Ich z. B. mag Menschen, die sich die Fähigkeit zum Opponieren gegen Autoritäten erhalten haben und ihre eigenen Interessen – auch gegen Widerstand – vertreten. Das macht es mir im Gespräch nicht immer leicht, aber wenn eine Lösung gefunden ist, trägt es zur Zufriedenheit – beim Gesprächspartner und mir – bei.

8.1 Aggression, verbale Angriffe[68]

- Aggressionen – das wissen wir seit Freud – liegen oft unerfüllte Bedürfnisse oder Kränkungen bzw. Verletzungen zugrunde, die zum Teil schon aus der frühen Kindheit stammen können. Sie haben, auch wenn sie mir gegenüber auftreten, oft nichts mit mir als Person zu tun, sondern richten sich gegen meine Rolle und meine Macht, Weisungen geben zu können.

Wichtig ist die Unterscheidung zwischen dem Gefühl und dem Ausdruck des Gefühls. Wut und Ärger zu empfinden, ist selbstverständlich völlig in Ordnung, Beleidigungen und Beschimpfungen anderer Menschen sind nicht akzeptabel. Es kann im Gespräch wichtig sein, auf diesen Unterschied explizit hinzuweisen.

---

68 Siehe auch Miller 2001; Fischer/Reitemeier 2011; Schott 1994; Rhode/Meis 2010a; Rhode/Meis 2010b.

> **Beispiel**
> »Sie haben das als Ungerechtigkeit von mir empfunden und sind deshalb sehr aufgeregt und wütend. Das finde ich auch völlig in Ordnung. Ich möchte Sie aber bitten, auf Beschimpfungen zu verzichten. Worüber haben Sie sich sonst noch geärgert?«

Möglicherweise ist es erforderlich, auch energisch auf klare Regeln hinzuweisen und ggf. das Gespräch abzubrechen.

> **Beispiel**
> »An meinem Tisch wird niemand beleidigt und beschimpft! Wenn Sie nicht damit aufhören, breche ich das Gespräch ab.«

Wenn ich das Gespräch abbreche, achte ich auch dabei auf die Trennung zwischen der Person mit ihrem Gefühl und dem Verhalten – z. B. einer Beleidigung. Ich lehne nicht den Menschen ab, sondern lediglich sein Verhalten, die Beleidigung oder Beschimpfung.

> **Beispiel**
> »Ich habe Sie mehrfach gebeten, mit den Beschimpfungen aufzuhören. Es ist Ihnen leider nicht gelungen, darauf zu verzichten. Deshalb breche ich jetzt das Gespräch ab. Sie können sich ja melden, und wir können gerne einen weiteren Termin vereinbaren, wenn Sie in der Lage sind, das Gespräch ohne Beleidigungen zu führen. Ich wünsche Ihnen noch einen schönen Tag.« (Mit diesen Worten stehe ich auf und öffne die Tür.)

Hilfreich kann es sein, den Zusammenhang zwischen der Aggression jetzt und dem Inhalt zu suchen. Das kann ich natürlich nur dann tun, wenn ich mir diese Gesprächsebene zutraue und sie auch betreten will.

> **Beispiel**
> »Darf ich Sie mal etwas Persönliches fragen? Sie reagieren momentan sehr heftig auf das, was Sie als meine Ungerechtigkeit erleben. Um Sie besser zu verstehen, möchte ich gern wissen: Haben Sie eine solche Ungerechtigkeit schon mal erlebt? Sind Sie öfter ungerecht behandelt worden?«

Die Stärke und Energie, die in der Aggression liegt, kann möglicherweise genutzt werden.

> **Beispiel**
> »Ich finde es unglaublich gut, mit welcher Energie Sie sich für Ihren Sohn einsetzen! Lassen Sie uns doch mal gemeinsam überlegen, wie wir zusammen an seinen Problemen arbeiten können.«

Einige Regeln:

1. *Haltung entwickeln*
   – Jeder hat ein Recht auf seine Gefühle.
   – Gefühle sind einfach da, sie können und sollten nicht verboten werden.
   – Unterscheiden Sie zwischen Gefühl und Äußerungsform des Gefühls.
   – Unterscheiden Sie zwischen Person und Verhalten.
   – Das Anliegen von jemandem, der z. B. wütend ist, ist subjektiv berechtigt.
   – Der andere verhält sich so, wie er sich verhält, weil er sein Problem lösen will, es ist ein Lösungsversuch!
   – Sie wissen aber – noch – nicht, was das Problem ist!
2. *Frühzeitiges Erkennen von Aggressionssituationen und Deeskalieren!*
   – Möglichkeit: Zunächst das Emotionale ignorieren, darüber hinweggehen und einfach sachlich weitermachen.
   – Setting organisieren, Rahmen schaffen.
   – Etwas Zeit vergehen lassen.
3. *Möglichst Ruhe bewahren, nicht schreien!*
   – Hören Sie mit dem Selbstoffenbarungs-Ohr! Der andere sagt etwas über sich, das hat mit Ihnen zunächst nichts zu tun.
   – Zuhören.
   – Haltung: Neugierde: Worüber ärgern Sie sich? Ich möchte das gerne genau verstehen.
4. *Gefühle akzeptieren, Beleidigungen abwehren!*
   – Wut (Ärger ...) ist O. K., Beschimpfung nicht.
   – Diesen Gedanken akzeptierend äußern.
   – Je nach Gesprächspartner Beleidigung in der Bedeutung herunterspielen, Gefühl in den Mittelpunkt stellen und darauf eingehen. (»Übrigens: Hier wird niemand beleidigt!«)
   – Zur Not das Gespräch abbrechen, klar und freundlich.
5. *Steigen Sie aus dem »Tanz« aus!*
   – Verhalten Sie sich überraschend! Bieten Sie Kaffee an, wenn der andere gerade besonders aggressiv ist! Gefahr kann sein, dass der andere sich nicht ernst genommen fühlt.
   – »Ich finde, es hat überhaupt keinen Sinn, wenn wir uns hier gegenseitig anschreien. Jetzt trinken wir erst mal ein Tässchen Kaffee zusammen, nehmen Sie Milch«?
   – Reagieren Sie mit Humor!
6. *Wenn der andere laut wird, werden Sie leise!*
   – Zwingen Sie den anderen, Ihnen genau zuzuhören.
   – Leise zu werden beruhigt Sie selbst.
7. *Schießen Sie nicht mit Kanonen auf Spatzen!*
   – Angemessene Mittel.
   – Wählen Sie zuerst harmlosere Mittel wie freundliche Bitten, dann energischere Bitten ...
   – ... dann Aufforderung, dann letzte dringende Aufforderung.

8.2 Um Ratschläge gebeten werden

Jede Beraterin kennt die Frage »Was würden Sie denn an meiner Stelle tun?« oder »Geben Sie mir doch mal einen Tipp, Sie sind doch der Experte/die Expertin!«. Die Verführung ist groß, an dieser Stelle ein paar schnelle Tipps zu geben oder aus der eigenen Erfahrung zu berichten. Das können Sie selbstverständlich tun. Damit gehen Sie aber mehrere Risiken ein:

- Der Gesprächspartner kann alle Ihre Vorschläge ablehnen. »Hab ich alles schon versucht, hat nichts gebracht.«
- Sie strengen sich an – und diese Anstrengung werden Sie genau spüren –, Lösungsideen zu entwickeln, und übernehmen Verantwortung, die Sie nicht haben, während die Gesprächspartnerin, die eigentlich die Verantwortung hat, ruhig dasitzt und Ihnen bei Ihrer Anstrengung zusieht. Eine solche Situation kann bei Ihnen zu erheblicher Frustration führen, die sich wiederum in Ärger über den Gesprächspartner entladen kann.
- Das Gefühl des Geschmeicheltseins, das anfangs vielleicht vorhanden ist, kann sich sehr schnell ins Gegenteil verkehren. Es kann leicht geschehen, dass Sie wütend auf Ihren Gesprächspartner werden, insbesondere dann, wenn ihr Partner keinerlei Wertschätzung für Ihre Ratschläge zeigt.
- Der Gesprächspartner, der das Problem hat, findet nicht zu einer eigenen Lösung, fühlt sich also alleingelassen und geht eventuell mit dem Gefühl aus dem Gespräch, dass er keine Hilfe gefunden hat.

Wenn Sie diese Fallen und Enttäuschungen vermeiden wollen, müssen Sie einen Rahmen herstellen, in dem zwar auch Platz für Ihre Lösungsideen ist, die Verantwortung aber bei dem Gesprächspartner bleibt.

> **Beispiel**
> »Ich mache Ihnen einen Vorschlag: Wir beide sammeln Lösungsideen, und Sie gehen anschließend alle Ideen durch und sehen, was für Sie in Frage kommt. Ich schreibe mit. Wir nennen alles, was uns in den Sinn kommt, auch wenn es zuerst mal verrückt klingt. Was wäre denn Ihre erste Idee? Schießen Sie los.«

Machen Sie sich in der Gesprächsvorbereitung noch einmal klar, welche Verantwortung Sie haben (für Struktur und Methoden), welche nicht (für die Lösung und das Ergebnis) und welche gemeinsam mit dem Gesprächspartner.

Sie machen es sich selbst und auch Ihrem Gesprächspartner leichter, wenn Sie in der Haltung der Prozessberatung bleiben und z. B. »Ratschläge zweiter Ordnung« geben, d. h. methodische Vorschläge machen oder Anregungen geben (s. Kap. 5.2).

Beispiel
»Einen direkten Ratschlag kann und will ich Ihnen nicht geben, vielleicht können Sie aber mit meinem Vorschlag etwas anfangen, Lösungsideen zu sammeln, daran kann ich mich gerne beteiligen, und Sie gehen nachher alle Ideen durch und bewerten sie. Was denken Sie dazu? Was wäre denn Ihre erste Idee?«

8.3 Mit Schweigen konfrontiert werden

Schwierig wird ein Gespräch auch dann, wenn der Gesprächsfluss unterbrochen wird. Statt dass ein Wort das andere gibt und die Idee des einen an die Idee des anderen anschließt, kann plötzlich Schweigen eintreten. Das Schweigen des Gesprächspartners kann als Reaktion hervorrufen, selbst noch mehr zu reden, aber das wäre genau die falsche Reaktion. Stattdessen ein paar andere Empfehlungen:

- Ebenfalls schweigen (Aushalten!). Währenddessen sich selbst (Was macht das mit mir?) und den Gesprächspartner beobachten (nonverbale Äußerungen, Blickrichtung usw.)
- Nachfragen

    Beispiele
    »Was geht jetzt eben bei Ihnen vor?« oder »Möchten Sie mir sagen, was Sie denken oder fühlen?« Dabei ein »Nein« akzeptieren.

- Schweigen bewusstmachen

    Beispiel
    »Sie schweigen jetzt schon eine ganze Minute; möchten Sie mir sagen, was das bedeutet«?

- Nach dem Zusammenhang zwischen dem Schweigen und dem Gesprächsinhalt suchen (zuerst alleine innerlich, dann gemeinsam)
- Gespräch beenden, ggf. Verabredung zu weiterem Gespräch

8.4 Mit Vielrednern umgehen

- Menschen, die sehr viel sprechen, sind für Lehrerinnen, die oft wenig Zeit haben, ein Problem. Wichtigste Aufgabe ist es oft, auf den Punkt zu kommen.

- Wichtig ist, auf die Zeit hinzuweisen – »Wir haben nur 15 Minuten Zeit für unser Gespräch, deshalb bitte ich Sie, schnell auf den Punkt zu kommen«.
- Dazu sind Methoden wirksam, die zu einer Klärung führen, ohne dass viele Worte nötig sind, z. B.
  - Immer wieder unterbrechen und zusammenfassen – »Sie haben also zwei größere Probleme ...«
  - Zum Thema zurückführen – »Nein, ich möchte jetzt nicht wissen, was Tante Martha dazu gesagt hat. Wie lange sitzt Ihre Tochter denn an den Hausaufgaben?«
  - Skalierungsfragen – »Wie schlimm ist das Problem für Sie auf der Skala von 1 – kleines Problem – bis 10 – Riesenproblem?«
  - Können Sie das Problem in drei Sätzen zusammenfassen?
  - Was ist das wichtigste Problem für Sie?
  - Was haben Sie bisher unternommen?
- Vielreden thematisieren – »Ist Ihnen bewusst, dass Sie sehr viel sprechen?«

8.5 Unfreundlichkeit begegnen

- Wenn die Gesprächspartnerin besonders unfreundlich ist, kann ich versuchen, diese Unfreundlichkeit zu ignorieren, und das Gespräch sachlich fortsetzen
- Hilfreich kann es sein, mit dem Selbstoffenbarungs-Ohr zu hören: Was sagt mein Gegenüber über sich selbst? Darauf kann ich vielleicht eingehen.
  - »Das hört sich an, als seien Sie auf Schule insgesamt nicht gut zu sprechen.«
  - »Bekomme ich das richtig mit, dass Sie ziemlich verärgert oder wütend sind?«
- Thematisieren bzw. Metakommunikation
  - »Ich möchte gerne etwas über die Art und Weise unseres Gesprächs sagen. Ich fühle mich die ganze Zeit über sehr unfreundlich von Ihnen behandelt.«
  - Ggf. nachfragen: »Haben Sie einen bestimmten Grund dafür, mich so unfreundlich zu behandeln?«
- Ich kann nach dem Zusammenhang mit dem Inhalt bzw. dem Ziel fragen
  - »Sie wirken auf mich in unserem Gespräch ziemlich unfreundlich. Markus kommt auch oft missmutig und motzend in die Schule. Sehen Sie da einen Zusammenhang«?
- Über eine Ich-Äußerung kann ich Grenzen setzen
  - »Ich höre mir jetzt schon zehn Minuten lang Ihre Unfreundlichkeiten an. Bitte legen Sie ab sofort einen freundlicheren Ton an den Tag.«
- Gespräch beenden nach Ankündigung; damit ist der Gesprächsfaden zunächst einmal abgerissen
  - »Ich möchte so jetzt nicht mehr weiter mit Ihnen sprechen. Sie sind dermaßen unfreundlich zu mir, das möchte ich so nicht. Mehrfach habe ich Sie gebeten, freundlicher zu sein, jetzt beende ich das Gespräch.«

8.6 Mit Gesprächsverweigerung umgehen

Jede Lehrerin, jeder Lehrer kennt Eltern, die trotz mehrfacher Bitte zum Gespräch nicht erscheinen. Letztlich bleibt in diesem Falle die Erkenntnis, dass es keine Möglichkeit gibt, Eltern zur Kooperation zu zwingen. Zuweilen verweigert auch ein Schulleiter oder eine Schulaufsichtsbeamtin das Gespräch. Möglichkeiten des Umgangs mit Personen, die ein Gespräch verweigern, sind u. a.:

- Ich kann an die Gesprächspartnerin appellieren.
- Informationen kann ich schriftlich an den/die Adressaten bringen.
- Auf Konsequenzen hinzuweisen, kann ggf. hilfreich sein.
  In einem Schreiben an Eltern kann ich z. B. aufführen: »…Mehreren Gesprächseinladungen sind Sie nicht nachgekommen. Wenn Sie sich bis … nicht bei mir melden, werde ich das Jugendamt informieren. …«
- Im Falle der Schulleiterin kann ich als Lehrerin den Lehrerrat um Unterstützung bitten, bei Schulaufsichtsbeamten kann ich mich an die Personalvertretung wenden.

8.7 Widerspruch und Widerstand konstruktiv nutzen

Widerstand ist ein aus der Psychoanalyse und der Psychotherapie bekanntes Thema, das hier nur kurz im Hinblick auf die Praxis gestreift werden soll (Ausführlich diskutiert wird das Thema Widerstand u. a. in Petzold (1985). Wikipedia erläutert zum Begriff Widerstand:

> »Der Begriff Widerstand hat in der Psychologie verschiedene Bedeutungen. Je nach Schule verwendet man ihn für unterschiedliche Phänomene und erklärt ihn auf verschiedene Weise:
>
> 1. In der Psychotherapie wird Widerstand allgemein als mehr oder weniger bewusste Ablehnung eines (bestimmten) Behandlungsaspekts durch den Patienten gesehen.
> 2. In der Psychoanalyse ist Widerstand ein unbewusst ablaufender Abwehrmechanismus. Freud: ›Was immer die Fortsetzung der Arbeit stört, ist Widerstand.‹
> 3. In der Gestalttherapie wird vor allem der Aspekt der kreativen Leistung des Patienten wahrgenommen, die im Widerstand zum Ausdruck kommt. Das Verhalten, das im Widerstand sichtbar wird, war und ist die beste Lösung im gegenwärtigen Augenblick oder in einer vergangenen Situation für den Patienten. Diese Lösung *kann* allerdings bei bereits fortgeschrittenem Zeitpunkt auch schon nicht mehr aktuell sein und neue Probleme schaffen. Widerstand stellt u. a. eine Schutzmaßnahme dar, die bedeutsam ist.
> 4. In der Verhaltenstherapie wird Widerstand als Folge der Lernerfahrungen des Patienten oder durch mangelnde Kompetenz des Therapeuten verursacht betrachtet.
> 5. In der Gesprächstherapie nach Rogers wird Widerstand des Patienten als durch mangelnde Zurückhaltung des Therapeuten bei Interpretationen verursacht betrachtet.
> 6. In der Systemischen Therapie wird kein Widerstand von Patienten diagnostiziert, da unterstellt wird, dass Patienten die Experten für sich selbst sind.«

(Online-Quelle 44)

Weil der Terminus Widerstand in sehr unterschiedlicher Bedeutung gesehen wird, spreche ich in diesem Kontext auch von Widerspruch und benutze beide Begriffe synonym. Widerspruch kann von der Gesprächspartnerin gegen das Setting, gegen die Struktur, gegen Methoden, gegen die Sprache, gegen die Haltung, gegen die Themen oder einzelne Aspekte oder gegen alles zusammen geäußert werden.

- Wichtig ist es, auf eigene Gefühle zu achten: Bin ich beleidigt, verletzt, in der Eitelkeit gekränkt?
- Jedes Verhalten – also auch Widerstand und Widerspruch – ist sinnvoll! Mit dem Gegenüber gemeinsam kann ich nach dem Sinn suchen.
- Was habe ich als Berater/Gesprächsleiter getan, um Widerstand bzw. Widerspruch zu erzeugen?
- Ich kann den Widerstand bzw. Widerspruch thematisieren.
  »*Sie wenden sich gegen alles, was hier geschieht, gegen das Gespräch überhaupt, gegen meine Gesprächsführung, gegen die Themenwahl (obwohl Sie die Themen selbst mit ausgewählt haben). Das irritiert mich, und ich weiß nicht, woran ich bin. Was hat das zu bedeuten? Wie können wir das Gespräch fortsetzen?*«
- Sehr wichtig ist es, das Bedürfnis nach Autonomie zu akzeptieren.

8.8 Mit Unterwürfigkeit umgehen

Lehrerinnen stellen für viele Eltern – vor allem solche aus sogenannten bildungsfernen Schichten – eine Autorität dar. Schule ist für viele Menschen aus eigener Schülererfahrung mit Druck- und Kontrollsituationen, eigenem Versagen und insgesamt mit Unerfreulichkeit und schlechten Gefühlen verbunden. Daher rührt oft ein Gefühl der eigenen Unzulänglichkeit und Unterlegenheit (Inferiorität). Als Eltern wieder mit Schule konfrontiert zu werden, ist häufig mit einer Wiederbelebung dieser alten unguten Gefühle verbunden. Eine Möglichkeit des Umgangs mit unterwürfigem Verhalten im direkten Kontakt ist das vorsichtige Thematisieren dieser Unterwürfigkeit.

Immer wieder sind mir Menschen begegnet – in der Regel Schülereltern – die im Gespräch allem zustimmen, immer nicken, mit allem einverstanden sind, die aber dann in der Folge nichts von dem einhalten, was vereinbart worden war. Die Unterwürfigkeit hat dann das Ziel, einer als unangenehm erlebten Situation möglichst schnell entkommen zu können.

- Wichtigster Aspekt ist die Haltung, jeden Gesprächspartner ernst zu nehmen und in seiner Würde zu achten.
- Ich kann unterwürfiges Verhalten thematisieren. »Sie nicken zu allem, was ich sage. Heißt das, dass Sie mir zustimmen?«

- Nach eigener Meinung fragen (öfter). »Sind Sie auch meiner Meinung? Man kann die Dinge ja so oder so sehen – was meinen Sie dazu?«
- Auf Gegenübertragung achten (Stolz, eigene Autorität usw.).
- Thematisieren der Zustimmung zu allem und der Nicht-Einhaltung.
»Sie stimmen immer allem zu, was ich sage, halten aber nichts davon ein. Wenn ich Sie danach frage, geloben Sie, bis zum nächsten Gespräch alles umzusetzen, was wir vereinbaren, dann war aber wieder nichts damit. Ich fühle mich dadurch von Ihnen nicht ernst genommen, die Gespräche sind dann ja Zeitverschwendung. Wie können wir Ihrer Meinung nach in Zukunft sinnvollerweise miteinander umgehen?«
- Abgrenzen.
»Ich möchte mit Ihnen nur dann ein weiteres Gespräch führen, wenn Sie bis dahin XY getan haben. Können Sie das schaffen? Kann ich Ihnen helfen? Was oder wer kann Ihnen helfen?«

8.9 Was tun bei Nicht-Erscheinen und Unpünktlichkeit?

Dass Gesprächspartner trotz klarer Vereinbarung nicht oder zu spät zum Termin erscheinen, kann vielfältige Gründe haben. Diese Gründe können akzeptabel sein. Nicht akzeptabel aber ist, nicht vorher über das Nicht-Erscheinen oder eine Verspätung zu informieren.

- Ich kann auf eigene Gefühle achten: Stellt das Verhalten des anderen für mich eine Kränkung dar? Warum ist das so?
- Ich kann eine neue Verabredung treffen. Das ist vor allem dann unerlässlich, wenn die Lehrkraft im Problembesitz ist und ihr Problem – z. B. die häufige Verspätung eines Schülers oder das Nicht-Erledigen der Hausaufgaben durch einen Schüler – zum Problem der Eltern machen will.
- Ich kann das Nicht-Erscheinen oder die Verspätung thematisieren.
- Ich kann nach einem Bedeutungszusammenhang mit dem Inhalt suchen: »Hat Ihre Verspätung etwas damit zu tun, dass Ihnen dieses Gespräch unangenehm ist?«
- Sind die Eltern oder andere Partner im Problembesitz und Sie also als Beraterin gefragt, sollten Sie prüfen, ob Sie Ihr Beratungsangebot aufrechterhalten und auf jeden Fall bei häufigerem Auftreten einer Absage oder einer Verspätung die Beratung beenden.

8.10 Was tun bei Nicht-Einhalten von Vereinbarungen?

- Wenn Vereinbarungen nicht eingehalten werden, kann das viele Gründe haben:
  - Die Vereinbarung war zu kompliziert.
  - Die Vereinbarung war nicht eindeutig.
  - Die Vereinbarung kam bei einem Gespräch zustande, das einer der Gesprächsteilnehmer als belastend empfand, weshalb es ihm nicht um die Vereinbarung ging, sondern darum, dass das Gespräch möglichst schnell beendet war.
  - Die Vereinbarung war zu einem falschen Zeitpunkt getroffen, einer der Teilnehmer brauchte mehr Zeit.
  - Ein Teilnehmer wollte die Vereinbarung nicht einhalten.
  - Ein Teilnehmer nahm die Vereinbarung nicht ernst oder hat sie vergessen.
- Ich kann meine eigenen Gefühle beachten (Kränkung?).
- Ich kann das Nicht-Einhalten thematisieren und konstruktiv nutzen: »Was brauchen Sie, um Vereinbarungen einhalten zu können?«

8.11 Mit eigenen Fehlern umgehen

Selbstverständlich kann es auch vorkommen, dass eigene Fehler passieren. Alle Gründe, die für Eltern oder andere Partner gelten, können auch für Lehrer zutreffen. Was tun? Im Boden versinken vor Scham und damit das Gespräch aus einer inferioren (d. h. untergeordneten) Position heraus zu führen, ist eine schlechte und unangemessene Variante, weil der eigene Fehler das Gesprächsergebnis, aber auch die Atmosphäre unangemessen beeinflusst.

Eine kommunikativ konstruktive Grundhaltung ist: »Ich bin kein schlechter Mensch, ich habe nur einen Fehler gemacht und bitte Sie ebenso um Verzeihung und Nachsicht, wie ich sie Ihnen gewähren würde, wenn Sie einen Fehler machen.« Dabei gilt es, Verständnis dafür zu entwickeln, dass der andere möglicherweise ein Problem damit hat, den Fehler zu verzeihen und Nachsicht zu üben. In keinem Fall ist es hilfreich, aggressiv aufzutreten in dem Sinne: »Ich habe mich doch entschuldigt, was wollen Sie eigentlich jetzt noch?!« Mit Selbstbewusstsein handeln, ein wenig »kleine Brötchen backen« und zur Sache kommen, so kann ein konstruktiver Dreischritt aussehen.

Authentizität ist in jedem Falle wichtig. Ich spiele kein Rollenspiel, sondern erkläre meinen Fehler, bitte um Verzeihung und Verständnis und kann auf der Erwachsenenebene das Gespräch fortsetzen. Dabei kann ich Verständnis für Emotionen meines Gegenüber äußern: »Ich verstehe, dass Sie sich ärgern.« Insgesamt kann ich die Situation nutzen, um Vorbild für den Umgang mit Fehlern und Verständnis zu sein.

8.12 Mitfühlen in angemessener Distanz – Vom Umgang mit Emotionen

An mehreren Stellen wurde deutlich, dass es in zahlreichen Gesprächssituationen darauf ankommt, auch mit eigenen Emotionen und denen anderer Menschen angemessen, d. h. kontrolliert und professionell, umgehen zu können. Es gibt sicherlich Gespräche, die Sie als Lehrerin oder Lehrer emotional kaum oder gar nicht belasten, zum anderen lässt es aber – hoffentlich – niemanden kalt, wenn Gesprächspartner starke Emotionen zeigen und aggressiv schimpfen oder weinen. Diese Fähigkeit des Mitgefühls (Empathie) bewusst zu verlernen, um professionell agieren zu können, wäre jedoch der falsche Weg. Es muss darum gehen, Emotionen – eigene und die des Gesprächspartners – wahrzunehmen und einen angemessenen Umgang mit ihnen zu finden.

Mitleid unterscheidet sich von Mitgefühl in grundlegender Weise. Mitleid stellt immer ein Gefühl dar, das eine Beziehung schafft oder ausdrückt, bei der es ein Oben und ein Unten gibt, oben befindet sich der Mitleidige, unten der Bemitleidete. Mitgefühl dagegen sieht alle Menschen auf einer Ebene, ohne dass eine Hierarchie entstünde. Der Dalai Lama drückt es so aus: »Mit Liebe, Freundlichkeit und Mitgefühl schlagen wir eine Brücke des Verstehens von uns zum anderen« (2002, S. 145). Mitgefühl basiert auf der Vorstellung des Wertes alles Lebendigen, und diesen Gedanken hat Ruth Cohn ähnlich formuliert (siehe den Abschnitt »Warum Sachlichkeit nicht reicht – Themenzentrierte Interaktion (TZI)« in Kap. 2.1).

Beispiel 1
Bei einem Beschwerdegespräch brachen Eltern eines behinderten Kindes in Tränen aus, weil ihnen in diesem Moment klar geworden ist, dass ihr Kind eine lebenslange Behinderung hat und nicht in der Lage sein wird, einen Schulabschluss zu erreichen und später das Einzelhandelsgeschäft der Eltern zu übernehmen.

Selbstverständlich ließ mich die Verzweiflung der Eltern in diesem Moment nicht unberührt. Ich versuchte, ihnen mein Mitgefühl vor allem nonverbal zu zeigen, indem ich ihnen Wasser nachschenkte und ein Papiertaschentuch reichte (die habe ich immer in der Tasche, wenn es emotional werden könnte). Ansonsten schwieg ich und ließ ihnen Zeit für ihre Trauer und Verzweiflung. Manchmal sagte einer der beiden Elternteile etwas, brach dann aber wieder in Schluchzen aus.

Ich konnte diese Situation gut aushalten, weil ich mich an eigene Trauermomente erinnerte und mitfühlen konnte, weil ich den Eltern aber auch ihre eigene Trauer lassen konnte: Es war ihre Trauer und ihre Verzweiflung, nicht meine, und so konnte ich die nötige Distanz halten und zugleich mit ihnen fühlen. Erst als die Mutter als erste wieder Blickkontakt mit mir aufnahm, begann ich wieder zu sprechen und sagte leise – weil es sich um eine geradezu intime Atmosphäre handelte – einen Satz des Zuhörens und Verstehens: »Das ist jetzt schwer für Sie zu ertragen«, dazu nickte ich. Die Mutter brach wieder in Tränen aus, dann platzte der Vater laut heraus: »Sie haben ja keine Ahnung!«. Ich sagte: »Es ist völlig in Ordnung, wenn Sie traurig und verzweifelt sind, nehmen Sie sich so viel Zeit, wie Sie benötigen.« Als beide sich nach ein bis zwei Minuten wieder unter Kontrolle hatten, aber nicht sprachen, sagte ich: »Sie hatten sich das mit Achmed ganz anders vorgestellt, glaube ich.« – Und so kamen wir allmählich wieder ins Gespräch und konnten uns über ihre bisherigen und die neuen realistischen Lebenspläne unterhalten und auch das Thema Schule und Lernen wieder in den Blick nehmen.

In einem zweiten Beispiel geht es um eigenen Ärger bzw. eigene Wut.

Beispiel 2
Im Zusammenhang mit einem Gespräch, das ich vor ca. 30 Jahren als Lehrer führte, hatte ich mich in der Gesprächsvorbereitung auf aggressive Äußerungen der Eltern, die ich bis dahin nicht persönlich kannte, eingestellt, der Vater hatte mich telefonisch um das Gespräch gebeten und erregt geäußert, dass ich mich noch wundern werde, so könne ich mit seinem Sohn nicht umgehen. Wir vereinbarten das Gespräch, und als sich der Zeitpunkt näherte, wurde ich etwas nervös. Ich begrüßte die Eltern professionell, bot ihnen Wasser an, der Vater wollte sofort loslegen, ich unterbrach ihn und eröffnete das Gespräch, dann bat ich den Vater darum zu sagen, was genau der Anlass für den Wunsch nach einem Gespräch gewesen war. Er zog sofort in äußerst aggressiven Worten vom Leder, ließ kein gutes Haar an mir und zerfetzte meine Kompetenz in der Luft; ich sei absolut unfähig, ob ich denn überhaupt ausgebildet sei für meinen Beruf, es sei ja eine himmelschreiende Ungerechtigkeit und Inkompetenz von mir, eine solche Entscheidung zu treffen, das gehe so nicht weiter, ich werde schon sehen, was ich davon habe, und er werde sich weiter oben über mich beschweren.

Ich muss erwähnen, dass ich normalerweise mit solchen Situationen gut und souverän umgehen kann, vor 30 Jahren noch nicht so gut wie heute. An diesem Tag, mit diesem Vater gelang mir das nicht. Aus einem Grunde, der mir erst im Nachhinein klar wurde, wurde ich plötzlich enorm wütend auf diesen Vater. Ich begann während seiner Tirade, aggressive und abwertende Äußerungen zu phantasieren (»Lernen Sie doch erst mal richtiges Deutsch!« oder »Rutschen Sie mir doch den Buckel runter!«) und spürte, dass meine Wut wuchs. Schließlich fragte ich den Vater ziemlich lautstark: »Sind Sie jetzt endlich fertig mit Ihrer Wutrede?«. Ich begann, seine und meine eigene Wut zu vermischen. Das Gespräch endete damit, dass wir beide uns anbrüllten, während die Mutter still und unbeweglich dabei saß. Ich warf die beiden schließlich hinaus und fühlte mich anschließend ziemlich aufgewühlt, ratlos und von mir selbst irritiert, weil ich mich so unprofessionell nicht kannte. Ich träumte anschließend in mehreren Nächten von diesem Gespräch.

Bei einer Supervisionssitzung wurde mir klar, dass der Vater mich an einen ehemaligen Lehrer aus Klasse 5 oder 6 erinnert hatte, der meine Mitschüler und mich öfter in dieser Weise behandelt hatte.

Gut und richtig wäre es z. B. gewesen, mir angesichts der Erwartung von Aggressionen zum einen ein wenig Ruhe mit regelmäßiger Atmung zu gönnen, zum anderen vielleicht eine zweite Kollegin hinzuzubitten, den Vater in seiner Tirade zu unterbrechen und darauf hinzuweisen, dass er seine Wut selbstverständlich äußern, mich aber nicht beleidigen darf, das Gespräch stärker zu steuern durch Zusammenfassungen, durch Ansprechen der Mutter (Was sagen Sie dazu? Wie ist Ihre Haltung?), durch den Vorschlag einer Pause, um mich selbst wieder zu sammeln usw.

Mit diesen Beispielen will ich deutlich machen, dass ein angemessener Umgang mit Emotionen folgende Kompetenzen erfordert:

- »Awareness« (Bewusstheit) (siehe Stevens 1986) hinsichtlich der eigenen Gefühle
- Empathie, um die Gefühle des anderen wahrnehmen zu können
- Mut, den Emotionen, die da sind, Raum zu geben
- Nähe, ohne sich mit dem Gefühl des anderen zu identifizieren
- Distanz, ohne den Kontakt und das Mitfühlen mit dem anderen zu verlieren
- Respekt vor dem Gefühl des anderen
- Vertrauen in die Fähigkeit des anderen, mit seinen Emotionen umgehen und Verantwortung dafür übernehmen zu können
- Klarheit, zwischen Person und Verhalten zu unterscheiden
- Kompetenz, um die Doppelrolle von beteiligter Person und Gesprächsleiter in großer Transparenz leisten zu können

Diese Kompetenzen stellen sich bei vorhandener entsprechender Haltung zum einen mit zunehmendem Lebensalter leichter ein, zum anderen sind sie jedoch – und das ist die gute Nachricht auch für jüngere Menschen – erlernbar.[69] Eine intensive Auseinandersetzung mit sich und den eigenen Emotionen ist ein wichtiger Bestandteil des Weges, den es auf dem Weg zu gelingender Kommunikation zu gehen gilt.

---

69 Mitgefühl im Sinne des Dalai Lama zu entwickeln, stellt sicherlich eine Lebensaufgabe dar, um die es an dieser Stelle nicht gehen kann. Dennoch empfinde ich die Zielvorstellung als erstrebenswert und beneidenswert. Ein tibetischer buddhistischer Mönch litt bei seiner Entlassung aus chinesischer Haft, was leicht nachvollziehbar ist; er litt aber nicht etwa deshalb, weil er gefoltert worden war, sondern weil es ihm nicht gelungen war, genügend Mitgefühl für seine Folterer aufzubringen. Diese für uns in westlicher Kultur aufgewachsenen Menschen zunächst eher fremde Sichtweise hat Nähe zum christlichen Begriff der Vergebung, von dem ja auch im christlichen »Vaterunser« die Rede ist.

9 Moderation

9.1 Moderationsanlässe

In diesem Kapitel geht es um die Aspekte, die die Moderation von Gruppenbesprechungen von der Führung und Moderation von Gesprächen unterscheiden. Lehrer kommen in vielfältigen Situationen in die Situation, eine Besprechung zu moderieren. Das geschieht vor allem im Unterricht, aber auch in Jahrgangsteams und Fachgruppen oder als Klassenlehrerinnen bei Elternversammlungen. Zunehmend kommen im Zuge von Unterrichts- und Schulentwicklungsprozessen Moderationsaufgaben im Rahmen von Arbeits- und Projektgruppen oder der schulischen Steuergruppe auf Lehrer zu, in denen nach Wahl, gemeinsamer Vereinbarung oder Vorgabe der Schulleitung eine Lehrperson die Moderation übernimmt. Immer häufiger handelt es sich bei den Arbeitsgruppen um multiprofessionelle Teams, an denen in der Schule beschäftigte Personen wie Schulsozialarbeiter und Sonderschullehrerinnen, aber auch außerschulische Kooperationspartner wie Lehrkräfte anderer Schulen, Jugendamtsmitarbeiter, Ärztinnen, Therapeuten oder Beratungsstellen-Mitarbeiter mit Lehrkräften zusammenarbeiten.

Die Kompetenz, Besprechungen moderieren zu können, wird immer unverzichtbarer, je mehr entsprechende Aufgaben auf Lehrkräfte zukommen. In vielen Gesprächen reicht die Moderation aus – d. h. im Wesentlichen die Fähigkeit der Strukturierung –, in anderen ist die eigene Stellungnahme gefragt. Die Entscheidung, ob ich als Lehrkraft eine Besprechung moderiere und/oder eigene Meinungen einbringe oder beide Aspekte praktiziere – selbstverständlich unter größter Rollenklarheit –, kann ich nur dann treffen, wenn ich über Moderations- und Gesprächsführungskompetenz verfüge. Entlastung kann der Einsatz von Moderationskompetenz dann bedeuten, wenn die moderierte Gruppe zu Entscheidungen kommt, die der eigenen Meinung des Moderators entsprechen; in diesem Fall kann der Moderator sich auf die Moderationsaufgabe beschränken und muss nicht die schwierige Balance halten, als Moderator für den Prozess verantwortlich zu sein und als Gruppenmitglied die eigenen Positionen durchsetzen zu wollen. Moderationskenntnisse sind aber auch nützlich, um an Besprechungen kompetenter teilnehmen zu können.

Ich gehe im Folgenden auf einige typische Gruppen und Arbeitszusammenhänge ein, in denen Moderationskompetenz bedeutsam ist:

1. Die Zusammenarbeit in multiprofessionellen inner- und außerschulischen Netzwerken
2. Arbeits- und Projektgruppen
3. Kollegiale Fallberatungsgruppen
4. Großgruppen

9.2 Vernetzungskompetenz

Vernetzung zwischen all den Personen und Institutionen innerhalb und außerhalb der Schule, die eine Schülerin oder einen Schüler beim Aufwachsen begleiten, ist eine zwingende Voraussetzung, wenn die Schule sich eine ganzheitliche Förderung von Schülern zum Ziel setzt. Gewiss müssen bei vielen Gesprächen über Schüler nicht alle diese Personen und Stellen beteiligt sein. Um aber gleichsinnig und koordiniert handeln zu können, ist es erforderlich, regelmäßig alle an den runden Tisch zu holen, die mit dem Kind/Jugendlichen befasst sind. Für manche Schulen ist es noch unüblich, den Schüler oder die Schülerin ganzheitlich und damit auch als Kind oder Jugendlichen zu betrachten, das/der auch ein Leben außerhalb der Schule führt. Wird aber ausschließlich die Funktion als Schüler in den Fokus gestellt, bleiben viele andere Aspekte unberücksichtigt. Eltern, die sich häufig heftig streiten, Armut, Krankheit und Tod naher Angehöriger, Alkoholismus, Gewalt, Sport, Musik, Tanz usw. – all das können Faktoren sein, die das Lernen von Kindern und Jugendlichen zum Teil massiv beeinflussen und über die Lehrer zumindest informiert sein sollten. Im Grund-, Haupt-, Gesamt- und Förderschulbereich ist dieser weite Blick auf das Kind, den/die Jugendliche/n bereits vielfach Alltag. An Realschulen und Gymnasien ist es an vielen Schulen noch eher die Ausnahme, dass Lehrkräfte sich mit den außerschulischen Aspekten des kindlichen/jugendlichen Lebens befassen und ihre Relevanz für ihren Auftrag im Blick haben, die Entwicklung und das Lernen der Kinder und Jugendlichen bestmöglich zu fördern. In den letzten Jahren beobachte ich jedoch eine Entwicklung, nicht zuletzt aufgrund der Inklusionsgesetzgebung und -praxis, die dazu führt, dass auch diese Schulformen immer mehr konfrontiert werden mit außerschulischen Faktoren, die das Lernen beeinflussen. Alle diese Faktoren im Blick zu haben, die Institutionen – und möglichst die zuständigen Personen – oder zumindest Informationsmöglichkeiten zu kennen und über deren Aufgaben informiert zu sein, nenne ich Vernetzungskompetenz.

Um die Kompetenzen und Informationen aller beteiligten Personen und Institutionen tatsächlich pädagogisch nutzen zu können, ist es sinnvoll, in der Schule ein Manual mit den wichtigsten Adressen, Mail-Adressen und Telefonnummern inklusive der Zuständigkeiten anzulegen, auf das jede Mitarbeiterin bei Bedarf zurückgreifen kann.

Die Vernetzungskompetenz muss mit der Moderationskompetenz gekoppelt sein, denn ob und mit welcher Qualität die Zusammenarbeit im Netzwerk gelingt, hängt entscheidend von der Verständigung auf den – im Optimalfall regelmäßigen –

Netzwerksitzungen ab, und diese erfordert eine klare und zielgerichtete Moderation mit der Wirkung, dass alle Beteiligten gleichberechtigt zu Wort kommen, ihre Sichtweisen einbringen können, im Austausch von den Sichtweisen und Kompetenzen der anderen lernen und zu Vereinbarungen und Absprachen kommen, die dann von allen getragen werden.

9.3 Moderation von Arbeits- und Projektgruppen

Eine Besprechung zu moderieren bedeutet, für Struktur und Methodik die volle und alleinige Verantwortung zu übernehmen. Dabei muss die Moderatorin inhaltlich nicht ein Fachexperte sein, der den Inhalt bis in alle Details kennt. Es reicht aus, einen Überblick über das Thema und die Interessen der beteiligten Personen zu haben.[70] Die Moderatorin

- lädt zur Besprechung ein,
- schafft ein angemessenes Setting,
- sorgt für eine die Kommunikation fördernde Atmosphäre,
- macht ihre Rolle transparent,
- arbeitet ergebnis- bzw. lösungsorientiert,
- verfügt über ein großes Methodenrepertoire,
- geht mit jedem Teilnehmer wertschätzend um,
- geht davon aus, dass die Teilnehmer an einem gemeinsamen Ergebnis interessiert sind,
- gibt eigene Fehler, die passieren können, zu,
- hört zu und bittet um gegenseitiges Zuhören,
- bewertet keine Äußerung oder Nicht-Äußerung,
- eröffnet die Besprechung,
- benennt das Thema der Besprechung,
- erteilt das Wort, entzieht es ggf. auch,
- ermuntert zur Meinungsäußerung und bittet um Stellungnahme,
- fasst zusammen – und bittet um Zustimmung zu ihrer Zusammenfassung,
- stellt Zwischenergebnisse fest,
- fragt nach,
- fragt nach der Bedeutung von Inhaltsaspekten oder davon, dass Aspekte nicht thematisiert worden sind,
- stellt Verbindungen zwischen Äußerungen – auch zurückliegenden – her,
- bringt genannte – ggf. auch neue – Aspekte ein,

---

70 Ich selbst habe mehrfach Arbeitsgruppen von Experten moderiert, ohne selbst auf dem Gebiet Experte zu sein, z. B. eine Gruppe von Medienexperten.

- stellt fest, zu welchen Themen/Aspekten sich niemand äußert,
- bittet um inhaltliche Vorschläge,
- macht methodische Vorschläge, stellt sie zur Diskussion und akzeptiert Ablehnung ohne Diskussion,
- achtet auf die Zeit und macht sie transparent,
- stellt Konsens und Dissens fest,
- stellt das Ergebnis fest,
- thematisiert das weitere Vorgehen,
- dankt allen Teilnehmern,
- beendet die Besprechung.

Bedeutsam ist Bartz' Hinweis auf die besondere Verantwortung der Moderatorin: »Von der Leitung darf und muss Professionalität erwartet werden, aber sie kann und darf nicht erwarten, dass sich alle professionell verhalten und Verantwortung für das Erreichen der Gruppenziele übernehmen« (2014b, S. 130).

Der Moderator ist »Helfer bzw. Diener der Gruppe« (Seifert 2009, S. 88), und es ist hilfreich, wenn ihm/ihr während des Gesprächs bewusst ist, dass er zwar eine zentrale Rolle spielt, aber nicht die Hauptperson ist. Moderatoren stehen im Mittelpunkt, sind aber nicht die wesentlichen Personen. Das sind die Teilnehmerinnen am Gespräch oder an einer Besprechung. Die Moderation soll es ihnen ermöglichen, zu Klärungen und Absprachen zu kommen. Es gilt, das richtige Maß zu finden, um in diesem Spannungsfeld mit dem Wissen um die Bedeutung der Moderationsaufgabe und entsprechendem Selbstbewusstsein, aber zugleich auch mit in den Hintergrund tretender Bescheidenheit angemessen agieren zu können.

Achten Sie doch einmal bewusst auf Moderatoren von Radio- oder Fernsehsendungen, bei Talkshows, Interviews und ähnlichen Gelegenheiten. Sie werden feststellen, welche Verhaltensweisen Sie als angemessen, welche Sie als unangemessen empfinden, und auch Methoden entdecken, die sie bei der Moderation anwenden.

9.4 Kollegiale Fallberatung – Eine Form selbstorganisierter Supervision

Kollegiale Fallberatung ist aus zwei Gründen Thema in diesem Buch, in dem es um Kommunikation geht:

1. Sie stellt selbst eine bedeutsame kommunikative Situation dar, bei der es wesentlich auf die moderativen Kompetenzen der Leitungsperson ankommt.[71]

---

71 Weil die Leitung wechselt, werden im Laufe der Zeit alle Teilnehmerinnen und Teilnehmer in ihrer Moderationskompetenz Fortschritte erzielen.

2. Sie bietet die Möglichkeit, Probleme zu besprechen, die in übrigen Kommunikationssituationen auftreten; insofern handelt es sich bei kollegialer Fallberatung um eine metakommunikative Form.

Kollegiale Fallberatung findet aus mehreren Gründen immer mehr Verbreitung. Die Ursachen liegen nach meiner Beobachtung im Wesentlichen

- in einem wachsenden Bedarf von Lehrerinnen an praktischer Unterstützung bei beruflichen Problemen,
- darin, dass professionelle Supervision in der Regel teuer ist, die vorgesetzten Behörden (Bundesländer) meist nicht für die Kosten aufkommen und nicht jeder bereit ist, diese Kosten privat zu übernehmen,
- darin, dass seit den 70er Jahren des 20. Jahrhunderts in vielen Bereichen Skepsis gegenüber dem Fachexpertenprinzip besteht und daraus Formen der Selbstorganisation entstanden sind, bei denen alle Teilnehmer gleichberechtigt sind (Selbsthilfegruppen, Bürgerinitiativen usw.).

Kollegiale Fallberatung wird auch »Intervision« genannt, das drückt die Bedeutung gut aus: Es geht um gegenseitige Unterstützung in selbstorganisierter Form. Dabei kommt die Gruppe ohne ausgewiesene »Fachleute« aus, weil sie sich insgesamt als Fachmenschen-Gruppe versteht. Ziel der kollegialen Fallberatung ist es, bei Problemen, die im beruflichen Alltag auftreten, Unterstützung zu bekommen und zu geben. Das kann sich auf Probleme mit Schülern, mit der Schulleitung, mit Eltern oder auch mit Kollegen und Kolleginnen beziehen. Ob die Gruppe diese Bereiche eingrenzt (und z. B. nur Probleme von Lehrkräften mit Schülern thematisiert) oder sich zutraut, Probleme aus allen Bereichen zu bearbeiten, ist ausschließlich Entscheidung der Gruppe.

Kollegiale Fallberatung ist Beratung. Deshalb treffen alle Kriterien des Beratungsgesprächs auch hier zu.[72]

Rollen und Struktur

Jede Teilnehmerin übernimmt im Laufe der Zeit alle Rollen, die während der Beratung vorkommen.

---

72 Wenn Sie es noch nicht getan haben, rate ich Ihnen: Lesen Sie zunächst Kapitel 5.1, bevor Sie weiterlesen.

Tab. 13: Rollen bei kollegialer Fallberatung

Rolle	Aufgabe
Gastgeberrolle	Der Gastgeber ist für das Ambiente verantwortlich. Wenn die Sitzung bei einem TN zu Hause stattfindet, ergibt sich diese Rolle selbstverständlich. Aber auch wenn der Ort des Treffens die Schule ist, ist es sinnvoll, dass jemand die Gastgeberrolle übernimmt.
Moderationsrolle	• Strukturieren • Moderieren • Zusammenfassen • Sitzung eröffnen • Sitzung beenden • Auf Regeleinhaltung achten • Alle Aufgaben erledigen, die im nachfolgenden Raster in der rechten Spalte aufgeführt sind
Rolle der Protagonistin	Der Protagonist hat keine Aufgabe im Sinne der übrigen Aufgaben, sondern stellt das Problem dar. Die Rolle ist die des Beratungsnehmers in einem Beratungsgespräch. Der Protagonist kann sich darauf verlassen, dass der Moderator Struktur gibt, und muss sich um nichts kümmern als sein/ihr Problem, auf das er/sie sich voll konzentrieren kann.
Rolle der Teilnehmerin (TN)	Die TN, die nicht Protagonisten sind, haben die wichtige Aufgabe, dem Protagonisten bei der Lösung seines/ihres Problems zu helfen. Sie folgen den strukturellen Anweisungen der Moderatorin und bringen ihr ganzes Potenzial zur Unterstützung ein.
Weitere Rollen	Weitere Rollen, die festgelegt werden können (aber nicht müssen), sind z. B.: Zeitnehmerin (das kann der Moderator mit übernehmen) oder Schreiberin, die die Flipchart beschriftet (s. a. folgende Aufzählung).

Jörg Schlee hat das Modell »Kollegiale Beratung und Supervision – KoBeSu« vorgelegt (2004). Es sieht vor:

- eine Gruppengröße von vier, im Ausnahmefall bis zu sechs Personen
- einen Turnus von zwei bis maximal drei Wochen
- die Festlegung mehrerer Rollen (Gastgeber, Chairperson, Zeitwächter, ratsuchende Person, Logbuchführer, »Wadenbeißer«, Sekretär und Verwalter des Fragen- und Problemspeichers)
- mehrere Hilfsmittel und Rituale wie Sprechstein, Aufgabenkarten, Störungskarte, Prozessanzeiger und Blitzlicht

In kongruenter Umsetzung seiner Theorie der »Subjektiven Theorien« sowie der »Parallelitätsannahme« stellt Schlee einen Ablaufplan vor, der im Wesentlichen zwei Phasen beinhaltet: zunächst die Phase, in der es darum geht, »Sicherheit und Vertrauen« als Grundlage für den Beratungsprozess zu schaffen. In der zweiten Phase geht es um »Skepsis und Konfrontation«, also die Elemente, die gemäß der Parallelitätsannahme zu Veränderungen bei Menschen führen können – nicht müssen. Die Phase »Skepsis und Konfrontation« wird zum großen Teil streng ritualisiert durchgeführt, um Irritationen beim Protagonisten, den Schlee »Ratsuchenden« nennt, zu vermeiden. Fragen und Äußerungen werden z. T. durch alle Teilnehmer mehrfach wiederholt, um auf diese Weise zu erreichen, dass die ratsuchende Person sich immer wieder hinterfragen und so zu einer »evolutionären Veränderung« gelangen kann. Ich stelle einige der 20 Konfrontationsmethoden vor, die Schlee aufführt:

1. Auftauchende Bilder und Assoziationen
    – Jede/r TN drückt Bilder und Assoziationen aus, die ihm während der Schilderung dessen, was bei der ratsuchenden Person »obenauf« liegt, in den Sinn gekommen sind.
    – Dies stellt eine sanfte Konfrontation dar, die gut für den Anfang dieser Phase geeignet ist.
2. Relativierungen durchdenken
    – TN äußern die Frage: »Was wäre schlimmer als das, was du uns geschildert hast?« Oder: »Was wäre schlimmer, wenn …?« (z. B. »… das Kind im Heim lebte«, »… deine Kontrahentin einen Versetzungsantrag stellen würde?«)
    – Antwort der Protagonistin nur »ja«, »nein« oder »weiß nicht«
3. Die eigenen Anteile klären
    – »Was hat das, was du uns erzählt hast, mit dir zu tun?«
4. Opfer und Akteur
    – »Wo fühlst du dich als Opfer, wo als Akteur in dieser Angelegenheit?«
5. Aufrechterhaltung des Problems
    – »Wie könntest du – ohne es zu wollen – möglicherweise zur Aufrechterhaltung des Problems beitragen?«
6. Paradoxe Empfehlungen geben
    – Chairperson spricht alle TN an: »Was sollte deiner Ansicht nach die Protagonistin tun, damit sich ihr Problem verschlimmert und zuspitzt?«
7. Den heimlichen Gewinn suchen
    – »Worin könnte in dem Problem, das du geschildert hast, ein heimlicher Gewinn für dich liegen?«

Die Lektüre dieses Buches empfehle ich uneingeschränkt. Vor allem, wenn Sie KoBeSu-Sitzungen durchführen möchten, rate ich dringend dazu, gemeinsam das Buch von Jörg Schlee zu studieren und sich an die Regeln und Vorgaben zu halten (2004, S. 68–127). Ich werde an dieser Stelle nicht weiter auf KoBeSu eingehen, sondern ein einfaches und leicht umzusetzendes Raster für Kollegiale Beratung vorstellen, das nach ein wenig Beschäftigung mit dem Thema Beratung – z. B. durch Lektüre dieses Buches – in einer Gruppe angewandt werden kann.

Allen Rastern für den Ablauf von kollegialer Fallberatung ist gemeinsam, dass sie eine leicht zu überblickende Struktur beinhalten und ohne viel Übung angewandt werden können. Niemand muss sich sklavisch an ein solches Raster halten – es sollte auch Raum für Kreativität bleiben. Für Anfänger ist es jedoch zunächst hilfreich, das Raster als strukturelle Grundlage zu benutzen, und erst mit mehr Erfahrung und Sicherheit eigene Ideen einzubringen. Es spricht auch nichts dagegen, wenn sich zu Beginn zwei Personen die Leitungsaufgabe teilen und sich während der Sitzung miteinander absprechen. Das sollte offen vor der Gruppe geschehen, denn eines der wichtigen Prinzipien der kollegialen Fallberatung ist Transparenz. Es gilt ein wichtiger Grundsatz, den Schlee bezüglich KoBeSu nennt: »Durch diesen rotierenden Aufgabenwechsel können sich unter den Teilnehmern/ innen weder ein heimliches Spezialistentum noch ein informelles Hierarchie- und Verantwortungsgefälle entwickeln« (2004, S. 69).

Günstig ist es, wenn jede Teilnehmerin das ausgewählte Ablaufraster als Kopie oder Plakat vor sich hat. Als Gruppengröße hat sich eine TN-Zahl zwischen fünf und acht bis zehn bewährt. Wenn die Gruppe zu groß wird, kommt jede Einzelne selbstverständlich seltener mit einem eigenen Fall dran. Weniger als fünf Personen sollten es nach meiner Erfahrung nicht sein, damit der Gruppeneffekt wirksam werden kann. Die intensivste Art des Lernens genießt selbstverständlich die Protagonistin, d. h. diejenige, deren Problem im Mittelpunkt der Sitzung steht. Lernprozesse finden jedoch auch bei den übrigen Gruppenmitgliedern statt, die aktiv und engagiert an der Fallberatung beteiligt sind.

Günstig ist es, wenn die Gruppe beschließt, in einer Konstellation für eine bestimmte Zeit zusammenzubleiben und in dieser Zeit keine neuen Mitglieder aufzunehmen. Beispielsweise kann sich jede Teilnehmerin verpflichten, für sechs Monate alle drei bis vier Wochen an einer Sitzung teilzunehmen; anschließend kann die Gruppe eine andere Zusammensetzung, einen anderen Turnus oder andere Inhaltsbereiche beschließen.

Als Zeitbedarf für einen Fall ist in der Regel ca. 60–90 Minuten plus/minus 15 Minuten zu veranschlagen. Das in Tabelle 14 dargelegte Ablaufraster hat sich in der Praxis bewährt.[73] Als günstig für die Transparenz hat sich erwiesen, die erste und zweite Spalte des Rasters (Nr. und Phase) auf DIN A 4 oder A 3 zu kopieren und mit der Überschrift »Prozessstandanzeiger« zu versehen. Die moderierende Person kann dann mit Hilfe einer Wäscheklammer für alle sichtbar machen, in welcher Phase sich die Beratung befindet. Auch ein Zurückgehen in eine vorherige Phase wird dann transparent.

Tab. 14: Ablauf kollegiale Fallberatung

Nr.	Phase	Strukturelement	Moderationsaufgabe
1	*Vorab/Setting*	• Settingfragen • Ambiente • Sitzordnung • Kaffee/Tee/Kekse • Dauer festlegen • Eventuell Themen begrenzen, z. B. nur Probleme mit Schülern	• Der Gastgeber (GG) begrüßt, Getränke, Kekse usw. stehen bereit. • Weil jede Teilnehmerin potenzielle Leiterin bzw. Moderatorin ist, müssen sich alle TN mit dem Thema Setting befassen.

---

73 Ich benutze dieses Raster seit Ende der 1980er Jahre.

9.4 Kollegiale Fallberatung – Eine Form selbstorganisierter Supervision

Tab. 14: Ablauf kollegiale Fallberatung – Fortsetzung

Nr.	Phase	Strukturelement	Moderationsaufgabe
2	Moderationsaufgabe festlegen	Freiwillige Meldung als Moderatorin bzw. Leiterin. Jeder Teilnehmer (TN) sollte im Laufe der Zeit »drankommen«. Wenn sich niemand bereiterklärt, als Moderatorin zu fungieren, fällt die Sitzung aus. In diesem Falle wäre selbstverständlich der Sinn der Gruppe zu hinterfragen.	• GG fragt und moderiert, wer heute leitet, und übergibt das Wort an die Leiterin. • Zum ersten Mal zu moderieren, erfordert etwas Mut. • Durch die Vorgabe, dass jeder mit Moderieren an die Reihe kommt, steigt in der Gruppe die Fehlertoleranz.
3	Problemfindung[74]	• Alle, die möchten, äußern sich zu der Frage, ob sie einen aktuellen »Fall« (Problem) einbringen und besprechen möchten. • Das Problem muss noch nicht in Einzelheiten dargelegt werden, Stichworte genügen. • Die Darlegungen werden von niemandem kommentiert. • Wenn niemand einen Fall einbringen möchte (was ich noch nie erlebt habe), hat die Gruppe ein Problem.	• Jeder, der möchte, muss zu Wort kommen. • Kommentare unterbinden – klar und freundlich! • Schweigen aushalten: Der Moderator ist nicht dafür verantwortlich, ob sich jemand findet, der einen Fall einbringt. • Wenn niemand einen Fall einbringen möchte, moderiert der Moderator diese Situation: Was bedeutet diese Zurückhaltung? Vielleicht Blitzlicht vorschlagen: Kurze Äußerung jedes/r TNs zur Frage: Warum bin ich heute hier?
4	Auswahl des Falls bzw. des/der Protagonisten	• Ein Protagonist wird gefunden. • Die TN einigen sich durch einen kurzen Austausch untereinander.	• Der Moderator greift möglichst wenig ein, er/sie unterstützt die TN bei ihrer Einigung. • Er/sie weist auf die Zeit hin, ohne zu hetzen. • Er/sie fasst zusammen und hilft strukturierend. • Häufig ist die Bildung einer Reihenfolge sinnvoll: zuerst A, dann B.

---

74 Schlee nennt diese Phase nicht »Problemfindung«, sondern Benennung dessen, was »obenauf« liegt. Diese Sprache – ohne den problematischen Begriff »Problem« zu benutzen – kann es allen TN erleichtern, weil nicht jeder ein Problem hat, jeder aber etwas findet, was ihn im Moment am meisten interessiert oder beschäftigt.

Tab. 14: Ablauf kollegiale Fallberatung – Fortsetzung

Nr.	Phase	Strukturelement	Moderationsaufgabe
5	*Falldarstellung*	Der Protagonist stellt sein/ihr Problem dar. Fragen können sein: • Was genau ist das Problem? • Welche Personen sind beteiligt? • Welche Bedürfnisse sind nicht erfüllt? • Welche Schritte wurden bisher unternommen?	• Der Moderator unterstützt durch Zuhören, strukturierende Äußerungen und klärende Nachfragen. Auch andere TN dürfen nachfragen. • Ziel: Das Problem verstehen • Der Moderator unterbindet alle anderen Äußerungen. • Der Protagonist steht im Mittelpunkt, er erläutert ausführlich sein Problem. • Diese Phase sollte erst dann beendet werden, wenn alle TN verstanden haben, was das Problem/die Probleme des Protagonisten ist/sind.
6	*Zielfestlegung*	• Protagonist: Wie könnte mein Verhalten und die Situation aussehen, wenn ich mein Problem gelöst hätte? • Wobei genau braucht der Protagonist Unterstützung von den TN?	• Der Moderator achtet darauf, dass der Protagonist möglichst unbeeinflusst von anderen ihre Ziele festlegen kann. • Der Moderator akzeptiert alle Zielfestlegungen des Protagonisten. • Nur strukturierende Äußerungen, keine Wertungen! • Zeit geben zur Zielformulierung! • Die übrigen TN hören lediglich zu. • Der Moderator notiert die Ziele auf Flipchart.
7	*Perspektivwechsel*[75]	• TN versetzen sich in beteiligte Personen, z. B.:	• Der Moderator lässt nur kurze Äußerungen ohne weitere Kommentare zu.

---

75 Die Gruppe kann sich auch einigen, dass andere konfrontierende Elemente eingesetzt werden, die Schlee benennt. Wichtig ist bei allen konfrontierenden Methoden, dass der Moderator die Methode kurz benennt und der Protagonist vorab seine Zustimmung zur Verwendung der Methode gibt.

Tab. 14: Ablauf kollegiale Fallberatung – Fortsetzung

Nr.	Phase	Strukturelement	Moderationsaufgabe
		– Ich als Mutter denke … – Ich als Schüler fühle mich … – Als Mitschülerin glaube ich … – Wenn ich der Vater wäre, käme ich mir vor wie … • Ziel: Klärungshilfe für den Protagonisten	• Der Moderator lässt nur kurze Äußerungen ohne weitere Kommentare zu. • Nicht alle TN müssen sich äußern.
8	*Sammlung möglicher Lösungen*	• Der Protagonist hat »Urlaub«. • Die TN nennen Lösungsideen im Sinne der Ziele des Protagonisten und sammeln ihre Vorschläge. • Kurze und knappe Formulierungen, Erläuterungen können ggf. später nachgereicht werden.	• Der Protagonist darf sich nicht äußern. • Die »Weisheit der Gruppe« ist gefragt. • Keine Kommentare zulassen! • Notieren aller Vorschläge auf Flipchart. • Kein Gespräch über Vorteile und Nachteile zulassen, nur Sammeln von Ideen. • Jede Idee wird notiert.
9	*Bewertung der Lösungsvorschläge durch Protagonisten*	• Bewertung der Vorschläge durch den Protagonisten als – … für mich geeignet, – … für mich nicht geeignet, – … bedenkenswert, – … nachfragewürdig beim Vorschlaggeber. • Der Protagonist darf nachfragen, was genau gemeint ist. • Kein »Anpreisen« oder Verteidigen eines Lösungsvorschlags durch TN.	• Der Moderator notiert Meinung des Protagonisten auf Flipchart, streicht durch, was nicht in Frage kommt, notiert + für bedenkenswert usw. • Der Moderator muss mit Verständnis dafür sorgen, dass TN es aushalten, wenn der Protagonist ihren Vorschlag nicht aufgreift.
10	*Umsetzen der Lösung(en)*	• Der Protagonist entwickelt konkrete Schritte zur Umsetzung der als geeignet befundenen Lösung(en). • Wer tut was mit wem mit wessen Hilfe bis wann? • Was ist der erste Schritt?	• Der Moderator notiert konkrete Planung auf Flipchart. • Das Flipchart-Blatt kann der Protagonist anschließend mitnehmen.

Tab. 14: Ablauf kollegiale Fallberatung – Fortsetzung

Nr.	Phase	Strukturelement	Moderationsaufgabe
11	*Feedback zur Sitzung*	Feedback zu folgenden Fragen in dieser Reihenfolge: • Protagonist: Wie habe ich die Fallbesprechung erlebt? • Protagonist: Hat mir die Sitzung etwas gebracht? • TN: Was hat mir die Sitzung gebracht? • TN: Konnte ich den Protagonisten lassen? An welcher Stelle hätte ich gerne eingegriffen? • Alle: Wie fand ich den Moderationsstil? • Moderator: Wie habe ich meine Moderation erlebt? An welchen Stellen hatte ich ein Problem beim Moderieren, was lief gut, was war schwierig?	• Als erster äußert sich der Protagonist. • Der Moderator benennt ggf. Feedback-Regeln und achtet auf deren Einhaltung: Keine Bewertungen, sondern Ich-Äußerungen.
12	*Ende der Sitzung*	Ende der Sitzung.	• Der Moderator thematisiert Neuterminierung und nächste GG- und Moderatoren-Festlegung. • Der Moderator dankt GG und den TN für die Mitarbeit. • Der Moderator schließt die Sitzung.

Herausforderungen für die Moderatorin

Wenn Sie sich während der Lektüre der Struktur vorgestellt haben, der Moderator zu sein, kann es sein, dass Sie den Gedanken oder das Gefühl der Überforderung hatten oder dachten: Das müsste ich zuerst üben. Genau darum geht es. Wenn Sie sich auf diesen Prozess einlassen und den Mut finden, zum ersten Mal eine kollegiale Fallberatung zu moderieren, werden Sie schnell feststellen, dass Sie es können oder im Prozess lernen können. Sie haben für dieses Lernen günstige Bedingungen:

- Sie sind nur für die Moderation, nicht aber für Inhalte verantwortlich.
- Sie sind umgeben von Menschen, die in der Regel über ebenso wenig Erfahrung verfügen wie Sie selbst. Weil jeder TN in die Moderationsrolle kommt,

sind Fehlertoleranz und Verständnis für Ihre evtl. auftretenden Probleme groß.
- In einer Gruppe von zehn Personen haben Sie potenziell acht Helfer; die Protagonistin kümmert sich ausschließlich um ihr Problem, aber alle übrigen TN würden Ihnen sofort zur Seite springen, wenn Sie etwa äußern: »Ich weiß im Moment in der Moderation nicht weiter, gebt mir mal bitte einen Tipp!« Sofort werden Vorschläge kommen, Sie treffen eine Entscheidung, und es geht weiter.
- Sie können Ihre Kolleginnen beim Moderieren beobachten und daraus lernen: Das finde ich gut, das übernehme ich, das würde ich anders machen usw.
- Sie werden erleben, dass das Moderieren im Laufe der Zeit Routine wird.

Was Sie vorab benötigen, ist die Offenheit, sich auf einen Prozess gemeinsamen lebendigen Lernens einzulassen. Das gilt nicht nur für den TN in der Moderationsrolle, sondern auch und vor allem für diejenige, die als Protagonistin ein Problem einbringt. Für diese Person – und damit für alle TN – ist es in der Tat ein großer Schritt, sich als TN einer Gruppe zu melden, geht es doch dabei darum, eigene Probleme gegenüber anderen Menschen, ggf. eigenen Kollegen offenzulegen und sich als jemand zu outen, der nicht alles im Griff hat, sondern für Unterstützung und Hilfe dankbar ist.

9.5 Großgruppenmoderation

Lehrerinnen bekommen eher selten Gelegenheit, eine Großgruppe mit mehr als 50 Teilnehmern zu moderieren, es sei denn, sie sind Schulleitungs- oder Steuergruppenmitglieder an einer großen Schule. Dennoch stelle ich diese Moderationsart kurz dar, um auf einige Methoden und damit auch Möglichkeiten hinzuweisen, die sich auch für kleinere Gruppen ergeben können. Einige Methoden:

9 Moderation

Tab. 15: Übersicht Großgruppenmoderation

	Open space (Online-Quelle 45)	World-Café (Online-Quelle 46)	RTSC-Konferenz (Online-Quelle 47; real time strategic change)	Zukunftskonferenz (Online-Quelle 48)
Ziel	Im Rahmen eines »offenen Raums« (open space) werden inhaltlich nicht festgelegte Optimierungsmöglichkeiten erarbeitet.	Es geht darum, möglichst alle Betroffenen zu Wort kommen zu lassen, gemeinsame Ziele und Strategien zu finden und dadurch ihre Bereitschaft zu Engagement und Mitwirkung an den Veränderungsprozessen zu wecken. World-Café unterstützt ebenfalls bei gemeinsamer Planung und fördert so Selbststeuerung und Selbstorganisation.	Eine bereits skizzierte Vision soll in eine Organisation hineingetragen werden. Angestrebt werden Motivation und Partizipation.	Auf der Grundlage einer Klärung »Woher kommen wir?« geht es darum, den Weg in die Zukunft zu finden und in eine Handlungsplanung umzusetzen: Wohin gehen wir? Was sollen wir tun?
Teilnehmerzahl	40 bis 1000	12 bis 2000	50 bis mehrere hundert	Optimal: 72. Die TN stellen einen Querschnitt der Menschen in der Institution dar, über Ressort-, Abteilungs- und Hierarchiegrenzen hinweg.
Dauer	1 bis 2,5 Tage	45 Minuten bis 3 Stunden	1 bis 3 Tage	2 bis 3 Tage

9.5 Großgruppenmoderation

Tab. 15: Übersicht Großgruppenmoderation – Fortsetzung

	Open space (Online-Quelle 45)	World-Café (Online-Quelle 46)	RTSC-Konferenz (Online-Quelle 47; real time strategic change)	Zukunftskonferenz (Online-Quelle 48)
Ablauf	• Themensammlung im großen Plenum • Zuordnung aller Personen zu Themen-Mini-Workshops a 2 Stunden • Präsentation der Ergebnisse am Abend (»Abendnachrichten«) • In PC schreiben, drucken, verteilen (»Morgennachrichten«) • Auswahl der Themen, die weiter bearbeitet werden sollen	Die Teilnehmenden sitzen im Raum verteilt an Tischen mit vier bis acht Personen. Die Tische sind mit weißen, beschreibbaren Papiertischdecken und Stiften bzw. Markern belegt. Ein Moderator pro Tisch führt als Gastgeber zu Beginn in die Arbeitsweise ein, erläutert den Ablauf und weist auf die Verhaltensregeln, die Café-Etikette, hin. Im Verlauf werden zwei oder drei unterschiedliche Fragen in aufeinander folgenden Gesprächsrunden von 15 bis 30 Minuten an allen Tischen bearbeitet. Zwischen den Gesprächsrunden mischen sich die Gruppen neu. Nur die Gastgeber bleiben die ganze Zeit über an einem Tisch: Sie begrüßen neue Gäste, resümieren kurz das vorhergehende Gespräch und bringen den Diskurs erneut in Gang. Das World-Café schließt mit einer Reflexionsphase ab.	Zuvor wurde von Leitung oder Steuergruppe eine Lösung grob erarbeitet. Diese wird vorgestellt, die TN erarbeiten in Kleingruppen ihre Wünsche und Vorstellungen, die eingearbeitet werden, so dass eine Lösung entsteht. Anschließend: Wege erarbeiten, um die Ziele zu erreichen.	1. Was haben wir auf dem gemeinsamen Weg bisher erlebt? 2. Worauf sind wir stolz? Was bedauern wir? (prouds and sorries) 3. Zukunftstrends Die TN sitzen zunächst an Achter-Tischen.

265

10 Die Bedeutung von Kommunikation für Kooperation und Teamarbeit

Dass Kooperation in einem Team kommunikative Kompetenzen erfordert, ist eine Binsenweisheit. Dass diese Kompetenzen in Zukunft in verstärktem Maße Bestandteil der Lehrerbildung in allen drei Phasen (universitäre und praktische Ausbildung sowie Fort- und Weiterbildung) werden sollen, hat die Kultusministerkonferenz im Juni 2014 beschlossen (Online-Quelle 49). Damit setzt sie einen deutlichen neuen Schwerpunkt: Die Lehrperson als Einzelkämpferin – zumindest perspektivisch – ist out!

10.1 Merkmale eines Teams

»Team« bezeichnet einen Zusammenschluss von mehreren Personen zur Lösung einer bestimmten Aufgabe oder zur Erreichung eines bestimmten Zieles. Neben den Elementen, die eine Gruppe kennzeichnen – regelmäßige Interaktion, gemeinsame Normen, kollektive Handlungsmuster, eine interne Sozial- und Rollenstruktur und Zusammengehörigkeitsgefühl – muss gemäß Dorothea Herrmann (o. J., 80.01) für ein Team mehr hinzukommen:

- »Die Aufgaben- und Leistungsorientiertheit;
- die gemeinsame Verantwortung für die Leistung, das Arbeitsergebnis und deren Kontrolle: Individuelle Verantwortung für Teilschritte und die gemeinsame Verantwortung für die Gesamtaufgabe greifen ineinander;
- die Selbstorganisation des Arbeitsprozesses auf dem Weg zur Aufgabenerfüllung.«

10.2 Warum Kooperation und Teamarbeit?

Wenn Sie als Lehrerin oder Lehrer in einer Schule arbeiten, in der alle Lehrkräfte Einzelkämpfer sind, jede Lehrkraft die Klassentür hinter sich schließt, in der auch Kooperation zwischen Schülern nicht gefördert wird, in der – auch durch die Schulleitung – Konkurrenz eher unterstützt wird als Kooperation, in der es Partizipation von Schülern und Eltern nur in geringem Umfang gibt, und wenn Ihre Arbeit den landespolitischen Vorgaben entspricht, wenn diese Schule gute Ergebnisse erzielt und mit diesem System alle beteiligten Personen und Gruppen zufrieden sind, ist es nicht erforderlich, über Teamarbeit nachzudenken. Ein erfolgreiches System bedarf – meistens – keiner Veränderung.[76] Warum also Kooperation und Teamarbeit?

1. Zweifellos ist es richtig, was die Robert Bosch Stiftung schreibt: »Zentraler Fokus ist in allen Fällen die Verbesserung des Unterrichts – die Verbesserung des kooperativen Klimas in einer Schule ist kein Selbstzweck!« (Online-Quelle 50).
2. Dieser Aspekt benötigt die Ergänzung durch einen zweiten, der die Lehrergesundheit betrifft: Lehrkräfte sind oft gute und kompetente ›Einzelkämpfer‹ – dennoch stößt ein Kollegium an seine Entwicklungsgrenzen, wenn nicht gemeinsame Ziele und Normen formuliert werden können.
3. Hermann benennt ein drittes Kriterium, das sich aus der Aufgabe selbst ergibt: »Teamarbeit ist dort von Vorteil, wo komplexe, wenig strukturierte Probleme vorliegen, die verschiedene Akteure/Akteurinnen und Arbeitsbereiche berühren, und wo die Aufgabe mehrere Schritte braucht, und Kooperation erfordert. Die Aufgabe muss teilbar sein« (Hermann o. J., 80.01).
Teamentwicklungsprozesse benötigen Zeit und Geduld (auch von Seiten der Schulleitung) und können nicht verordnet werden. Doch Kollegien profitieren, indem die gegenseitige Unterstützung und Vertrauensbasis Sicherheit für den pädagogischen Alltag bietet und gleichzeitig schulischer Stagnation vorbeugt (Online-Quelle 51).
4. Ein vierter Aspekt kommt hinzu: Die didaktische Anforderung, Schülern eine weltanschauliche Alternative zu einer Ellenbogenmentalität zu bieten, die von einem ökonomischen Denken geprägt und ausschließlich auf den eigenen Vorteil ausgerichtet ist. Sollen Schülerinnen und Schüler Solidarität als Wert erfahren, müssen sie aus der Wahrnehmung der Kooperation ihrer Lehrkräfte erschließen können, dass sie auch für ihre Lehrer praktisch bedeutsam ist. Lehrkräfte sind insofern vorbildhaft für Schüler. Als Einzelkämpfer zu agieren und im Unterricht Gruppenarbeit durchführen zu lassen, wird von Schülern leicht erkannt als nichtauthentischer Versuch, etwas umzusetzen, das nicht der eigenen Überzeugung entspricht. Glaubwürdigkeit entsteht nur durch Kongruenz. Von Schülerinnen im Unterricht Kooperation zu fordern, setzt deshalb voraus, selbst mit den Kollegen zu kooperieren. Wird das für die Schüler spürbar, hat ein heimlicher Lehrplan, der das Gegenteil propagiert, keine Chance.
5. In den letzten Jahren ergibt sich eine weitere Begründung von Kooperation und Teamarbeit aus der weiter wachsenden Heterogenität der Schülerschaft auf-

---

76 Allerdings würde es Ihnen schwerfallen, Angaben über die Zufriedenheit der beteiligten Gruppen zu erhalten, weil es kaum Partizipationsmöglichkeiten gäbe und Sie eher auf Spekulationen als auf Evaluation angewiesen wären.

grund der Inklusionsentwicklung, die zu einer verstärkten Kooperation von Lehrkräften führen muss und tatsächlich auch führt. In immer stärkerem Maße gehören auch Sonderpädagogen zum Kollegium der allgemeinen Schulen, deren Aufgabe es ausdrücklich ist, mit den Kolleginnen und Kollegen zu kooperieren. Auch wächst die Zahl außerschulischer Kooperationspartner.
6. Außerdem nimmt aufgrund der demografischen Entwicklung die Zahl der integrierten Schulformen zu. Auch diese Entwicklung führt zu einer größeren Heterogenität der Schülerschaft, damit zur Notwendigkeit stärker differenzierten Unterrichts und zu mehr Kooperation von Lehrkräften.

10.3 Wenn Einzelkämpfer zusammenkommen

Individuelle Ebene

An allen Schulen gibt es Kooperation von Lehrkräften untereinander, von Schulleitungen und Lehrkräften, von Professionellen mit Schülern und Eltern sowie mit Außenstehenden. Meist sind die Ausprägungen der Kooperation nicht geplant, sondern eher zufällig entstanden und sehr häufig vom Goodwill einzelner Personen abhängig. Dass Kooperationsformen im Schulprogramm verankert sind und auch tatsächlich umgesetzt und evaluiert werden, ist eher selten. Haben Lehrkräfte die ersten Schritte getan, mit anderen zu kooperieren und auch die Klassentüren zu öffnen, d. h. auch, sich der Situation auszusetzen, dass eine weitere Lehrperson im Unterricht anwesend ist – z. B. beim Gemeinsamen Lernen – erfahren sie dies mittelfristig als Bereicherung und Entlastung, die sich aus dem gemeinsamen Unterrichten ergibt, auch wenn Kooperation – zumindest zu Beginn häufig – mit Mehrarbeit verbunden ist.

Selbstverständlich ist es ein weiter Weg von der ersten vorsichtigen Öffnung bis hin zu einem Schulprogramm, das als Ergebnis eines Schulentwicklungsprozesses Kooperation und Teamarbeit zu Prinzipien der schulischen Arbeit erklärt. Der erste Schritt jedoch ist die Bereitschaft einzelner Personen, sich auf diesen spannenden Prozess einzulassen. Dazu sind mehrere Bedingungen erforderlich, die im Prozess entstehen können und die ich nicht als Voraussetzungen meine; »kein Team«, sagt Hermann, »ist von vornherein ideal besetzt – die benötigten Fähigkeiten können auch durch Teamarbeit wachsen« (ebd.).

Vertrauen, Vertraulichkeit, Sicherheit, Offenheit

Ohne einen ersten Schritt, der dem bzw. den anderen einen kleinen Vertrauensvorschuss gibt, geht es nicht. Vertrauen und Offenheit können wachsen, wenn Zuverlässigkeit in den Abläufen und Absprachen sowie Einhalten der erbetenen Vertraulichkeit zugesagt und eingehalten werden und auf Bewertungen verzichtet wird. Denn der Abwehr, einen anderen Erwachsenen im eigenen Unterricht zu dulden, liegt oft die Angst vor seiner Bewertung zugrunde.

Sprache als Handwerkszeug, um über Unterricht zu sprechen

Wie können Lehrkräfte über Unterricht sprechen? Zu den wichtigsten Elementen gehört eine nichtwertende Sprache, mit der Beobachtungen wiedergegeben werden, ohne dass Bewertungen stattfinden, und Feedback tatsächlich als Ich-Botschaft gemeint ist und verstanden werden kann. Die Einigung auf eine solche Sprache ist eine gute Möglichkeit, möglichst angstfrei zu kommunizieren und ein Miteinander zu ermöglichen, zumindest zu Beginn der Kooperation ist dies unerlässlich. Um eine solche Absprache treffen zu können, bedarf es wiederum der Fähigkeit zur Metakommunikation.

Wenn Lehrer – wie es häufig zur gewohnten Lehrersprache gehört – über Unterricht bewertend sprechen, wird die Bereitschaft zur Kooperation schnell wieder dem Platz machen, was vorher oft befürchtet wurde: Kooperation stellt eine zusätzliche Belastung dar, die niemand sich antun will.

Optimal sind selbstverständlich ein institutioneller Rahmen, innerhalb dessen Lehrerkooperation beginnen kann, Raum und Zeit für Gemeinsamkeit und Austausch. Meist ist Raum vorhanden, Zeit nicht. Dieses Problem lässt sich nicht individuell, sondern nur institutionell lösen. Hilfreich kann auch die Bereitschaft sein, zusätzliche Zeit einzusetzen, um Kooperation zu erproben. Wichtig ist dabei, eine gute Balance zwischen dem Maß des persönlichen Engagements auf der einen und einer gut erträglichen Arbeitsbelastung auf der anderen Seite zu finden. Sie ist Voraussetzung für Arbeitszufriedenheit, bei der es nicht allein um den Zeitaufwand geht, sondern um den Sinn, für den die Zeit aufgewandt wird, und die Entlastung, die Kooperation mit sich bringen kann.

Institutionelle Ebene

Die individuelle Bereitschaft zur Kooperation ist hilfreich und notwendig, aber nur auf der institutionellen Ebene können die beteiligten Personen Kooperation nachhaltig entwickeln, weil nur auf dieser Ebene der Schule die systemische Verankerung und damit die Unabhängigkeit von Personen und deren Interessen erreicht werden können. Wenn bestimmte Kooperationsformen und -gremien zum Konzept der Schule gehören, im Schulprogramm schriftlich fixiert sind und in Abständen evaluiert werden, ist eine gute Voraussetzung dafür gegeben, dass diese Formen auch dann fortbestehen können, wenn wichtige Kooperationsprotagonisten die Schule verlassen oder Lehrkräfte hinzukommen, die an Kooperation und Teamarbeit nicht interessiert sind. Zur institutionellen Ebene gehören auch folgende Elemente:

- Teamzusammensetzung
  - Ein gesundes Maß an Heterogenität, das die Kreativität beflügelt und die zu erwartende Häufigkeit von Konflikten im Rahmen hält.

- Eine klare Aufgabenverteilung in den Teams. Denkbar sind z. B. eine wechselnde Moderation nach innen und feste Personen für die Kontakte nach außen.
- Die Auftragsklärung (vor allem bei Projekten)
  - Klarheit in der Auftragsformulierung kann Konflikte verhindern.
  - Zur Auftragsklärung gehören auch der Zeitrahmen und die Erwartung hinsichtlich der Ergebnispräsentation.

Rolle der Schulleitung

Einen weiteren wesentlichen Faktor für das Gelingen von Teamarbeit stellt die Schulleitung dar. *Gegen* die Interessen der Schulleitung und vor allem der Leitungsperson kann schulische Innovation nicht stattfinden. Ob es einer Lehrergruppe oder einem Kollegium gelingen kann, Schulentwicklungsprozesse in Gang zu setzen *ohne* die Schulleitung, d. h. mit einer Leitungsperson, die den Prozess nicht aktiv unterstützt, aber auch nicht behindert, ist fraglich. Dass eine aktiv den Prozess unterstützende Leitungsperson für gelingende Prozesse in der Regel unverzichtbar ist, dürfte unmittelbar einsichtig sein. Bei einem Schulentwicklungsprozess, der auch die Kooperation von Lehrkräften zum Ziel – und als Methode – hat, sind neben den organisatorischen Voraussetzungen auch zahlreiche inhaltliche Gegebenheiten zu berücksichtigen.

Wenn eine Schulleitung Teamarbeit und Kooperation im Kollegium einführen und/oder unterstützen will, muss sie die genannten Elemente berücksichtigen: Sachliche Aspekte wie eine tragfähige Begründung für die Notwendigkeit von Teamarbeit, individuelle und psychologische Faktoren wie Ängste, Unsicherheiten und Widerstände, soziale Erfahrungen und Chancen (wie z. B. die Unvermeidlichkeit von Konflikten im Teamentwicklungsprozess) sowie institutionelle Notwendigkeiten (wie die Schaffung von Rahmenbedingungen für Teamarbeit) sollten Gegenstand von Informationen sein, die im Rahmen von Überlegungen zur Schaffung oder Erweiterung kooperativer Strukturen zugrunde gelegt werden.

10.4 Phasen der Teamentwicklung

Teams entwickeln sich, sie funktionieren nicht von Anfang an optimal. Üblicherweise wird die Teamentwicklung in vier Phasen unterschieden, die wie auf einer Uhr dargestellt werden, so dass innerhalb des Teams die Frage diskutiert werden kann: Wie spät ist es in unserem Team? Das Modell von Bruce Tuckman (1965) in Abbildung 39 beschreibt vier aufeinander folgende Entwicklungsschritte für Gruppen.

10.4 Phasen der Teamentwicklung

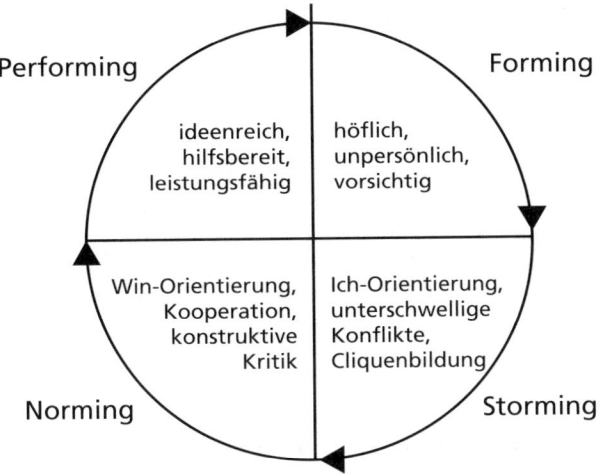

Abb. 39: Teamentwicklungsuhr nach Tuckman (Online-Quelle 52)

Bei der kurzen Darstellung der Phasen beziehe ich mich auf Dorothea Herrmann (o. J., 80.01).

1. *Forming – die Einstiegs- und Findungsphase (Kontakt):* Vorsichtiges gegenseitiges Abtasten, Kennenlernen, Klärungen von Aufgaben und ersten sozialen Elementen – das sind die vorherrschenden Aspekte. Aufgabe der Teamleitung ist in dieser Phase vor allem, Orientierung zu geben.
2. *Storming – die Auseinandersetzungs- und Streitphase (Konflikt):* Die Storming-Phase ist durch Kampf um Einfluss und Macht geprägt: Wer darf wen kontrollieren oder kritisieren? Was geschieht bei Regelverstößen? Aufgabe und Führung werden in Frage gestellt. Das alles muss nicht offen geschehen, sondern kann implizit auf der Sachebene behandelt werden. Aufgabe der Teamleitung ist es in dieser Phase, ein Modell für den Umgang mit Konflikten zu sein und
   – Fragen und Konfliktpunkte offen zu benennen,
   – Auseinandersetzungen anzuregen,
   – die Lösungsfindung zu moderieren und – ganz wichtig –
   – Emotionen zuzulassen, ohne die Fairness aus dem Auge zu verlieren.
3. *Norming – die Regelungs- und Übereinkommensphase (Kontrakt):* Das Team gibt sich (neue) Spielregeln, definiert Ziele und diskutiert die Qualität der Aufgabenerledigung. Es bemüht sich um Ökonomie bei Planung und Ausführung der Arbeit. Energie, Engagement und gegenseitige Anerkennung kennzeichnen die Arbeit. Die Teamleitung hat vor allem eine Moderationsaufgabe.
4. *Performing – die Arbeits- und Leistungsphase (Kooperation):* Im Zentrum steht die Effizienzsteigerung, im Notfall springt jeder für den anderen ein. Ein ausgeprägtes Wir-Gefühl entsteht, ohne dass es zur Abschottung nach außen

kommt. Die Teamleitung steuert als Hilfe zur Selbststeuerung, beobachtet und greift Fehlentwicklungen schnell auf.

Es ist unmittelbar einsichtig, dass es in allen Phasen der Teamentwicklung im Wesentlichen um kommunikative Prozesse geht. Als entlastend kann dabei das Wissen um diese Phasenstruktur wirken, weil jeder, der sich auf den Weg macht, sich vorab bereits darüber im Klaren ist, dass es zu einer Storming-Phase kommen wird und es »normal« ist, in dieser Zeit mit Konflikten umgehen zu müssen. Das Maß an Gelassenheit kann dadurch steigen, und ein vorzeitiger Abbruch der Teamarbeit in dieser Storming-Phase kann vermieden werden.

10.5 Gefahren für und durch die Teamarbeit

Herrmann weist auch auf Gefahren der Teamarbeit hin, die u. a. darin bestehen können, dass es zu Anstrengungsreduktionen kommt (vor allem, wenn das Team zu groß ist – optimale Größe: vier bis neun Personen), dass der Zeitaufwand am Anfang zu groß wird und motivationsreduzierend wirkt, dass Konflikte nicht konstruktiv gelöst werden können, dass die in Teams übliche Wahrnehmungsselektion zu viel ausblendet und dass sich das Team aufgrund von Gruppendruck nach außen abschottet (ebd.).

11 Inklusion und Kommunikation

11.1 Warum wird das Thema Inklusion hier behandelt?

Es ist erklärungsbedürftig, warum das Thema Inklusion ausführlich in einem Buch behandelt wird, das Kommunikation zum Thema hat. Inklusion hat in vielfacher Hinsicht mit Kommunikation zu tun. Zunächst und vordergründig geht es um die Partizipation und volle Teilhabe von Menschen mit Behinderungen und Beeinträchtigungen, die wesentlicher Gegenstand der UN-Behindertenrechtskonvention ist. Darüber hinaus meint Inklusion aber weitaus mehr als die Integration von Menschen mit Behinderung in das allgemeine Schulwesen.

Das eigentliche Thema von Inklusion ist der wertschätzende Umgang mit der Heterogenität der Schülerinnen und Schüler. Dazu gehören weitere Aspekte wie Hochbegabung, Migrationshintergrund, Autismus usw., aber auch eine solche Auflistung wird dem Inklusionsbegriff nicht gerecht, weil wieder Etiketten verwendet werden, die Menschen über eine Eigenschaft zu definieren versuchen, die jedoch niemals den ganzen Menschen ausmacht und der Individualität des Einzelnen nicht gerecht werden kann. Im schulischen Alltag kommen Themen wie Kooperation, Gesprächsführung und Konfliktbewältigung unterschiedlich ausgebildeter Lehrpersonen sowie zwischen Lehrkräften und weiterem Personal hinzu, die ebenfalls kommunikative Kompetenzen voraussetzen.

Vier kurzen Begründungen für die Behandlung des Themas Inklusion an dieser Stelle folgt eine umfangreiche Darstellung.

1. Umgang mit Menschen mit Behinderungen

Viele nichtbehinderte Menschen sind im Umgang mit Menschen mit Behinderungen unsicher und wissen nicht, wie sie sich verhalten sollen. Oft überwiegt bei Nichtbehinderten der Leid- oder Mitleideffekt, der sich vielfach in der Sprache äußert: Jemand ist »an den Rollstuhl gefesselt«, jemand »trägt sein Schicksal tapfer« o. Ä. Dabei will der »Rollstuhlfahrer« (Vorsicht: Etikett!) vielleicht vor allem eins: Nicht (nur) als körperbehinderter Mensch wahrgenommen werden, und die Frau, die »ihr Schicksal tapfer trägt«, will vielleicht vor allem nicht (nur) Opfer sein. Vielleicht wollen beide als Menschen mit ähnlichen Gefühlen und Bedürfnissen, wie alle anderen Menschen sie auch haben, verstanden und behandelt werden.

Abb. 40: An den Rollstuhl gefesselt (Online-Quelle 53)

Kommunikation ist wesentlich und vor allem Sprache. Eine der Herausforderungen für Lehrerinnen ist es, eine angemessene Sprache im Umgang mit Schülern zu finden, die eine sichtbare Behinderung oder eine sonstige Beeinträchtigung aufweisen. Zu einer unbefangenen Kommunikation gehört es auch, Erfahrungen damit zu machen, welche Erwartungen eine Lehrperson an Schülerinnen und Schüler mit Behinderungen stellen soll und darf, welche Zumutungen möglich und sinnvoll und welche Rücksichtnahmen erforderlich sind. In der englischsprachigen Literatur ist von »special needs« die Rede, und in Erweiterung des Inklusionsbegriffs könnte die Frage für Lehrpersonen lauten: Welche besonderen Bedürfnisse hat jeder einzelne Schüler?

Auf die besondere Schutzbedürftigkeit aufgrund einer gesteigerten Vulnerabilität (Verletzlichkeit) gerade von Menschen mit Intelligenzminderung muss an dieser Stelle hingewiesen werden (siehe u. a. Online-Quelle 54). Der Weg dahin führt über direkte Kommunikation mit den betreffenden Schülerinnen selbst. Weiterhin gilt es, allen Schülern Kommunikation untereinander zu ermöglichen. Lehrpersonen müssen spätestens dann einen Raum anbieten, in dem Schülerinnen über ihre Unsicherheiten und Ängste auf allen Seiten sprechen können, wenn erstmals Schülerinnen und Schüler mit und solche ohne Behinderungen aufeinander treffen. Auch diese Aufgabe erfordert ausgeprägte kommunikative Kompetenzen auf Lehrerseite. Dabei ist es eine Aufgabe, auf Dauer eben nicht die Behinderung zu thematisieren, sondern die zwischen Kindern und Jugendlichen üblichen Themen in den Fokus zu bringen.

2. Umgang mit Heterogenität

Bis zu diesem Punkt haben zahlreiche Lehrerinnen kein großes Problem. Inklusion stellt sich für viele als neuer Begriff dar, der den bisherigen Terminus Integration abgelöst hat. Inklusion meint aber – wie oben ausgeführt – wesentlich mehr als die Integration von Schülern mit Behinderungen oder Beeinträchtigungen in das allgemeine Schulsystem und die Abschaffung der Förderschulen. Inklusion geht davon aus, dass es eine homogene Gruppe nicht gibt, sondern dass jede Gruppe aus Individuen besteht, die alle unterschiedlich sind. Die Verschiedenheit kann sich auf zahlreiche Kriterien beziehen.

3. Kooperation und Teamarbeit

Eine weitere kommunikative Herausforderung im Zusammenhang mit Inklusion stellt es dar, mit anderen Lehrpersonen und weiterem Personal in multiprofessionellen Teams zu kooperieren. Therapeuten verschiedener Fachrichtungen, Integrationshelfer (Schulbegleiter), Jugendamtsmitarbeiter, Schulsozialarbeiter kommen zu den Lehrkräften mit unterschiedlichen Ausbildungen hinzu. Es bedeutet einen wesentlichen Unterschied, ob Lehrkräfte eine Kooperation vereinbaren, bei deren praktischer Umsetzung im Unterricht jede Lehrperson alleine in der Klasse unterrichtet, oder ob die Zusammenarbeit sich so gestaltet, dass zwei Lehrkräfte gleichzeitig in einer Klasse mit Schülern arbeiten oder eine Lehrkraft unterrichtet und zugleich eine weitere Person, z. B. ein Schulbegleiter (Integrationshelfer) in der Klasse anwesend ist. Eine solche Arbeitsweise ist fast allen Lehrkräften der allgemeinen Schulen fremd.

4. Inklusion beeinflusst die Bildungsstrukturen

Anders als Integration hat Inklusion tiefgreifenden Einfluss auf die Strukturen unseres Bildungssystems. Das beginnt bei der Lehrerbildung in allen drei Phasen (Universität, Seminar, Fort- und Weiterbildung) und führt über die Umgestaltung des dreigliedrigen Schulsystems bis hin zur Schularchitektur. Dass solche Veränderungen auch Auswirkungen auf die Kommunikation in den Schulen haben (werden), liegt auf der Hand. Inklusion ist ein Modethema, alle reden von Inklusion, alle bilden sich eine Meinung, die oft so oder ähnlich lautet:

- Was habe denn ich am Gymnasium mit dem Thema Inklusion zu tun? Wir führen zum Abitur, was will ein geistig behindertes Kind am Gymnasium?
- Inklusion meint die Auflösung aller Förderschulen.
- Inklusion hat doch ausschließlich mit der Integration behinderter Schüler zu tun, oder? Es handelt sich doch eigentlich nur um einen moderneren Begriff.
- Wir fordern eine Schule für alle! Das ist ein Erfordernis einer demokratischen Gesellschaft!
- Ich habe Sorge, dass bei uns am Gymnasium das Niveau sinkt, wenn auch behinderte Schüler zu uns kommen. Dann laufen uns die Eltern weg und melden ihr Kind an einer Nicht-Inklusions-Schule an.
- Ich unterstütze Inklusion voll und ganz, unabhängig von der Ressourcenfrage.
- Ich bin doch überhaupt nicht für das Unterrichten behinderter Schüler ausgebildet.
- Ich als Sonderschullehrer finde es auch besser, wenn die geistig behinderten Schüler unter sich bleiben.
- Inklusion ist ein Menschenrecht.

- Wenn Inklusion gut gemacht ist und genügend Ressourcen da sind, bin ich auch dafür.
- Wir als Eltern von Kindern mit einer Sprachbehinderung wünschen uns weiterhin die Förderschule, ab Klasse 5 können fast alle Kinder ja dann allgemeine Schulen besuchen.

All diese Meinungen sind zunächst einmal einfach deshalb berechtigt, weil es sie gibt. Dennoch bin ich der Auffassung, dass Information ein grundlegendes Kriterium für die Meinungsbildung ist, und nicht alle Meinungen, die über Inklusion geäußert werden, haben eine gute Informationslage als Basis. Weil ich also nicht sicher bin, ob dem vermeintlichen Wissen um die Zusammenhänge tatsächlich auch die korrekte Information zugrunde liegt, stelle ich zunächst in Kürze dar, was die Behindertenrechtskonvention eigentlich exakt ausdrückt und was Inklusion für die Landesgesetzgeber und für die Schulen bedeutet, um anschließend ausführlicher auf die kommunikativen Herausforderungen durch das Inklusionsthema einzugehen.

11.2 Was meint Inklusion?

Die UN-Behindertenrechtskonvention

Artikel 24 der BRK, der das Thema »Bildung« behandelt, stelle ich hier im Wortlaut der offiziellen deutschen Übersetzung vor:

1. »Die Vertragsstaaten anerkennen das Recht von Menschen mit Behinderungen auf Bildung. Um dieses Recht ohne Diskriminierung und auf der Grundlage der Chancengleichheit zu verwirklichen, gewährleisten die Vertragsstaaten ein integratives Bildungssystem[77] auf allen Ebenen und lebenslanges Lernen mit dem Ziel,
    a) die menschlichen Möglichkeiten sowie das Bewusstsein der Würde und das Selbstwertgefühl des Menschen voll zur Entfaltung zu bringen und die Achtung vor den Menschenrechten, den Grundfreiheiten und der menschlichen Vielfalt zu stärken;
    b) Menschen mit Behinderungen ihre Persönlichkeit, ihre Begabungen und ihre Kreativität sowie ihre geistigen und körperlichen Fähigkeiten voll zur Entfaltung bringen zu lassen;
    c) Menschen mit Behinderungen zur wirklichen Teilhabe an einer freien Gesellschaft zu befähigen.

---

77 Das englische Original, das verbindlich ist, spricht vom »inclusive education system. Um die offizielle deutsche Übersetzung gab es heftigen Streit, weil Integration als Anpassung an eine Normkultur ein anderes Konzept darstellt als Inklusion, bei der von Vielfalt ausgegangen wird, ohne eine Norm und Abweichungen von der Norm festzulegen.

2. Bei der Verwirklichung dieses Rechts stellen die Vertragsstaaten sicher, dass
   a) Menschen mit Behinderungen nicht aufgrund von Behinderung vom allgemeinen Bildungssystem ausgeschlossen werden und dass Kinder mit Behinderungen nicht aufgrund von Behinderung vom unentgeltlichen und obligatorischen Grundschulunterricht oder vom Besuch weiterführender Schulen ausgeschlossen werden;
   b) Menschen mit Behinderungen gleichberechtigt mit anderen in der Gemeinschaft, in der sie leben, Zugang zu einem integrativen, hochwertigen und unentgeltlichen Unterricht an Grundschulen und weiterführenden Schulen haben;
   c) angemessene Vorkehrungen für die Bedürfnisse des Einzelnen getroffen werden;
   d) Menschen mit Behinderungen innerhalb des allgemeinen Bildungssystems die notwendige Unterstützung geleistet wird, um ihre erfolgreiche Bildung zu erleichtern;
   e) in Übereinstimmung mit dem Ziel der vollständigen Integration wirksame individuell angepasste Unterstützungsmaßnahmen in einem Umfeld, das die bestmögliche schulische und soziale Entwicklung gestattet, angeboten werden.
3. Die Vertragsstaaten ermöglichen Menschen mit Behinderungen, lebenspraktische Fertigkeiten und soziale Kompetenzen zu erwerben, um ihre volle und gleichberechtigte Teilhabe an der Bildung und als Mitglieder der Gemeinschaft zu erleichtern. Zu diesem Zweck ergreifen die Vertragsstaaten geeignete Maßnahmen; unter anderem
   a) erleichtern sie das Erlernen von Brailleschrift, alternativer Schrift, ergänzenden und alternativen Formen, Mitteln und Formaten der Kommunikation, den Erwerb von Orientierungs- und Mobilitätsfertigkeiten sowie die Unterstützung durch andere Menschen mit Behinderungen und das Mentoring;
   b) erleichtern sie das Erlernen der Gebärdensprache und die Förderung der sprachlichen Identität der Gehörlosen;
   c) stellen sie sicher, dass blinden, gehörlosen oder taubblinden Menschen, insbesondere Kindern, Bildung in den Sprachen und Kommunikationsformen und mit den Kommunikationsmitteln, die für den Einzelnen am besten geeignet sind, sowie in einem Umfeld vermittelt wird, das die bestmögliche schulische und soziale Entwicklung gestattet.
4. Um zur Verwirklichung dieses Rechts beizutragen, treffen die Vertragsstaaten geeignete Maßnahmen zur Einstellung von Lehrkräften, einschließlich solcher mit Behinderungen, die in Gebärdensprache oder Brailleschrift ausgebildet sind, und zur Schulung von Fachkräften sowie Mitarbeitern und Mitarbeiterinnen auf allen Ebenen des Bildungswesens. Diese Schulung schließt die Schärfung des Bewusstseins für Behinderungen und die Verwendung geeigneter ergänzender und alternativer Formen, Mittel und Formate der Kommunikation sowie pädagogische Verfahren und Materialien zur Unterstützung von Menschen mit Behinderungen ein.
5. Die Vertragsstaaten stellen sicher, dass Menschen mit Behinderungen ohne Diskriminierung und gleichberechtigt mit anderem Zugang zu allgemeiner Hochschulbildung, Berufsausbildung, Erwachsenenbildung und lebenslangem Lernen haben. Zu diesem Zweck stellen die Vertragsstaaten sicher, dass für Menschen mit Behinderungen angemessene Vorkehrungen getroffen werden.«
(Online-Quelle 55)

Art. 2 lautet:

»Im Sinne dieses Übereinkommens bedeutet ›angemessene Vorkehrungen‹ notwendige und geeignete Änderungen und Anpassungen, die keine unverhältnismäßige oder unbillige Belastung darstellen und die, wenn sie in einem bestimmten Fall erforderlich sind, vorgenommen werden, um zu gewährleisten, dass Menschen mit Behinderungen gleichberechtigt mit anderen alle Menschenrechte und Grundfreiheiten genießen oder ausüben können.«

Theresia Degener, Jura-Professorin und Mitglied der Expertenkommission, die die UN-Behindertenrechtskonvention (VN-BRK) verfasst hat,[78] erläutert, dass »die BRK den Paradigmenwechsel vom medizinischen zum menschenrechtlichen Modell von Behinderung auf internationaler Ebene« markiert (Online-Quelle 57). »Dieser rechtsbasierende Ansatz ist als Gegenpol zu einer an Bedürftigkeit orientierten Fürsorge- und Wohlfahrtspolitik zu verstehen, in der Behinderte als Objekte der Sozialpolitik, nicht aber als Bürgerrechtssubjekte gelten« (ebd.).

Die UN-Behindertenrechtskonvention geht davon aus, »dass das Verständnis von Behinderung sich ständig weiterentwickelt und dass Behinderung aus der Wechselwirkung zwischen Menschen mit Beeinträchtigungen und einstellungs- und umweltbedingten Barrieren entsteht, die sie an der vollen, wirksamen und gleichberechtigten Teilhabe an der Gesellschaft hindern« (VN-BRK, Präambel, Abschnitt e).

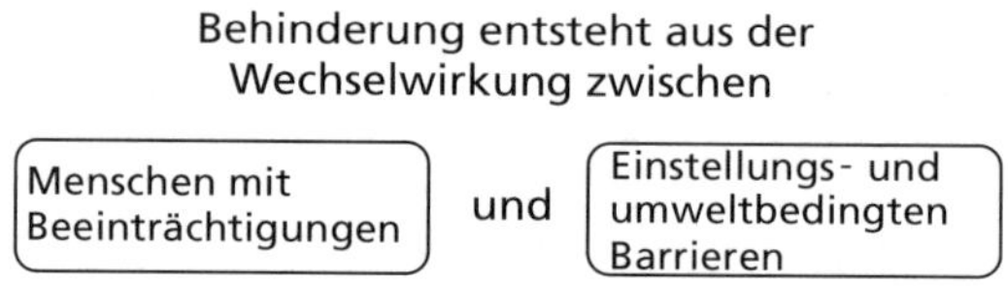

Behinderung entsteht aus der Wechselwirkung zwischen

| Menschen mit Beeinträchtigungen | und | Einstellungs- und umweltbedingten Barrieren |

Abb. 41: Behinderung – Beeinträchtigung und Barrieren

Theresia Degener:

> »Inklusion wird im politischen und wissenschaftlichen Diskurs als Weiterentwicklung des *die Bildungsstrukturen nicht tangierenden Integrationskonzeptes* [Hervorhebung von NG] gesehen. [...] Artikel 24 stellt den vorläufigen Abschluss der schrittweisen Anerkennung des Rechts auf inklusive Bildung für Menschen mit Behinderung dar. Sonderschulen werden durch Art. 24 BRK zwar nicht kategorisch verboten, die systematische Aussonderung behinderter Personen aus dem allgemeinen Bildungssystem stellt allerdings eine Vertragsverletzung dar.« (Degener in: Inklusion als Menschenrecht, a. a. O.)

Noch einmal der hervorgehobene zentrale Gedanke: *Integration verändert die Bildungsstrukturen nicht, Inklusion aber sehr wohl!* Ein Spannungsfeld ergibt sich dadurch, dass *Kinder mit Behinderungen* einen einklagbaren Rechtsanspruch auf inklusive Beschulung erwerben – das gilt in wenigen Jahren auch dann, wenn Inklusion in Bundesländern schrittweise eingeführt wird –, zugleich aber ein *Elternwahlrecht* zwischen Beschulung in einer Förderschule und einer allgemeinen Schule gesetzlich festgelegt wird. Fazit:

---

78 »Die Bochumer Rechtsprofessorin wurde am 10.06.2014 bei den Vereinten Nationen in New York wiedergewählt und ist für weitere vier Jahre als deutsche Vertreterin im Ausschuss für die Rechte von Menschen mit Behinderungen aktiv« (Online-Quelle 56).

- Inklusion muss als Menschenrecht verstanden werden.
- Nachdem Bundestag und Bundesrat die VN-BRK vom 13.12.2006 vorbehaltlos angenommen haben, trat sie am 26.03.2009 in Deutschland in Kraft. Sie ist seither in Deutschland geltendes Recht, das in den für schulische Bildung zuständigen Bundesländern gesetzgeberisch umgesetzt werden muss bzw. umgesetzt wurde.
- Der bisher vorherrschende medizinische Behinderungsbegriff wird vom menschenrechtsbasierten Ansatz abgelöst.
- Behinderung entsteht durch a) Beeinträchtigungen und b) Barrieren.
- Jedes Kind hat das Recht auf inklusive Beschulung und auf die dabei benötigte Unterstützung.
- Der Staat muss angemessene Vorkehrungen treffen, um dieses Recht umzusetzen.

(s. Online-Quelle 58)

Umgang mit der UN-Behindertenrechtskonvention

Es gibt viele Lehrerinnen, die Inklusion so, wie die VN-BRK sie postuliert, für nicht umsetzbar halten und zahlreiche Probleme sehen oder befürchten. Ich sehe drei Zugangsweisen zu dieser Skepsis:

1. Der inklusive Grundgedanke ist mit dem deutschen gegliederten Schulsystem nicht widerspruchsfrei kompatibel. Prof. Klaus Klemm hat formuliert: »Wir betreiben Inklusion in der Exklusion.« Ziel des gegliederten Schulsystems ist es ja gerade, halbwegs homogene Lerngruppen zu schaffen (inwieweit das gelingt, ist eine andere Frage); Inklusion will aber gerade die Heterogenität, die es trotz dieser Bemühungen in jeder Schulklasse gibt, als Chance nutzen.
2. Aufgrund der Erfahrungen, der gewohnten Sichtweisen und der gewachsenen Einstellungen gibt es Bedenken und Sorgen. In der Auseinandersetzung über Inklusion muss es darum gehen, mit diesen Bedenken akzeptierend und konstruktiv in dem Sinne umzugehen, den ich in Kapitel 2 beschrieben habe: mit Respekt, Akzeptanz und Verständnis (unabhängig vom Einverständnis).
3. Auf der anderen Seite hat Inklusion eine landesgesetzliche Basis, die Lehrer dazu verpflichtet, Anweisungen zu inklusiven Handlungsweisen nachzukommen. Lehrkräfte können zwar – um zur Verdeutlichung ein analoges Beispiel zu benutzen – am Sinn der in den Schulgesetzen festgelegten Schulpflicht zweifeln, agieren dürfen sie jedoch nur im Sinne des Gesetzes. Nach meinem Demokratieverständnis haben Lehrkräfte von der demokratisch gewählten Legislative beschlossene Vorgaben zu akzeptieren, können aber selbstverständlich abweichender Meinung sein. An dieser Stelle greift dann die Loyalitätsverpflichtung des Beamtenrechts.

In der TZI-Sprache formuliert: Inklusion gehört zum Globe, den die einzelne Lehrkraft nicht verändern kann (lediglich im Rahmen von Wahlen wäre evtl. eine Veränderung möglich), auf der »Ich«- und der »Wir«-Ebene sollten die Bedenken und Sorgen akzeptiert werden. Auf dieser Basis hat die einzelne Lehrperson dann nicht mehr die Wahl, ob sie Inklusion umsetzt oder nicht. Es geht nicht mehr um das Ob von Inklusion, sondern nur noch um das Wie der Umsetzung. Ob der oder die Einzelne sich dabei mehr oder weniger oder überhaupt nicht engagiert, ist Ergebnis ihrer Entscheidung. Wenn sich eine einzelne Lehrkraft oder ein Schulleitungsmitglied jedoch aktiv gegen Inklusion engagiert, muss die Schulleiterin und müssen Schulaufsichtsbeamten ggf. bei einem Kritikgespräch mit dieser Lehrkraft bzw. diesem Leitungsmitglied Loyalität einfordern.[79]

In Bezug auf die innerschulische Kommunikation stellt es eine Herausforderung für Schulleitungsmitglieder dar, mit Befürwortern und Skeptikern angemessen umzugehen. Hier gilt es, zum einen mit einem Höchstmaß an Klarheit auf die gesetzlichen Verpflichtungen hinzuweisen und die Umsetzung der Inklusion einzufordern, zum anderen die Lehrkräfte nicht zu überfordern und Bedenken bei der Umsetzung des inklusiven Anspruchs ernst zu nehmen. Dieser Balanceakt erfordert von den Schulleitungsmitgliedern ausgeprägte kommunikative und moderative Kompetenzen.

Inklusion auch ohne Behinderte?

»Vielfalt würdigen – Pädagogik der Vielfalt – Barrieren für das Lernen abbauen – Demokratie heißt: Jeder ist einbezogen – Inklusive Pädagogik – Pädagogik für alle« – So lautet die Aufschrift auf einem T-Shirt aller Lehrerinnen einer südafrikanischen Schule, die Andreas Hinz und Ines Boban auf ihrer Homepage »Inklusionspädagogik« darstellen (Online-Quelle 58).

Diese kurzen Statements bringen treffend zum Ausdruck, was Inklusion meint, nämlich deutlich mehr als die Aufnahme von Schülern mit Handicaps in allgemeinen Schulen. Vielmehr geht es um eine veränderte Sichtweise, die Vielfalt wesentlich weiter fasst und letztlich zu der Erkenntnis gelangt, dass die Individualität jedes einzelnen Schülers in den Blick genommen und respektiert werden muss. Homogene Gruppen gibt es nach inklusiver Sichtweise nicht, kann es nicht geben, weil jedes Individuum vom anderen zu unterscheiden ist. Selbst die Nennung von Gruppen – wie Migranten, Hochbegabte, Autisten, Angehörige unterschiedlicher Religionsgruppen oder ethnischer Zugehörigkeit und sozialer Herkunft – ist wieder eine Zuordnung, die dem Einzelnen nicht gerecht wird. Als Dimensionen von Heterogenität werden ohne Anspruch auf Vollständigkeit bezeichnet:

- »Lerntyp
- Interesse
- Vorwissen
- Körperliche Entwicklung
- Verhalten

---

[79] Ein Beschluss schulischer Mitwirkungsgremien gegen Inklusion müsste von der Schulleiterin beanstandet werden, weil er gegen Gesetze verstieße.

- Kultureller Hintergrund
- Begabung
- Persönlichkeit
- Soziale Schicht
- Alter
- Geschlecht
- (Schul-)Leistung
- Individualentwicklung«

(Online-Quelle 59)

Bettina Amrhein und Benjamin Badstieber erläutern den Inklusionsbegriff:

»Auf die Institution Schule bezogen meint Inklusion den seit der Ratifizierung der UN-Behindertenrechtskonvention in Deutschland bestehenden Rechtsanspruch einer gemeinsamen und chancengerechten Beschulung aller Schülerinnen und Schüler in der Regelschule. Sie beschreibt die Pflicht, jegliche Form von Diskriminierung und ›alle Barrieren in Bildung und Erziehung für alle Schülerinnen und Schüler auf ein Minimum zu reduzieren‹ (Boban und Hinz) und ›eine möglichst chancengerechte Entwicklung aller Menschen zu ermöglichen‹ (Reich).
Inklusive Schulsysteme setzen voraus, dass Vielfalt und individuelle Unterschiede von Schülerinnen als Normalität und Ressource betrachtet werden und allen Kindern und Jugendlichen die volle Teilhabe am schulischen Leben ermöglicht wird.« (Online-Quelle 60)

Inklusion meint also eine individualisierte Pädagogik, die den einzelnen Menschen und nicht Gruppen im Blick hat und die die Heterogenität der Menschen als Ressource schätzt.

11.3 Inklusive Schulentwicklung und Kommunikation

Nur in Grundzügen kann und will ich auf das weite Feld der inklusiven Schulentwicklung eingehen. Dabei beschränke ich mich im Wesentlichen auf die Bedeutung der Kommunikation bei der inklusiven Weiterentwicklung von Schulen. Fragestellungen in diesem Zusammenhang sind u. a.:

- Welche Leitbilder kann sich eine Schule geben? Wie kann durch gelingende Kommunikation sichergestellt werden, dass Leitbilder tatsächlich umgesetzt und nicht abgeheftet werden und in der Praxis keinerlei Relevanz haben? Ich höre, während ich diesen Satz schreibe, in meiner Phantasie etliche Lehrer aufstöhnen: »Was soll denn die Leitbilddiskussion in diesem Zusammenhang? Unsere Leitbilddiskussion in der Schule hatte niemals auch nur den kleinsten Effekt!«
Dennoch plädiere ich für eine Diskussion über die grundlegende Ausrichtung der Schule, hier: vor allem des Umgangs miteinander. Diese Auseinandersetzung muss man nicht mit dem Leitbildbegriff verbinden. Was ich meine, ist, dass es zu den wesentlichen Grundlagen der konkreten Arbeit einer Schule gehört, sich auf eine Grundüberzeugung, ein Menschenbild zu verständigen, dem die Praxis mit

Vereinbarungen folgt, die mit dem Leitbild kongruent sind. Auf dieses Leitbild muss sich jeder in der Schule berufen können. Wenn z. B. im Leitbild nach einer konstruktiven inhaltlichen Auseinandersetzung mit allen beteiligten Gruppen das Kooperationsprinzip und nicht das Konkurrenzprinzip das Leitbild bestimmt, muss jeder Schüler einen Ort, eine Stelle haben, an der er Verstöße benennen kann, z. B. wenn eine Lehrkraft die Schüler ausdrücklich zu Konkurrenz auffordert oder sich pädagogisch so verhält. Neben dem Leitbild gehört also auch die konkrete Vereinbarung über den Umgang mit Beschwerden über Verstöße in das Schulprogramm als grundlegende Schulvereinbarung.

Allgemein formuliert: Ein Leitbild hat nur dann Sinn, wenn es auch bis in die kleinen alltäglichen Prozesse hinein spürbar und wirksam wird und wenn die organisatorischen Regelungen und Abläufe genauso wie die Gestaltung von Unterricht und Erziehung am Leitbild gespiegelt und auf ihre Übereinstimmung mit dem Leitbild überprüft werden.

- Da in der Schule kommunikative Prozesse geschätzte 90 % des Alltags ausmachen, muss dieser Bereich Gegenstand der Auseinandersetzung sein und grundlegend im Leitbild der Schule geklärt werden.[80] Fragen in diesem Zusammenhang können u. a. sein:
    - Wie wollen wir miteinander umgehen – Schulleitung, Lehrkräfte, Eltern, Schülerinnen, anderes Personal?
    - Wie viel und welche Formen an Demokratie und Partizipation gibt es an der Schule?
    - Welche Formen von Transparenz wollen wir in unserer Schule leben?
    - Wie gehen wir mit Konflikten um, welche Formen von Konfliktprophylaxe gestalten wir?
    - Welche Gremien nutzen wir, welche benötigen wir – ggf. über die gesetzlich vorgeschriebenen hinaus –, wie nutzen wir die vorhandenen und vorgeschriebenen Gremien, z. B. die Klassenkonferenz als pädagogisches Instrumentarium?
    - Wie evaluieren wir unser Leitbild? Wie häufig, mit welchem Instrumentarium, mit welchem Ziel? Wer ist beteiligt? Betreiben wir nur interne Evaluation oder lassen wir auch außerschulische Personen/Institutionen einen Blick von außen werfen?
    - Auf welcher Menschenbildbasis tun wir das alles? Wollen wir die Gewaltfreie Kommunikation zur Grundlage unserer Kommunikation miteinander machen, die Humanistische Psychologie mit ihrem Menschenbild, vielleicht die Themenzentrierte Interaktion, vielleicht die Überzeugungen von Maria Montessori oder die des Schulzusammenschlusses »Blick über den Zaun« (s. Kap. 11.5)? Suchen wir uns ein bestimmtes Modell aus, oder schaffen wir ein eigenes, das Elemente aus mehreren Modellen aufgreift und die in dieser Mischung exakt zu uns passen?

---

80 Niemand muss den Begriff »Leitbild« benutzen, wenn er sich in der Schule abgenutzt hat. Die Mitglieder einer Schule werden schon den für sie passenden Begriff für die grundlegenden kommunikativen Überzeugungen der Schulgemeinschaft finden.

- Nur wenn die Kommunikation innerhalb der Schule bestimmte Anforderungen erfüllt, die mit den Kriterien Akzeptanz und Wertschätzung der Heterogenität, Individualisierung, Ganzheitlichkeit, Respekt usw. zusammenhängen, ist inklusive Schulentwicklung überhaupt möglich. Diese Anforderungen müssen nicht a priori vorhanden sein, sondern können im Prozess wachsen.

11.4 Kultusministerkonferenz (KMK) und Philosophie

KMK-Standards für die Lehrerbildung – Bildungswissenschaften[81]

Am 12.06.2014 hat die Kultusministerkonferenz die von 2004 stammenden »Standards für die Lehrerbildung: Bildungswissenschaften« überarbeitet und mit Blick auf die Erfordernisse inklusiven Unterrichts aktualisiert. Dabei legen die Länder »großen Wert [...] auf die Fähigkeit zur Zusammenarbeit in Teams, die sich aus Lehrkräften der allgemeinbildenden bzw. berufsbildenden Lehrämter sowie sonderpädagogischen, erzieherischen, psychologischen, heilpädagogischen und sozialpädagogischen Fachkräften zusammensetzen« (Online-Quelle 62). So heißt es in der Pressemitteilung der KMK. Im Text der Standards lautet ein entsprechender Passus: »[...] schließt berufliches Handeln auch die Kompetenz zu kollegialer Zusammenarbeit und zur Kooperation mit anderen Professionen und Einrichtungen ein« (Online-Quelle 63). Damit wird ein wichtiger Bereich inklusiven Handelns, nämlich die Kooperation mit anderen, zum grundlegenden Gegenstand der Lehrerbildung sowohl in der ersten und zweiten Ausbildungsphase als auch der Fort- und Weiterbildung erklärt. Weitere im Themenkomplex »Kommunikation und Inklusion« relevante Bereiche sind u. a.:

- Berücksichtigung der Leistungsheterogenität
- ggf. individuelle Förderpläne
- Reflexion der Passung des eigenen Lehrens zu den Lernvoraussetzungen und Lernbedürfnissen der Schüler
- das Erkennen von Benachteiligungen, Beeinträchtigungen sowie Barrieren, das Realisieren pädagogischer Unterstützung und Präventionsmaßnamen, individuelle Unterstützung und vertrauensvolle Zusammenarbeit mit den Eltern der Schüler
- das Verfügen über Kenntnisse zu Kommunikation und Interaktion
- das Kennen von Regeln der Gesprächsführung sowie Grundsätze des Umgangs miteinander, die in Unterricht, Schule und Elternarbeit bedeutsam sind

---

81 Online-Quelle 61.

- das Analysieren von Konflikten und das Kennen von Methoden der konstruktiven Konfliktbearbeitung
- das Erarbeiten von Regeln des wertschätzenden Umgangs miteinander – gemeinsam mit Schülern
- das Kennen von Begriff und Merkmalen von Heterogenität bzw. Diversität
- das Wissen darum, wie unterschiedliche Lernvoraussetzungen in heterogenen Lerngruppen positiv nutzbar gemacht werden können
- das Kennen von Prinzipien und Ansätzen der Beratung von Schülerinnen, Schülern und Eltern
- das situationsgerechte Einsetzen unterschiedlicher Beratungsformen
- das Unterscheiden zwischen Beurteilungs- und Beratungsfunktion
- das Reflektieren der persönlichen berufsbezogenen Wertvorstellungen und Einstellungen
- das Praktizieren kollegialer Beratung als Hilfe zur Unterrichtsentwicklung und Arbeitsentlastung
- das Kennen wichtiger Merkmale von Schulentwicklung und das Reflektieren der Herausforderungen inklusiver Schulentwicklung

Philosophie

Julian Nida-Rümelin hebt in seinem Buch »Philosophie einer humanen Bildung« hervor: »Die beiden Grundwerte der Bildung in der Demokratie sind Emanzipation und Inklusion« (2013, S. 180). Mit Blick auf den bei PISA-Untersuchungen festgestellten engen Zusammenhang zwischen Bildungserfolg und sozialer Herkunft in Deutschland kritisiert er das deutsche Bildungswesen:

> »Ein Bildungssystem, das in erster Linie selektiert und nicht bildet, das nicht der Vielfalt von Lebensformen und soziokulturellen Herkünften gerecht wird, leistet keinen Beitrag zur Humanisierung der Gesellschaft, es stärkt nicht, sondern schwächt die kindliche und jugendliche Persönlichkeit und liefert am Ende eine Pseudolegitimierung sozialer Desintegration und ökonomischer Ungerechtigkeit.« (ebd., S. 193)

Klar und radikal ist das Bekenntnis von Nida-Rümelin zur Inklusion: »Humane Bildung verzichtet auf Selektion« (ebd., S. 194).

11.5 Blick über den Zaun[82]

»Blick über den Zaun« (BüZ) ist ein seit 1989 bestehender Zusammenschluss von Schulen, die sich reformpädagogisch engagieren. BüZ hat ein Leitbild sowie

---

82 Online-Quelle 64.

»Standards für eine gute Schule« entwickelt, an denen sich etliche Schulen orientieren. In gebotener Kürze stelle ich dieses Leitbild hier dar und empfehle die ausführliche Lektüre auf der angegebenen Homepage. Das Leitbild umfasst ebenso wie die Standards des BüZ vier Elemente:

1. Den Einzelnen gerecht werden – individuelle Förderung und Herausforderung
   – Individuelle Zuwendung, Betreuung
   – Individualisierung des Lernens
   – Förderung/Integration
   – Feedback, Lernbegleitung, Leistungsbewertung
2. »Das andere Lernen« – erziehender Unterricht, Wissensvermittlung, Bildung
   – Lernen in Sinnzusammenhängen/Erfahrungsorientierung
   – Selbstverantwortetes, selbsttätiges Lernen
   – Freude am Lernen und Gestalten
   – Differenzierung
   – Qualitätskriterien für/Bewertung und Präsentation von Leistungen
3. Schule als Gemeinschaft – Demokratie lernen und leben
   – Achtungsvoller Umgang/Schulklima
   – Schule als Lebens- und Erfahrungsraum
   – Schule als demokratische Gemeinschaft und Ort der Bewährung
   – Öffnung der Schule/Teilhabe an der Gesellschaft
4. Schule als lernende Institution – Reformen »von innen« und »von unten«
   – Schulprofil und Schulentwicklung
   – Arbeitsklima und Organisation
   – Evaluation
   – Fortbildung

Dass Kommunikation das beherrschende Thema dieser Standards darstellt, ist unübersehbar.[83]

11.6 Index für Inklusion

Der »Index für Inklusion« wurde in England von Tony Booth und Mel Ainscow entwickelt und 2002 von Andreas Hinz und Ines Boban ins Deutsche übertragen und adaptiert (Online-Quelle 66). In der Zwischenzeit wurde er in 40 Sprachen übersetzt, ergänzt durch einen »Index für Inklusion für Kindertagesstätten« (Online-Quelle 67) sowie einen »Kommunalen Index für Inklusion« (Online-Quelle

---

83 Auf der Seite (Online-Quelle 65) kann die Broschüre »Mit den Standards arbeiten« bestellt werden.

68). Die dritte Auflage des englischen »Index for inclusion« liegt seit 2011 vor, eine deutsche Übersetzung ist in Vorbereitung.[84]

Beim Index für Inklusion handelt es sich um ein Schulentwicklungsinstrument. Andreas Hinz und Ines Boban erläutern die Möglichkeiten der Arbeit mit dem Index:

»Der Index bietet Ihnen, wenn Sie als Schule den unterschiedlichen Bedürfnissen aller Beteiligten besser entsprechen wollen als bisher, zwei Dinge an: eine inhaltliche Orientierung und Anregungen für das Vorgehen. Inklusion macht er konkret, indem er sie immer detaillierter beschreibt: in drei Dimensionen, sechs Bereichen, 44 Indikatoren und 560 Fragen zu allen für Schulen bedeutsamen Aspekten. Das heißt aber nicht, dass Sie im Index-Team all diese Fragen von vorn bis hinten abarbeiten müssten, sondern dass er Ihnen ein breites Spektrum von Aspekten anbietet, aus dem Sie auswählen, was für Ihre Situation in Ihrer Schule bedeutsam ist. Zudem gibt er Ihnen Anregungen, wie Sie Ihre Situation beleuchten und nächste Entwicklungsschritte planen und realisieren können. Er entspricht vom Vorgehen her anderen Schulentwicklungsmodellen und erleichtert so, zu den jeweiligen Entwicklungsvorhaben für den nächsten Zeitraum zu kommen – ohne das Rad der Schulentwicklung und das einer Vielfalt willkommen heißenden Schule neu erfinden zu müssen. Damit wird er wahrscheinlich kein zusätzliches Vorhaben an Ihrer Schule sein, sondern er kann die Schulentwicklungsarbeit, die Sie ohnehin tun oder vorhaben, inhaltlich befruchten und auf ein Ziel hin orientieren. Mit diesen beiden Angeboten – eines bezogen auf Inhalte und eines auf das Vorgehen – ist die Zielsetzung des Index verbunden, demokratisches Denken und Handeln in der Schule zu stärken. Das Ziel des Index für Inklusion ist [...], Lernen und Teilhabe zu stärken. Damit ist die Beseitigung von Barrieren für das Lernen und die Teilhabe sein zentrales Anliegen – für die Erwachsenen ebenso wie für die SchülerInnen. Gelingende Inklusion wird erfahrbar durch mehr Teilhabe am kog-

---

84 Online-Quelle 69, Ines Boban, Andreas Hinz: »Die dritte Auflage des englischen Index für Schulen (vgl. Booth & Ainscow 2011) enthält nicht nur eine massive quantitative Erweiterung von Indikatoren und Fragen – von der zweiten zur dritten Auflage erhöht sich die Zahl der Indikatoren von 44 auf 70 und die der Fragen von 507 auf 1858. Auch qualitativ enthält er wesentliche neue bzw. stärker akzentuierte Aspekte (vgl. Booth 2012a, 2012b):

Die Auseinandersetzung mit inklusiven Werten erhält einen deutlich höheren Stellenwert. Die Überlegungen zu potenziell bedeutsamen Werten und zur Gefahr ihrer Umkehr in neoliberale, exklusive Werte ist ausdifferenziert und weiterentwickelt worden.

Der Blick auf verwandte Konzeptionen, die mit dem inklusiven Anliegen kompatibel sind, ist geweitet worden – parallel zu Überlegungen im deutschsprachigen Raum zu Schlüsselelementen inklusiver Pädagogik (vgl. Boban & Hinz 2008). Damit wird stärker verdeutlicht, dass inklusive Pädagogik nicht eine solitäre Angelegenheit, sondern mit vielen anderen Konzepten vernetzt zu denken ist – in der englischen Ausgabe wird der Begriff ›alliances‹ gebraucht, der verdeutlicht, dass es ein breites Spektrum von inhaltlichen und auch personellen Bündnispartner_innen gibt, die sich nicht notwendigerweise unter dem Banner der Inklusion versammeln müssen – wichtig ist, die Gemeinsamkeiten auch in inhaltlichen und bildungspolitischen Kontroversen zu sehen und entsprechend zu agieren. Dies wird bereits auf dem Titelbild des englischen Index verdeutlicht, auf dem ein ›Nordstern‹ mit Konzepten und Ansätzen abgebildet ist.

Es gibt einen neuen Bereich namens ›Curriculum for all‹, mit dem erstmalig die Inhalte inklusiver Bildung in den Blick genommen werden. Hiermit wird die Idee eines inklusiven Curriculums vorgelegt, das im Kontrast zum elitären, wissenschaftsorientierten Curriculum des 19. Jahrhunderts eine erfahrungsbezogene und auf Menschenrechten basierende Strukturierung des Wissens vorschlägt.«

nitiven, sozialen und kulturellen Leben in einer Schule und ihrem Umfeld für alle, die daran Interesse haben.« (Online-Quelle 70)

Abb. 42: Index für Inklusion (Online-Quelle 71)

In Abbildung 42 sind die Dimensionen und Bereiche genannt, die durch 44 Indikatoren konkretisiert werden; in Tabelle 16–18 ein Beispiel aus jeder der drei Dimensionen (Online-Quelle 72).

Tab. 16: Index für Inklusion: Inklusive Kulturen schaffen

A Inklusive Kulturen schaffen		
	A1 Gemeinschaft bilden	**A2 Inklusive Werte verankern**
1.	Jede(r) fühlt sich willkommen.	An alle SchülerInnen werden hohe Erwartungen gestellt.
2.	Die SchülerInnen helfen einander.	MitarbeiterInnen, SchülerInnen, Eltern und schulische Gremien haben eine gemeinsame Philosophie der Inklusion.
3.	Die MitarbeiterInnen arbeiten zusammen.	Alle SchülerInnen werden in gleicher Weise wertgeschätzt.
4.	MitarbeiterInnen und SchülerInnen gehen respektvoll miteinander um.	MitarbeiterInnen und SchülerInnen beachten einander als Person und als RollenträgerIn.
5.	MitarbeiterInnen und Eltern gehen partnerschaftlich miteinander um.	Die MitarbeiterInnen versuchen, Hindernisse für das Lernen und die Teilhabe in allen Bereichen der Schule zu beseitigen.

Tab. 16: Index für Inklusion: Inklusive Kulturen schaffen – Fortsetzung

A Inklusive Kulturen schaffen	
A1 Gemeinschaft bilden	**A2 Inklusive Werte verankern**
6. MitarbeiterInnen und schulische Gremien arbeiten gut zusammen.	Die Schule bemüht sich, alle Formen von Diskriminierung auf ein Minimum zu reduzieren.
7. Alle lokalen Gruppierungen sind in die Arbeit der Schule einbezogen.	

Tab. 17: Index für Inklusion: Inklusive Strukturen etablieren

B Inklusive Strukturen etablieren	
B1 Eine Schule für alle entwickeln	**B2 Unterstützung für Vielfalt etablieren**
1. Der Umgang mit MitarbeiterInnen in der Schule ist gerecht.	Alle Formen der Unterstützung werden koordiniert.
2. Neuen MitarbeiterInnen wird geholfen, sich in der Schule einzugewöhnen.	Fortbildungsangebote helfen den MitarbeiterInnen, auf die Vielfalt der SchülerInnen einzugehen.
3. Die Schule nimmt alle SchülerInnen ihrer Umgebung auf.	›Sonderpädagogische‹ Strukturen werden inklusiv strukturiert.
4. Die Schule macht ihre Gebäude für alle Menschen barrierefrei zugänglich.	Dem Gleichstellungsgebot wird durch den Abbau von Hindernissen für das Lernen und die Teilhabe aller SchülerInnen entsprochen.
5. Allen neuen SchülerInnen wird geholfen, sich in der Schule einzugewöhnen.	Die Unterstützung für SchülerInnen mit Deutsch als Zweitsprache wird mit der Lernunterstützung koordiniert.
6. Die Schule organisiert Lerngruppen so, dass alle SchülerInnen wertgeschätzt werden.	Unterstützungssysteme bei psychischen und Verhaltensproblemen werden mit denen bei Lernproblemen und mit der inhaltlichen Planung koordiniert.
7.	Druck zu Ausschluss als Strafe wird vermindert.
8.	Hindernisse für die Anwesenheit werden reduziert.
9.	Mobbing und Gewalt werden abgebaut.

Tab. 18: Index für Inklusion: Inklusive Praktiken entwickeln

C Inklusive Praktiken entwickeln	
C1 Lernarrangements organisieren	C2 Ressourcen mobilisieren
1. Der Unterricht wird auf die Vielfalt der SchülerInnen hin geplant.	Die Unterschiedlichkeit der SchülerInnen wird als Chance für das Lehren und Lernen genutzt.
2. Der Unterricht stärkt die Teilhabe aller SchülerInnen.	Die Fachkenntnis der MitarbeiterInnen wird voll ausgeschöpft.
3. Der Unterricht entwickelt ein positives Verständnis von Unterschieden.	Das Kollegium entwickelt Ressourcen, um das Lernen und die Teilhabe zu unterstützen.
4. Die SchülerInnen sind Subjekte ihres eigenen Lernens.	Die Ressourcen im Umfeld der Schule sind bekannt und werden genutzt.
5. Die SchülerInnen lernen miteinander.	Die Schulressourcen werden gerecht verteilt, um Inklusion zu verwirklichen.
6. Bewertung erfolgt für alle SchülerInnen in leistungsförderlicher Form.	
7. Die Disziplin in der Klasse basiert auf gegenseitigem Respekt.	
8. Die LehrerInnen planen, unterrichten und reflektieren im Team.	
9. Die ErzieherInnen unterstützen das Lernen und die Teilhabe aller SchülerInnen.	
10. Die Hausaufgaben tragen zum Lernen aller SchülerInnen bei.	
11. Alle SchülerInnen beteiligen sich an Aktivitäten außerhalb der Klasse.	

11.7 Anforderungen an Lehrkräfte der allgemeinen Schule aufgrund der Inklusionsentwicklung

Zumindest vorläufig scheint es sinnvoll zu sein, Anforderungen an die Lehrkräfte hinsichtlich inklusiven Arbeitens nach Qualifizierungssystemen getrennt zu untersuchen – einmal bezüglich der Lehrkräfte an allgemeinen Schulen, zum anderen für sonderpädagogische Lehrkräfte. Dass es auch in der universitären Phase Ansätze einer integrierten Lehrerausbildung gibt, ist erfreulich, aber noch eher die Ausnahme. So wurde beispielsweise 2011 an der Universität Bremen das

Studienfach »Inklusive Pädagogik« eingerichtet, die Universität Bielefeld bietet den Studiengang »Integrierte Sonderpädagogik« an, die Universität Potsdam hat einen Studiengang »Primarstufe mit dem Schwerpunkt Inklusionspädagogik« geschaffen (Online-Quelle 73).

In der Lehrerfortbildung, so Saskia Schuppener, »fehlt es noch an flächendeckenden Angeboten, welche nicht nur auf sonderpädagogische Förderschwerpunkte bezogen sind, sondern Vielfalt in ihrer gesamten Breite in den Blick nehmen und stärker auf den konstruktiven Umgang mit einer heterogenen Schülerschaft ausgerichtet sind« (ebd.). Den Anspruch an einen inklusiven Unterricht benennt Klauß im Hinblick auf die didaktisch-methodischen Kompetenzen: »Alle Lehrkräfte müssen in der Lage sein, einen Unterricht mit der ganzen Klasse so zu gestalten, dass alle Kinder daran teilhaben können« (Klauß 2010, S. 290).

Das Projekt »Teacher education for inclusion« (TE4I), das von 55 Experten aus 25 Mitgliedsländern der »European agency for special needs and inclusive education« entwickelt wurde, nennt vier Grundwerte:

> »Als Grundlage für die Arbeit aller Lehrkräfte in der inklusiven Bildung wurden die folgenden vier für Unterricht und Lernen zentralen Werte ermittelt:
>
> 1. Wertschätzung der Diversität der Lernenden – Unterschiede werden als Ressource und Bereicherung für die Bildung wahrgenommen;
> 2. Unterstützung aller Lernenden – Lehrkräfte haben hohe Erwartungen an die Leistungen aller Lernenden;
> 3. mit anderen zusammenarbeiten – Zusammenarbeit und Teamarbeit sind wesentliche Ansätze für alle Lehrkräfte;
> 4. kontinuierliche persönliche berufliche Weiterentwicklung – Unterrichten ist eine Lerntätigkeit und Lehrkräfte übernehmen Verantwortung für ihr lebenslanges Lernen.«

(Online-Quelle 74, siehe den vollständigen Text im Anhang)

Mit Blick auf das Thema dieses Buches »Kommunikation« sehe ich in den Punkten 3 und 4 dieses Papiers die wesentlichen Erfordernisse. Lehrkräfte benötigen neben der Haltungsfrage (Punkt 1) und didaktisch-methodischen Kompetenzen (Punkt 2) vor allem kommunikative Fähigkeiten in der erforderlichen Kooperation (Punkt 3), die auch die Kultusministerkonferenz besonders betont, und die Bereitschaft zur eigenen Fortbildung (Punkt 4). Hinsichtlich der eigenen Weiterentwicklung heißt es im TE4I-Papier:

> »[...] Ein Lehrer kann nicht in allen Fragen im Zusammenhang mit inklusiver Bildung Experte sein. Grundkenntnisse für jene, die mit der inklusiven Bildung starten, sind wichtig, aber das kontinuierliche Weiterlernen ist am wesentlichsten;
> [...] Veränderung und Entwicklung sind beständig in der inklusiven Bildung und Lehrkräfte brauchen die Kompetenzen, sich während ihrer gesamten Laufbahn diesen veränderten Bedürfnissen und Anforderungen zu stellen und diese zu bewältigen.« (siehe Anhang)

Lehrerfortbildungsmaßnahmen schulintern mit allen Lehrkräften der Schule zum Thema Inklusion zu organisieren, stellt eine sinnvolle Möglichkeit dar, Schule zu entwickeln. Eine in der Schule zu konzipierende Inklusionsentwicklungsplanung oder inklusive Schulentwicklungsplanung sollte ein Fortbildungskonzept enthalten, das ebenso wie die übrigen Teile ein hohes Maß an Verbindlichkeit aufweist.

Welche Inhalte in welcher Reihenfolge bearbeitet werden, muss Angelegenheit des Diskurses innerhalb der Schule sein. Unter anderem in diesem Punkt wird die Bedeutung einer Kultur der wertschätzenden Kommunikation ebenso deutlich wie die der Partizipation aller beteiligten Gruppen und Personen.

Zugleich mit dem Was – also den für Inklusion wesentlichen Inhalten wie z. B. Lernstandsdiagnostik oder Unterrichten in heterogenen Gruppen – muss immer auch das Wie Gegenstand der Fortbildung sein: Wie gehen wir miteinander um, welche Kompetenzen benötigen wir hinsichtlich der Beratung und Gesprächsführung, der Kooperation und Teamarbeit, der Moderation und der Konfliktbearbeitung? Insofern stellt die Entwicklung kommunikativer Kompetenzen die Grundlage für inhaltliche Weiterentwicklung dar; konkret kann das bedeuten:

> Wenn wir uns nicht halbwegs konfliktfrei über kooperatives Lernen austauschen können, werden wir es niemals erfolgreich umsetzen können.

11.8 Immer nur »Auswärtsspiele?« – Rollen, Kompetenzen und Aufgaben der Sonderschullehrerinnen und -lehrer beim gemeinsamen Lernen[85]

Einen kurzen Blick will ich auf die Sonderpädagogen werfen, die aufgrund der Inklusionsentwicklung nicht nur eine veränderte Rolle einnehmen, sondern auch den Arbeitsort wechseln – von der Förderschule zur allgemeinen Schule. Aufgrund der Menschenrechtsbasierung der UN-Behindertenrechtskonvention (VN-BRK) muss die Sonderpädagogin Abschied nehmen von der am Fürsorgegedanken orientierten (medizinischen) Sichtweise, die sonderpädagogisches Denken und Handeln beim Einsatz in Förderschulen überwiegend geprägt hat.

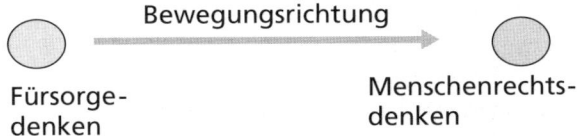

Abb. 43: Vom Fürsorge- zum Menschenrechtsdenken

---

85 Der im Folgenden stark gekürzte Text erschien in der Zeitschrift PraxisWissen SchulLeitung, Wolters Kluwer 2014, Beitrag 47.11.

Subsidiär angelegte Sonderpädagogik in Form von unterstützender, ergänzender und beratender Arbeit ist für die Entwicklung inklusiver Schulen unabdingbar, kann diese aber nicht herstellen. Das müssen die allgemeinen Schulen selbst leisten. Wesentlich ist der gemeinsame Diskurs über die Rollen, Aufgaben und Kompetenzen. Transparenz, Offenheit und Klarheit in der Kommunikation sind wesentliche Elemente einer gelingenden Kooperation. In Tabelle 19 stelle ich Aufgaben der Sonderpädagogen in inklusiven Prozessen dar.

Tab. 19: Rollen, Aufgaben und Kompetenzen der sonderpädagogischen Lehrkräfte beim Gemeinsamen Lernen

	Rollen	Kompetenzen
1.	Die Sonderschullehrerin und der Sonderschullehrer als Person	Selbstkompetenz
2.	Aufgaben	
	Lehrerinnen- und Lehrerrolle	Unterrichtskompetenz
	Erzieherrolle	Erziehungskompetenz
	Rolle als Expertin für Förderplanung	Förderplanungskompetenz
	Rolle als Diagnostikexpertin	Diagnosekompetenz
3.	Rolle als Kooperationspartnerin und Teamarbeiterin	Kooperationskompetenz, Teamarbeitskompetenz
4.	Arbeit im System	Systemkompetenz
	Rolle als Expertin für inklusive Schul- und Unterrichtsentwicklung	Konzeptionsentwicklungskompetenz
	Rolle als Expertin für Qualitätssicherung und -entwicklung	Evaluationskompetenz
	Beraterrolle	
	• C1) Expertenberaterrolle • C2) Prozessberaterrolle	• C1) Weitergabe von Fachwissen, Studierte Fachrichtungen, LES, Unterrichten in heterogenen Gruppen • C2) Beratungs-, Gesprächsführungs-, Konfliktbearbeitungs- und Moderationskompetenz, Vernetzungskompetenz
	Rolle als Schulformexperte	Feldkompetenz bezüglich der Schulform der Einsatzschule
	Rolle als Administratorin bzw. Dokumentarin	Kompetenz für administrative Aufgaben
5.	Sonstige Rollen	Prozesskompetenzen

Rollen und kommunikative Kompetenzen

Im Folgenden stelle ich in Kürze und stichwortartig diejenigen Rollen und die damit verbundenen Aufgaben dar, die mit dem Thema Kommunikation verbunden sind.

1. **Rolle als Kooperationspartnerin und Teamarbeiterin**

Sonderschullehrerinnen sind es in Ausbildung und Praxis gewohnt, mit Kolleginnen zu kooperieren. Beim Einsatz in der allgemeinen Schule ergeben sich allerdings neue Herausforderungen. Es erfordert beispielsweise ein besonders hohes Maß an Rollenklarheit und Fingerspitzengefühl, zugleich Kooperationspartner der Schulleitung und des Kollegiums zu sein, ohne in »Loyalitätsfallen« zu tappen (s. a. Punkt 5).

2. **Beraterrolle, Rolle als Experte für Gesprächsführung, Konfliktbearbeitung und Moderation**

Beratungskompetenz zu erwerben, ist eine der zentralen Aufgaben von Sonderschullehrerinnen bei inklusiven Prozessen. Sie werden, so zeigt es die jahrzehntelange Erfahrung, sehr häufig in der Beraterrolle angefragt. Gemeint sind Beratungsanfragen häufig als Anfrage an die Sonderschullehrerinnen in der Expertenrolle, gegeben werden muss eine Antwort häufig in der Prozessberatungsrolle. Alleine diese Unterscheidung erfordert Fortbildung. Allerdings gehört der Erwerb von Beratungskompetenz bislang kaum zu den zentralen Aufgaben in Aus- und Fortbildung, obwohl Einigkeit darüber herrscht, dass Beratung zu den wesentlichen Aufgaben aller Lehrerinnen gehört. Wichtige Elemente sind:

- Entwicklung einer Haltung zur beraterischen Kommunikation
- Klärung der eigenen Rolle in jeder Situation
- Unterstützung der Rollenklärung der Kooperationspartnerinnen
- Beratung in der Expertenrolle, Weitergeben des Fachwissens
- Beratung in der Prozessberatungsrolle[86]
- Strukturierung und Moderation von Gesprächen
- Kenntnisse der Kommunikation und der Konfliktbewältigung sowie Verfügen über ein entsprechendes Handwerkszeug
- Vernetzung mit außerschulischen Angeboten

3. **Sonderschullehrer als Angehörige einer Minderheit**

Dies ist nach meiner Wahrnehmung eine in Wissenschaft und Literatur bislang wenig beachtete Rolle, die die handelnden Personen zu kommunikativen Aufgaben führt,

---

86 ... im Sinne von Kap. 5.1.

die häufig nicht oder kaum wahrgenommen werden. Die Wahrnehmung, immer in der Minderheit zu sein – das gilt für die Sonderschullehrerinnen selbst ebenso wie für die Schülerinnen, die besonderer Förderung bedürfen –, spielt eine wichtige Rolle bei Inklusionsprozessen, bei der eigenen Integration der Sonderschullehrkräfte in das Kollegium der allgemeinen Schule und bei der Kommunikation im multiprofessionellen Team. Diese Minderheitenrolle kann einer der Gründe sein, warum viele Sonderschullehrer sich scheuen bzw. zurückhaltend sind, sich auf das Arbeitsfeld allgemeine Schule einzulassen. Das Gefühl, ständig ein »Auswärtsspiel« zu haben und sich nicht heimisch zu fühlen unter Kolleginnen, die z. T. andere Orientierungen haben (am deutlichsten wird das häufig bei Diskussionen über Leistungsorientierung), kann zu Unsicherheit auf Seiten der Sonderschullehrkräfte führen.

Das Lehrerzimmer der allgemeinen Schule als Ort des Erlebens von Gemeinsamkeit, die auf erlebten oder zu Recht vermuteten gleichen oder ähnlichen Erfahrungen im Unterricht beruht, kann von der Sonderschullehrerin erst dann in der psychohygienisch relevanten entlastenden Funktion erlebt werden, wenn das anfängliche Fremdheitsgefühl dem der Vertrautheit weicht.[87] Es kommt darauf an, die Minderheitenrolle bewusst wahrzunehmen, um sie nutzen und schließlich als Teil der Heterogenität der Lehrerschaft überwinden zu können.

4. Wald und Baum

Die Metapher kann hilfreich sein: Lehrerinnen der allgemeinen Schulen sehen eher den Wald, Sonderschullehrer eher den einzelnen Baum. Wenn diese Sichtweisen sich nicht als konkurrierend, sondern als komplementär betrachten, ist ein wichtiger Schritt getan: Kooperation zum Wohle aller Schülerinnen und Schüler. Lehrkräfte der allgemeinen Schulen sollten lernen, den einzelnen Baum in den Blick zu nehmen, Sonderpädagogen, auch den Wald als wertvoll zu erkennen.

11.9 Veränderungsdynamik

Inklusive Schulentwicklung wird möglich durch Kommunikation zwischen den beteiligten Personen. Veränderungen geschehen nicht im luftleeren Raum, sondern müssen immer im Kontext betrachtet werden.

---

87 Wenn Sonderpädagogen auf Dauer das Erleben haben, »Auswärtsspiele« zu spielen, d. h. auf Dauer sich nicht heimisch an ihrem Arbeitsplatz allgemeine Schule fühlen, können gravierende Folgen für die Psychohygiene entstehen, und die Kommunikation mit den Kolleginnen und Kollegen der allgemeinen Schule kann erheblich gestört sein. Deutlich wird die hohe Anforderung an die kommunikativen Kompetenzen der sonderpädagogischen Lehrkräfte.

An mehreren Stellen habe ich die Frage thematisiert, wie Individuen sich verändern, und dabei auf die »Parallelitätsannahme« von Schlee verwiesen: Individuen als »Subjektive Theoretiker« sind zu Veränderungen bereit, wenn sie ebenso wie Wissenschaftler in einer wertschätzenden Atmosphäre konfrontiert werden, Wohlwollen und Konfrontation regen Veränderungen an (Schlee 2004).

Wie ändern sich Institutionen? Und welche Prozesse sind auf diesem Weg zu durchlaufen? Veränderungen geschehen bei Institutionen z. T. freiwillig, z. B. wenn eine Schule sich auf den Weg macht, ein neues Programm zu entwickeln, sich ein neues Profil zu geben. Zum anderen Teil sind Schulen gezwungen, sich zu verändern, z. B. aufgrund politischer Beschlüsse zur Fusion kleiner Grundschulen oder von Haupt- und Realschulen aufgrund der demografischen Entwicklung.

In jedem Fall setzt mit der Veränderung bzw. meist bereits mit der Ankündigung der Veränderung eine Dynamik ein, die bestimmten Gesetzmäßigkeiten folgt, die interessanterweise eine ähnliche Struktur aufweisen wie z. B. ein Trauerprozess (Kübler-Ross: fünf Phasen der Trauer: 1. Nichtwahrhabenwollen und Isolierung (Denial), 2. Zorn (Anger), 3. Verhandeln (Bargaining), 4. Depression, 5. Akzeptanz (Acceptance); Online-Quelle 75).

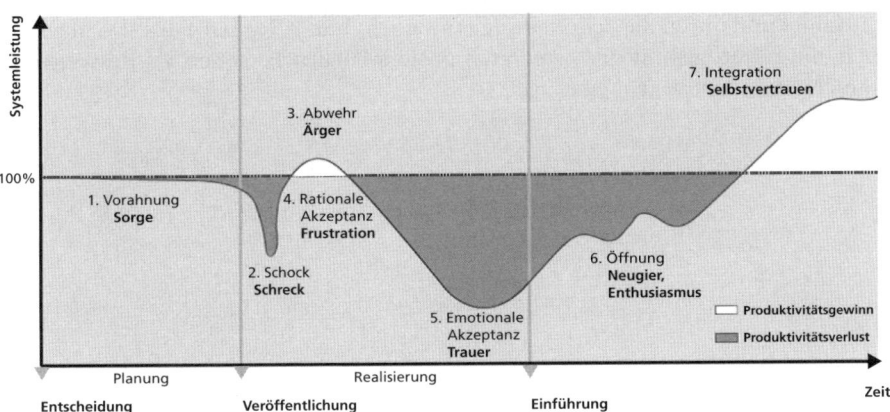

Abb. 44: Veränderungsdynamik (Roth 2000, S. 16)

Andreas Hinz schreibt dazu:

> »In der Phase (1) der Vorahnung dominiert die Sorge, was da wohl Neues auf die Menschen zukommt. Sie geht recht plötzlich über in die Phase (2) des Schocks, in der der Schreck über das vorherrscht, was nun auch offiziell verlangt wird. Auf den Schreck folgt als Phase (3) die Abwehr gegenüber dem Wandel, die sogar eine erhöhte Produktivität – allerdings im Sinne des alten ›Weiter so!‹ – hervorbringen kann. Nun dominiert der Ärger, der sich gegen ›böse Verantwortliche‹ richten kann, jeder Mensch weiß, was nun zu tun ist, Schuldzuweisungen sind am Platz – nur die eigene Veränderungsnotwendigkeit wird nicht zugelassen, und das umso weniger, je grundlegender die Veränderung ist. Auf diese Phase der Abwehr folgt eine Phase (4) der rationalen Akzeptanz; nun wird vor allem versucht, den unangenehmen Spannungszustand zu beenden, indem unwesentliche Veränderungen begonnen werden, die wiederum zu Frustration führen, da sie am Kern der Veränderung vorbeigehen. Dieser rationalen Phase folgt die Phase (5) der emotionalen Akzeptanz, die

mit Trauergefühlen über das nun verflossene Alte zu tun hat und den wesentlichen Einbruch an Aktivität bedeutet. Erst wenn dieses ›Tal der Tränen‹ durchschritten ist, kann es mit Phase (6) zur Öffnung für das Neue und zu Neugier und womöglich vorübergehendem Enthusiasmus mit einer grundlegenden Neuorientierung kommen. Hier findet das Lernen des Neuen statt, das schließlich in einer letzten Phase (7), von Roth als ›Integration des Neuen‹ bezeichnet, zu neuem Selbstvertrauen führt – und hier kommt es schließlich auch zu einem Anstieg der Leistung des Systems. Begründet wird dieses Modell damit, dass es über die schlichte Frage nach drängenden Momenten von Veränderungen und dem entsprechenden Widerstand gegen sie hinausgeht, indem es danach fragt, welche Phasen modellhaft vorkommen, welche Funktion sie aufweisen und mit welchen Gefühlen bei den Beteiligten sie verbunden sind.« (Online-Quelle 76)

Exakt diese Dynamik habe ich in etlichen Schulen festgestellt, die sich mit dem Thema Inklusion befassen mussten. Keine der Phasen kann ausgelassen werden, vor allem nicht das »Tal der Tränen«. Das ist der problematische Teil der Nachricht; der erfreuliche Teil ist, dass die Phasenstruktur in der Integration des Neuen ein gutes Ende findet.

Veränderungsprozesse in Institutionen geschehen in ähnlichen Verläufen wie bei Individuen. In beiden Fällen ist es hilfreich, diese Verläufe zu kennen, um Frustrationen zu vermeiden. In allen Fällen wird Veränderung dadurch unterstützt, dass eine offene und transparente Kommunikation zwischen den beteiligten Personen stattfindet und durch die Schulleitung ermöglicht und gefördert wird. Dazu gehört auch, die Heterogenität der beteiligten professionellen Personen als Ressource zu betrachten und zu begrüßen.

12 »Danke für die Aufmerksamkeit!« – Zum Schluss

Am Ende eines Gesprächs bedankt sich der Gesprächsleiter bzw. die Gesprächsleiterin bei den teilnehmenden Personen und verabschiedet sie mit besten Wünschen. Am Ende dieses Buches will auch ich mich bedanken. Ihnen, liebe Leserinnen und Leser, danke ich dafür, dass Sie sich mit den Gedanken beschäftigt haben, die ich in vielen Monaten zu Papier (besser gesagt: zu Festplatte) gebracht habe. Meine Hoffnung ist, dass Ihnen dieses Buch Anregung und Unterstützung geben kann in den vielen Kommunikationssituationen, die Sie auch bisher schon täglich bewältigen.

Für Ihre Rückmeldungen bin ich sehr dankbar, denn ich möchte gerne mit Ihnen ins Gespräch kommen, außerdem lerne ich ausgesprochen gerne. Mein Dank gilt darüber hinaus auch einigen Personen, die mich sehr dabei unterstützt haben, dieses Buch zu schreiben und in der vorliegenden Form fertigzustellen. Mein Freund und Kollege Adolf Bartz und meine Tochter Sandra Greuel haben mir mit zahlreichen formal und inhaltlich wertschätzenden und kritischen Rückmeldungen, Anregungen und Fragen sehr geholfen. Ebenfalls kraftvoll unterstützt haben mich Kurt Schröter und Helmut Hagemann. Ihnen allen gilt mein besonderer Dank. Mein Dank gilt weiterhin allen Teilnehmenden meiner Fortbildungsveranstaltungen zum Thema Kommunikation, von denen ich sehr viel gelernt habe und denen ich letztlich die Anregung, dieses Buch zu schreiben, verdanke. Ebenfalls danken möchte ich den vielen hundert Gesprächspartnerinnen und -partnern aus mehr als vierzig Berufsjahren – vor allem aus den mehr als vierzehn Jahren in der Schulaufsicht – denen ich vor allem wichtige Lernerfahrungen in einem sehr bedeutsamen Bereich verdanke: Akzeptanz der Unterschiedlichkeit der Menschen und Toleranz. Meinen wichtigsten Dank sage ich meiner Frau Jutta, die nicht nur kritisch gelesen hat, sondern vor allem seit mehr als 38 Jahren entscheidend dazu beiträgt, dass ich mich weiterentwickele, dass wir uns gemeinsam weiterentwickeln. Danken möchte ich abschließend Gerald Hüther für sein Buch »Etwas mehr Hirn, bitte«, aus dem ich abschließend zitieren will:

> »Ich weiß, wie schwer es bisweilen ist, auf andere zuzugehen. Manchmal ist es erforderlich, zunächst selbst ein Stück zurückzutreten, vielleicht sogar bis zu der Abzweigung zurückzugehen, an der man sich verlaufen hat. Auch ich habe mich immer wieder darauf eingelassen und dabei im Laufe der Jahre gelernt, achtsamer und liebevoller mit mir selbst umzugehen. Inzwischen versuche ich das Gleiche in meiner Beziehung zu anderen, zu Hause, bei der Arbeit und unterwegs.« (Hüther 2015, S. 185)

Schön, dass Sie alle dabei waren, passen Sie gut auf sich auf, machen Sie es gut!

Literatur- und Quellenverzeichnis

Das Verzeichnis beinhaltet alle Quellen, die ich beim Verfassen des Buches benutzt habe. Nicht in jedem Fall hat die Beschäftigung mit dieser Literatur auch dazu geführt, dass ich aus den Werken zitiert habe. Dabei führe ich gedruckte Bücher, Zeitschriftenartikel und Internetquellen auf. Mit dem Buchstaben »K« (= kurz) kennzeichne ich einige grundlegende Werke, die für Leserinnen und Leser gedacht sind, die sich kurz und gezielt über das Thema Kommunikation informieren möchten. Die Auswahl beider Verzeichnisse ist selbstverständlich subjektiv.

Bücher

Ankowitsch, Christian: *Dr. Ankowitschs kleiner Seelenklempner*, Berlin 2009
Bach, George R.; Wyden, Peter: Streiten verbindet, Frankfurt 1992
Bamberger, Günter G.: *Lösungsorientierte Beratung*, Weinheim und Basel 2005 (K)
Bandler, Richard; Grinder, John: *Reframing – ein ökologischer Ansatz in der Psychotherapie*, Paderborn 2005
Bartz, Adolf: *Projektmanagement in der Schule*, Landesinstitut für Schule Soest, Schulleitungsfortbildung Bd. 10, Soest 2004
Bartz, Adolf: *Gespräche mit Schülern und Eltern führen*, Frechen 2014a (K)
Bartz, Adolf: *Besprechungen und Konferenzen leiten*, Frechen 2014b
Bartz, Adolf; Mosing, Georgia; Herrmann, Dorothea: *Fortbildungsdidaktik und Fortbildungsmethodik*, Landesinstitut für Schule Soest, Schulleitungsfortbildung Bd. 1, Soest 2004
Bauer, Joachim: *Das Gedächtnis des Körpers*, München 2006a
Bauer, Joachim: *Lob der Schule*, München 2006b
Belardi, Nando: *Supervision*, München 2005
Benien, Karl: *Schwierige Gespräche führen*, Reinbek bei Hamburg 2008 (K)
Bergmann, Wolfgang: *Gute Autorität*, München 2003
Berne, Eric: *Spiele der Erwachsenen*, Reinbek bei Hamburg 1990
Berndt, Christina: *Resilienz – Das Geheimnis der psychischen Widerstandskraft*, München 2014
Bieri, Peter: *Das Handwerk der Freiheit – Über die Entdeckung des eigenen Willens*, Frankfurt 2006
Boettcher, Wolfgang: *Gesprächsführung – Zur Entwicklung der Gesprächsfähigkeiten von Schulleitungsmitgliedern*, Landesinstitut für Schule, Schulleitungsfortbildung NRW Bd. 11, Soest 2004
Boettcher, Wolfgang: *Beraten lernen*, Landesinstitut für Schule, Schulleitungsfortbildung Bd. 12, Soest 2004
Brüggemann, Helga; Ehret-Ivankovic, Kristina; Klütmann, Christopher: *Systemische Beratung in fünf Gängen – Ein Leitfaden*, Göttingen 2007
Brüggemann, Helga; Ehret-Ivankovic, Kristina; Klütmann, Christopher: *Systemische Beratung in fünf Gängen, Praxiskarten*, Göttingen 2006
Buber, Martin: *Ich und Du*, Stuttgart 1995

Burow, Olaf-Axel; Quitmann, Helmut; Rubeau, Martin P.: *Gestaltpädagogik in der Praxis*, Salzburg 1987
Cohn, Ruth C.: *Von der Psychoanalyse zur Themenzentrierten Aktion*, Stuttgart 1986 (K)
Dalai Lama: *Das Buch der Menschlichkeit*, Bergisch-Gladbach 2000
Dalai Lama: *Mitgefühl und Weisheit*, Zürich 2004
Dalai Lama: *Der Weg zum sinnvollen Leben*, Freiburg 2006
Dalai Lama: *Einführung in den Buddhismus – Die Harvard-Vorlesungen*, Freiburg 1996
Deutsche UNESCO-Kommission e. V.: *Bildungsregionen auf dem Weg – Inklusive Bildung in Aachen, Wiesbaden, Hamburg und Oberspreewald-Lausitz*, Bonn 2012
Dobelli, Rolf: *Die Kunst des klugen Handelns*, München 2012
Dobelli, Rolf: *Die Kunst des klaren Denkens*, München 2011
Dörner, Dietrich: *Die Logik des Misslingens*, Reinbek 1995
Dörner, Klaus; Plog, Ursula; Teller, Christine; Wendt, Frank: *Irren ist menschlich – Lehrbuch der Psychiatrie und Psychotherapie*, Bonn 2002
Dreitzel, Hans Peter: *Gestalt und Prozess*, Bergisch-Gladbach 2004
Fischer, Christiane, Reitemeier, Jürgen: *Verbale Angriffe*, Kissing 2011
Fischer-Epe, Maren: Coaching, Reinbek 2011 (K)
Fliegel, Steffen; Kämmerer, Annette: *Psychotherapeutische Schätze – 101 bewährte Übungen und Methoden für die Praxis*, Tübingen 2007
Fuhr, Reinhard; Sreckovic, Milan; Gremmler-Fuhr, Martina: *Handbuch der Gestalttherapie*, Göttingen 1999
Furman, Ben; Ahola, Tapani: *Twin Star – Lösungen vom anderen Stern – Teamentwicklung für mehr Erfolg und Zufriedenheit am Arbeitsplatz*, Heidelberg 2010 (K)
Gendlin, Eugene T.: *Focusing – Technik der Selbsthilfe bei der Lösung persönlicher Probleme*, Salzburg 1985
Glasl, Friedrich: *Konfliktmanagement*, Stuttgart 2011
Goleman, Daniel: *Emotionale Intelligenz*, Wien 1996
Gordon, Thomas: *Lehrerinnen- und Lehrer-Schüler-Konferenz*, Hamburg 1977 (K)
Gordon, Thomas: Managerkonferenz, Hamburg 1979
Gudjons, Herbert: *Didaktik zum Anfassen*, Regensburg 2009
Gudjons, Herbert; Pieper, Marianne; Wagener, Birgit: *Auf meinen Spuren – Das Entdecken der eigenen Lebensgeschichte*, Hamburg 2003
Gührs, Manfred; Nowak, Claus: *Das konstruktive Gespräch – Ein Leitfaden für Beratung, Unterricht und Mitarbeiterführung mit Konzepten der Transaktionsanalyse*, Meezen 2014
Haller, Ingrid; Wolf, Hartmut: *Dialogische Führung*, Landesinstitut für Schule, Schulleitungsfortbildung Bd. 5, Soest 2004
Harris, Thomas A.: *Ich bin O. K. – Du bist ok*, Reinbek bei Hamburg 1975
Heine, Heinrich: *Deutschland – ein Wintermärchen*, In: Sämtliche Schriften in zwölf Bänden, Bd. 7, München und Wien 1976
Hennig, Claudius: Schulprobleme lösen, Ein Handbuch für die systemische Beratung, Weinheim 2010
Herrmann, Dorothea: *Gruppen leiten und Konflikte managen*, Landesinstitut für Schule Soest, Schulleitungsfortbildung Bd. 13, Soest 2004
Herrmann, Dorothea: *Kommunikationsgestaltung, Arbeitsorganisation und Zeitmanagement*, Landesinstitut für Schule Soest, Schulleitungsfortbildung Bd. 15, Soest 2004
Hinz, Andreas; Körner, Ingrid; Niehoff, Ulrich (Hrsg.): *Auf dem Weg zur Schule für alle*, Marburg 2010
Hoberg, Gerrit: *Vor Gruppen bestehen – Besprechungen, Workshops, Präsentationen*, Bonn 1999
Horster, Leonhard: *Die Schule entwickeln – Störungen bearbeiten*, Landesinstitut für Schule Soest, Schulleitungsfortbildung Bd. 4, Soest 2004
Hubrig, Christa: *Gehirn, Motivation, Beziehung – Ressourcen in der Schule – Systemisches Handeln in Unterricht und Beratung*, Heidelberg 2010 (K)
Hüther, Gerald: *Bedienungsanleitung für ein menschliches Gehirn*, Göttingen 2009 (K)
Hüther, Gerald: *Etwas mehr Hirn, bitte*, Göttingen 2015

Kanitz, Anja von; Scharlau, Christine: *Gesprächstechniken*, Freiburg 2012
Kaluza, Gert: *Stressbewältigung*, Berlin 2011
Klauß, Theo: Qualifizierung von Lehrerinnen und Lehrern für eine Schule für Alle, in: Andreas Hinz, Ingrid Körner, Ulrich Niehoff (Hrsg.): *Auf dem Weg zur Schule für alle – Barrieren überwinden – inklusive Pädagogik entwickeln*, Marburg 2010
Klippert, Heinz: *Pädagogische Schulentwicklung*, Weinheim und Basel 2000
Kluge, Friedrich: *Etymologisches Wörterbuch*, Berlin 1999
König, Eckard, Volmer, Gerda: *Handbuch Systemische Organisationsberatung*, Weinheim und Basel 2008
Kretschmann, Rolf: *Die Kraft der inneren Bilder*, Weinheim und Basel 2000
Langmaack, Barbara: *Einführung in die Themenzentrierte Interaktion*, Weinheim, Basel 2010 (K)
Lumma, Klaus: *Strategien der Konfliktlösung*, Eschweiler 1982
Maturana, Humberto R.; Varela, Francisco J.: *Der Baum der Erkenntnis*, Bern und München 1987
Meininger, Jut: *Transaktionsanalyse*, Landsberg 1990
Methner, Andreas; Melzer, Conny; Popp, Kerstin: *Kooperative Beratung*, Stuttgart 2013
Miller, Reinhold: *Beziehungsdidaktik*, Weinheim und Basel 2011
Miller, Reinhold: *Sie Vollidiot! – Von der Beschimpfung zum konstruktiven Gespräch*, Reinbek bei Hamburg 2001 (K)
Moeller, Michael Lukas: *Die Wahrheit beginnt zu zweit*, Hamburg 1992
Mutzek, Wolfgang: *Kooperative Beratung*, Weinheim und Basel 2008 (K)
Mutzek, Wolfgang: *Methodenbuch Kooperative Beratung*, Weinheim und Basel 2008 (K)
Natale, Frank: Lebendige Beziehungen, Berlin 1993
Nevis, Edwin C.: Organisationsberatung – ein gestalttherapeutischer Ansatz, 1988
Nida-Rümelin, Julian: *Philosophie einer humanen Bildung*, Hamburg 2013
Oaklander, Violet: *Gestalttherapie mit Kindern und Jugendlichen*, Stuttgart 1984
Palmowski, Winfried: *Systemische Beratung*, Stuttgart 2011 (K)
Pallasch, Waldemar; Kölln, Detlef: *Pädagogisches Gesprächstraining*, Weinheim und München 2011 (K)
Palzkill, Birgit; Müller, Günter; Schute, Eva: *Erfolgreiche Gesprächsführung in der Schule – Grenzen ziehen, Konflikte lösen, beraten*, Berlin 2015
Perls, Frederick S.: *Das Ich, der Hunger und die Aggression*, Stuttgart 1985
Perls, Frederick S.: *Gestalttherapie in Aktion*, Stuttgart 1986
Perls, Frederick S.; Hefferline, Ralph F.; Goodman, Paul: *Gestalttherapie – Wiederbelebung des Selbst*, Stuttgart 1985
Perls, Frederick S.: *Gestalt, Wachstum, Integration*, Paderborn 1980
Perls, Fritz: *Grundlagen der Gestalt-Therapie*, München 1985
Petzold, Hilarion (Hrsg.): Widerstand – ein strittiges Konzept in der Psychotherapie, Paderborn 1985
Pfannmöller, Jürgen: *Der systemische Lehrer – Ressourcen nutzen, Lösungen finden*, Heidelberg 2013
Plate, Markus: *Grundlagen der Kommunikation – Gespräche effektiv gestalten*, Göttingen 2015
Popp, Kerstin; Melzer, Conny; Methner, Andreas: *Kooperative Beratung – Eine praktische Reflexion*, Weinheim und Basel 2011
Pörksen, Bernd; Schulz von Thun, Friedemann: *Kommunikation als Lebenskunst*, Heidelberg 2014 (K)
Poundstone, William: *Im Labyrinth des Denkens*, Reinbek 1994
Prengel, Annedore (Hrsg.): *Gestaltpädagogik*, Weinheim und Basel 1983
Prior, Manfred: *MiniMax-Interventionen*, Heidelberg 2009
Prior, Manfred; Winkler, Heike: *MiniMax für Lehrer – 16 Kommunikationsstrategien mit maximaler Wirkung*, Weinheim und Basel 2009
Pullig, Karl-Klaus: *Konferenzleitung in Schule*, Landesinstitut für Schule Soest, Schulleitungsfortbildung Bd. 14, Soest 2004
Rahm, Dorothea: *Gestaltberatung*, Paderborn 1990

Rautenberg, Werner; Rogoll, Rüdiger: *Werde, der du werden kannst – Persönlichkeitsentfaltung durch Transaktionsanalyse*, Freiburg, Basel, Wien 1992
Rhode, Rudi und Meis, Mona Sabine: *Wenn Nervensägen an unseren Nerven sägen – So lösen Sie Konflikte mit Kindern und Jugendlichen sicher und selbstbewusst*, München 2010a (K)
Rhode, Rudi und Meis, Mona Sabine: *Wer schreit, hat schon verloren – Körpersprache und Verhaltensweisen verstehen und richtig einsetzen*, München 2010b
Richter, Horst-Eberhard: *Eltern, Kind und Neurose*, Stuttgart 1969
Rogers, Carl R.: *Die klientzentrierte Gesprächspsychotherapie*, München 1972a
Rogers, Carl R.: *Die nicht-direktive Beratung*, München 1972b
Rolff, Hans-Günter; Buhren, Claus G.; Lindau-Bank, Detlev; Müller, Sabine: *Manual Schulentwicklung*, Weinheim und Basel 1998
Rosenberg, Marshall B.: *Konflikte lösen durch gewaltfreie Kommunikation*, Freiburg 2009 (K)
Rosenberg, Marshall B.: *Gewaltfreie Kommunikation – Eine Sprache des Lebens*, Paderborn 2013 (K)
Rosenberg, Marshall B.: *Erziehung, die das Leben bereichert – Gewaltfreie Kommunikation im Schulalltag*, Paderborn 2013 (K)
Rosenblatt, Daniel: *Türen öffnen – Was geschieht in der Gestalttherapie?*, Köln 1996
Rowshan, Arthur: *Stress – verhindern, mindern, nutzen*, Frankfurt 1999
Schlee, Jörg: *Kollegiale Beratung und Supervision für pädagogische Berufe*, Stuttgart 2004 (K)
Schnell, Rainer; Hill, Paul B.; Esser, Elke: *Methoden empirischer Sozialforschung*, München Wien 2005
Schott, Barbara: *Cool bleiben*, Reinbek 1994
Schulz von Thun, Friedemann: *Miteinander Reden, 3 Bde.*, Reinbek bei Hamburg 2000 (K)
Schulz von Thun, Friedemann; Stegemann, Wibke (Hrsg.): *Das innere Team in Aktion*, Reinbek bei Hamburg 2004 (K)
Schulz von Thun, Friedemann; Kumbier, Dagmar (Hrsg.): *Impulse für Beratung und Therapie*, Reinbek bei Hamburg 2008 (K)
Schulz von Thun, Friedemann: *Miteinander reden: Fragen und Antworten*, Reinbek 2007
Schulz von Thun, Friedemann: *Miteinander reden: Kommunikationspsychologie für Führungskräfte*, Reinbek 2010
Schwing, Rainer; Fryszer, Andreas: *Systemisches Handwerk – Werkzeug für die Praxis*, Göttingen 2009
Seifert, Josef: *Visualisieren, Präsentieren, Moderieren*, Offenbach 2009 (K)
Spielmann, Jochen; Zitterbarth, Walter; Schneider-Landolf, Mina: *Handbuch Themenzentrierte Interaktion*, Göttingen 2014
Steinebach, Christoph (Hrsg.): *Handbuch Psychologische Beratung*, Stuttgart 2006
Stevens, John O.: *Die Kunst der Wahrnehmung – Übungen der Gestalttherapie*, München 1986
Stewart, Ian; Joines, Vann: *Die Transaktionsanalyse*, Freiburg 2009
Tausch, Anne-Marie; Tausch, Reinhard: *Erziehungspsychologie*, Göttingen 1979
Tucholsky, Kurt: Ratschläge für einen schlechten Redner, Gesammelte Werke, Reinbek 1975, Bd. 8, S. 290 ff
Verres, Rolf; Sobez, Ingrid: *Ärger, Aggression und soziale Kompetenz*, Stuttgart 1980
Vopel, Klaus W.: Handbuch für Gruppenleiter, Hamburg 1984
Watzlawick, Paul; Beavin, Janet H.; Jackson, Don D.: *Menschliche Kommunikation*, Bern, Stuttgart, Wien 1972 (K)
Watzlawick, Paul: *Die Unsicherheit unserer Wirklichkeit*, München 1999 (K)
Watzlawick, Paul: *Münchhausens Zopf*, München 1988 (K)
Watzlawick, Paul: *Vom Unsinn des Sinns oder vom Sinn des Unsinns*, München 1995 (K)
Weber-Guskar, Eva: *Die Macht der Gefühle*, Berlin 2009
Wocken, Hans: *Das Haus der inklusiven Schule – Baustellen, Baupläne, Bausteine*, Hamburg 2012

Wocken, Hans: *Zum Haus der inklusiven Schule – Ansichten, Zugänge, Wege*, Hamburg 2013

Wottreng, Stephan: *Handbuch Handlungskompetenz – Einführung in die Selbst-, Sozial- und Methodenkompetenz*, Aarau 2002

Zeitschriftenartikel

Bartz, Adolf: *Mit Elternbeschwerden klar und zugewandt umgehen und sie als Frühwarnsystem nutzen* – in: Bartz, A. u. a. (Hrsg.), PraxisWissen SchulLeitung, Wolters Kluwer, Beitrag 44.21, 2005a

Bartz, Adolf: *Die Rolle als Entscheider und Unterstützer klar wahrnehmen*, PraxisWissen SchulLeitung, Wolters Kluwer, Beitrag 10.21, 2005b

Bartz, Adolf: *Gespräche mit Lehrkräften führen*, Praxiswissen Schulleitung, Wolters Kluwer, Beitrag 70.11, 2006

Bartz, Adolf: *Die Schulkonferenz für die strategische Orientierung der Schule und für den Austausch von Lehrkräften, Eltern und Schülern nutzen*, PraxisWissen SchulLeitung, Wolters Kluwer, Beitrag 82.12, 2008

Bartz, Adolf: *Kritikgespräche rollenklar und in zugewandter Konfrontation führen*, PraxisWissen SchulLeitung, Wolters Kluwer, Beitrag 73.25, 2007

GEO-Wissen: *Was will ich? – Das Geheimnis der guten Wahl*, Heft 45 aus 2010

GEO-Wissen: *Was die Seele stark macht – Hilfe bei Burnout, Ängsten, Depression*, Heft 48 aus 2012

GEO: *Körpersprache – und wie sich Macht ausdrückt*, Heft 03/2011

GEO-Thema: *So fühlt der Mensch*, Heft 06 aus 2013

Greuel, Norbert: *Rollen, Kompetenzen und Aufgaben der Sonderschullehrkräfte beim gemeinsamen Lernen – in Zeiten der Inklusion*, PraxisWissen SchulLeitung, Wolters Kluwer, Beitrag 47.11, 2014

Herrmann, Dorothea: *Teamarbeit und Teamentwicklung – Ein Überblick*, PraxisWissen SchulLeitung, Wolters und Kluwer, Beitrag 80.01, o. J.

Kloft, Carmen: Mit Jahresgesprächen werden die Entwicklungsziele der Schule und der Lehrkräfte aufeinander abgestimmt, PraxisWissen SchulLeitung, Wolters und Kluwer, Beitrag 75,35, o. J.

König, Eckard; Söll, Florian: Coaching durch Schulleiterinnen und Schulleiter ist ein Angebot zur Beratung und Unterstützung im Schulalltag, PraxisWissen SchulLeitung, Wolters Kluwer, Beitrag 75.40, 2005,

Roth, Stephan: *Ein Phasenmodell der Veränderung. Die Perspektive der emotionalen Prozesse, Emotionen im Visier: Neue Wege des Change Managements*, OrganisationsEntwicklung 2/2000

Online-Quellen

Nr.	Quelle (Abruf-Datum: 05.11.2015)
1	http://www.inklusionspaedagogik.de/content/blogcategory/19/58/lang,de/
2	http://methodenpool.uni-koeln.de/refraiming/frameset_refraiming.html
3	http://books.google.de/books?id=KXhtqS4Hx-8C&pg=PA10&lpg=PA10&dq=wahlfreiheit+sartre&source=bl&ots=sS9rhH89qw&sig=1W49CKDKPayrJFotYRp6H3cNLDQ&hl=de&sa=X&ei=r-KVU636JtHy7AbG2oC4BA&ved=0CFAQ6AEwBw#v=onepage&q=wahlfreiheit%20sartre&f=false
4	http://www.abraham-maslow.de/beduerfnispyramide.shtml
5	http://www.schulz-von-thun.de/index.php?article_id=104
6	http://www.schulz-von-thun.de/index.php?article_id=104,
7	http://www.hafawo.at/selbstmanagement-motivation/die-top-10-ratschlaege-fur-den-gesunden-umgang-mit-fehlern/
8	http://www.tomoff.de/5-schritte-professionell-aus-fehlern-lernen/
9	http://blog.bernd-slaghuis.de/fehler/
10	Maria Spychiger: Schule als fehlerfreundliche Zone, https://www.oldenbourg-klick.de/system/files/article_pdf/smz20120112.pdf
11	https://www.zlb.uni-freiburg.de/derlehrerberuf/dateien/schaarschmidt-heidelberg-09.pdf
12	https://www.uni-trier.de/fileadmin/forschung/ZFL/Schaarschmidt_Trier.pdf
13	http://www.schulz-von-thun.de/index.php?article_id=71
14	http://de.wikipedia.org/wiki/Nonverbale_Kommunikation
15	http://www.schulz-von-thun.de/index.php?article_id=93
16	http://www.gestalttherapie-lexikon.de/projektion.htm
17	http://www.revosax.sachsen.de/Details.do?sid=3534513891922
18	http://www.schulministerium.nrw.de/docs/Recht/Schulrecht/Schulgesetz/Schulgesetz.pdf
19	http://www.rhetorik.ch/Hoeren/Hoeren.html
20	http://wwwpsy.uni-muenster.de/imperia/md/content/psychologie_institut_3/ae_bromme/personen/stadtler/konfliktmanagement/praesentationsfolien_kant.pdf
21	http://www.neurologen-und-psychiater-im-netz.org/psychiatrie-psychosomatik-psychotherapie/psychotherapie/psychotherapie/, **Download 02.02.2015**
22	http://www.gwg-ev.org/sites/default/files/anhaenge/Brosch%C3%BCre%20GT_13-auflag.pdf
23	http://de.wikipedia.org/wiki/Paradoxon
24	http://www.entwicklung-der-persönlichkeit.de/johari-fenster

Nr.	Quelle (Abruf-Datum: 05.11.2015)
25	http://www.organisationsberatung.net/feedbackregeln-feedback-geben/
26	http://www.berufsstrategie.de/bewerbung-karriere-soft-skills/feedbackregeln-feedbackmethoden.php
27	http://www.pro-kita.com/kita-team-fortbildungen-teamsitzungen-mehr/kita-teamgespraeche-mitarbeitergespraeche-fuehren/richtiges-feedback-geben-beachten-sie-feedbackregeln/
29	http://www.rechnungswesen-verstehen.de/bwl-vwl/bwl/effektivitaet-und-effizienz.php
30	http://de.wikipedia.org/w/index.php?title=Datei:Konflikteskalation_nach_Glasl.svg&filetimestamp=20090227133550&
31	http://methodenpool.uni-koeln.de/download/reframing.pdf
32	http://www.zeitzuleben.de/2387-die-methode-des-6-hut-denkens/1/
33	http://de.wikipedia.org/wiki/Denkhüte_von_De_Bono
34	http://methodenpool.uni-koeln.de/frameset_uebersicht.htm
35	http://de.wikipedia.org/wiki/Planung
36	http://www.schulministerium.nrw.de/docs/AusSchulen/Berichte-und-Reportagen/Management-Coaching-fuer-Schulleiter/index.html
37	http://www.standardsicherung.schulministerium.nrw.de/materialdatenbank/upload/2057/657109_klp_gs_deutsch_material_LernaufgabeSprechenundZuhoeren1.pdf
38	http://sr-alles.luchterhand.de/sr-pwsl/lpext.dll?f=templates&fn=main-hit-h.htm&2.0 (nur für Abonnenten)
39	http://de.wikipedia.org/wiki/Narzisstische_Kränkung
40	http://www.duden.de/rechtschreibung/Beschwerde
41	http://de.wikipedia.org/wiki/Audiatur_et_altera_pars
42	http://www.zeitblueten.com/news/richtig-streiten/, hier sinngemäße Wiedergabe mit eigenen Ergänzungen
43	http://www.schulministerium.nrw.de/docs/bp/Lehrer/Schulleitung/Leitbild/sl_handlungsfelder_schluesselkompetenzen.pdf, **Runderlass des MSW in NRW vom 17.06.2008**
44	http://de.wikipedia.org/wiki/Widerstand_(Psychologie)
45	http://www.moderation.com/notizen/Grossgruppen-Moderation.pdf
46	http://de.wikipedia.org/wiki/World-Café
47	http://www.moderation.com/notizen/Grossgruppen-Moderation.pdf
48	http://www.moderation.com/notizen/Grossgruppen-Moderation.pdf

Literatur- und Quellenverzeichnis

Nr.	Quelle (Abruf-Datum: 05.11.2015)
49	http://www.kmk.org/presse-und-aktuelles/meldung/inklusion-kmk-aktualisiert-standards-fuer-die-lehrerbildung.html
50	http://www.bosch-stiftung.de/content/language1/downloads/Lit_Konzeption_Stand_200704_neues_CD.pdf, S. 5
51	http://www.schulberatung.bayern.de/schulberatung/oberpfalz/lehrergesundheit/index_07348.asp
52	http://teamentwicklung-lab.de/tuckman-phasenmodell
53	http://dpsg.de/de/aktionen/jahresaktion/jahresaktion-2014/wissenswertes/inklusion-kommunikation.html
54	http://www.inklusion-online.net/index.php/inklusion-online/article/view/107/107 **Vulnerabilität**
55	http://www.institut-fuer-menschenrechte.de/fileadmin/user_upload/PDF-Daten/Pakte_Konventionen/CRPD_behindertenrechtskonvention/crpd_b_de.pdf
56	http://www.bmas.de/DE/Themen/Teilhabe-behinderter-Menschen/Meldungen/2014-06-11-un-theresia-degener.html
57	http://www.inklusion-als-menschenrecht.de/gegenwart/zusatzinformationen/die-un-behindertenrechtskonvention-als-inklusionsmotor/
58	http://www.inklusionspaedagogik.de/content/view/83/1/lang,de/
59	http://wikis.zum.de/vielfalt-lernen/Umgang_mit_Heterogenit%C3%A4t_im_Klassenzimmer
60	http://www.jakobmuthpreis.de/uploads/media/Lehrerfortbildung_Inklusion_01.pdf
61	http://www.kmk.org/bildung-schule/allgemeine-bildung/lehrer/lehrerbildung.html
62	http://www.kmk.org/presse-und-aktuelles/meldung/inklusion-kmk-aktualisiert-standards-fuer-die-lehrerbildung.html
63	http://www.kmk.org/bildung-schule/allgemeine-bildung/lehrer/lehrerbildung.html, S. 4
64	http://www.blickueberdenzaun.de/images/stories/page/publikationen/02_leitbildundstandards.pdf
65	http://www.blickueberdenzaun.de/index.php/bestellformular
66	http://www.eenet.org.uk/resources/docs/Index%20German.pdf
67	https://www.gew.de/Index_fuer_Inklusion.html
68	http://www.montag-stiftungen.de/jugend-und-gesellschaft/projekte-jugend-gesellschaft/projektbereich-inklusion/inklusion-vor-ort2/praxishandbuch-ivo/projekt-ivo1.html
69	http://www.inklusion-online.net/index.php/inklusion-online/article/view/11/11
70	http://www.bildung-lsa.de/files/b129a678127808049ca7fa69b8332fa2/teil_2_tpi_handbuch_index.pdf

Nr.	Quelle (Abruf-Datum: 05.11.2015)
71	http://www.inklusionspaedagogik.de/component/option,com_frontpage/Itemid,1/¬lang,de/
72	http://www.eenet.org.uk/resources/docs/Index%20German.pdf
73	http://www.inklusion-online.net/index.php/inklusion-online/article/view/220/¬221, **Ausgabe 1-2/2014**
74	http://www.european-agency.org/publications/ereports/te4i-profile/te4i-profile-¬of-inclusive-teachers
75	http://de.wikipedia.org/wiki/Elisabeth_K%C3%BCbler-Ross
76	http://www.inklusion-online.net/index.php/inklusion-online/article/view/26/26

Über den Autor

Norbert Greuel, Jahrgang 1951, verheiratet seit 1978, drei Kinder, drei Enkel, zunächst Grund- und Hauptschullehrer, dann Sonderschullehrer mit Schülern mit Förderschwerpunkt geistige Entwicklung sowie emotionale und soziale Entwicklung (ESE), 1993 Schulleiter einer Förderschule (ESE), seit 1999 Schulamtsdirektor in Düren und Aachen (NRW), 1985–1988 und 2006–2008 Ausbildung zum Gestalttherapeuten, seit den 1980er Jahren Durchführung zahlreicher Lehrerfortbildungen zu den Themen Umgang mit Verhaltensauffälligkeiten, Beratung, Kommunikation, Konfliktmoderation, während der gesamten Berufstätigkeit intensive Beschäftigung mit dem Thema Integration von Schülern mit special needs, im Rahmen der Inklusionsentwicklung Kooperation mit zahlreichen Schulen aller Schulformen, Begleitung zahlreicher Schulentwicklungsprozesse, über 2000 Beratungs- und Konfliktgespräche, seit Februar 2015 in Pension, in selbständiger Tätigkeit Fortbildungsangebote zu den Themen Kommunikation, Konfliktmanagement und Inklusion, jeweils auch als In-house-Seminare; Angebot: Coaching und Supervision im Einzel-, Gruppen- und Teamsetting, Schulentwicklungsberatung und -begleitung, Moderation (www.norbert-greuel.de).

Anhang

Quelle:
European Agency for Development in Special Needs Education
Sekretariat: Østre Stationsvej 33, DK-5000, Odense C, Dänemark
Tel.: +45 64 41 00 20
secretariat@european-agency.org
www.european-agency.org

Ein Profil für inklusive Lehrerinnen und Lehrer

Teacher education for inclusion (TE4I)
Als Grundlage für die Arbeit aller Lehrkräfte in der inklusiven Bildung wurden die folgenden vier für Unterricht und Lernen zentralen Werte ermittelt:

1. Wertschätzung der Diversität der Lernenden – Unterschiede werden als Ressource und Bereicherung für die Bildung wahrgenommen;
2. Unterstützung aller Lernenden – Lehrkräfte haben hohe Erwartungen an die Leistungen aller Lernenden;
3. Mit anderen zusammenarbeiten – Zusammenarbeit und Teamarbeit sind wesentliche Ansätze für alle Lehrkräfte;
4. Kontinuierliche persönliche berufliche Weiterentwicklung – Unterrichten ist eine Lerntätigkeit und Lehrkräfte übernehmen Verantwortung für ihr lebenslanges Lernen.

In den folgenden Abschnitten werden diese Grundwerte zusammen mit den zugehörigen Bereichen der Lehrerkompetenz vorgestellt.

Die Kompetenzbereiche setzen sich aus drei Elementen zusammen: Einstellungen, Wissen und Fähigkeiten. Eine bestimmte *Einstellung* oder Überzeugung erfordert ein bestimmtes *Wissen* oder Verständnis und schließlich Fähigkeiten, um dieses Wissen in einer konkreten Situation anzuwenden. Für jeden identifizierten Kompetenzbereich werden die wesentlichen zugrunde liegenden Einstellungen, Kenntnisse und Fähigkeiten vorgestellt.

Um sicherzustellen, dass alle wichtigen Faktoren erfasst sind, werden die Kompetenzbereiche hier in einer Liste vorgestellt. Die aufgelisteten Faktoren unterliegen jedoch keiner hierarchischen Ordnung und sollten nicht isoliert gesehen werden, da sie alle eng miteinander zusammenhängen und sich in hohem Maße gegenseitig bedingen.

Die hier vorgestellten Kompetenzbereiche wurden in den TE4I-Projekt-Diskussionen – ohne Anspruch auf Vollständigkeit – als die bedeutsamsten ermittelt. Die genannten Kompetenzbereiche sind als Fundament für Wege der spezialisierten beruflichen Weiterentwicklung gedacht und der Ausgangspunkt für die Diskussion über kontextspezifische Bereiche auf verschiedenen Ebenen, die alle Lehrerinnen für ihre Arbeit in den länderspezifischen Situationen benötigen.

> **1. Wertschätzung der Diversität der Lernenden – Unterschiede bei den Lernenden werden als Ressource und Bereicherung für die Bildung wahrgenommen**
>
> Die Kompetenzbereiche innerhalb dieses Grundwerts beziehen sich auf:
>
> - Auffassungen zur inklusiven Bildung
> - Sichtweisen der Lehrkräfte zur Diversität der Lernenden

1.1 Auffassungen der inklusiven Bildung

Die Einstellungen und Überzeugungen, die diesem Kompetenzbereich zugrunde liegen, umfassen:

- Bildung gründet sich auf dem Glauben an Chancengleichheit, Menschenrechte und Demokratie für alle Lernenden.
- Inklusive Bildung ist eine gesellschaftliche Reform und sie ist nicht verhandelbar.
- Inklusive Bildung und Qualität in der Bildung können nicht voneinander getrennt gesehen werden.
- Der Zugang zur Regelschule ist nicht genug. Teilhabe bedeutet, dass alle Lernenden in für sie sinnvolle Lernaktivitäten eingebunden sind.

Das essentielle Wissen und Verständnis, das diesem Kompetenzbereich unterliegt, beinhaltet ...

- ... die theoretischen und praktischen Konzepte und Prinzipien, welche die inklusive Bildung im globalen und lokalen Kontext untermauern;
- ... das breite System von Kulturen und Strategien der Bildungseinrichtungen auf allen Ebenen, das sich auf die inklusive Bildung auswirkt. Lehrer müssen die möglichen Stärken und Schwächen des Bildungssystems in dem sie arbeiten erkennen und verstehen;
- ... ein Konzept von inklusiver Bildung für alle Lernenden, und nicht nur für diejenigen, die als Lernende mit anderen Bedürfnissen wahrgenommen werden und vom Ausschluss von Bildungsmöglichkeiten bedroht sein könnten;
- ... die Sprache der Inklusion und Diversität sowie die Implikationen der Nutzung anderer Begrifflichkeiten zur Beschreibung, Kennzeichnung und Kategorisierung von Lernenden;
- ... inklusive Bildung als Präsenz (Bildungszugang), Teilhabe (hochwertige Lernerfahrungen) und Leistungsentwicklung (Lernprozess und Lernergebnis) von allen Lernenden.

Zu den zentralen Fähigkeiten und Fertigkeiten, die in diesem Kompetenzbereich entwickelt werden müssen, gehören ...

- ... die kritische Überprüfung der eigenen Einstellungen und Überzeugungen und deren Einfluss auf das Handeln;
- ... die durchgängige Berücksichtigung einer ethischen Praxis und die Wahrung der Vertraulichkeit;
- ... die Fähigkeit, die Erziehungsgeschichte zu dekonstruieren um aktuelle Situationen und Kontexte zu verstehen;
- ... Bewältigungsstrategien, die es den Lehrkräften ermöglichen, nicht-inklusiven Einstellungen entgegenzutreten sowie in segregierten Situationen zu arbeiten;
- ... empathisch zu sein im Umgang mit den vielfältigen Bedürfnissen der Lernenden;
- ... vorbildliches Handeln in sozialen Beziehungen zu zeigen und eine angemessene Sprache im Umgang mit allen Lernenden und Bildungsakteuren zu verwenden.

1.2 Die Sichtweise der Diversität der Lernenden

Die Einstellungen und Überzeugungen, die diesem Kompetenzbereich zugrunde liegen, umfassen:

- Es ist normal verschieden zu sein.
- Die Diversität der Lernenden muss geachtet, wertgeschätzt und als Ressource verstanden werden, die Lernmöglichkeiten erweitert und Mehrwert für die Schulen, lokalen Gemeinschaften und die Gesellschaft darstellt.
- Die Stimmen aller Lernenden müssen gehört und wertgeschätzt werden;
- Die Lehrkraft hat eine Schlüsselfunktion für die Selbstachtung der Lernenden und folglich für ihr Lernpotenzial;
- Kategorisierung und Etikettierung von Lernenden kann sich negativ auf ihre Lernmöglichkeiten auswirken.

Das essentielle Wissen und Verständnis, das diesem Kompetenzbereich unterliegt, beinhaltet ...

- ... grundlegende Informationen über Diversität von Lernenden (aufgrund von Förderbedarf, Kultur, Sprache, sozio-ökonomischem Hintergrund, usw.);
- ... Lernende können als Ressource genutzt werden, um das Lernen über Diversität zu fördern, für sich selbst und für ihre Mitlernenden;
- ... Lernende lernen auf unterschiedliche Weisen. Dies kann genutzt werden, um sie und ihre Mitschüler in deren Lernen zu unterstützen;

- ... die Schule ist eine Gemeinschaft und ein soziales Umfeld, das einen großen Einfluss auf das Selbstbewusstsein und das Lernpotenzial der Lernenden hat;
- ... die Schülerpopulation in der Schule und Klasse ist einem ständigen Wandel unterlegen und Diversität kann nicht als ein statisches Konzept betrachtet werden.

Zu den zentralen Fähigkeiten, die in diesem Kompetenzbereich entwickelt werden müssen, gehören ...

- ... zu lernen, wie man von Differenzen lernt;
- ... das Erkennen geeigneter Wege, wie man in allen Situationen mit Diversität umgeht;
- ... das Thematisieren von Diversität im Rahmen der Implementation von Curricula;
- ... das Anwenden unterschiedlicher Lernstile und -ansätze als Ressource für den Unterricht;
- ... das Beitragen zur Entwicklung von Schulen, welche die Leistungen aller Lernenden achten, unterstützen und würdigen.

2. Unterstützung aller Lernenden – die Lehrkräfte haben hohe Erwartungen an die Leistungen aller Lernenden

Die Kompetenzbereiche innerhalb dieses Grundwerts beziehen sich auf:

- Förderung des akademischen, praktischen, sozialen und emotionalen Lernens aller Lernenden
- Effiziente Unterrichtsansätze für heterogene Klassen

2.1 Förderung des akademischen, sozialen und emotionalen Lernens aller Lernenden

Die Einstellungen und Überzeugungen, die diesem Kompetenzbereich zugrunde liegen, umfassen ...

- Lernen ist in erster Linie eine soziale Aktivität.
- Akademisches, praktisches, soziales und emotionales Lernen sind für alle Lernenden gleichermaßen wichtig.
- Die Lehrererwartungen sind eine Schlüsseldeterminante für den Erfolg der Lernenden und daher sind hohe Erwartungen an alle Lernenden entscheidend.

- Alle Lernenden sollen aktive Entscheidungstragende in Bezug auf ihr eigenes Lernen und ihren Lernweg sein und in die sie betreffenden Beurteilungsprozesse einbezogen werden.
- Eltern und Familien sind eine wichtige Ressource für das Lernen der Lernenden.
- Förderung von Eigenständigkeit und Selbstbestimmung der Lernenden muss im Vordergrund stehen.
- Die Lernfähigkeit und das Lernpotenzial jedes einzelnen Lernenden muss entdeckt und angeregt werden.

Das essentielle Wissen und Verständnis, das diesem Kompetenzbereich unterliegt, beinhaltet ...

- ... das Verständnis über die Bedeutsamkeit der Zusammenarbeit mit den Eltern und Familien;
- ... typische und atypische Entwicklungsmuster und -wege von Kindern, vor allem in Bezug auf die Entwicklung sozialer und kommunikativer Fähigkeiten;
- ... die Kenntnis unterschiedlicher Lernmodelle und Ansätze, die beim Lernen gewählt werden.

Zu den zentralen Fähigkeiten, die in diesem Kompetenzbereich entwickelt werden müssen, gehören ...

- ... eine effiziente verbale und non-verbale Kommunikation, die den unterschiedlichen Kommunikationsbedürfnissen von Lernenden, Eltern und Fachkräften gerecht wird;
- ... die Unterstützung der Entwicklung von kommunikativen Fähigkeiten und Möglichkeiten der Lernenden;
- ... die Diagnose, Beratung und Entwicklung der Lernprozesse und -fähigkeiten der Lernenden;
  - die Ausbildung von unabhängigen und selbständigen Lernenden;
  - die Förderung von Techniken des kooperativen Lernens;
  - die Implementation von Konzepten zur Förderung von positivem Verhalten die die soziale Entwicklung und Interaktionen der Lernenden fördern;
- ... Lernsituationen zu gestalten und zu unterstützen, in denen Lernende Risiken eingehen und sogar scheitern können in einem sicheren Umfeld;
- ... Bewertungsmethoden anzuwenden, die neben dem akademischen Lernen auch soziales und emotionales Lernen berücksichtigen.

2.2 Effektive Ansätze des Lehrens in heterogenen Klassen

Die Einstellungen und Überzeugungen, die diesem Kompetenzbereich zugrunde liegen, umfassen:

- Effektive Lehrer sind Lehrkräfte für alle Lernenden.
- Lehrkräfte übernehmen Verantwortung für die Förderung des Lernens aller Lernenden in einer Klasse.
- Die Fähigkeiten der Lernenden sind nicht statisch; sie alle haben die Fähigkeit zu lernen und sich weiterzuentwickeln.
- Lernen ist ein Prozess und das Ziel für alle Lernenden ist der Erwerb von Fähigkeiten »das Lernen zu lernen« – nicht nur der Erwerb von Inhalten und Fachwissen.
- Der Lernprozess ist im Wesentlichen bei allen Lernenden gleich – es gibt nur wenige »Spezialtechniken«.
- Bei einigen Anlässen, besonders bei Lernschwierigkeiten, ist es erforderlich, die Lehrpläne und Unterrichtstechniken anzupassen.

Das essentielle Wissen und Verständnis, das diesem Kompetenzbereich unterliegt, beinhaltet ...

- ... theoretisches Wissen über die Wege wie Lernende lernen und Modelle des Lehrens, die den Lernprozess unterstützen;
- ... Herangehensweisen des positiven Verhaltens- und Klassenmanagements;
- ... Management des physischen und sozialen Klassenumfelds zur Unterstützung des Lernens;
- ... Wege zum Erkennen und dann zum Umgang mit verschiedenen Lernbarrieren und deren Implikationen für Herangehensweisen des Lehrens;
- ... die Entwicklung von Basiskompetenzen – im Speziellen Schlüsselkompetenzen im Einklang mit den verbundenen Unterrichts- und Bewertungskonzepten;
- ... die Bewertung von Lernmethoden auf der Basis der Ermittlung der Stärken der Lernenden;
- ... Differenzierung curricularer Inhalte, Lernprozesse und Lernmaterialien, zur Inklusion aller Lernenden und zur Berücksichtigung spezifischer Bedürfnisse;
- ... persönliche Lernansätze für alle Lernenden die diesen ermöglichen, Selbstständigkeit beim Lernen zu entwickeln;
- ... die Entwicklung, Umsetzung und effektive Überprüfung individueller Entwicklungspläne (IEP) oder ebenso individualisierter Lernpläne, wenn erforderlich.

Zu den zentralen Fähigkeiten, die in diesem Kompetenzbereich entwickelt werden müssen, gehören ...

- ... die Gestaltung von Klassenführungskompetenzen mit systematischen Ansätzen für ein positives Klassenmanagement;
- ... das Arbeiten sowohl mit einzelnen Lernenden als auch mit heterogenen Gruppen;
- ... die Nutzung des Curriculums als inklusives, den Zugang zum Lernen förderndes Instrument;
- ... die Thematisierung von Diversitätsthemen im Rahmen von Lehrplanentwicklungsprozessen;
- ... die Differenzierung der Methoden, der Inhalte und Ergebnisse von Lernen;
- ...die Zusammenarbeit mit den Lernenden und ihren Familien zur Personalisierung des Lernens und der Zielsetzung;
- ... die Förderung des kooperativen Lernens, wo die Lernenden sich gegenseitig in unterschiedlicher Weise unterstützen – einschließlich Peer-Tutoring – im Rahmen von flexiblen Lerngruppierungen;
- ... die Nutzung einer Vielzahl an Unterrichtsmethoden und -ansätzen in systematischer Form;
- ... der Einsatz von Informations- und Kommunikationstechnologien (IKT) und Anpassungstechnologien zur Unterstützung flexibler Lernansätze;
- ... die Nutzung evidenzbasierter Ansätze des Lehrens zur Erreichung von Lernzielen, alternativer Lernwege, flexibler Anweisungen und die Nutzung von klaren Feedbacks an die Lernenden;
- ... die Nutzung von prozessorientiertem und summativem Assessment, welches das Lernen unterstützt und auf Etikettierung verzichtet oder zu negativen Konsequenzen für den Lernenden führt;
- ... die kooperative Problembewältigung mit den Lernenden;
- ... den Rückgriff auf eine Variation von verbalen und nonverbalen kommunikativen Kompetenzen zur Förderung des Lernens.

> **3. Mit anderen zusammenarbeiten – Zusammenarbeit und Arbeit im Team sind wesentliche Ansätze für alle Lehrkräfte**
>
> Die Kompetenzbereiche innerhalb dieses Grundwerts beziehen sich auf:
>
> - Zusammenarbeit mit Eltern und Familien
> - Zusammenarbeit mit anderen Fachkräften aus dem Bildungsbereich

3.1 Zusammenarbeit mit Eltern und Familien

Die Einstellungen und Überzeugungen, die diesem Kompetenzbereich zugrunde liegen, umfassen ...

- … das Bewusstsein für den Mehrwert der Zusammenarbeit mit Eltern und Familien;
- … die Achtung der kulturellen und sozialen Hintergründe und der Sichtweisen der Eltern und Familien;
- … das Verständnis, dass die Verantwortung für eine effiziente Kommunikation und Zusammenarbeit mit Eltern und Familien bei der Lehrkraft liegt.

Das essentielle Wissen und Verständnis, das diesem Kompetenzbereich unterliegt, beinhaltet …

- … inklusiver Unterricht basiert auf einem kooperativen Arbeitsansatz;
- … die Bedeutung von positiven Kompetenzen im zwischenmenschlichen Bereich;
- … den großen Einfluss zwischenmenschlicher Beziehungen auf das Erreichen von Lernzielen.

Zu den zentralen Kompetenzen in diesem Bereich gehören …

- … die Fähigkeit, Eltern und Familien effektiv in die schulische Bildung ihrer Kinder einzubeziehen;
- … die Fähigkeit zur effektiven Kommunikation mit Eltern und Familienmitgliedern, die unterschiedlichste kulturelle, ethnische, sprachliche und soziale Hintergründe haben.

3.2 Zusammenarbeit mit einer Vielzahl an anderen pädagogischen Fachkräften

Die Einstellungen und Überzeugungen, die diesem Kompetenzbereich zugrunde liegen, umfassen:

- Inklusive Bildung fordert die Zusammenarbeit aller Lehrkräfte im Team.
- Zusammenarbeit, Partnerschaft und Teamarbeit sind wesentliche Konzepte für alle Lehrkräfte und sollten positiv angenommen werden.
- Zusammenarbeit und Teamarbeit unterstützen professionelles Lernen und Entwicklung mit und von anderen Fachkräften.

Das essentielle Wissen und Verständnis, das diesem Kompetenzbereich unterliegt, beinhaltet …

- … das Erkennen des Wertes und Nutzens der Zusammenarbeit mit anderen Lehrkräften und sonstigen Fachkräften aus dem Bildungsbereich;
- … die Kenntnis vorhandener Unterstützungssysteme und -strukturen, die weiterführende Unterstützung, Information und Beratung bieten;

- ... die Kenntnis von institutions- und einrichtungsübergreifenden Arbeitsmodellen, in denen Lehrkräfte im inklusiven Unterricht mit anderen Experten und Mitarbeiterinnen aus verschiedenen Disziplinen zusammenarbeiten;
- ... die Kenntnis von kollaborativen Lehrkonzepten, bei denen die Lehrkräfte bei Bedarf ein Teamkonzept realisieren: mit den Lernenden selbst, Eltern, Gleichaltrigen, anderen Lehrkräften der Schule und Förder-/Unterstützungskräften sowie mit multidisziplinären Teammitgliedern;
- ... die Kenntnis von Fachsprache und -begriffen sowie grundlegenden Arbeitskonzepten und Perspektiven anderer Fachkräfte die im Bildungsbereich involviert sind;
- ... das Beachten und Erkennen der Machtverhältnisse zwischen den einzelnen, am Prozess beteiligten Akteurinnen und Akteure und der positive Umgang mit diesen.

Zu den zentralen Fähigkeiten, die in diesem Kompetenzbereich entwickelt werden müssen, gehören ...

- ... die Implementierung von Klassenführungs- und Managementfähigkeiten, die eine effektive institutionen- oder einrichtungsübergreifende Arbeit in der Klasse erleichtert;
- ... die Planung und Durchführung von Unterricht in Doppelbesetzung und die Arbeit in flexiblen Lehrerteams;
- ... die Zusammenarbeit als Teil einer Schulgemeinschaft und die Inanspruchnahme von Unterstützung durch schulinterne und externe Ressourcen;
- ... der Aufbau einer Klassengemeinschaft als Teil der größeren Schulgemeinschaft;
- ... die Beteiligung an den gesamtschulischen Evaluierungs-, Überprüfungs- und Entwicklungsprozessen;
- ... das kooperative Problemlösen zusammen mit anderen Fachkräften;
- ... die Beteiligung an größeren Schulpartnerschaften mit anderen Schulen, gemeindenahen Organisationen und anderen Bildungseinrichtungen;
- ... die Nutzung einer Palette von verbalen und non-verbalen Kommunikationskompetenzen, die die kooperative Zusammenarbeit mit anderen Fachkräften erleichtert.

4. Persönliche berufliche Weiterentwicklung – Unterrichten ist eine Lerntätigkeit und Lehrkräfte übernehmen Verantwortung für ihr lebenslanges Lernen

Die Kompetenzbereiche innerhalb dieses Grundwerts beziehen sich auf:

- Lehrkräfte als reflektierende Praktiker
- Lehrerstausbildung als Grundlage für die kontinuierliche berufliche Weiterentwicklung

4.1 Lehrkräfte als reflektierende Praktiker

Die Einstellungen und Überzeugungen, die diesem Kompetenzbereich zugrunde liegen, umfassen:

- Unterrichten ist eine problemlösende Tätigkeit, die kontinuierliche und systematische Planung, Evaluation, Reflexion und dementsprechend Änderungen im Handeln erfordert.
- Reflexive Praxis hilft den Lehrkräften, sowohl mit den Eltern als auch in Teams mit anderen Lehrenden und innerschulisch und außerschulisch tätigen Fachkräften effektiv zu arbeiten.
- Das Erkennen der Bedeutung evidenzgestützter Praxis als Orientierung für die Lehrtätigkeit.
- Die Wertschätzung der Entwicklung einer persönlichen Pädagogik, an der eine Lehrkraft ihre Arbeit ausrichtet.

Das essentielle Wissen und Verständnis, das diesem Kompetenzbereich unterliegt, beinhaltet ...

- ... persönliche metakognitive Fähigkeiten »das Lernen zu lernen«;
- ... das Wissen darüber, was einen reflektierenden Praktiker ausmacht und wie persönliche Reflexion über das Handeln und während des Handelns entwickelt werden kann;
- ... Methoden und Strategien zur Evaluierung der eigenen Arbeit und Leistung;
- ... Methoden der Handlungsforschung und die Relevanz für die Arbeit von Lehrenden;
- ... die Entwicklung persönlicher Strategien der Problemlösung;

Zu den zentralen Fähigkeiten, die in diesem Kompetenzbereich entwickelt werden müssen, gehören ...

- ... die systematische Evaluierung der eigenen Leistung;
- ... das effektive Einbeziehen in die Reflexion über Lehren und Lernen;
- ... das Beitragen zur Entwicklung der Schule als lernender Gemeinschaft.

4.2 Lehrerausbildung als Grundlage für kontinuierliches berufliches Lernen und die berufliche Weiterentwicklung

Folgende Einstellungen und Überzeugungen liegen diesem Kompetenzbereich zugrunde:

- Lehrerinnen haben eine Verantwortung für ihre eigene kontinuierliche berufliche Entwicklung.
- Die Lehrererstausbildung ist der erste Schritt im professionellen lebenslangen Lernen.
- Unterrichten ist eine Lerntätigkeit. Offen für das Erlernen neuer Fähigkeiten zu sein und aktiv nach Informationen und Beratung zu suchen ist etwas Positives und keine Schwäche.
- Ein Lehrer kann nicht in allen Fragen im Zusammenhang mit inklusiver Bildung Experte sein. Grundkenntnisse für jene, die mit der inklusiven Bildung starten sind wichtig, aber das kontinuierliche Weiterlernen ist am wesentlichsten.
- Veränderung und Entwicklung sind beständig in der inklusiven Bildung und Lehrkräfte brauchen die Kompetenzen, sich während ihrer gesamten Laufbahn diesen veränderten Bedürfnissen und Anforderungen zu stellen und diese zu bewältigen.

Das essentielle Wissen und Verständnis, das diesem Kompetenzbereich unterliegt, beinhaltet ...

- ... das Wissen über die Bildungsgesetze und den entsprechenden rechtlichen Rahmen, welche die Grundlage für die Arbeit der Lehrkräfte und ihrer Verantwortung und Pflichten gegenüber den Lernenden und deren Familien, den Kolleginnen und Kollegen und dem Lehrerberuf allgemein darstellt;
- ... Möglichkeiten und Wege der berufsbegleitenden Lehrerfort- und Weiterbildung, damit die Lehrenden ihr Wissen und ihre Kompetenzen zur Verbesserung der inklusiven Unterrichtspraxis weiterentwickeln können.

Zu den zentralen Fähigkeiten, die in diesem Kompetenzbereich entwickelt werden müssen, gehören ...

- ... die Fähigkeit zum flexiblen Einsatz von Unterrichtsstrategien, durch die Innovation und persönliches Lernen begünstigt werden;
- ... der Einsatz von Zeitmanagementstrategien, die die Wahrnehmung von berufsbegleitender Weiterbildung begünstigen;
- ... die Offenheit für und aktives Zugehen auf Kolleginnen und Kollegen sowie andere Fachkräfte als Quelle des Lernens und der Inspiration;
- ... das Beitragen zu den Lern- und Entwicklungsprozessen der gesamten Schulgemeinschaft.

Dieses Dokument wurde als Beilage zum ausführlichen Bericht *Ein Profil für inklusive Lehrer* entwickelt. Es ist als Material konzipiert, das dem Urheberrecht nicht unterliegt und daher angepasst, verändert und für neue Zwecke verwendet werden kann, sofern auf die ursprüngliche Quelle verwiesen wird.

Der Profil-Text darf von politischen Entscheidungsträgern und Fachleuten aus der Praxis nach ihrem Bedarf weiterentwickelt und verändert werden, um unterschiedlichste, nicht kommerzielle Zwecke zu erfüllen. Der Profil-Text wird ausschließlich in der vorliegenden Form zur Verfügung gestellt. Die Europäische Agentur für Entwicklungen in der sonderpädagogischen Förderung haftet nicht für Schäden irgendwelcher Art, die im Zusammenhang mit einer Nutzung dieses Textes entstehen können. Jede Vervielfältigung aller anderen Texte des Profils für inklusive Lehrer oder die kommerzielle Nutzung sämtlicher Teile ist untersagt, falls sie nicht ausdrücklich von der Europäischen Agentur für Entwicklungen in der sonderpädagogischen Förderung autorisiert wurde.

Veröffentlichung der Europäischen Agentur für Entwicklungen in der sonderpädagogischen Förderung, Dänemark, Odense 2012.

Kurt Edler

Islamismus als pädagogische Herausforderung

2015. 114 Seiten, 7 Abb., 3 Tab. Kart. € 22,99
ISBN 978-3-17-028444-9

Brennpunkt Schule

In vielen Ländern Europas schlägt eine neue Ideologie immer mehr junge Menschen in ihren Bann: der Islamismus. Sie bekennen sich radikal gegen unsere Gesellschaft und Verfassung, und einzelne von ihnen äußern sogar unverhohlen Sympathie mit dem Terrorkrieg des „Islamischen Staats" (IS). „Ich glaube nicht an die Demokratie", sagt eine Neuntklässlerin, die plötzlich in einem langen, dunklen Gewand zur Schule kommt, „ich glaube an den Koran." Die Klassenlehrerin ist wie vor den Kopf geschlagen. Wie soll sie reagieren? Was kann die Schule, was können Eltern, Erzieher und Ausbilder tun, um derartigen Entwicklungen zu begegnen? Das Buch bietet dazu eine Fülle von Fallbeispielen, praktischen Tipps und Erfahrungswissen aus der Zusammenarbeit des Autors mit Schulleitungen, Verfassungsschutz, polizeilichem Staatsschutz, Jugendarbeit, muslimischen Verbänden sowie Profis der interkulturellen Bildung und Gewaltprävention.

Kurt Edler leitete von 2004-2015 das Referat „Gesellschaft" am „Landesinstitut für Lehrerbildung und Schulentwicklung" in Hamburg.

Leseproben und weitere Informationen unter www.kohlhammer.de

W. Kohlhammer GmbH
70549 Stuttgart
vertrieb@kohlhammer.de

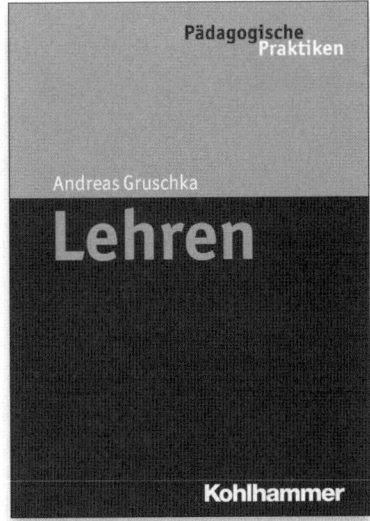

Andreas Gruschka

Lehren

2014. 176 Seiten. Kart.
€ 19,90
ISBN 978-3-17-022471-1

Pädagogische Praktiken

Die emphatische Vorstellung, dass ein Pädagoge in erster Linie ein Lehrender ist, der eine Lehre vertritt (ein Habitus des Denkens und Urteilens u.ä.) und selbst gelehrt sein sollte, damit er das Lehren überhaupt vollziehen kann, hat sich heutzutage verflüchtigt. Der Lehr-Lern-Forschung geht es in erster Linie um ein Wissen, wie beliebige Inhalte Schülern zu vermitteln sind. Die Inhalte dienen letztlich nur der Illustration. Kernanliegen dieses Buches ist dagegen eine bildungstheoretische und bildungspraktische Rehabilitation des Lehrens und der Lehre. Das wird veranschaulicht an verschiedenen Modellen unterschiedlicher Lehrpraxen (aus verschiedenen Epochen).

Dr. Andreas Gruschka ist Professor für Erziehungswissenschaft am Institut für Schulpädagogik der Universität Frankfurt am Main.

Leseproben und weitere Informationen unter www.kohlhammer.de

W. Kohlhammer GmbH
70549 Stuttgart
vertrieb@kohlhammer.de

Diemut Ophardt/Felicitas Thiel

Klassenmanagement

Ein Handbuch für Studium und Praxis

2013. 184 Seiten, 21 Abb.
Kart. € 24,90
ISBN 978-3-17-022404-9

Klassenmanagement ist in letzter Zeit wieder ins Zentrum der deutschsprachigen Didaktik und Lehrerbildung gerückt. Gemeint ist damit die Fähigkeit zur Steuerung der Interaktionsprozesse in einer Schulklasse mit dem Ziel, die Aufmerksamkeit von Schülerinnen und Schülern auf den Lerngegenstand auszurichten und Störungen effektiv zu bearbeiten. Klassenmanagement gehört so als eigenständiger Kompetenzbereich zur Lehrerexpertise und setzt besondere Strategien und Techniken und damit auch ein besonderes Wissen voraus. Zum ersten Mal wird in dieser Einführung zum Thema Klassenmanagement ein kohärentes Curriculum entworfen, das von einem weiten Begriff des Klassenmanagements ausgeht und die relevanten Forschungstraditionen zusammenführt. Im Mittelpunkt stehen praxisnahe Fragen zur Einführung von Regeln, zu Aufbau und Veränderung von Verhalten, zur Steuerung der Aufmerksamkeit, zum Umgang mit Störungen und zur Bearbeitung von Konflikten. Abschließend werden Wege der Entwicklung und Weiterentwicklung von Kompetenzen des Klassenmanagements vorgestellt.

Dr. Diemut Ophardt ist Geschäftsführerin des Zentrums für Lehrerbildung an der Freien Universität Berlin. **Professor Dr. Felicitas Thiel** lehrt Schulpädagogik und Schulentwicklungsforschung am Fachbereich Erziehungswissenschaft und Psychologie der Freien Universität Berlin.

Leseproben und weitere Informationen unter www.kohlhammer.de

W. Kohlhammer GmbH
70549 Stuttgart
vertrieb@kohlhammer.de